JN115836

Introduction to Business Ethics

経営倫理入門

サステナビリティ経営をめざして

Japan Society for Business Ethics
日本経営倫理学会

［編］

文眞堂

まえがき

　本書には日本経営倫理学会（JABES）創設30周年を記念して学会員が執筆した経営倫理分野の34本の論考が収められている。

　JABESは，長く実業界で活躍された後，神奈川大学で教鞭をとられた水谷雅一先生によって，1993年に創設された。当時，日本ではバブル経済崩壊に伴う数多くの不祥事が起こり企業活動における「経営倫理」の必要性が強く叫ばれていたが，1970年代には経営倫理が企業経営の重要な条件とされていた米国の状況とは異なり，当時の日本には経営倫理に関する専門研究組織も存在していなかった。

　それから30年経ち，学会発足当時29名だった会員が500名を超えるまでになった。また，企業やそれを取り巻くステークホルダーの間でも経営倫理への関心が高まり，特に，近年のCSR，CSV，SDGs，ESG，サステナビリティなどのキーワードで表される世界的な倫理的潮流の中で，本格的な取り組みを展開する企業も増加している。その中で，これまでJABESは一貫して，水谷先生が創立当初に打ち立てた理念である，「人間性と社会性を重視する価値観の実現をめぐる諸問題を考究する経営倫理の研究は，経営学，倫理学，経済学，法学，社会学，心理学，哲学，歴史学など多種分野の専門研究者，そして実務家などによる学術的・システム的な観点からのアプローチも必要であるため，企業人・学者を問わず，関心がある多くの人々に対していわゆる"開かれた学会"を目指していく」という方針に沿った活動を行ってきた。

　このような背景から，本書の構成も「学術的アプローチ編」と「実践的アプローチ編」に大きく分け，それぞれの章では多様な学問分野からの考察が行われている。さらに，現在，より多くの企業がグローバルな活動を行うようになり，海外で，あるいは海外の企業との間で遭遇する経営倫理に関わる課題は多くの企業にとって極めて肝要なテーマであることから，本書では「国際的アプローチ編」を設け，グローバルビジネスに関わるイシューを取り上げている。

　現在，この地球上では，気候変動や自然環境の崩壊，長期化する感染症との戦い，格差社会の深刻化，そして新植民地主義ともいえる軍事力による支配の進行など，これまで当たり前だと思っていたことがそうではなくなった社会の中で，人々は「真の幸せや豊かさ」を自ら真剣に考えるようになったのではないだろうか。つまり，人々の価値観が変わりつつある現在，企業もステークホルダーの変化を受け止め，組織の価値観を刷新し，それぞれの事業活動に落とし込んでいくことが喫緊の課題となっている。そのような状況の中，経営倫理の重要性に気づき，研究活動を行ってきた JABES の会員による本書出版の意義は，企業と社会にとって極めて大きいといえよう。是非，本書を，企業の経営倫理研修や大学の授業などで活用して頂きたい。

　最後に，本書の制作・出版に際しては，執筆者の方々はもちろん，多くの学会員の方々のご尽力とご協力があったことをここに記したい。本書の制作は，高橋浩夫元会長の「『後世に残る 30 周年記念誌』を出版しましょう！」という発案を受けてスタートした。その後，今井祐 30 周年記念事業委員長が全体的な企画を進めてくださり，井上泉 30 周年記念事業図書編集委員長が 34 本もの論考の編集作業の陣頭指揮をとってくださった。加えて，出版にあたっては，株式会社文眞堂の前野弘太氏に力強いサポートを頂戴した。我々のお願いする無理難題に対して迅速に，そして快くご対応頂き，無事，出版に至ることができた。心より感謝申し上げる。本書の制作に関わってくださった皆様の多大なご貢献と熱意に，深く感謝の意を表します。

2023 年 2 月

日本経営倫理学会会長

潜道文子

「経営倫理入門──サステナビリティ経営をめざして──」発刊によせて

白鷗大学名誉教授（元日本経営倫理学会長）　**高橋浩夫**

1．経営倫理研究の意義

1993 年日本経営倫理学会が設立された。90 年代初頭と言えば日本の「バブル経済」崩壊と重なる時期であり，その後遺症を修復すべき過度な企業活動によって様々な不祥事が起き経営倫理が問われる契機となった。創立者の水谷雅一はアメリカの "Business Ethics" という言葉に触れ，日本での必要性から研究活動が始まった。学会が設立する数年前に研究者，実務家，ジャーナリストによる「経営倫理を考える会」が発足していたので本学会の経営倫理研究は三十数年の歴史になる。三十数年の歴史を踏まえて研究の集大成である記念出版を上梓することは極めて意味深い。未だ内外での不祥事は絶えないが，そのことによってなぜ経営倫理が問われるのであろうか。

不祥事の多くは不法行為が問われて経営倫理問題へと発展する。不法行為は法律に違反したことによって制裁を受ける，法律には強制力がある。それでは法律と倫理とはどのような関係なのだろうか。法律は我々の行動を律する外部規範であるのに対して，倫理は我々の心の中にある内部規範であり，いわば "良心の命ずる行動規範" と言って良い。我々の心に宿る行動規範が倫理である。法律は外的規範として守るべき倫理の最低遵守事項と言われる。それでは法律を守ればどのような行動でも許されるのであろうか。アメリカのエクセレントカンパニーと言われる 3M（スリーエム）の企業行動基準の最初に "我々は法律よりも倫理を重視する" と掲げている。つまり，法律には触れないが倫理的に見てこの行為は正しいかどうかの判断を重視するのである。それではその行動基準となる判断の鏡とは何か。基本的には我々社会生活を営む上での社会との関わり，人間としての関わりに照らし合わせて考えることである。

　ただ，ここで大事なことは経営倫理が問われる社会や人間との関わりも社会の発展によって進化するのである。特に経済活動は日々進歩しておりそれを巡る経営倫理課題は多岐に渡ってくる。過去に咎められなかった企業行動に対する社会の目は益々厳しくなっている。経営倫理が問われることによって受けた組織へのダメージ，つまりブランドの傷はその修復の時間とコストは多大なものになる。モノ（ハード）の部分は取り換えることができるがブランドイメージであるソフトの部分は簡単には修復されない。場合によっては経営の解体を余儀なくされ，市場から追放されることとなる。企業を見る社会の目は厳しく，法律も新しく制定されている。IT 社会は不祥事であるひとつの点が面となって世界に波及する。経営倫理の認識の深さはここにある。

2．産学共同研究を目指して

　本学会のユニーク性は何と言っても設立当初から産業界と学界との共同研究を貫いてきていることである。経営倫理はビジネスの現場で日々発生する実践的課題であり，その事象の学術的視点からのアプローチが経営倫理研究である。経済学や法律学と違って経営学は日々発生する実践的課題であり産学共同の研究は前提条件である。アメリカの経営学の発展はいつも産業界と学界との共同研究の中で今日まで発展し続けている。1970 年代にはすでに芽生えていたアメリカの Business Ethics 研究もその例外ではない。

　日本の社会科学系のいくつかの学会でも産学共同研究を目指しているものの研究活動の生産的仕組みが作られていない。本学会は大学等の研究機関の会員が若干多いものの産業界（出身者も含めて）の会員とほぼ各半数ずつの会員で構成されている。特に研究活動の中に経営倫理に関わる重要問題に特化した研究部会では産学共同の形で毎月 1 回のペースで十数年に渡って研究を続けている（ガバナンス研究部会，企業行動研究部会，CSR 研究部会，ESG & SDGs 研究部会等）。また，学会設立の数年後姉妹団体である一般社団法人「経営倫理実践研究センター」が活動している。これは産学共同を目指して設立された学界と産業界との共同研究の場であり本学会との連携で活発な活動を続けてきている。また，経営倫理教育の実践的普及を目的として NPO 法人日本経営倫

理士協議会も併せて活動している。

　我が国では学界と産業界との共存が中々難しいという状況の中で本学会はむしろ経営倫理課題を相互の研究から見極めようとするところに特徴がある。このような学会の設立趣旨とこれまでの研究活動を踏まえて本書の編集委員会で検討を重ね全体を三部（学術的アプローチ編，実践的アプローチ編，国際的アプローチ編）で構成した。

3．学術的，実践的アプローチからの経営倫理

　学会の 30 年の研究活動を振り返ると設立時から今日まで主要な研究テーマに変遷が見られることである。学会設立に準備活動として「経営倫理を考える会」を有識者で設け，その活動の一環として「経営倫理綱領研究部会」を設立した。そこではアメリカ企業の企業行動基準（Code of Conducts）のインタビュー調査を行った。その結果，訪問企業の全て（GE，3M，TI，Esso，IBM，J&J，Dupont，HP 等）で経営倫理綱領が制定されていた（高橋浩夫編著『経営倫理綱領の制定と実践』産業能率大学出版部刊，1998 年参照）。これに対して当時の日本企業の多くは企業行動基準の制定は成されていなかった。これは日米における経営倫理の遵守に対する認識の違いの第一歩であった。この研究と併せて 90 年代に余りにも多発する企業不祥事を重く見た日本経団連はアメリカ企業に習って企業行動基準の制定を各社に要請した。今でこそ日本企業の殆どは企業行動基準を制定しているが，90 年代はじめには皆無であった。また，学会が設立された頃の経営倫理課題といえば企業不祥事（Business Scandal）と言われる粉飾決算，インサイダー取引，総会屋対策，不正な金融取引，損失補填等を取り上げる研究テーマが多かった。

　これらの不祥事の多くはバブル経済の崩壊を契機に多発し，それに対する経営責任が問われ経営の基本的姿勢が課題となった。つまり，企業は誰のものか，誰によって会社は統治されているのかのコーポレートガバナンスが問われる契機となった。コーポレートガバナンスは日本企業の特質をめぐる企業経営の最大の課題となり様々な改革が行われてきた（第Ⅰ部第 7 章，第Ⅱ部第 8 章）。

　また，2000 年代になると企業不祥事問題と並行して企業と社会との関係である CSR が問われることになった。経営倫理は基本的に企業と社会との関係を研究することから CSR はその最大の関心事となった（第Ⅰ部第 4 章，第Ⅱ部第 4 章）。さらに，CSR は市場経済が益々グローバルな進展を遂げる中で全ての活動領域で企業の存続が危ぶまれるサステナビリティの課題として発展した。特に 2015 年に国連が全世界に向けて発信した SDGs（持続的開発目標）を契機にサステナビリティの意義が問われている（第Ⅰ部第 2 章，第Ⅱ部第 2 章）。また，サステナビリティの中でもその最大の課題である気候変動を引き起こす化石燃料は今の課題であるカーボンニュートラルの問題につながる（第Ⅰ部第 3 章，第Ⅱ部第 3 章）。

　SDGs と並行してその目標実現に向けた企業成長の投資戦略として今注目の ESG にも深い関わりあいを持つことになる。なぜならば投資は将来の事業と社会との関わり合いを展望する経営戦略であるからである（第Ⅰ部第 6 章，第Ⅱ部第 7 章）。

　さらには企業行動のあり方として先ずは法的枠組みを基盤にその遵守としてのコンプライアンス体制をどうするか。法律と倫理は表裏一体の関係である（第Ⅰ部第 9 章，第Ⅱ部第 10 章）。さらには経営倫理とは何かの基本命題をもとに，そのための経営倫理教育が学術的，実践的な面からの考察も必要になってくる（第Ⅰ部第 1 章，第 5 章，第Ⅱ部第 1 章，第 5 章，第 6 章）。

　また，ダイバーシティの問題はこれまで見過ごされてきた様々な格差問題を経営倫理の基本から見直しさらなる企業成長につなげようとする課題である（第Ⅰ部第 8 章，第Ⅱ部第 9 章）。

　市場経済のもとでの企業経営は競争によって経営倫理が問われる様々な課題を引き起こす。本書第Ⅱ部ではそれら今日的課題を経営倫理の視点から実践的取り組みが紹介されている（第 11〜15 章）。障害者の人権問題，今注目されている社会的企業にチャレンジする起業家，経営倫理は利益共同体である企業だけの問題ではなく官公庁などの行政組織でも問題になる。また，今回のコロナウイルスによるパンデミックは医療現場での倫理的視点からの対策が必要である。

4．国際的アプローチからの経営倫理

　本学会の特色は，産学共同研究の他に国際的視点からの経営倫理研究を行ってきたことである。経営倫理研究の国際的組織でアメリカに本部を置くSBE（Society for Business Ethics）には毎年本学会の研究者が参加して連携を強めてきている。また，他の学会ではあまり例を見ない海外の大学とのコラボレーションによる研究活動を行っていることである。これは英語を共通語として海外の大学との共同発表である。これまで行ってきたのは台湾の中国文化大学，韓国の建国大学，タイのタマサート大学，2021年にはズームによる2回目の中国文化大学，2022年には日本での国際性に富んだ九州別府の立命館アジア太平洋大学である。このように常に国際的視点で学会活動を考えようという意図がある。

　国際的アプローチ編では先ず主要国の経営倫理に対する考え方やその背景，現在の取組を紹介する形でアメリカ，イギリス，中国，台湾，韓国の5カ国を取り上げた。

　アメリカについては同国の経営論理研究の歴史と展望，イギリスについては特に同国のCSRに対する考え方の背景，中国はその伝統の儒教思想との関連性，台湾は先駆的実践企業の紹介，韓国は韓国企業の表彰制度，日韓の経営倫理認識の違いについて出身国の研究者が日本での研究を踏まえて考察している。

　また，国際的にも今課題となっているESG，コーポレートガバナンス，ダイバーシティ，コンプライアンス，人権や働き方問題，国際機関の役割についてその分野で研究者に協力していただいた。

5．経営倫理研究の発展に向けて

　今，我が国では国連が掲げたSDGsの17目標に向かって政府，企業，教育機関もそれぞれの関連する領域で具体的な取り組みを行っている。これは日本だけでなく国連加盟国193カ国の賛意を得て全世界が取り組んでいる課題で

ある。この17目標を見るとそのほとんどは企業と社会，企業と人間との関係を危ぶむいわば経営倫理に深い関連性を持つ解決すべき到達目標である。つまり，これからの経済社会発展の持続性に警鐘を鳴らしている課題である。

　1989年の「ベルリンの壁」の崩壊を契機として旧社会主義国は市場原理による競争経済へと変わった。これは市場原理を基本としてきた我々先進国社会との競争がますます激化し，そのことにより地球が抱える様々な社会問題を引き起こすことになった。経営倫理と言うと当初は不祥事問題に目が向いたが，それは課題のひとつではある，しかし企業と社会との関係，企業と人間との関係は経済活動のグローバル化によってその課題は益々の広がりを見せている。我々の課題はそれらの戦略的課題を学術的，実践的な研究をさらに進めることである。

　もうひとつは日本企業の倫理性である。戦後の日本企業の発展は非倫理的であったのかどうか。確かに歴史的に見てスキャンダルと言われる企業不祥事はその時代ごとに起きている。近年でも不祥事は絶えない。しかし，そのことをもって日本企業は非倫理的であると言えるのか。それは「木を見て森を見ず」の諺に等しいと考える。戦後の日本企業の発展は特に製造業を中心に飛躍的な発展を見せた，今やあらゆる製品分野で日本ブランドが世界で確立している。この日本ブランドの揺るぎない製品への信頼性は倫理的にも世界の人々から認められているからこそ今日がある。日本企業は創業の理念として天下，国家，社会への貢献に置き，それを多くの企業は今日まで貫いてきている。森という日本企業の全体を見ると倫理的にも国際社会への貢献があったからこそグローバルな発展があったと考える。

　日本は自然資源も軍事力にも乏しく，あるのは経済力とされる企業の競争力である。そのためには日本はその国への貢献という倫理的にも優れた優位性を確立することである。世界にこのような特徴ある国家があって良いではないか。国家の品格が経営倫理とも共有する。

目　次

第 I 部　学術的アプローチ編

第Ⅲ部　国際的アプローチ編

第Ⅰ部
学術的アプローチ編

第1章
経営倫理とは何か

髙　　巌

1．経営倫理をどのように捉えるか

1.1　経営倫理の目指すところ

　経営倫理とは何か。その定義は決して容易ではない。概念規定の問題は，その他の学問分野についても同様に言えることである。通常，考えられる定義は，「『経営』に関わる組織事象・社会事象を『倫理』という観点より考えること」となろう。これは，「経済」「政治」「教育」に関わる事象を「倫理」という観点より考えるのが，「経済倫理」「政治倫理」「教育倫理」である，と定義するのと同じである。しかし，この規定では，「倫理」は観点であり，「経営」は対象ということになる。

　過去30年を振り返れば，「経営倫理」という分野は，そうした「観点」と「対象」という単純な関係だけでは捉え切れない変化を経験してきた。それは，対象である「経営」が，観点である「倫理」に影響を及ぼし，またその影響を受けた観点が，再び実態である経営に影響を及ぼすというダイナミックな関係を描き出してきたからである。

　それゆえ，経営倫理を定義するには「経営と倫理の動態的な関係」を念頭に置いた規定が必要となってこよう。この点を重視するなら，「それが目指してきたところ，あるいは目指すところ」という「方向性」をもって定義するのが合理的となる。では，その「目指すところ」とは何か。本書を読み進めば，読者はそれが「持続可能な企業（組織）経営の実現」であり，かつそれを通じて

の「持続可能な社会の実現」にあると感ずるはずである。それゆえ，ここでは，持続可能な企業（組織）経営の実現を目指す学問・実践を「狭義の経営倫理」と，また企業経営における取り組みとそれを通じての持続可能な社会の実現を目指す学問・実践を「広義の経営倫理」と規定しておくことにしたい。

1.2　学問・実践としての経営倫理

　読者は，広狭いずれの定義においても，「学問」「実践」という2つの側面をもって，経営倫理が規定されていることに注意されたい。これは，経営倫理が目指してきた方向においては「学問」と「実践」が不可分の関係にあったことを意味する。それは，他の社会科学分野におけるそれとは比較にならないほどの深い関係があり，今後もその関係は一層強まっていくものと思われる。

　一般に学問としての経営倫理学は，(1) ある規範を基礎に置いた「べき論」（当為）と，(2) 特定の方法論を用いて組織・社会事象をできる限り客観的に捉えようとする「ある論」（事実）の2つに分けられる。この分野の専門家としては，哲学者，倫理学者，経営学者，心理学者，社会学者，経済学者，法学者，会計学者などが挙げられよう。

　例えば，多くの研究者は「企業はなぜ倫理に取り組む必要があるか」という問題意識をもって，目的論的説明，義務論的説明，社会契約論的説明，徳倫理的説明，あるいは歴史的アプローチ，ステークホルダー・アプローチ，日本の伝統的価値などを用いて，経営倫理が求められる理由（当為）を説明してきた。同時に他の研究者は「倫理を企業内で機能させるにはどのような体制を敷くべきか，企業統治の形態はどうあるべきか」（当為）という問題意識をもって，倫理部門やホットラインの設置，取締役会の設計や社外役員の導入など，様々な制度に関する国際比較や業界比較など（事実）を行ってきた。またそれが想定通りに機能しているか，その限界はどこにあるかなどについても実態調査（事実）を繰り返してきた。

　ただ，経営倫理学のこうした「いわゆる学術的研究」は，否応なしに「実践」と深く結び付くことになった。そもそも，実践に関与しない「中立的な研究」であり続けようとすれば，それが現在のような学問上の地位を確立することはなかったはずである。

1.3　学問と実践は不可分の関係にあり

　ここに言う「実践」とは，組織文化論や行動倫理学の成果を企業内倫理教育の改善に役立てること，「経営哲学やミッション」に関する実態調査の結果を踏まえ，「インテグリティの必要性」を訴えること，会社法や金商法，公益通報者保護法，コーポレートガバナンス・コード（CGC）などの様々な制度設計に関し，直接的・間接的に意見することなど，現実の経営や市場に影響を及ぼす活動すべてを指す。

　もちろん，その影響は「学問から実践に」という一方向だったわけではない。実践主導で「持続可能な企業（組織）経営」の実現が推し進められ，それが研究者の見方を豊かにするという逆方向の影響もあったからだ。最近の情報開示の流れを例に挙げれば，統合報告のあるべき形を検討してきた国際統合報告評議会（IIRC），正確な温室効果ガスの計算法を検討してきたSBTイニシャティブ，投資家視点より企業の温暖化対応に関わる開示のあり方を議論してきた気候関連財務情報開示タスクフォース（TCFD）などの実践イニシャティブは，学問としての経営倫理学に多大な影響を及ぼしてきたと言ってよかろう。

　確かに，そうしたイニシャティブに，既述の経営学者や会計学者なども直接的・間接的に関わってきたかもしれないが，いわゆる研究畑とは異なる多様なキャリアの専門家が経営倫理の発展に貢献してきたことは特筆しなければならない。その意味で「『学問』と『実践』を切り分けること」の意義は既に喪失しており，経営倫理の今後のさらなる発展を考えれば，両者のより積極的な相互交流の必要性こそ強調されなければならないのである。

２．日本における経営倫理の展開

2.1　整理する上での視点

　では，経営倫理は，これまで「持続可能な経営と社会の実現」（方向性）を目指し，経営のどのような問題に注目し，またどのような課題に応えようとしてきたのであろうか。戦後日本の経営倫理の流れを追うことで，その全体像をつかむことにしたい。

　これを整理するにあたり，次の４つの視点を採用することにしよう。第1

は，ステークホルダーという視点である。これは，それぞれの時代区分に応じて，企業が強く意識する「ステークホルダー」そのものが変化してきたからである。例えば，過去，従業員は運命共同体のメンバーと見られていた。このため，企業はあえて従業員が望むことを真剣に考える必要はなかった。それが，現在，どうであろうか。彼らはやり甲斐や労働条件などに納得しなければ，つまり，企業が彼らの希望や気持ちをしっかり把握していなければ，簡単に転職してしまうステークホルダーに変わってしまった。こうした顕著な変化が，これまで幾度も起こってきたため，まずステークホルダーの視点を取り上げることにしたい。

　第 2 は，規制環境という視点である。これは，時代区分に応じて，強化される法規制や執行形式が変化してきたからである。例えば，市場の急速な変化に対処するため，現在では，法改正による規律だけでなく，スチュワードシップ・コードや CGC のような原則・指針による規律も多用されるようになっている。またグローバル化の進展で，規制環境は，現地法や域外適用される法規制まで包摂するようになっている。

　第 3 は，経営倫理上の課題という視点である。意識するステークホルダーが変化し，また遵守・注意すべき法規制が複雑化する中で，企業が，持続可能な経営のために力を入れるべき課題は，時代とともに変化してきたからである。大枠として，それは，G（統治）に始まり，E（環境）に進み，S（社会）に向かっている。時代区分の違いを見る上で，これも重要な視点となろう。

　最後は，社会的な問題事象という視点である。これは，様々な業界や企業が，社会的に厳しい非難・批判を受け，世論の流れを変えてきたからである。かつては，産業規模の不祥事が多発したが，その後は個別企業による問題へとシフトし，さらに個別企業による問題も，単純な製造偽装・虚偽表示から開示・会計不正，サプライチェーン課題などへと移り変わっている。こうした問題事象が，その時代区分における規制環境に，あるいはその後に続く時代区分の規制環境に大きな影響を及ぼしてきたため，これを最後の視点として取り上げたい。

　以上，4 つの視点より，戦後（特に 1950 年代以降）から現在に至る歴史を鳥瞰すると，5 つの時代区分が見えてくるはずである。もっとも，各時代を特

徴づけるステークホルダー，規制環境，経営倫理上の課題，社会的な問題事象
は，当該期間中において終了したということではない。その後においても，形
を変えながら（多くの場合，重要度を下げながら），散見されるというのが実
態である。

2.2　5つの時代区分

2.2.1　政府主導期（戦後～1990年代初頭）

　では，4つの視点から見た場合，過去，どのような変化が起こったと言える
のであろうか。まず1950年代初頭～バブル崩壊までの「政府主導期」を見て
みよう。

　この時代，企業が最も強く意識したステークホルダーは「関係省庁」であっ
た。もちろん，消費者や従業員が重要なステークホルダーであったことは否定
しないが，他の時代との違いに着目すれば，それは「政府」ということにな
る。この指摘は，規制環境という視点から見れば，よりはっきりとするはず
だ。

　終戦直後，一旦は，市場主導による日本経済の立て直しが図られたが，それ
は，すぐに政府主導に修正されていった。「外資の脅威から自国産業を守るた
め」を大義名分として，産業育成・産業保護が強調されるようになったわけで
ある。ただ，政府による調整（独禁法適用除外などを用いた手法）は，保護の
必要性がほぼ消失した1970年代後半以降も続くことになった。それゆえ，政
府主導期における「経営倫理上の課題」は，業界団体などを通じて関係省庁と
良好な関係を構築・維持すること，国内にあっては業界の共存共栄を前提とし
た秩序ある競争を展開することなどとされた。

　政府主導期における最も深刻な社会問題は，その末期に表面化した産業規模
での不祥事であった。1990年代初頭のバブル崩壊とともに，証券各社が顧客
企業に対し利回り補償と損失補填を行っていたこと，銀行各行が相続税対策と
称し過剰な融資と不動産投資を煽っていたこと，複数の製薬会社がHIV感染
リスクの高い非加熱血液製剤をリコールすることなく放置していたこと，こう
した業界問題が一気に表出することとなった。「同種の不正が業界規模で同時
に多発していた」という，この事実に照らせば，問題を引き起こした根本原因

は，個社の経営ではなく，むしろ，監督官庁の行政手法にあったということになる。

2.2.2　主導移行期（1990 年代初頭〜2000 年代中盤）

　産業規模の不祥事という失態を招いたことで，政府は，1990 年代に入り，それまでの行政手法を転換していくことになる。ただ，転換には 10 年以上の歳月を要した。このため，1990 年代初頭〜2000 年代中盤までを「主導移行期」と呼ぶことにする。

　もっとも，企業が意識するステークホルダーは，この時代区分においても「政府」にとどまっていた。政府主導期との違いがあるとすれば，それは企業が「行政手法の転換がどこまで本気で進むのか」という目で，政府の議論や動きを注視していたことであろう。それは，言わば，「政府の意向に沿うには，どのような関係を築けばよいか」（政府との距離をどれくらいにすればよいか）を模索する時代だったわけだ。

　主導移行期における規制環境は，試行錯誤を繰り返しながらも，着実に市場主導へと向かっていった。まず行政改革が断行され，政府自身を律するための公務員倫理法が制定・施行された。恣意的行政の元凶とされた通達は大幅に削られ，「市場による規律」「経営の自己責任」が明確に示された。そして，その実現に向けての法整備も進んでいった。中でも，改正独禁法（特に 1999 年，2000 年）とその執行強化，改正商法（特に 2002 年），改正証取法（特に 2003 年），公益通報者保護法（2004 年成立）は，この時代を象徴する規制環境の変化となった。

　政府の本気度を実感し始めた企業においては，倫理綱領の策定，ホットラインの設置，コンプライアンス体制の整備などが，経営倫理上の課題として認識され，「倫理と利益が相矛盾する時には倫理を優先せよ」といった社内教育も行われるようになっていった。他方，政府の動きに半信半疑であった企業では，コンプライアンス体制も整わず，結局，会社存亡の危機を経験することとなった。食中毒事件，リコール隠し，補助金不正受給，表示偽装などがそれであった。ただ，これら不祥事の事後対応で，政府が過去の行政手法を持ち出すことはもはや無くなっていた。それだけに，主導移行期が終わる頃には，企業

も市場も「経営の責任が徹底して問われる時代に入ったこと」を実感することとなった。

2.2.3 市場主導期（2000年代中盤～2010年代中盤）

2000年代に入るとともに，企業の自己責任を徹底するための開示ルール，そしてガバナンス機能を強化するための仕組みが厳格化されていった。それゆえ，これ以降の10年間を「市場主導期」と呼ぶことにする。当然，これに伴って，企業が意識するステークホルダーは「市場」寄りとなっていった。つまり，ここに至り，市場の番人としての政府，PRI（責任投資原則）やスチュワードシップ・コード（2014年策定）に則って行動する機関投資家などが大きな存在となってきたのである。

規制環境は，2006年を境として，会社法，金商法，公益通報者保護法などが本格施行され，その後も市場主導を徹底するための独禁法改正（特に2009年），会社法改正（特に2014年），金商法改正（特に2008年）などが繰り返された。またガバナンス強化の一環として，CGC（2015年公表）を始めとする新たな規律手法（Comply or Explain）も，この時期に導入されることとなった。

規制環境のこうした変化を受け，経営倫理上の課題は急速に変質していった。ガバナンス体制の強化，各種の内部規定やガイドラインの整備，その実効性を担保するための内部監査の充実がそれであった。他方，市場に対する企業情報の開示（法定開示・適時開示）に一層の注意を払う必要性が高まり，内部統制システムの構築・強化も重要課題のひとつとなった。ESGという観点からこの時期の「経営倫理上の課題」を整理すれば，それはG（統治）を中心とするものであったと要約できよう。

もっとも，市場主導期に移行しながらも，同時代区分の前半（主に2010年以前）においては，依然として多くの企業が深刻な問題を引き起こしていた。保険金支払漏れという業界規模の不祥事が表面化し，投資家を欺こうとする会計・開示不正（ライブドア，日興CG，オリンパスなど）なども顕在化した。ただ，こうした不祥事が市場主導期の前半に集中したことで，市場主導を徹底するための規制強化は，2010年以降，さらに一段と進むことになった。

2.2.4　グローバル進展期（2010 年代中盤〜2020 年代初頭）

　日本企業のグローバル化は，事業展開に限って言えば，21 世紀初頭まで比較的順調に推移してきた。ところが，2010 年代に入ると，進出先の法令などに違反する事案が表面化し（中でも多数の日系自動車部品メーカが，米国，EU，中国，カナダなどで競争法違反に問われ），2016 年以降には莫大な罰金や制裁金を支払う会社が相次ぐこととなった。かつての取引慣行・業界慣行は世界では通用しないことを思い知らされ，多くの企業がグローバル・コンプライアンスの必要性を強く意識することになった。2010 年代中盤以降を「グローバル進展期」と呼ぶのはそのためである。

　当然，この苦い経験により，企業が意識するステークホルダーは多様化・国際化していった。それまでの機関投資家に加え，国内外の法執行機関や外国人投資家が重要性を一気に増していったからである。こうしたステークホルダーの変化は，言うまでもなく，この時代区分における規制環境の変化と連動していた。同時期，様々な国際条約・協定の締結・発効・ピアレビューなどが集中し，その結果，国内法の整備・改正が進むとともに法執行が強化され，また各国法執行機関も自国法をより柔軟に域外適用するようになっていった。グローバルに事業展開する企業が，各国競争法，米国法（FCPA），英国法（UKBA，UKSA），欧州一般データ保護規則（GDPR）などをコンプライアンス・リスクとして捉えるようになったのも，まさにこの時期であった。

　当然の帰結として，経営倫理上の課題も，反競争・腐敗，個人情報保護，気候変動などへと広がり，またそれらに対処するためのグローバル管理体制の整備・強化となっていった。さらに，この時期，サプライチェーンマネジメント（SCM）の一環として，人権・労働に関する現状把握が課題のひとつに加えられた。ESG という観点で整理すれば，それは E（環境）に進み，S（社会）の入り口に来たと表現することができよう。併せて，これら ESG に関する取り組みを一定のフォーマット（IIRC）に従って開示することも，この時代の主要課題となった。

　海外絡みの社会的な問題事象としては，既述の競争法違反，重電大手のFCPA 違反，重電大手合弁会社の不競法違反，衣料大手の人権侵害・強制労働問題などが挙げられる。他方，国内絡みでは，会計不正，データ不正，無資

格者検査，検査偽装などが次々と発覚し，しかもその多くは長期に亘って放置されていたことが判明した。これが日本企業のガバナンスの「実質」を問う声を大きくしたことは言うまでもない。

2.2.5　デジタル本格移行期（2020年代初頭〜）

経営倫理が「目指してきたところ」という「方向性」を念頭に置き，過去の軌跡を追ってきたが，最後の「デジタル本格移行期」については，ステークホルダー，規制環境，経営倫理上の課題という3つの視点に限定し，推測を含めて整理することにしたい。

この時代区分では，DX・AI導入の本格化により，企業が意識するステークホルダーはさらに多様化・多次元化してくることになるはずだ。それは，デジタルネイティブ（1990年代以降に誕生した人々）と言われる世代がやがて人口動態的に労働力と購買力の中核を占めるようになり，かつ長期的な視点で企業を評価する資産運用会社やCO_2削減の実現を求める機関投資家（AOA）が一段と影響力を増してくるからである。言い換えれば，この時代区分の強力なステークホルダーは「未来世代になる」ということである。

規制環境については，CGCに沿ったガバナンス改革，SBT開示，TCFD開示などが強く求められ，人権DD（デュー・ディリジェンス）関連もより具体的な内容開示が要請されるようになろう。なお，MDP（GAFAMなどに代表される主要なデジタルプラットフォーマー）による市場支配に対処するため，各国とも，現行競争法制の前提（単純な消費者利益の保護）を見直すことになると推測される。

意識すべきステークホルダーや規制環境が変わる中で，企業は，経営倫理上の課題として，取締役会の多様化やデジタル世代の早期役員登用などを本気で考える必要に迫られよう。またDX・AI導入が進むにつれ，組織全体の労働力及び労働形態は着実に多様化することになろう。それだけに，国籍，人種，性別，年齢，信条など多様な人材をいかに採用・教育しマネージするかが，またデジタル基盤全体の情報セキュリティをどう確保するかが経営倫理上の重要課題となってくるはずだ。それ以外にも，CO_2排出削減に関する中期目標（例えば，2030年）について，また現地法に則り人権DD体制を敷いたことにつ

いて，その成果がより厳しく問われることになろう。

3．経営倫理（学問・実践）にとっての新たな研究課題

3.1 気候変動，人権・労働，腐敗

以上，経営倫理が「目指してきたところ，目指すところ」を念頭に置き，歴史を鳥瞰してきたが，最後に，今後，研究課題となり得る事項を4つ挙げておきたい。

第1は「気候変動，人権・労働，腐敗」に関わるものである。気候変動に関しては，技術革新によって温室効果ガスを削減することが期待されるわけであるが，それ以外の課題，例えば，ビジネス・モデルのあり方などについても議論すべき時期に来ていると感ずる。コロナ禍にあってEコマースが普及・定着したことで，製品・商品は頻繁かつ小ロットで移動する社会となった。物流コストの上昇という問題もあるが，これがCO_2の排出を爆発的に増やしていることも事実である。こうしたビジネス・モデルについて議論する必要性は益々高まってこよう。また，人権・労働，腐敗に関しては，既に多くの会社が基本ポリシーを策定しているが，それ以上の具体的な展開は見せていない。それゆえ，人権・労働に関する現状と課題の共有，その課題を解決するためのベストプラクティスの蓄積・発信なども重要な研究課題となってくるはずである。

3.2 ESG開示

第2は「ESG開示」に関わるものである。現在，多くの企業がIIRCに基づく開示を進めているが，そのうち，人的資本，社会・関係資本，自然資本の「短期・中長期における増減」については，質的な説明にとどまっている（測定不能のため）。このままでは，例えば，摘み食い的にSDGsの目標を選択し，またインパクトの小さな取り組みを大きなものであるかのように誇張する会社も多数出てこよう。さらには，温室効果ガス削減目標の達成が迫られる中，排出量の大きい製造工程を非上場会社に移転する企業も出てくる可能性がある（既に国レベルでは起こっている）。ESGに関連する開示が本来の目的か

ら逸脱しないよう，改善の方向を探ることも経営倫理の新たな研究課題となろう。

3.3　コーポレートガバナンス

第3は「コーポレートガバナンス」に関わるものである。既に社外役員の人数やスキルマトリックスなどの形式は整備され，各社ともこれに対応しているが，やるべきことは，やはり「実質」をどう変えるかである。例えば，親子上場問題が一時期集中的に議論されたことがあるが，その利点とリスクを改めて比較し，うまく機能している会社と機能不全に陥っている会社など，実態の把握を進め，違いを生み出す要因を特定していく必要があろう。さらに，新たなテーマとして，スタートアップ企業による不正をどのように防止するか，新興企業の経営者に対しどのような倫理教育を行うか，そうした教育機会をどのように創出するかなども新たな研究課題となるはずだ。

3.4　デジタル化

最後は「デジタル化」に関わるものである。それは，2つのレベルにおいて，デジタル化が倫理上の課題を生み出すと予想されるからである。ひとつは，技術に潜む倫理課題であり，特にAIツール開発者に求められる職業倫理上の課題である。他のひとつは，DX・AIを駆使しデータドリブンで利益を追求する事業者の倫理問題である（筆者はこれを「MDP問題」と呼んでいる）。これまでMDPは「『自律的・合理的判断』『民主的な社会の実現』を目指し経営を進めてきた」とされるが，実態はこれと矛盾する社会課題も生み出している。このMDP問題に対処するための実践的な施策を探ること，それは経営倫理が避けることのできない新たな研究課題となろう。

もっとも，経営倫理にとっての研究課題は，以上の4つに限られるわけではない。持続可能な企業経営の実現を，またそれを通じて持続可能な社会の実現を目指す上での課題は，山積みと言ってよかろう。それだけに，次の30年に向け，経営倫理のさらなる学問的・実践的展開が強く望まれるのである。

第 2 章

経営倫理とサステナビリティ

高橋浩夫

1．SDGs とは何か

　最近，「サステナビリティ」と言うことが社会の各分野で課題になっている，英語で言えば Sustainability，つまり「持続性」である。それでは何が持続性なのか。企業は基本的に持続しなければならないことから経営学では「継続企業体：Going Concern」と言う。企業経営は基本的に継続し発展しなければならないのである。持続性も継続性も変わりはないが，社会の発展としての持続性は今の時代，そして次の時代，そしてさらに次の時代へと引き継がれなりればならない。我々はその根幹である経済活動は次へと持続させることが当然のこととして認識してきた。しかし，今ここにきてなぜサステナビリティである「持続性」が大きな社会的課題となってきているのであろうか。「持続性」議論の根底にはこのままの社会状況では，持続性が危ぶまれる要因が様々な形で世界各地に広がっていることである。近年来，経済活動は活発になり世界経済は活性化し豊かな社会を享受するかのようには見えてきた。しかし，目を片方に転ずると国家間の経済格差，貧困問題，行き過ぎた市場競争からもたらされる環境破壊や気候変動，競争に勝ち抜くための過酷な労働問題，人権問題などの危惧すべきことが大きな課題となっている。これをこのまま放置して我々は単なる傍観者であって良いのだろうか。誰かがその解決の糸口を見出さなければならない。経済活動の発展に伴う社会との関連性やその調和の問題はこれまで歴史上の様々な局面で問われてきた。経済学の始祖とされるアダム・スミス（Adam Smith, 1723-1790）は著書である「諸国民の富」（*The Wealth of Nations*）で経済活動は神の見えざる手（invisible hands）によって社会発展と調和することを説き，そのための国家は経済活動にあまり関与すべきでなく小さな政府（cheap government）であるべきだと主張した。経済活動は自由競争によって社会の発展と自然に調和してゆくと考えた。この自由競争による市場メカニズムの論理は今日も厳然と受け継がれ経済発展の理論的根拠となっている。

　しかし，1989 年の「ベルリンの壁」崩壊後，社会主義国であった旧ソ連，中国，東ヨーロッパ諸国も市場経済体制へ移行し市場メカニズムによる経済発展を成し遂げてきた。しかし，この経済活動と社会との調和は旧社会主義国の市場経済体制の移行を契機に市場競争は益々激化し社会との不調和が顕著になってきている。地球上の多くの国が市場経済体制へと移行し，結果として社会発展との不均衡が生まれ「持続性」が危ぶまれる課題がでてきた。

　この経済活動の主体である企業と社会との関係は経営倫理の視点からも多様な局面から捉えられてきた。これに対して近年は CSR（Corporate Social Responsibility）や CSV（Creating Shared Value），あるいは経済投資の側面から考える ESG（Environment, Society, Governance）等が課題となってきた。我が国の産業界では 2003 年が CSR 元年と言われ，各社は CSR をひとつの経営課題としてその具体的活動に力を入れ CSR 報告書の形で著わしてきた。ところが近年ではヨーロッパ，アメリカ，さらに日本企業でも CSR に代わってサステナビリティやサステナビリティ報告書の形に変ってきている。それでは CSR とサステナビリティは何がどう違うのであろうか。今，あらゆる活動がサステナビリティにむ結びつけられその意義が問われている。企業はサステナビリティの意義を CSR とは違う視点から受け止め，これから先の社会を持続的に成長させるためにはどうしたらよいのかを考えなければならない。

2．サステナビリティと言う言葉

　もともとサステナビリティという言葉は 1980 年の国際自然保護連合（IUCN），国際環境計画（UNEP）による地球保全と自然保護の指針を示す世界保全戦略で使われた「持続可能な開発」（Sustainable Development）から

始まり，1987 年に国連の「環境と開発に関する世界委員会」が発行した「我ら共通の未来」でサステナビリティが世界中に知られるようになり，これが1992 年開催の地球サミットによって世界中に広まることになった。従って，サステナビリティの言葉自体は 1980 年代頃から使われ始めてきている。その当時のサステナビリティは自然保護や環境問題に注力した課題であった。しかし，それが本格化し各国が取り組み始めるのは 2015 年に国連で採択されたSDGs（エスディージーズ）「持続可能な開発目標：Sustainable Development Goals」である。ここでは経済の持続的成長，格差問題，気候変動など経済，社会，環境の取り組むべき問題が 17 の目標と 169 のターゲットにまとめられた。これは発展途上国のみならず，先進国を含むすべての国が共有しなければならない普遍的目標である。CSR が Corporate という企業の経済活動を念頭に置いたことに対し，SDGs はそれよりも広範囲な課題を包含している。今，CSR に代ってサステナビリティになっている背景には企業活動を持続させてゆくためには CSR よりも幅広い領域で社会との関わり合いを捉える必要があるからである。その羅針盤とも言える関わり合いがSDGsが掲げる17の目標*であると言って良い。企業はその目標をそれぞれの課題が接合する領域でサステナブルな企業活動にするためにはどうしたら良いかを考えなければならない。我国でも今あらゆる場面で SDGs が取り上げられている。この本格的取り組みは 2018 年には日本政府も国連の場で SDGs に対して 1000 億円を拠出したことで産業界に急速に広まった。CSR に変わって今なぜサステナビリティなのか深く受け止め具体的アクションを起こさなければならない。

*【17 の目標】

① 貧困をなくそう（あらゆる場所のあらゆる形態の貧困を終わらせる）

② 飢餓をゼロに（飢餓を終わらせ，食料安全保障及び栄養改善を実現し，持続可能な農業を促進する）

③ すべての人に健康と福祉を（あらゆる年齢のすべての人々の健康的な生活を確保し，福祉を促進する）

④ 質の高い教育をみんなに（すべての人々への，包括的かつ公正な質の高い教育を提供し，生涯学習の機会を促進する）

⑤ ジェンダー平等を実現使用（ジェンダー平等を達成し，すべての女性及

び女児の能力強化を行う）

⑥　安全な水とトイレを世界中に（すべての人々の水と衛生の利用可能性と持続可能な管理を確保する）

⑦　エネルギーをみんなに，そしてクリーンに（すべての人々の，安価で信頼できる持続可能な近代的エネルギーのアクセスを確保する）

⑧　働きがいも経済成長も（包括的かつ持続的な経済成長及びすべての人々の完全かつ生産的な雇用と働きがいのある人間らしい雇用を促進する）

⑨　産業と技術革新の基盤をつくろう（強靭なインフラ構築，包括的かつ持続可能な産業化の促進及びイノベーションの推進を図る）

⑩　人や国の不平等をなくそう（各国内及び各国間の不平等を是正する）

⑪　住み続けられるまち作りを（包括的で安全かつ強靭で持続可能な都市及び人間居住を実現する）

⑫　作る責任　使う責任（持続可能な生産消費形態を確保する）

⑬　気候変動に具体的な対策を（気候変動及びその影響を軽減するための緊急対策を講じる）

⑭　海の豊かさを守ろう（持続可能な開発のための海洋，海洋資源を保全し，持続可能な形で利用する）

⑮　陸の豊かさを守ろう（陸域生態系の保護，回復，持続可能な利用の推進，持続可能な森林の経営，砂漠化への対処，並びに土地劣化の阻止，回復及び生物多様性の損失を阻止する）

⑯　平和と公正をすべての人に「持続可能な開発のための平和出包括的な社会を促進し，すべての人々に司法へのアクセスを提供し，あらゆるレベルにおいて効果的で説明責任のある包括的な制度を構築する」

⑰　パートナーシップで目標を達成しよう（持続可能な開発のための実施手段を強化し，グローバル・パートナーシップを活性化する）

3．サステナビリティの課題

　SDGs は人間だけでなく地球上の生物すべてが対象で「誰一人として取り残さない」社会の実現を目指している。そこには貧困や飢餓の終息，ジェンダー

の平等などの社会に関する課題から，クリーンエネルギーの利用，気候変動に
関する緊急対応などの環境問題まであらゆる分野での目標が設定されている。
この目標が設定され今，具体的アクションを起こさなければならないいくつか
の課題を考えてみたい。

3.1　社会問題解決の新たなスタンス

　社会主義の崩壊による市場経済の源流は 1989 年 12 月，勇敢に立ち向かった
若者による「ベルリンの壁」崩壊にある。東西ドイツは併合し自由化の波は隣
国の東ヨーロッパ諸国へと広がった。そして，その波は社会主義の超大国ソ連
に広がり，ソ連は崩壊し今日のロシアになった。またソ連と共に社会主義，共
産主義を標榜してきた中国も「社会主義市場経済」を導入した，つまり，政治
は中国共産党一党支配による社会主義体制堅持，他方で 1970 年代後半から始
まった鄧小平による「改革開放」政策は中国経済を揺り動かし，今やアメリカ
資本主義に迫る勢いで世界第二の経済大国まで押し上がった。このような，
ベルリンの壁崩壊後の世界は旧社会主議国も自由経済体制による競争原理の
導入によって先進国とされてきた欧米諸国と対峙することになった。市場経済
の導入によって多大な富を得たもの，片やそれに取り残されたものの経済格差
は益々広まりつつある。結果として市場経済による競争社会は欧米先進国，旧
社会主義諸国でも様々な社会問題を引き起こしている。市場経済の広がりによ
る都市と農村との経済格差，都市での犯罪，貧困，飢餓，教育格差による負の
循環が拡大している。これをこのまま放置したら戦争や暴動，犯罪と言う社会
問題を引き起こすことになる。これらの負の問題は市場経済体制に伴う共有の
社会責任問題として捉えなければならない。貧困や飢餓の問題に国家として，
企業としてどのようなアクションを取れるのであろうか。食品事業の巨人と言
われるネスレはこれらの問題に対して社会的成果と経済的成果の同時解決を目
指した CSV（Creating Shared Value：「共有価値の創造」）の経営を進めてい
る。(『すべてはミルクから始まった─ネスレの経営』拙著，2019 年参照) 多
くの低開発国では貧困や飢餓の問題を抱えており，これを解決するための経済
開発によってやがては自社の潜在需要を見越した長期的な経営戦略である。社
会問題解決のために企業として何ができるか，これは SDGs に沿った事業戦略

として新たなスタンスで考えることができる。

3.2　地球環境問題の危機

　地球規模での市場経済の導入による工業化社会の広まりは工場の稼働や車社会の普及によって化石燃料消費が拡大した。化石燃料には石炭，石油，天然ガスがある。これらの燃料は温暖化ガスである CO_2 を排出する。わが国でも1960年代の高度経済成長期に各地で工場が設立されその煤煙である CO_2 の排出による人体への影響によって公害問題を引き起こした。あまりも排出量が多い時には東京などでは「スモック注意報」が発令された。さらに急速な車社会の普及によって排気ガスによる健康を損なう空気汚染が深刻になった。工業化社会によって引き起こされる CO_2 の排出は気候変動と関係があることを突き止めたのは2021年のノーベル賞に輝いた日本人の真鍋淑郎博士である。今，世界各地で異常気象によって引き起こされる干ばつ，大洪水，海水温の上昇，熱波による人体への影響等，正に我々の日常生活に迫る問題である。CO_2 を少なくするためのカーボンニュートラルの問題は今緊急の課題となっている。化石燃料に代わるエネルギー源としての風力，太陽光による発電，ガソリン車から電気自動車（EV）へのシフトはSDGsに沿ったイノベーションへの取り組みである。また気候変動問題は生態系にも大きな影響を及ぼしている，これまで長い年月を経て自然に育まれてきた動植物の生態系が変わりつつあるのである。これは将来我々の生活にも深刻な影響を及ぼし，地球の生態系が崩れてきたらあらゆるものの「持続性」が問われてくる。気候変動がなぜ今，サステナビリティ問題の最先端かと言うと，我々の毎日の生活と直接的な関わり合いを持ってくるからである。気候変動によって農作物が育たなかったり，異常気象の熱波によって多くの命が絶たれたらどうなるだろう。

　環境問題はすべての活動の所与の要件として組み込まれているがこれが変わったらどうなるだろう。環境問題は気候変動だけでなく森林資源，天然資源，海洋資源などの幅広い領域にまたがる。これらの資源を大切にしなければやがて資源は枯渇する。プラスチックゴミの回収や再生紙の活用，「もったいない」活動はさらに進めなければならない。

3.3　人間の生きがいと人権

　市場経済への変革によってあらゆる領域でのグローバル化が進んでいる。特に企業活動は国境を越えそこには多様な人が働いている。正にダイバーシティな社会だ。しかし，これまでの経済発展を見てみると民族，宗教，性別，年齢にる差別を行ってきてはしないか，人間としての平等な労働環境を提供してきたのだろうか，そこには無意識な差別（アンコンシャス・バイアス）によって不当な扱いを行ってきたことはないか。また，基本的人権をも奪い強制労働による不当な労働搾取を行っているところもある。これは SDGs の目標からすると，5 番目の「ジェンダー」，8 番目の「働きがいと経済成長」，10 番目の「人や国の不平等」，そして 4 番目の「質の高い教育」の問題に関わってくる。今，わが国では「ジェンダー」や「ダイバーシティ」が盛んに取り上げられている。同質文化の中で育まれてきた日本企業の特徴はグローバル化という中で異質文化との調和を見出す経営に挑戦しなければならない。ジェンダーと言う性別，そしてダイバーシティと言う民族，宗教，年齢に捉われない多様性をいかに経営力の向上につなげてゆくかである。今，多くの企業でサステナビリティの課題に D&I も加えている。D は多様性である Diversity，I は包含する Inclusion の意味である。根底にあるのは単なる多様性でなく，すべての行動を包含した多様性への取り組みを行おうとすることである。また，働く時間が長いにも関わらず，他の先進国と比べると労働生産性が低い日本企業での「ワーク＆ライフバランス」の問題もこの領域の課題として取り上げられ，それを向上させて「健康で働きがい」のある職場環境に整えてゆくこともサステナブルの課題につながってくる。働きがいのある現在の職場環境を次の世代へと持続させてゆくことの取り組みも SDGs に向けた具体的アクションである。

4．SDGs の視点からのビジネス機会の再構築

　経済発展の基礎はイノベーション（Innovation），つまり「革新」と捉えたのは経済学者のジョセフ・シュンペーター（Joseph Schampeter, 1883–1950）である。シュンペーターのイノベーションは新技術，新製品などの分野に限ったことではなく新市場開発や新経営手法などの幅広い分野での「革新」と考え

ている。「革新」に対して「革命」（Revolution）がある。革命は「産業革命」（Industrial Revolution）や今日の「IT 革命」がある。革命は革新と違って人間の働き方，社会生活の在り方まで変える根本的な社会基盤の変革である。これに対して革新であるイノベーションは革命よりも短いレンジで企業経営の視点から語られている。ここでなぜイノベーションに触れるかと言うと，CSR も CSV も SDGs も社会変革の側面から捉えると，長期的には企業発展との関係性から捉える必要があるからである。SDGs の 17 目標を見ると地球が抱える負の側面，いわば"困りごと"の課題でもある。CSR は企業の社会的責任の問題，CSV は企業の経済的成果と社会的成果の同時達成を目指す経営，SDGs は地球規模での経済，社会，環境問題への対応を国連採択によってその加盟国が具体的アクションを起こそうとする課題である。これは CSR で言う企業と社会との関係ではなく社会の中のあるべき企業活動の課題である。つまり SDGs と言う地球が抱える問題の中で企業としてどう活動して良いかである。企業と社会との在り方を演繹的に考え，SDGs をサポートする社会と共存する企業経営の在り方が問われている。CSR は企業の社会的貢献の形で様々な非財務的活動を CSR 報告書の形にまとめているが，それも活動の一部であることは確かだ。しかし，今問われている CSR は日本の自動車作りのように本業による社会的価値の創造である。その本質はイノベーションによって環境にも社会にとっても良い車を作ることだ。この分野で日本の強い車作りや環境技術の開発，再生エネルギー開発などのビジネス分野がある。また日本企業は先進国向けのビジネスで発展してきたがこれからは発展途上国や未開発国向けのビジネス拡大が SDGs の考え方とも合致する分野である。今，自動車業界はこれまでエンジンに代わる電気自動車（EV：Electric Vehicle）の開発が凌ぎを削っているが，これは脱炭素という自動車の基本を変える革命的挑戦であり，環境や資源問題に取り組みサステナブルなビジネス機会でもある。また電力源である原子力や火力発電に代わって風力や太陽光による電力供給は自然資源を活用したサステナブルなエネルー供給である。また，身近な問題としてプラスチック用品の回収や再生紙の活用が我々の生活の中に根づいてきているが，これなども資源の無駄使いへの市民意識の高まりである。図表は SDGsの目標である 2030 年におけるビジネス機会展望を持続化委員会がまとめドル

図表 I-2-1　SDGs によるビジネス機会の展望

2030 年における漸増的市場機会の価値　　（単位：10 億ドル）

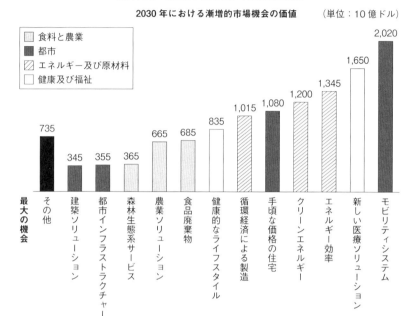

出所）ビジネス＆持続可能開発委員会（2017）『より良きビジネス　より良き世界　概要』。

バースで予測したものである。

5．トップマターとしてのサステナビリティ

　それではサステナビリティ経営をどのような形で組織全体が共有し推進する
かである。これは新たの経営課題に挑戦する長期的で戦略的な課題である。経
営戦略はトップマネジメントの課題であり，最高経営責任者である CEO（Chief
Executive Officer）の強い意思がなければ進まない。サステナビリティは経営
環境を企業の強い意志で変えてゆく基本方針に関わる問題であり，経営の最高
意思決定者である CEO のコミットメントが鍵となる。このような意味からす
ると CEO の最終意思決定機構である取締役会の在り方，つまり今日のコーポ
レートガバナンス改革とも関係してくる。わが国では近年のコーポレートガバ
ナンス改革に提言を行ってきた金融庁と東証は有識者の助言を受けて 2021 年

6月に改訂を行った，そこにはサステナビリティに関して「取締役会は気候変動などの地球環境問題への配慮，人権の尊重，従業員の健康，労働環境への配慮や公正，適切な処遇，取引先との公正，適切な取引，自然災害等への危機管理など，サステナビリティを巡る課題への対応は，リスクの減少のみならず収益機会にもつながる重要な経営課題であると認識し，中長期的な価値の向上の観点から，これらの課題に積極的，能動的に取り組むよう検討を深めるべきである」と述べている。サステナビリティの課題は取締役会がリーダーシップをとって「サステナビリティ経営」を推進すべきことを求めているのである。その他の推進部門，委員会組織，トップレベルの責任者であるチーフ・サステナビリティ・オフィサー（Chief Sustainability Officer）の任命も必要になってくる。今，日本企業の間ではトップと直結するサステナビリティ担当役員や推進責任者を任命しこの問題を全社的に取り組んでいるところもある。

6．SDGsから考える資本主義社会の未来

　本稿の課題は「経営倫理とサステナビリティ」について考えてきたが，その底流には余りにも進みすぎた経済至上主義への危機感がある。このまま経済優先で突き進んだら地球環境はどうなるのか，経済格差による深刻な社会問題，人権問題にどう対応するかである。
　市場経済の基本の主体は企業であり，その制度的担い手は株式会社である。
　株式会社の基本は資本の提供者としての株主であり，それに報いることが経営責任である。そして，その市場競争が激しくなればなるほど株主への還元が強調され株主資本主義の基盤を作ってきた。結果として競争のためには何事もいとわない企業活動が経営倫理に関わる不祥事を引き起こしてきた。今，市場経済体制の最前線で進んできたアメリカでこのような株主至上主義に対して修正が加えられつつある。これに対峙する考え方はステークホルダー資本主義と呼ばれ，企業を支える利害関係者としての社員，地域社会，組合，地方自治体，消費者等の幅広い関係者に配慮した経営が本質だと言うのである。
　これはアメリカの有力経営者が集まるコンファレンス・ボードが2018年の8月に声明文を出してから広まった（"Business Roundtable, Redefine

the Purpose of a Corporation to Promote 7, An Economy That Serves All Americans" August 19, 2018)。さらには，毎年世界の主要政界，財界人の代表者らが集まるスイスの「世界経済フォーラム」（ダボス会議）でも株主至上主義の下での社会との不均衡問題が取り上げられ，利害関係者に配慮したステークホルダー資本主義への修正を求めている。

　ただ資本主義体制の中の株式会社と言っても国家によってその形態は違っている。ロシアや中国は元々国有企業だったものが民営化した形の企業形態である。そこでの最高トップは政府の官僚（中国の場合は中国共産党幹部）が就く。中国企業はアメリカをも凌ぐ多国籍企業が台頭してきているが，これはアメリカや日本の本来的多国籍企業と違って State Owned Multinationals と呼ばれている。要は株式会社化したと言っても中国の大企業は国家の支配下にある国家資本主義（State Capitalism）と呼ばれる形態である。

　また，韓国，台湾，香港，アジアの企業は創業者にルーツを持つファミリー企業，同族者支配による企業形態が多い，これらの財閥資本ともいえるファミリーは国家とも深い関係の中で経営を担っている。これは縁故資本主義（Crony Capitalism）と呼ばれている。

　しかし，どんな資本主義の形態と言っても本来的にステークホルダーを無視した株式会社の在り方は考えられない。ステークホルダーあっての株式会社が本来の姿である。しかし，企業間競争が激しくなりそれも国境を越えたグローバル競争になり，株主からの要求が強くなると株主資本主義の度合いが強くなってきている。ただ株主資本主義やステークホルダー資本主義とは言ってもそれらは相対的見方であり，個別企業を見ればそれぞれの特徴ある経営スタイルで行っている。

　さて，このような流れから言うと日本企業の形態はどのように位置づけられるだろうか。日本経済の勃興期，大資本を持っていたころは財閥を核とした株主資本主義の時代もあったが，戦後の財閥解体で企業家よる次々と生まれた株式会社の誕生によって飛躍的な発展を遂げ世界に君臨する日本企業になった。その飛躍的発展を遂げた日本企業の特徴は本来的にステークホルダー資本主義だ。その特徴として「三方良し」の経営に代表されるようにステークホルダーである国家，株主，顧客，地域社会，社員との対話を通じた経営のあり方

を探ってきた。この考え考え方にたったサステナブルな経営は SDGs の掲げる目標と共有する部分が多分にある。ただ，サステナブルな経営を目指すには大きな産業の流れを超長期的に見極める必要がある。強かった日本の製造業，その代表のトヨタですら 2021 年の世界の企業価値ランキングでは 45 位である。トップテンはマイクロソフト，グーグル，アマゾンに代表されるアメリカのIT 企業である。日本企業の本質にあるステークホルダー資本主義を基本にしながらもサステナブルな経営には何がこれからの企業価値を生み出す事業なのかを掘り起してゆかなければならない。その掘り起しによって企業の持続的発展にはどのような事業に舵を取って行くべきなのかが問われている。サステナビリティは 21 世紀の健全な経済発展を見据えた経営戦略である。

第3章
経営倫理とカーボンニュートラル

蟻生俊夫

　わが国では，2020年10月，菅義偉首相（当時）が所信表明演説で「2050年までにカーボンニュートラル，脱炭素社会の実現を目指す」と宣言した。これをきっかけに，「カーボンニュートラル」に大きな関心が集まるようになった。このカーボンニュートラルは，日本語で「炭素中立」を意味する。人類の社会・経済活動によって排出される二酸化炭素（CO_2）などの温室効果ガスについて，植林などの方法で吸収することで正味ゼロにすることを指す。カーボンニュートラルは，人類の生存にかかわる世界的に重要な問題である。これは，環境をテーマにしたCSR，ESG，SDGs など，経営倫理とも密接に関連する。本章では，まず環境問題の視点からカーボンニュートラルの意味，重要性を確認する。次に，その実現に向けての処方箋を具体的に示すとともに，CSRをはじめとする経営倫理との関連性，対応を説明する。

1．地球温暖化問題とカーボンニュートラル

1.1　環境問題としての地球温暖化
　CSR，SDGs，ESG投資，サステナビリティなど，最近注目される経営倫理関連のキーワードには，すべて環境問題への対応が主眼となっている。
　環境問題については，1970年に資源・人口・軍備拡張・経済・環境破壊などの全地球的な「人類の根源的大問題」に対処するために，国際的なシンクタンクであるローマクラブがスイスに設立された。1972年になると，このロー

マクラブ（メドウズほか 1972）は，将来も人口増加と経済成長が続けば，人口，食糧生産，資源，環境などの問題から，100 年以内に地球の成長は限界に達するという報告書『成長の限界』を公表した。これにより，有限な地球の資源や食糧生産，環境を踏まえた対応の重要性を指摘した。

　この年，国連人間環境会議が「かけがえのない地球」をスローガンとして「人間環境宣言」を採択する。また，「国連環境計画」（UNEP）が創設され，国際協調による環境問題への取り組みを開始した。

　その後 1980 年，UNEP に加え，世界自然保護基金（WWF）や国際自然保護連合（IUCN）の協力によって「世界自然資源保全戦略」が策定される。この戦略には，「持続可能性」という表現が織り込まれた。

　また，1984 年に国連で創設された「環境と開発に関する世界委員会」（WCED 1990）は，1984 から 1987 年までの 4 年間の活動成果として，報告書『我ら共有の未来』（*Our Common Future*）を国連総会に提出した。この中で，「持続可能な開発」（Sustainable Development）を提唱し，これを「将来のニーズを満たす能力を損なうことがないような形で，現在の世界のニーズも満足させること」と定義した。

　こうして，世界的に持続可能性，サステナビリティへの関心が高まっていく。

　近年，世界の各国・各地では，干ばつや洪水，熱波，台風・ハリケーンなどの異常気象が頻発している。環境問題の中でも，地球温暖化が一層クローズアップされている。

1.2　IPCC と COP

　環境が「持続可能ではなくなる」というリスク認識の高まりや異常気象の頻発を背景として，1988 年，国連環境計画（UNEP）と世界気象機関（WMO）により，気候変動に関する世界中の第一線の研究者を集めた政府間パネルIPCC（Intergovernmental Panel on Climate Change）が設立された。これは，人類共通の問題である地球温暖化とそれに起因する気候変動について，世界への影響を把握するとともに，その包括的評価を行うことを目的とする国際組織である。

　IPCC は，①気候システムおよび気候変化，②生態系，社会・経済等の各分野における影響および「適応策」（adaptation），③気候変化に対する対策としての「緩和策」（mitigation），という 3 つの評価を行う作業部会と，④温効果ガス排出・吸収量の算定手法の開発・普及を行うタスクフォースで構成される。それぞれの部会にて，パネルとして選ばれた研究者の協力の下，科学誌に掲載された論文等にもとづいて定期的に報告書を作成し，気候変動に関する最新の科学的知見の評価を提供する。IPCC は，研究者の集まりであり，特定の政策の提案を行わない。あくまで科学的中立性の立場から評価を行うことを特徴とする。

　IPCC（1990）は，1990 年に最初の評価報告書を公表した。ここでは，「人為起源の温室効果ガスがこのまま大気中に排出され続ければ，生態系や人類に重大な影響をおよぼす気候変化が生じる恐れがある」という警告を発した。これは，国連の地球温暖化問題の議論に大きな影響をおよぼしていく。国連では，1992 年，気候変動枠組条約（UNFCCC）が採択された。そして，197 カ国・機関の締約の下，1994 年に発効した。

　1995 年になると，IPCC（1995）は，1990 年以降に得られた地球温暖化問題に関する新たな科学的知見を踏まえた第 2 次評価報告書を公表した。この序文では，「全球平均気温および海面水位の上昇に関する予測から，人間活動が人類の歴史上かつてないほどに地球の気候を変える可能性がある」，「温室効果ガスの蓄積に対する気候系の反応は，時間スケールが長いことから，気候変化は多数の重要な点に関し，すでに取り返しのつかない状況にある」と述べている。

　この評価報告書を踏まえ，UNFCCC にもとづき，1995 年に，大気中の CO_2，メタンなどの温室効果ガスの濃度を安定化させることを究極の目的とした，第 1 回気候変動枠組条約締約国会議（Conference of the Parties：COP）がベルリンにて開催された。COP は，この年からほぼ毎年の頻度で，開催されていく。

　その後 1997 年 12 月，京都市の国立京都国際会館にて，COP3（京都会議）が開催された。ここでは，気候変動に関する国際連合枠組条約の京都議定書を採択する。京都議定書では，日本，米国，EU，カナダなどの先進国に対し

て，2008 年から 2012 年の 5 年間で，地球温暖化の原因である CO_2，メタン，一酸化二窒素，ハイドロフルオロカーボン，パーフルオロカーボン，六フッ化硫黄といった温室効果ガスについて，1990 年を基準に減少させるという目標を明確にした。

　COP3 の京都議定書では，環境問題への対策を国際協定として全世界的にはじめて定めたという点で画期的であった。これにより，地球温暖化の原因であると考えられる温室効果ガスの排出量を削減するために，世界が足並みをそろえて動き出した。

　IPCC（2001, 2007）は，その後も 2001 年に第 3 次評価報告書，2007 年に第 4 次評価報告書を公表する。地球温暖化が人類の活動に起因することを特定し，警鐘を鳴らしてきた。そして 2007 年には，人為的に引き起こされる気候変動の認識を広めるとともに，気候変動を解決するための土台を築く取り組みを行ってきたことが評価され，環境問題への取り組みに貢献してきた米国アル・ゴア前副大統領とともにノーベル平和賞を受賞した。

1.3　カーボンニュートラルの起源

　IPCC による地球温暖化への警鐘に合わせ，2000 年代には，商品やサービスの原材料調達から廃棄／リサイクルに至るライフサイクル全体で温室効果ガス排出量を表示する「カーボンフットプリント」，人間の経済活動や生活から排出された温室効果ガスを植林・森林保護などで吸収する「カーボンオフセット」など，CO_2 排出量を定量的に計測する動きが加速する。

　そして，カーボンオフセットからさらに進め，温室効果ガス排出の全てを他の場所での削減・吸収する「カーボンニュートラル」という概念が生まれる。2006 年には，カーボンニュートラルは，英国オックスフォード大の米語辞典の Word of the Year に選定されている。

　その後，2013 年から 2014 年にかけて，IPCC（2014）の第 5 次評価報告が公表された。ここでは，工業化の始まった 1850 年代以降の温度上昇と累積 CO_2 排出量がほぼ比例関係にあることを明らかにした（図表 I-3-1）。温度上昇を一定の水準にとどめるためには，累積 CO_2 排出量に上限があると言える。したがって，上限に達した後は，人間活動による排出量と除去量をバランスさ

図 I-3-1　世界全体の CO₂ の累積総排出量の関数として示した世界平均地上気温の上昇量

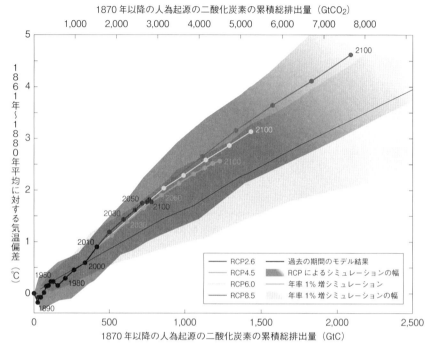

注）RCP（Representative Concentration Pathways，代表濃度経路）シナリオは，RCP2.6：（排出量のもっとも少ない）低位安定化，RCP4.5：中位安定化，RCP6.0：高位安定化，RCP8.5：（最大排出量に相当する）高位参照シナリオを指す。
出所）IPCC（2013）.

せる，すなわち正味の排出量をゼロにする必要がある。これにより，カーボンニュートラルは，それまでの概念から実質的な取り組みに移行していく。

　同報告書では，「地球の平均気温 1.5 上昇は，2021 年から 2040 年にも起きる可能性がある」「特にエネルギー供給・消費部門のように社会インフラ構築と社会・産業構造の変革を必要とする分野では，極めて多額の投資と長い期間が必要である。温暖化は，遠い未来の課題ではなく，今取り組むべき喫緊の課題」とした。

　その後 2015 年，フランス・パリにて COP21 を開催した。ここでは，先進国だけでなく，途上国も含めた全世界的な環境問題への取り組みを議論した。そして，世界 150 以上の国の同意のもと，産業革命以降の全世界の平均気温の

上昇を 2℃ 未満にすることを求めた「パリ協定」を採択した。

　この第 4 条には,「今世紀後半に温室効果ガスの人為的な発生源による排出量と吸収源による除去量との間の均衡を達成するために, 開発途上締約国の温室効果ガスの排出量がピークに達するまでには一層長い期間を要することを認識しつつ, 世界全体の温室効果ガスの排出量ができる限り速やかにピークに達すること, およびその後は利用可能な最良の科学にもとづいて迅速な削減に取り組むことを目的とする」とある。これにより, カーボンニュートラルについて, 世界全体で温室効果ガスのネットゼロ排出目標を明示することになる。

　2021 年に, 英国グラスゴーで開催された COP26 では, 世界の気候変動対策の基準として「1.5 度目標」を明確に掲げた「グラスゴー気候合意」を採択した。ここでは, 石炭火力発電の段階的な削減に合意するとともに, 気候変動の緩和と適応に対処する資金援助の必要性を訴えた。

　この後も, IPCC による評価報告書の公表, COP での議論は, 継続的に推進されている。2050 年のカーボンニュートラル実現には長い道のり, 多くの課題が待ち受けていると言えそうだ。

2. エネルギーから見たカーボンニュートラル

2.1　エネルギー転換部門の脱炭素化

　2019 年の世界の CO_2 排出量について, 国別では, 中国 30％, 米国 14％, インド 7％, ロシア 5％, 日本 3％と続いている（全国地球温暖化防止活動推進センター 2022）。これらの国で過半数の排出量を占めるのが現状である。この温室効果ガスの部門別排出内訳を見ると, 例えば日本では, エネルギー起源が 85％を占めている（図表 I-3-2）。したがって, このエネルギー部門の脱炭素化がカーボンニュートラルにとって主要な対策となる。これは, 中国や米国でも同様である。

　この対策では, 日本の場合, 江戸時代といった昔の生活に戻ることも選択肢のひとつとなるかもしれない。他方, 現在の一定の生活水準の維持を前提とすれば, 従来の取り組みの延長ではなく, 抜本的排出削減を可能とする技術や, 社会経済システムの変革などのイノベーションを必要とする。

図Ⅰ-3-2　日本の温室効果ガス排出量

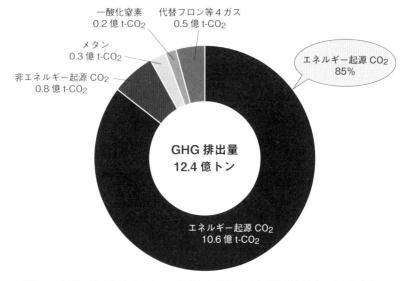

注）CO₂以外の温室効果ガスはCO₂換算した数値。国立環境研究所「日本の温室効果ガ
　ス排出量データ」より経済産業省にて作成。
出所）経済産業省（https://www.enecho.meti.go.jp/about/pamphlet/energy2020/003/）。

　具体的には，すべての部門で省エネ・省資源を目指すとともに，ガソリン車
から電気自動車への移行など，電化・水素化・カーボンリサイクル燃料の活用
などによるエネルギー転換を進め，使用するエネルギーの脱炭素化を進めてい
く必要がある。この際，温室効果ガス排出で大きな割合を占め，電化で使用量
が増大すると想定されるエネルギー転換部門の脱炭素化がもっとも重要な課題
と言える。

2.2　エネルギーバランスフロー

　エネルギー転換部門の脱炭素化に関連し，中学時代に習った物理を思い出し
てみよう（蟻生 2021）。他の物体を動かしたり，変形させたり，壊したりでき
る能力をエネルギーといった。このエネルギーの代表的なものとして，高いと
ころにある物体がもつ位置エネルギー，動いている物体がもつ運動エネルギー
の2つがある。これら位置エネルギーと運動エネルギーの総和は常に一定に保
たれる。これを力学的エネルギーの保存という。

エネルギーには，力学的エネルギーの他に，電気エネルギー，熱エネルギー，化学エネルギー，核エネルギーなど，さまざまな形態がある。各種のエネルギーは，電気を熱や光に変えるといったように相互に変換可能である。これら変換前のエネルギーの総量と変換後のエネルギーの総量は変化しない。すなわち，外界とエネルギーの出入りがない閉じた系において，エネルギーの移動，形態の変更などによっても，その総量は変化しない。これをエネルギー保存の法則と呼ぶ。これは物理学でもっとも基本的な法則である。

現在，さまざまなエネルギーは，人類によって，生産・供給され，電気や石油製品などに形を変え，最終的に消費されている。ここで，日本に限定し，エネルギー需給を概観してみる（図表I-3-3）。

この図表I-3-3を見ると，日本の場合，自然界から得られた変換加工しない一次エネルギーの大半は石油・石炭などの化学エネルギーとなる。これに，再生可能エネルギー（以下，再エネ）の力学エネルギー11％が加わる。

化学エネルギーは，石油製品，都市ガスなどのように，化学エネルギーのま

図表I-3-3　日本のエネルギーフロー（2017年度）

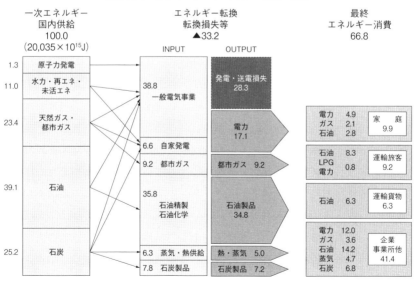

注）「平成30年度エネルギーに関する年次報告」（エネルギー白書2019）にもとづき作成。
出所）高木（2020）。

ま供給される。また，熱エネルギーに変換されて供給，あるいは力学エネルギーを経て電気エネルギーに変換，供給される。さらに，再エネは，最終的に電気エネルギーに変換，供給されている。こうして一次エネルギーは，電気，化学，および熱などに変換・加工されて二次エネルギーとなる。この間，エネルギーの変換損失等で全エネルギーの3割程度が失われる。この主たるものが，化学エネルギーから熱・力学エネルギーを経由しての発電プロセスである。

　エネルギーの輸送は，主に化学エネルギーと電気エネルギーの形で行われている。また，エネルギーの貯蔵は，化学エネルギーの形で行われる。こうして供給されたエネルギーは，熱，力学，光など，さまざまな形に変換され，最終的にわれわれによって消費されている。

　図表Ⅰ-3-3を見てわかるように，日本の一次エネルギー国内供給を100とすれば，発電，輸送，発電・転換部門などの途中プロセスで損失があるため，最終エネルギー消費は7割程度にとどまる。この3割の損失をいかに削減するか，このプロセスでいかに温室効果ガスの排出を抑制するかが，エネルギー部門の脱炭素化へのカギを握っている。これは，割合の大小はあるものの，全世界共通の課題である。

2.3　カーボンニュートラルに向けた技術課題

　全世界でカーボンニュートラルを実現するためには，エネルギー部門の脱炭素化と電化を全面的かつ完全に推進していく必要がある。前節のエネルギーバランスフローで見たとおり，電力・熱・運輸をはじめとするあらゆるセクターにおいて，エネルギーの生産・流通・利用から設備の廃棄／リサイクルにいたるすべてのプロセスでの合理化・最適化を図っていかなければならない。

2.3.1　エネルギー生産面の対応

　今後は，いずれの国でも，空き地や海上などの活用により，風力や太陽光，地熱等の再エネを積極的に導入していく必要がある。実際，国際エネルギー機関（IEA 2021, 2022）によれば，世界の再エネ設備容量は2020〜26年に60%以上拡大し，4,800GW以上となるという。また，2022年以降の再エネ新規導

図表 I-3-4　世界の再エネ新規導入設備の総出力（2017〜2023 年）

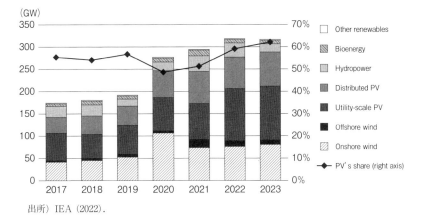

出所）IEA（2022）.

入容量（図表 I-3-4）は，原子力発電所 300 基以上に相当する 300GW を超過している（IEA 2022）。

　他方，再エネ開発・導入のポテンシャルには自ずと限界がある。このため，再エネの建設・運用コストの一層の低減，発電効率の向上などの技術開発が必要となる。

　再エネが最大限に導入されたとしても，消費に見合うエネルギー需要を賄えなければ，原子力や火力発電などにも依存しなければならない。原子力発電については，脱炭素電源であるものの，何よりもまず安全性を高めることで，継続的利用と新増設について国民合意を得る必要がある。

　他方，炭素排出源となる火力発電については，排出される CO_2 回収・貯留する技術（CCS：Carbon dioxide Capture and Storage）や，CO_2 を回収して有効利用する技術（CCUS：Carbon dioxide Capture, Utilization and Storage），燃料の脱炭素化など，新たな技術開発が求められる。

2.3.2　エネルギー流通面の対応

　再エネ導入のポテンシャルとエネルギー需要の地域差を考慮すると，再エネを需要地に送るには，長距離の送電線を新設しなければならなくなる。加えて，人口増減，高齢化，地方から大都市への人の流れ，分散型エネルギー資源の立地等によって，エネルギーのニーズには今以上の地域差が生まれていくこ

とも想定される。今後は，地域固有のニーズを満たしつつ，エネルギーネットワーク全体として安定的な供給を維持できるような対応も必要となる。IoT，IT技術の活用により，電力の流れを供給側・需要側の両方から制御し，最適化できる送電網，スマートグリッドが普及していく。

　安定的なエネルギー供給の実現にあたり，太陽光や風力発電の電気を貯蔵するなど，蓄電池の有用性も増していく。この実現のためには，蓄電池のコスト低減や安全性確保も求められる。また，水素，蓄熱など，他の蓄エネルギー技術の有用性，比較優位性も検討していく必要がある。

2.3.3　エネルギーの利用・リサイクル面の対応

　エネルギー部門の脱炭素化を実現するにあたり，家庭，産業，運輸部門など，すべてのエネルギー利用部門において，省エネルギーを促進するとともに，電化を徹底的に追及することがもっとも確実で有効な手段と考えられる。利用者側の需要を制御するデマンドレスポンスは，省エネルギーや，エネルギーの安定供給に寄与する。この際，自動車の電動化・サービス化に代表されるように，需要家の便益を損なわずに確実に機能させていくための技術や制度，ビジネスモデルも必要となろう。

　また，有限な資源，エネルギーを前提とし，リデュース，リユース，リサイクルの3Rへの取り組みが不可欠となる。さらに，3Rの前提となる材料や製品をワンスルーで消費，廃棄することが主流という現在の経済構造から，今後は，循環的かつ長期的な利用を原則とし，新規の資源投入と廃棄を極小化するサーキュラーエコノミーへの移行までも求められる。これにより，エネルギーだけにとどまらず，プラスチックごみを減らすことなどにもつながっていく。

　3Rやサーキュラーエコノミーへの移行に伴い，企業にとってはサステナブル経営，消費者にとってはエシカル消費など，大きな変革を迫ることになる。これらは，ともすれば経済活動の制限などネガティブに考えがちである。逆にポジティブにとらえると，自然災害に対するインフラ強靱化，食糧安定供給，エネルギー安定供給，感染症の予防・対策など，企業にとっての大きなビジネスチャンスとも見なせる。

3．カーボンニュートラルと経営倫理

3.1　ISO26000 とカーボンニュートラル

　世界的な地球温暖化への対応に呼応し，多くの企業が CSR 推進の一環として環境問題に取り組んでいる。この間，国際標準化機構（ISO）は，2010 年，企業を含むあらゆる組織を対象にした，全世界共通となる社会的責任（SR）規格として ISO26000 を策定した。

　ISO（2010）によれば，企業を含む組織の SR とは，「組織の決定および活動が社会および環境におよぼす影響に対して，①健康および社会の繁栄を含む持続可能な発展への貢献，②ステークホルダーの期待への配慮，③関連法令の遵守および国際行動規範の尊重，④組織全体に統合され，組織の関係の中で実践される行動など，透明かつ倫理的な行動を通じて組織が担う責任」のことを意味する。

　ISO26000 は，あらゆる組織に向けて開発された SR に関する世界初のガイダンス文書で，「持続可能な発展」への貢献を最大化することを目的とする。まさに「サステナビリティ」の実現が ISO26000 の目的となっている。

　この ISO26000 では，SR の基本的な要素として，1) 組織統治，2) 人権，3) 労働慣行，4) 環境，5) 公正な事業慣行，6) 消費者課題，7) コミュニティへの参画およびコミュニティの発展の 7 つを中核主題にあげている。

　特に，中核課題 4) 環境には，①汚染の予防，②持続可能な資源の利用，③気候変動緩和および適応，④環境保護，生物多様性，および自然生息地の回復の 4 つがあげられている。この中で，③気候変動緩和および適応は，温暖化の緩和策と適応策そのものと認識できる。また，①汚染の予防や，②持続可能な資源の利用，④環境保護，生物多様性，および自然生息地の回復も CO_2 の排出抑制や電化促進などにも影響する。さまざまな組織による ISO26000 への取り組みが，カーボンニュートラルの実現に密接に関連している。

3.2　SDGs・ESG とカーボンニュートラル

　最近では，企業のサステナビリティの推進では，前述した CSR や ISO26000

に加え，2015年の国連総会で採択されたSDGs（Sustainable Development Goals，持続可能な開発目標）への取り組みも注目されている。

SDGsは，貧困，飢餓と食料，水と衛生，教育，ジェンダー，消費と生産，気候変動，生物多様性などからなる17ゴールと，このゴールに紐付けられた169ターゲットから構成される。

カーボンニュートラルの実現に直接関連する目標13「気候変動に具体的な対策を」であれば，

13.1　すべての国々において，気候関連災害や自然災害に対する強靱性（レジリエンス）および適応力を強化する

13.2　気候変動対策を国別の政策，戦略および計画に盛り込む

13.3　気候変動の緩和，適応，影響軽減および早期警戒に関する教育，啓発，人的能力および制度機能を改善する

という3つのターゲットからなっている。これは，前述のISO26000の中核主題4）環境の③気候変動緩和および適応とほぼ同一と見てとれる。

また，①汚染の予防は，目標12「つくる責任　つかう責任」や目標14「海の豊かさを守ろう」，目標15「陸の豊かさも守ろう」に，②持続可能な資源の利用は目標12「つくる責任　つかう責任」に，④環境保護，生物多様性，および自然生息地の回復は目標14「海の豊かさを守ろう」目標15「陸の豊かさも守ろう」と関連がある。

このように，前項のISO26000と同様，気候変動への取り組みがSDGsの活動に直結することを意味している。

ここで，SDGsの場合，ISO26000と比べ，カーボンニュートラルの活動に2030年という目標年が設定されたとも見なせる。多くの企業や組織が，ISO26000やSDGsを活用して，効率的かつ効果的にカーボンニュートラルに向けた取り組みを推進していく必要がある。

3.3　未来倫理とカーボンニュートラル

カーボンニュートラル時代の経営倫理では，既述のIPCCやエネルギーの議論で見てきたように，2030年，2050年といった時点での成果を問われている。ここでは，これまでの現時点で企業をとりまくステークホルダーへの対応

に加え，将来まで含めた世代間にわたる公平性の視点を考慮することを忘れてはならない。

　これは，「地球の生物圏全体という途方もない新しい規模の対象が，われわれの責任対象に加えられなければならない。なぜなら，われわれはこの生物圏全体におよぶほどの力を持っているからである」「あなたの行為の影響が，地上における本当に人間らしい生き方の永続と両立するように，行為せよ」という，未来に対する責任こそ現代に求められる倫理と主張したヨナス（2010）の「未来倫理」とも通じる。

　地球温暖化を緩和，適応する企業社会では，現時点では予測もできない技術革新に期待した「後生可畏」で対策を後回しにするのでなく，50 年後，100 年後，永劫無極といった時間軸を視野に入れた対応が求められる。

　なお，CSR や ESG，SDGs については，次部以降の各論でも詳しく記述している。参考にされたい。

第 4 章

経営倫理と CSR・CSV
──企業の役割を再考する──

潜道文子

1. 転換期の「企業と社会」の関係

　「経営倫理の枠組みの中で企業は事業を行うべきである」という，企業の価値観の転換を説いた，L. S. Paine の *Value Shift: Why Companies Must Merge Social and Financial Imperatives to Achieve Superior Performance* が出版されたのは 2002 年である（訳書：2004）。その後，CSR（Corporate Social Responsibility：企業の社会的責任）や CSV（Creating Shared Value：共通価値の創造）の概念が浸透し，財務情報だけでなく環境（Environment）・社会（Social）・ガバナンス（Governance）の要素も考慮した「ESG 投資」が活発化する。そして 2015 年には，SDGs（Sustainable Development Goals：持続可能な開発目標）と，1997 年に採択された「京都議定書」の後続となる気候変動抑制に関する国際的枠組みである「パリ協定」が採択された。また，日本では，2019 年から「働き方改革」が順次施行されている。このように，ここ 20 年くらいをみただけでも，企業の経営環境は大きく，そして急速に変化している。

　この変革期において，米国最大規模の経営者団体「ビジネス・ラウンドテーブル」（Business Roundtable）は，株主だけでなく，「すべてのステークホルダーへ長期的な価値を提供することを約束する」という宣言を行った（2019 年 8 月 19 日）。この声明文の正式名称は，"Statement on the Purpose of a

Corporation"（企業の目的（パーパス）に関する声明）であり，顧客，従業員，供給業者，地域社会，そして最後に株主に対するコミットメントを明示した。これは，企業の目的を，株主価値の最大化ではなくステークホルダー全体への価値提供へと変化させるという意思表明である。

では，このような企業の姿勢の変化の背景には，どのような要因があるのであろうか。

まずは，企業の有する優れた経営資源が社会で評価され，巨大化し深刻化する様々な社会的課題解決に企業が貢献することを社会が期待しているということである。

第2に，社会的課題の原因を辿ると，企業の事業活動に起因するものも少なくないことから，社会の期待に応えることによって，社会における自らの存在に対する「正当性」を獲得するためということもある。

第3に，企業にとって経営環境の不健全さは持続的な活動の障害となるという判断もある。P. F. Drucker は，企業が健康であるためには，健全な，少なくとも機能する社会が必要であると言及している（ドラッカー 2001, 99 頁）。実際，ステークホルダーへの利他主義的な行為が結果的に自社の存続を保証することになるということに気づき，ステークホルダーとの密接な関係構築に取り組む企業も増加している。

第4に，前述のように，「ESG 投資」の活発化によって企業の倫理性が市場で評価されるという仕組みが定着しつつある。

第5に，SDGs の世界的広がりによって，企業は社会貢献活動として社会的課題解決に関わるだけでなく，その課題を事業の「機会」の源泉とすることが促進されている。

第6に，第3の要因とも関係するが，社会的課題が企業の存続や事業活動に大きな改革を迫る事態も起こっている。例えば，環境汚染という課題に対して，日本政府は 2035 年までに 100％自動車の電動化を進めることを決定した。そのことにより，自動車会社は 2035 年以降はガソリン車の販売ができなくなる。そして結果として，ガソリン車製造を得意としてきた企業は，従来とは異なる技術や戦略が必要となり，また，他業界からの新規参入も含む競合他社との新たな競争にさらされている。

　本稿では，様々な社会問題が深刻化し，それに対応する国際的な枠組みも設定される中，前述のような要因を背景として企業が新たな競争に直面し，さらには資本主義の再構築なども叫ばれる転換点において，**競争優位を確立し成長を続けるために，今，必要とされている社会との関係性や企業の役割**がどのようなものであるかについて，経営倫理や CSR・CSV の観点から考察する。

2．企業と社会をつなぐ CSR

2.1　「企業の社会的責任」と「CSR」

　1. で示したように，CSR を日本語に訳すと，「企業の社会的責任」となるが，日本における CSR 元年といわれる 2003 年以降は，それまでの「企業の社会的責任」とは異なる概念として「CSR」という用語が使われている。

　例えば，日本で早くから企業の社会的責任の重要性を訴えてきた経済同友会が 2004 年 1 月に発行したレポートでは，「CSR は企業と社会（様々なステークホルダー）の両方での価値創造につながる活動である」と説明されている。そして，「企業にとっては競争優位の獲得に関わるものであり，CSR はコンプライアンス（法令遵守）のレベルにとどまらず，ステークホルダーの声を組み入れてマネジメントや意思決定を行っていこうとするマネジメント改革である」ことが示されている（経済同友会 2004, 4 頁）。

　また，谷本（2004）では，CSR の内容は，①「経営活動のプロセスに社会的公正性・倫理性，環境への配慮の組み込み」（環境対策，人権問題への取り組み等），②「社会的商品・サービス，社会的事業の開発」（エコツアー，フェアトレード等），③「企業の経営資源を活用したコミュニティへの支援活動」（本来業務・技術などを活用した社会貢献活動等）という 3 つの次元でとらえられるとしている。①は組織の倫理的姿勢に関わるものであり，②や③の活動の基盤にもなる。②は社会的課題の解決と事業との融合である。③はフィランソロピー活動（社会貢献活動）であるが，伝統的な寄付やボランティア活動にとどまらず企業の本来業務における技術や知識を活用した活動であるという点が重要であり，社会と企業の持続的かつ大きな価値創造につながる可能性がある。これらの活動内容からも，CSR の実施は企業にとってのマネジメント改

革を意味するといえよう。

2.2　CSRと成果・利益との関係

　では，CSRと企業にとっての成果（業績，ステークホルダーとの関係，人材関係やリスクマネジメント）や利益との関係はどのようなものであろうか。筆者が2008年に実施した，CSR分野で評価の高い企業へのアンケート調査結果によると[1]，CSR活動を行うことによってすぐに利益の獲得を期待する短期的視点の企業は，「CSRにのっとったビジネスを行えば，利益はついてくる」と考える長期的視点の企業より得られた成果が少なく，また「従業員のCSR経営についての理解度の高さ」がCSRの成果獲得に大きな影響を及ぼすことが推測される結果となった。さらに，この従業員の理解度に影響を及ぼすのは創業者あるいはトップマネジメントの経営哲学など，組織における「倫理的プリンシプル（原則・原理)」の存在であり，加えて「従業員の労働意欲の向上」が利益の増加に，より大きな影響を与えていることが推測される結果が示された。

　これらの結果からは次のことがいえる。CSRの効果の創出には長期的視点が必要であり，社会的価値と企業の経済的利益の創出は同時には起こりにくい。また，企業がCSR経営を通じて業績の向上を目指す場合，ステークホルダーの中でも従業員へのCSRを重視することが成果の増大により大きな影響を与える可能性がある。従業員がその組織のCSRを理解し，かつ労働意欲が向上すれば，業績の向上に影響を及ぼす可能性が高くなる。

　さらに，組織の「倫理的プリンシプル」に関しては，後述する「purpose（パーパス)」（存在意義）もその重要なツールとなると考えられる。

3．CSRからCSVへ：企業による社会的価値創造の意義

3.1　CSVとは何か

　2011年，競争戦略論の第一人者のM. E. PorterとM. R. Kramerによって CSVが提唱された。この概念には社会と企業双方の発展を実現しなければならないという前提があり，企業は社会のニーズや問題に取り組むことで社会的

価値を創造し，その結果，経済的価値が創造されるというアプローチとなる。
CSV を実現する方法は，「製品と市場を見直す」，「バリューチェーンの生産性
を再定義する」，「企業が拠点を置く地域を支援する産業クラスターをつくる」
の 3 つとされている。前述の CSR についてのアンケート調査では，CSR の場
合，社会的価値と経済的価値の創造を同時に実現するのが困難であることが推
測される結果が示されたが，CSV ではそれを可能とする方策が具体的に示さ
れている。

3.2　CSR と CSV の比較

　では，ここで，CSR と CSV の違いを整理しよう。企業が社会的課題にコ
ミットするという点は CSR と CSV で共通しているものの，両者の相違点も多
い。図表 I-4-1 に示されるように，CSR では創出された社会的価値が強調さ
れる。それに対し CSV は利益の最大化が目標となる。したがって，企業の業
績によって活動自体が左右される可能性のある CSR とは異なり，CSV には安
定的で持続的な活動が確保されるという側面もある。

図表 I-4-1　CSR と CSV の比較

CSR	➡	CSV
・価値は「善行」		・価値はコストと比較した経済的便益と社会的便益
・シチズンシップ，フィランソロピー，持続可能性		・企業と地域社会が共同で価値を創出
・任意，あるいは外圧によって		・競争に不可欠
・利益の最大化とは別物		・利益の最大化に不可欠
・テーマは，外部の報告書や個人の嗜好によって決まる		・テーマは，企業ごとに異なり，内発的である
・企業の業績や CSR 予算の制限を受ける		・企業の予算全体を再編成する
・例えば，フェアトレードで購入する		・例えば，調達方法を変えることで品質と収穫量を向上させる

出所）ポーター＆クラマー（2011），29 頁。

3.3　CSV の価値を問う

　以上のような特徴を有する CSV であるが，多くの人々の関心を得ると共に
その価値を問う議論もある。Crane, Palazzo, Spence and Matten（2014）で
は，CSV が企業による社会的目標を戦略的レベルに引き上げたことなど，そ

の強みを評価しているが，一方で，CSV では「資本主義を再構築する」とい
う大きな目的を達成すると示されているものの，「企業の利己主義」という聖
域に疑問を呈することなく，企業の目的を再考しようとしているという弱みを
指摘している。また，CSV が提唱する，経済的価値と社会的価値を共に創出
するというコンセプトはこれまでにもいくつか提出されており，独創性に欠け
るアイデアであるとしている。

　「企業の利己主義」については，ポーター＆クラマー（2011）では，「CSV
は経済的に成功するための新しい方法である」，「おそらくこれが最も重要だ
が，共通価値を創造する方法を学ぶことは，事業活動の正当性を取り戻す絶好
のチャンスとなる」と述べているところからも，企業の目的は経済的価値の創
造であり，更なる経済的価値の創造や事業活動の正当性の獲得のために社会的
価値を創造するという主張であると考えられる。この点については，結果とし
て社会的価値創造が達成されることからその意義が評価されると考えられる
が，企業の意図や動機の面からすると，社会から共感を得られるかどうかとい
う点で議論の余地があろう。

　また，前述のように経済的価値と社会的価値を共に創出するというコンセ
プトについては，Crane et al.（2014）ではいくつかの既存の研究と類似する
部分があることを指摘している。例えば，R. E. Freeman のステークホルダー
理論，ソーシャル・イノベーションの研究，J. Emerson の「企業が利益と社
会・環境目標を同時に追求する」ことを説く "Blended Value" の概念，S. L.
Hart のいう，世界の貧困国の生活の質を高め地球の生態系の健全性を守ると
同時に，それらの活動から利益を上げる企業（『未来をつくる資本主義』）など
の主張があげられている。その他，日本の伝統的な近江商人の「三方良し」型
ビジネスや渋沢栄一の「論語と算盤」なども経済的価値と社会的価値を共に創
造する概念といえよう。

　さらに，名和（2021）は，社会的価値創造と経済的利益創造を結び付けるた
めにはイノベーションが必要だが，CSV ではそれが説明されていないことを
指摘し，CSV 企業として有名なネスレでは，イノベーションの必要性に早く
から気づき，「知識価値」を入れて CSV を説明していると言及している。

4．コンシャス・キャピタリズム：
利益の追求とステークホルダーの幸福の両立

4.1 コンシャス・キャピタリズムとは何か

前述の Crane et al.（2014）は，CSV の強みのひとつとして，「CSV は『コンシャス・キャピタリズム』（conscious capitalism：意識の高い資本主義）[2]のアイデアに厳密さを加え，緩やかなつながりのあるコンセプトに包括的なモデルを提供している」という点をあげている。

米国最大手の自然食品スーパー「ホールフーズ・マーケット」の創業者で，コンシャス・キャピタリズムに基づくマネジメント手法を 30 年以上にわたって実践し，成功を収めた J. Mackey が R. Sisodia と執筆した著書（訳書：『世界でいちばん大切にしたい会社』2014 年）では，この「コンシャス・キャピタリズム」を，「あらゆるステークホルダーにとっての幸福と，金銭，知性，物質，環境，社会，文化，情緒，道徳，あるいは精神的な意味でのあらゆる種類の価値を同時に創り出すような，進化を続けるビジネスパラダイム」と定義している。また，同書ではコンシャス・キャピタリズムを支える柱として次の 4 つを示している。

● 存在目的（higher purpose）
● ステークホルダーの統合（stakeholder orientation）
● コンシャス・リーダーシップ（conscious leadership）
● コンシャス・カルチャー／マネジメント（conscious culture）

つまり，コンシャス・キャピタリズムでは，ある企業が様々なステークホルダーとの関係を確立するだけでなく，ステークホルダー同士も良い意味で依存しあって，ステークホルダー全員の価値の最適化を目指すということが重要な特徴である。そして，その相互依存関係を可能とするのが，人々を惹きつける「パーパス」である。このパーパスに説得力があれば，すべてのステークホルダーの間で相互作用が発生し，創造性の発揮やイノベーションを通じた組織全体としての取り組みが促される。

また，その成功のためには，コンシャス・リーダーシップとコンシャス・カ

ルチャーが必要である。特に，コンシャス・リーダーシップは最も重要な要素
とされており，リーダーは卓越した道徳的勇気や配慮，思いやりを備えてい
るという。一方，コンシャス・カルチャーは，信頼，説明責任，透明性，誠実
さ，忠実さ，平等主義，公平さ，個人的成長，愛と思いやりといった特徴を包
含しているとされる。

4.2　ステークホルダーの共感が支えるコンシャス・キャピタリズム

　コンシャス・キャピタリズムのパラダイムに基づくマネジメントを行う企業
（コンシャス・カンパニー）が前述のような特徴を有するのは，コンシャス・
カンパニーが「利益の創出は重要である」としながらも「利益の最大化がビ
ジネスの唯一の目的ではなく，営利企業の目的は私たちの生活を向上させ，ス
テークホルダーにとっての価値を創り出すことである」としているからである。
　また，同書では，CSV について「ビジネスと社会的利益をうまく一致させ
る現実的な方法である」と評価しながらも，CSV が「計り知れない力を与え
てくれる目に見えない重要な情緒的，精神的な動機付けを欠いている」ことを
指摘し，ステークホルダーの協力的影響力の重要性についてふれている。この
指摘と関連する主張として，野中・勝見（2020）では，アダム・スミスが『国
富論』の 17 年前に執筆した『道徳感情論』において，スミスは人間の心の作
用の本性は「他者に対する共感」にあると説いていることを紹介し，「利他を
目的とした活動には共感して支援してくれる応援団のような存在が現れる」と
している。このステークホルダーの人間としての感情とその重要性についての
理解は，特に社会的課題解決に関わる活動を行う企業にとって必要不可欠な要
素といえよう。
　さらに，ステークホルダーの共感や精神的な動機付けを引き出すために重要
なのが，前述の組織の「パーパス」である。パーパスは，「利益の最大化を超
えた，企業の明確な目標や目的」と定義され（Henderson and Van den Steen
2015, p. 327），その組織の価値観を反映させた，社会におけるその企業の存在
価値を示している。マッキー＆ソシーディア（2014）では，「ある企業のパー
パスは，組織をひとつに結び付ける接着剤であり，組織の生命力を育ててくれ
る羊水だ」と説明している。

5．CSR・CSVとコレクティブ・インパクト

　コンシャス・カンパニーでは様々なステークホルダーとの協働が行われているが，CSR・CSVによる社会的課題解決活動においても，他企業やNPO，政府，国際機関などとのコラボレーションがみられる。特に，前述のCSVを実行する方法のひとつである「産業クラスターをつくる」際には，他の組織を巻き込んだ活動が必要である。そして，そのコラボレーションのあり方を説明したのが，Kania and Kramer（2001）が提唱する「コレクティブ・インパクト」（collective impact）である。

　社会には様々なアクターが存在し，そこで起こる問題も多くのアクターによる行動が複雑に絡み合って生じている。したがって，CSVなどで社会的課題に取り組む際は，その社会のエコシステムの中で価値創造を行うことになり，解決のためにはそれらの関係者が共に学び，連携し，行動を統合することが必要である。しかし，コレクティブ・インパクトでは，複雑な問題の解決に向けて，個別の活動をそれぞれ追求するのではなく，あるいは全員が同じ「集団的」な行動をとるのでもなく，互いの違いを活かしながら，共通の目標に向かって「集合的」なインパクトを生み出すことを目指す。

　さらに，クラマー＆フィッツァー（2017）は，コレクティブ・インパクトの取り組みでは企業が有する，限られた時間や予算の中で目的を達成するノウハウや交渉の方法，データ中心の意思決定などの強みが重要な役割を果たし，また活動を通じ企業は社会の進歩に貢献し結果としてその進歩を背景に，経済的価値を獲得する可能性があると指摘している。

6．社会における企業の役割の再考

　現在，我々は，気候変動，所得の不平等とそのことによる社会の不安定，感染症の蔓延とその対応の脆弱さなど，広範囲におよび，かつ政府やNPOの活動だけでは解決が難しい問題を抱えている。他方，経済のグローバル化により企業の競争は激化しているが，人々の倫理度は向上し，企業の正当性も厳しく

問われるようになっている。さらに，このような状況下で，企業のステークホルダーの価値観や行動も変化している。

　しかし，「変化」を新事業に転換することによって，結果として企業は利益を創出することが可能となる（ドラッカー 2001，97 頁）。ただし，企業が 1 社で解決できる社会的課題は多くない。クラマー＆フィッツァー（2017）は，これまで企業は，競争関係の企業同士が互いの利益のために協力する「コーペティション」（co-opetition）などのエコシステムの重要性は理解してきたが，市場に影響を与える社会的要因については二の次とされてきたと指摘している。コンシャス・カンパニーのマネジメントやコレクティブ・インパクトによる社会的課題への取り組みでは，まさにこの社会的要因におけるエコシステムの関係者を巻き込み，全ての関係者にとって何らかの価値が生み出される仕組みを創造している。その背景には，企業の役割についての偏狭な認識からの脱却や「我々の社会」，「我々の地球」のための活動という価値観が存在すると考える。企業は，社会における自社の役割やパーパス，そして組織の価値観の転換を再考するときに来ている。

【注】
1）アンケート調査結果などの詳細は，潜道（2014）参照のこと。
2）ここで，「意識が高い」（conscious）とは，意識をしっかりと覚醒させて周りに気を配り，現実を明確に直視し，自分たちの行動が短期的，そして長期的にどのような結果をもたらすかを十分に理解することである（マッキー＆シソーディア 2014，38 頁）。

第 5 章

経営倫理と倫理教育
——学知，技術，実践知の習得法——

髙田一樹

1．Can Ethics Be Taught?

　『倫理を教えることはできるのか』。これはハーバードビジネススクール (HBS) が 1993 年に出版した書籍のタイトルである（パイパーほか 1995）。同校は 1980 年代に経営倫理を体系的に教える新カリキュラムを導入した。この本には改革までの経緯とカリキュラムの設計，また青年向け倫理教育の有効性に関する調査結果が収められている。

　倫理を教えることはできるのか。李 (2011) によれば，同時代のアメリカでは経営倫理教育に対する懐疑と反発があった。その理由は多岐にわたるが，企業不祥事に対する時事的な反応，教育効果を科学的に検証する作業の難しさ，青年対象の倫理教育は遅きに失するといった内容だった。

　他方，「倫理を教えることはできる」という HBS 教員の決意がこの本を書かせたともいえる。李 (2011, 27 頁) は同校の初年次に必修科目をおき，2 年次以降でも複数の選択科目を配置するカリキュラムの特徴を紹介する。そして李は一連の改革のねらいが批判的な思考，倫理的な意思決定，そして強いリーダーシップの修得にあると指摘する。

　倫理を教えられるのか否か。この問いかけは極論に陥りやすい。教えられるとしても教育は万能ではない。しかし教育には期待も向けられる。本章では，経営倫理教育への期待と効果に目を向ける。その導きの糸としてアリストテレ

スが論じた思考の分類にもとづいて倫理的な思考と行動の習得法を考える。本章では主として大学という高等教育の役割を論じるが，実践知を徳育として修得する場は職場研修であることにも触れる。

2．どのように教えられてきたか

　国内の大学が経営倫理を正規の科目として開設したのは 1990 年代の初頭である。93 年の関西学院大学大学院経営戦略研究科「企業倫理論」と桃山学院大学経営学部「組織倫理学」が嚆矢となり，以降，多くの大学で科目が設置された[1][2]。

　水谷ほか（2000）は 1997 年にアンケート調査を行っている。調査の目的は全国規模の開設状況を調べることにあった。商学部や経営学部など社会科学系と人文系の学部に，経営倫理学（論）の開講状況，そして今後の設置計画を尋ね，延べ 131 大学 173 学部から回答を得ている。水谷ほか（同上，10 頁）はその報告書のあとがきで，アメリカの当時の状況を念頭におきつつ 20 学部にとどまる国内の正規科目の開講状況を「極めて低調」と評するのだが，「関連」科目を開講する 44 学部の実績を踏まえ今後の普及に期待を寄せる。

　経営倫理実践研究センターは 1993 年の設立以来，会員企業を対象に研究会や懇話会，セミナー，シンポジウムを開催してきた。その機関誌『経営倫理』は，創刊号から「大学における講義要約シリーズ」を企画し，大学で教鞭を執る講師が授業を紹介する記事を連載している。これらの記事の蓄積は経営倫理教育の動向を知る貴重な資料となっている。

　桑山（2016）はこの記事を題材に国内の授業形態と教育法の特徴を抽出する。1997 年から 10 年ほど学部では講義形態が大半を占め，大学院では講義にディスカッションを加える傾向にあった（同上，231 頁）。またケースメソッド（事例教育法）を採り入れた授業もみられるが，日本の授業形態や受講態度を考慮した独自形態をとることにも触れている。

　桑山が調査した 2008 年以降，経営倫理の教育手法は多様化しつつある。上述の連載には，講義に加え，学生の主体性を重視し経験的に学ぶ，いわゆるアクティブラーニングも複数紹介されている。たとえば学生がテキストを自宅で

予習し，授業時間の多くをディスカッションに使う「反転授業」，学生グルー
プに課題を与え自調自考を促すプロジェクトベースドラーニング（PBL）がそ
れにあたる。前掲の論考で桑山は，従来型の教授（Teaching）から受講生の
能動性を高める学習（Learning）への転換を展望していた。事例は限られる
ものの，桑山のいう「学生が自ら学ぶことができる新たな教育手法」が大学で
の経営倫理教育にも採用されつつある。

３．どのような教育効果が期待されてきたのか

　経営倫理教育にどのような効果を期待するのか。中村（2010）はアメリカ
のビジネススクールが「認知教育」を重視してきたことを指摘する[3)4)]。中村
（2010, 90 頁）は「認知能力に力点を置く」ほかに明確な定義を示していない
が，先行研究が示唆するのは，対象（経営倫理）への興味関心を深め，問題に
気付き，意思決定能力を高め，批判的な思考の習得をめざす教育法だと考えら
れる。
　その証左として中村は，Rest が 2007 年に提唱した「4 構成要素モデル」を
援用しケースメソッド教育に期待をよせる。このモデルでは意思決定に至るプ
ロセスとして道徳的な感受性，判断力，意欲，人格を重視する（同上）。学生
は経営課題に関する事例（ケース）を読み，他者の幸福に関心を向けつつ状況
を分析し，理想にかなった行動を考え，価値観の競合を整理して最善の判断を
選び取る。ケースメソッドを通じて経営倫理への興味を喚起しつつ課題の発見
と解決策の探究，そして批判的な思考を鍛える効果が認知教育に期待されてき
た。中村はこのように考察している。
　ただし認知教育の手法はケースメソッドにかぎられるものではない。アメリ
カのビジネススクールでは，哲学・倫理思想や文学に関する講義を設け，学生
の視野を広げる教育を試みてきた。たとえば HBS で 2 年次に配当する科目名
「ビジネスの世界——創作作品による道徳的および社会的探求」はその象徴であ
る（同上, 229 頁）。また古典と最新の研究成果を抜粋したリーディングスは
講読の定番テキストである（ビーチャム＆ボウイ編 2001, 2003, 2005, 2017）[5)]。
　福川（2007）は「構成主義的統合」を備える倫理教育に着目し，その効果を

考察する。構成主義的統合とは，学生が学習内容をふり返り，知識，態度，感情の変化への自覚を促すことで「深い学習」をめざす教育手法である。教員の役割は，教壇に立って講義するスタイルとは異なる。学生が自らの関心に従って学ぶことができるように励まし，教示し，「深い学習」へと導くインストラクター役を演じることにある。

　福川（2007, 23頁）は，学生に履修を通じて自身に生じた変化，たとえば知識や態度や感情の変容を書き起こすように指導し，自己を客観視する作業を「内省的執筆」と呼ぶ。そしてそのねらいを「学習者の態度や行動に影響を与えるためでなく，学習者自身が道徳的な問題を理解し，対応できるように備えるために，倫理を教える」と述べている。

　内省的執筆は，ケースメソッドとは異なる手法で認知教育の効果を期待する。ケースメソッドでは学生の積極的な発話や討議を，内省的執筆は記述を通じて学生が自身に向き合う内面化を重視する。いずれも教員は学生が学ぶプロセスを支援する役に徹し，積極的には「正解」を教えない。正しい答えを導くのはいずれも学生であり，本人が納得できた答えを「正解」として受け入れる。教員は事実誤認や論理の飛躍を指摘することがあるにせよ，学生が能動的に探究し経験的に学ぶ場を作る「促し」がアクティブラーニングでは重視される。いずれにしてもケースメソッドと内省的執筆はともに経営倫理への関心と感受性を高める認知教育を目指してきた。

4．どのような思考を学ぶか

　アリストテレスは『ニコマコス倫理学』で優れた思考（知性の徳）を論じている（アリストテレス 2002, ch. 7）。彼はエウダイモニア（幸福：人間の開花繁栄）に不可欠な要素として優れた性格（倫理的徳）と友愛に加え，優れた思考を挙げる。本章では彼が分類した思考のフレームワークを導きの糸として，経営倫理教育で習得しうる思考法を考える。彼は複数の思考を整理しているが，本章では学知（学問的知識：エピステーメー），技術（テクネー），実践知（賢慮：フロネーシス）に議論の対象を絞る。

　アリストテレスは「他の仕方では決してありえないもの」「（演繹と帰納の推

論による）論証にかかわる状態」「学ばれるもの」という３つの性質で学知を特徴づけている（1139b20）。これらは伝統的に学校教育を通じ習得が期待されてきた思考である。学知は研究活動によって内容の確かさを論証し，真理を導くという意味で優れている。真理はただひとつであり別の真理は存在しない，つまり唯一無二であるがゆえに「他の仕方では決してありえない」。こうした学知は学校の講義や講読を通じ培われてきた。

　他方，技術と実践知は学知と対称的な性質を備えている。双方は場面に応じて臨機応変に最善を判断する理論（ロゴス）を備える点で共通している。アリストテレスが学知に対比して「他の仕方でありうる」と特徴づける技術と実践知とは，いずれも論証による真理の探究に積極的な価値をおかない。ただし技術を駆使して「作られるもの」（製作）と，実践知の活用によって「行われるもの」（行為あるいは行動）には決定的な違いがある。アリストテレスは以下に述べる相違に目を向け，双方の思考を明確に区別する（1140a）。

　筆者がとりわけ注目するのは実践知の性質である。アリストテレスは実践知を「人間にとっての善悪にかかわる行為を行うところの，道理を備えた，魂の『真なる状態』」と説明する（1140a40）。製作と行為はともに，頭脳を使い手足を働かせる点で外観上の違いを見分けることが難しい。しかし双方には目的の有無と評価プロセスに決定的な違いがある。技術を駆使する製作は作業のプロセスに目的を含まない。製作する目的とは，製作物を利活用することで生じる効用や便益にある。使うために作るのであり，作るために使うのではない。製作する思考を働かせる段階ですでに製作目的は定まっているのであり，技術という思考に固有の目的は備わっていないである。対称的に実践知はそれじたいに目的を含む思考であるという。行為や行動にはその目的を倫理的な観点から評価する思考が備わると彼は考えた。

　アリストテレスはこのことを「徳は目的を定め，思慮（実践知）は目的にいたる事柄をわれわれに行わせる」と表現する（1145a）（丸カッコ内の補足は引用者）。行為の善し悪しは場面や文脈によって変わり，状況ごとの正解を一律に決めることはできない。こうした観点に立つならば，実践知は，論証可能な唯一無二の「正解」を所与とする学知とは異なる。個別の状況で「他の仕方でもありうる」思考性を備える。ただしなんでもありうるという意味ではないこ

とにも注意を要する。実践知は場面に応じて行為の目的を問い，その目的の善し悪しを判別する思考として働くのである。とはいえ優れた性格（中庸を言い当てる倫理的徳）に従い目的の善し悪しを判別できたとしても，実践知が導き出した結論を実際の行動に反映させる保証はない。思考と行動は位相の異なることがらである。

　実践知が経験世界で有意義であるのは，倫理的な観点から善い行為を自らに命令する性質にある（1143a）。アリストテレスの想定する実践知とは，会社の指示やマニュアルどおりに作業する手際のよさや，盲目的に先例に従う思考停止の対極にある。二度と同じ場面に遭遇することのない，事後的な検証もむずかしい，場面ごとに行為とその目的の善悪を判断し，自己を善い行いへと導く「指令性」に実践知の特質を認めることができる。

　学生の主体的な学びと経験を重視する「アクティブラーニング」が近年注目を集めている。経営倫理学でもケースメソッドやPBLが取り入れられてきたことは先述した通りである。ではこれらの教育法が，経営倫理への認知をどのように高めると期待できるのか。

　中村（2010, 92頁）は従来の認知教育が2つの想定の下で行われてきたことを指摘する。ひとつは学校教育を通じた経営倫理への深い理解と決断力の向上が，卒業後に実務の行動に反映されるという想定である。そしてもうひとつは倫理的な行動への学生の関心は潜在的に高いという想定である。中村はそのいずれにも疑問を投げかけ，認知教育が相対的に学生の意欲や感情，人格形成を軽視してきたと述べる。そして中村（2010, 87頁）は前述した「4構成要素モデル」に「自身の直面する状況が道徳的判断を必要としていることに気づく」というメタ認知的な思考を新たに加え，行動教育の重要性を強調する。

　中村（2010, 43頁）が経営倫理教育に期待するのは「道徳的行為の実現」である。経営倫理の実践を習得する手法として認知教育は適していない。彼がそのように考察するのは，認知教育によって経営倫理への興味関心を高め，意思決定能力を鍛えたとしても，卒業後にその思考を活用し職場で行動できなければ，倫理教育の意義が失われるためだろう。中村はアリストテレスの言を引き，行動教育の有望な教育法として徳育に期待をよせる。徳育は有徳な人物になろうと望む意欲を引き出し，「習い性となる」ほどの反復学習を要する教育

法である（中村 2014, 43 頁）。中村（2014, 51 頁）は Puka が提唱する教育手
法を参照し，「道徳的教訓を伴う物語を語ること」「望ましい特性や価値を模範
とすること」，「歴史，文学，共同体での道徳的規範（略）の特性を激賞するこ
と」，「（略）善い価値を遂行したりすることができる組織的奉仕活動の機会を
提供すること」を枚挙し，徳育に有効な手法を提起する。

５．どのように実践知を学びうるか

　教育には複数の目的があり，学ぶことが本人のためになるというほかに，統
一的な見解を求めることは難しい。伝統的に学校教育を通じて目指されてきた
のは学知の習得だった。学生は講義を受け，学術研究によって確かさが検証さ
れた真理を学ぶ。大学院では学知を探究する研究者の育成が教育の目的に掲げ
られてきた。学校教育の特徴は，社会に生起する利害関心から一線を画し，研
究対象を冷静かつ正確に観想（テオレイン）する思考に適した場であるように
思われる。

　他方，大学は「手に職をつける」という意味での実学教育の期待に応え，製
作（生産）に役立つ思考，つまり技術の習得を教育目的に掲げることがある。
ケースメソッドや PBL など学生の主体性と経験を重視する教育法は，学校を
卒業した後に何らかの製作（生産）に携わるための技術の伝授を目指してい
る。

　アリストテレスによる優れた思考の分類を踏まえると，実業界で優れた行動
教育には実践知を不可欠とする。中村は徳育がその教育法に相応しいと考え
た。彼はインターンシップ，救済活動，運動競技への参加，あるいは物語を利
用した代理的モデルを提案する（中村 2014, 52 頁）。

　しかし筆者にはこれらの教育効果が，中村の期待する「道徳的行動の実現」
に合致するようには考えられない。なぜなら学校教育が実務の利害を踏まえて
倫理的な行動を起こす意味での行動教育には適していないと考えるためであ
る。徳育にとり効果的な「教材」となりうるのは次の３つだと筆者は考える。
第一の教材とは，職務上の利害関係を築く経験であり，第二の教材は模範にす
る身近な偉人の存在であり，第三には実践知の活用を歓待する職場である。こ

の 3 つを備える環境こそ徳育の場になるだろう。そしてこれらの提供に適した
道徳教育の場は「職場」である。

　徳育は職人の養成に似ているかもしれない。尊敬する人物から性格の徳を繰
り返し見倣うことが徳育の手法である。学知は真理の探究に努め，技術は製作
する思考の習得により教育の目的は達成される。これらに対して実践知は座
学の講義や技術の習得と異なり，経験の積み重ねにより習い性となる思考であ
る。アリストテレスの議論を踏まえた実践知の習得には，職場で優れた人物に
出逢い，その倫理的な行為を繰り返し模倣する経験の蓄積にあると筆者は考え
る。

　この考察が的を射るならば，実践知の習得に適する徳育の場は職場である。
ただしどのような職場でも実践知を学びうることにはならない。実践知は行為
の目的の善し悪しをつねに評価し，欲求や感情を制御して善い行いへと自らを
指導する自律的な思考である。上述した 3 つの「教材」は，むしろ知らず知ら
ずのうちに悪徳を取得する場をつくりかねない。

　大学の教員は経営倫理に関する学知を教え，学生に次のようにアドバイスで
きる。「職場で心から尊敬できる人物に出逢う幸運に恵まれたときには，その
『偉人』をとことん見倣うべきである。職務への意欲や態度，性格や意思，そ
の人物を模倣するロールプレイングの繰り返しが，あなたを実践知の習得に近
づけるだろう」。

6．どのように教育法と機会を使い分けるか

　高等教育機関は学知と技術を学ぶのに適する教育の場である。伝統的に講義
や PBL など学生の能動性を重視する教育に適する。他方，実務上の徳育の場
に適するのは職場である。実践知の習得には職務上の利害に直面する経験，職
場での「偉人」との出逢い，実践知の活用を歓迎する環境を要する。企業研修
や日常的な業務を通じ善い行いのための思考を修得する試行錯誤が実務上の徳
育には相応しい。

　ただし学校教育には次のような役割も期待できる。学校は職務上の利害から
一定の距離を保ち，経営倫理を観想（テオレイン）できる場である。職場の利

害を「コップの中の嵐」とみる冷静な態度と個別の場面で為すべき理想を時間をかけて熟考できる。さらには現代の政治経済体制を俯瞰し，企業の存在意義を探究することも学術研究には許される。筆者はかつて M. フリードマンに代表される株主主権論こそ，経営倫理を学ぶ格好の教材だと論じた（髙田 2014）。彼の論考は資本主義・自由市場経済下での企業の社会的責任を検討するうえで今日もなお重要な論点を提起している。過去から学び「他の仕方では決してありえないもの」を見つけ出し未来に生かす思考は，学知を習得する醍醐味である。

　倫理教育は学校のみで完結しない。学知を習得することで倫理教育は終わるものでもない。むしろ，職場研修や学び直しの機会へと受け継がれるべきである。思考の習得にはその性質に応じて相応しい教育法があり，習得機会を使い分ける必要があると筆者は考える。1990 年代に経営倫理実践センターと経営倫理士協会が設立され，日本では実務家を対象とする経営倫理教育が行われてきた。学校は学ぶ場，企業は働く場という画一的な思考を見直し，双方の違いと連続性を踏まえた経営倫理教育を構想する必要があるのではないだろうか。

　本章の考察は紙幅の都合と筆者の力量のため漠然とした素描にとどまる。これから検討したい課題は多岐にわたるが，そのうち 3 つを挙げ，筆をおくことにしたい。

　1 つ目に，行動教育の手法として徳育のみが効果的とはかぎらない。経営倫理実践研究センターがかつて開催した「啓発ツール研究会」では，職場に貼付するポスターや従業員に配布する手帳等など試作品の製作や業種を超えた意見交換が行われていた。職場環境を変えることで組織内の意識と行動に変化を促すアプローチをとることもできるだろう。職場で共有する情報共有や提示の方法を変えることによって，経営倫理への興味喚起や行動変容を期待する可能性もある。行動経済学が提唱する「ナッジ」（nudge）にも通じる。倫理的な行動を外部環境が「促す」アプローチは興味深い論点である。

　2 つ目に，職場研修・訓練と高等教育との連続性と役割分担も検討に値する論点である。近年，専門職大学や社会人の学びなおし（リカレント教育）課程を備える研究科が開設されている。ビジネススクールで学ぶ学生の多くは，実務経験を備える学生である。本章では学知，技術，実践知の分類に着目した

こともあり，経営に関する利害やレディネス（心構え）には検討が及ばなかった。

　3つ目に，定義を変えると議論の前提は大きく変わる。本章ではアリストテレスの優れた思考に基づき議論を展開した。しかし，人間の思考を別用に定義することは可能である。倫理教育の一般性と経営倫理の特殊性を踏まえつつ，人間の思考，とりわけ実践知をめぐる言説を再構築するテーマも今後の検討課題としたい。

【謝辞】
本稿は科学研究費助成事業（課題番号 JP22K01667）の助成を受けた研究成果の一部である。

【注】
1）　「企業と社会」（経営社会政策）論や企業の社会的責任論は，1970 年前後からアメリカ経営学で提唱された。また応用倫理学の一分野として 1980 年代に提唱された経営倫理学もある。本稿ではこれらを教授する高等教育に着目する。たとえば上智大学では 1960 年代から，南山大学でも 1992 年には経営倫理を冠する講義を開講していた。当時のテキストやシラバスからその内容はキリスト教の世界観に基づく経済倫理や社会正義を扱ったものと推定される。
2）　当時の背景を 2 点補足する。1991 年に経済団体連合会（現・日本経済団体連合会）は企業行動憲章を公表した。企業統治の社会性が問われ，企業批判の文脈で経営倫理に注目が集まった。また同じ年に文部省（現・文部科学省）は大学設置基準を改定している。いわゆる「大綱化」により各大学に教育カリキュラムの裁量が広く認められ全国の大学でカリキュラムの見直しが行われた。
3）　経営学の専門教育を受ける学生には日米で属性に違いがある。アメリカでは専門教育がビジネススクールで行われるが，この教育課程は日本の大学院に相当する。また実務経験を有し，経営管理者（business administrator）を志望する青年が学生の多数派を占める。対照的に日本では高校から大学へと進学し，商学部や経営学部の 3, 4 年次に専門教育が行われる。卒業後には学生の大半は民間企業に採用され，従業員として職務に従事する。
4）　教育学の用語として認知教育や行動教育（後述）が定着しているとはいえない。G. Rossouwn が 2002 年に経営倫理教育のアプローチを論じたなかで認知，行動，管理の各能力を区分し，それに対応させた教育概念と推測される。本章では論点を明示する目的でこの区別を用いて議論を進める。
5）　倫理思想と経営事例の両面から経営倫理を学ぶ国内のテキストとして高浦・藤野編（2022）がある。

第 6 章

経営倫理と ESG・SDGs

—ESG 要因および SDGs と経営倫理の関係—

小方信幸

現在，日本企業は，環境課題や社会課題をビジネスとして取り組むことにより，経済的利益を上げて持続可能な経営を実現する，サステナビリティ経営が求められていると言える。サステナビリティ経営を実践するには，2006 年に国連が公表した責任投資原則（Principles for Responsible Investment：PRI）で導入された ESG 要因の概念と，2015 年に国連が制定した持続可能な開発目標（Sustainable Development Goals：SDGs）が道標になる。本章では，企業が ESG 要因と SDGs の考慮を求められている時代背景を，国連を中心とした国際社会の史的変遷を通じて理解する。また，本章では，企業が ESG 要因や SDGs に取り組むことが経営倫理の実践であることを明らかにしたい。

1．社会課題に対する国際社会の動向と日本政府の政策

1.1　国際連合の史的変遷

1945 年，第 2 次世界大戦を防ぐことが出来なかった反省のもと，戦争の惨害を終わらせるとの強い決意のもとに，50 カ国の代表により国際連合憲章（Charter of the United Nations）が起草され署名された。国際連合は 1945 年 10 月 24 日に正式に設立された[1]。

1970 年代に入ると世界的に環境問題に対する意識が高まり，1972 年にストックホルムで国連人間環境会議が開催され，国連環境計画の設立が決定し

た。その 20 年後の 1992 年に，リオデジャネイロで開催された国連地球サ
ミットではリオ宣言が採択され，気候変動枠組条約などが締結された。ま
た，国連では，1987 年にブルントラント委員会が提出した最終報告書「我
ら共有の未来」(Our Common Future) のなかで，初めてサステナビリティ
(sustainability) という言葉が使われた。このような世界の環境意識の変化を
背景に，1990 年代に入ると，国連では設立当初からの「平和，開発，人権」
の理念と「環境・サステナビリティ」は同じ方向にあるという認識が生まれた
(田瀬ほか 2020)。

　2000 年，国連総会で人権，労働，環境の 3 分野 9 原則から成る，多国籍企
業の行動規範であるグローバル・コンパクトが承認された。2004 年には腐敗
防止が加わり，図表 I-6-1 が示すように，グローバル・コンパクト (Global
Compact) は 4 分野 10 原則となった。グローバル・コンパクトは国連が民間
企業に初めて協力を求めた点で画期的であった。それまでの国連の主な役割
は，各国政府または国際機関との調整であった。

　2000 年には国連ミレニアム開発目標 (Millennium Development Goals：
MDGs) もスタートした。極度の貧困と飢餓の撲滅など，2015 年までに達成
するべき 8 つの目標を掲げた[2]。

　2006 年，国連は PRI を公表した。国連は，2000 年に制定したグローバル・

図表 I-6-1　国連グローバル・コンパクトの 10 原則

人権	原則 1	人権擁護の支持と尊重
	原則 2	人権侵害への非加担
労働	原則 3	組合結成と団体交渉権の実効化
	原則 4	強制労働の排除
	原則 5	児童労働の実効的な排除
	原則 6	雇用と職業の差別撤廃
環境	原則 7	環境問題の予防的アプローチ
	原則 8	環境に対する責任のイニシアティブ
	原則 9	環境にやさしい技術の開発と普及
腐敗防止	原則 10	強要・賄賂等の腐敗防止の取り組み

出所) グローバル・コンパクト・ネットワーク・ジャパンのウェ
ブサイトによる。

コンパクトでは，持続可能性に関する問題の解決に，民間企業の参画を求めた。一方，PRIでは，資金力があり企業に影響力のある機関投資家に同様の期待をしたと言えよう。

　PRIで注目される点はESG要因という新しい概念を導入したことである。ESG要因とは，環境（Environment），社会（Social），ガバナンス（Governance）の英語の頭文字をとったものである。国連が想定するリスクはESGの3つの要因に集約される。当初のPRIのウェブサイトでは，環境要因の具体例として，水，食糧問題，エネルギー安全保障，天然資源問題，気候変動などを上げていた。社会要因は，人権問題，グローバルなサプライチェーンにおける労働問題（児童労働，長時間労働，強制労働），高齢化社会などであった。ガバナンス要因は，経営の透明性，汚職，取締役会構成，株主の権利，企業倫理，リスク管理，経営者報酬などであった。

　現在のPRIのウェブサイトでは，ESG要因として紹介されている内容は多少変わっている。特に，PRIが最大の課題としている気候変動については，環境要因ではなく，公正な移行（Just Transition）の問題として捉えており，社会要因に分類している[3]。公正な移行とは，世界経済が気候変動に対応し脱炭素社会に移行する際に，その影響を受ける労働者と地域社会を支援することであり，2015年のパリ協定の一部として盛り込まれている。

　現在のPRIのウェブサイトには記述はないものの，PRI制定当初，国連は機関投資家に対してESG要因はポートフォリオに影響を与え得ると主張した。つまりESG要因はリスクであり機会でもあるので，年金加入者や保険契約者などの最終受益者から資金運用を委託されている機関投資家は，受託者責任としてESG要因を考慮するべきと主張し，PRIへの賛同と署名を求めた。その結果，欧米を中心にESG投資市場は急速に発展した。

　しかし，現在のPRIでは，国際的に認知されている責任投資原則に署名することで，機関投資家は責任投資へのコミットメントを公に示すことができ，より持続可能な金融システムの構築を目指す国際社会の中心に立つことができると言う。国連は，現在はこのような穏やかな表現で，機関投資家に下記の6原則からなるPRIへの賛同と署名を求めている[4]。

原則 1　ESG 問題を投資の分析と意思決定のプロセスに組み込む。

原則 2　ESG 問題を運用方針と実践に組み込む積極的な株主となる。

原則 3　投資対象企業の ESG 問題に関する適切な開示を探求する。

原則 4　投資業界におけるこの原則の受入と履行を促進する。

原則 5　この原則の実践が有効であるように一致協力する。

原則 6　この原則の実践に向けて活動状況と進展について報告する。

2011 年，ハーバード大学のジョン・ラギー教授の報告書に基づき，国連は「ビジネスと人権の指導原則」を制定した。同指導原則の枠組みは 3 つの柱からなる。第 1 の柱は国家の義務である。人権侵害を受けた者に対し政策，規制，裁判により保護する義務がある。第 2 の柱は企業の責任である。企業は人権を尊重し，人権侵害が起こらないよう回避するデュー・ディリジェンスを行い，自社が関係する人権に関する問題に対処する責任がある。第 3 の柱は，犠牲者は司法的，非司法的を問わず，実効的な救済が与えられる必要性である（ラギー，2014）。国連の人権に関する長年の取り組みが「ビジネスと人権の指導原則」として具体化されたと言えよう。

2015 年 9 月，国連サミットで「持続可能な開発のための 2030 アジェンダ（2030 アジェンダ）」が採択された。そのアジェンダのなかで掲げられた 17 の目標が SDGs である。SDGs では，貧困に終止符を打つため，経済成長を促し，教育，健康，社会的保護，雇用機会を含む幅広い社会的ニーズを充足しながら，気候変動と環境保護に取り組む戦略も必要という認識を示した[5]。同サミットで安倍元首相は，日本政府が SDGs を支持することと，世界最大の公的年金基金である年金積立金管理運用独立行政法人（Government Pesion Investment Fund：GPIF）が PRI に署名することを表明した。この表明は，その後の日本の企業と投資家の思考と行動を大きく変えることになった。

国連は，持続可能な開発とは，将来の世代がそのニーズを充足する能力を損なわずに，現世代のニーズを充足する開発と定義している 。そして，持続可能な開発を達成するためには，経済成長，社会的包摂，環境保護の 3 つの調和が不可欠であると言う[6]。つまり，経済，社会，環境のトリプルボトムラインが持続可能な開発には不可欠とする考えである。

　国連広報センターは，SDGs17 目標を People（人間），Prosperity（豊か
さ），Planet（地球），Peace（平和），Partnership（パートナーシップ）の 5
つの P で捉える見方を示している。17 目標のロゴを 5 つの P で分類すると図
表 I-6-2 のようになる[7]。

図表 I-6-2　SDGs17 目標の 5 つの P による分類

分類		目標
People	目標 1	貧困をなくそう
	目標 2	飢餓をゼロに
	目標 3	すべての人に健康と福祉を
	目標 4	質の高い教育をみんなに
	目標 5	ジェンダー平等を実現しよう
	目標 6	安全な水とトイレを世界中に
Prosperity	目標 7	エネルギーをみんなに　そしてクリーンに
	目標 8	働きがいも経済成長も
	目標 9	産業と技術革新の基盤をつくろう
	目標 10	人や国の不平等をなくそう
	目標 11	住み続けられるまちづくりを
Planet	目標 12	つくる責任　つかう責任
	目標 13	気候変動に具体的な対策を
	目標 14	海の豊かさを守ろう
	目標 15	陸の豊かさも守ろう
Peace	目標 16	平和と公正をすべての人に
Partnership	目標 17	パートナーシップで目標を達成しよう

出所）国際連合広報センターのウェブサイトを参考に筆者作成。

　2030 アジェンダ採択の 2 ヵ月後，2015 年 11 月 4 日，気候変動枠組条約締約
国第 21 回会議（Conference of the Parties：COP21）で，2020 年以降の温室
効果ガス排出削減等のための新たな国際枠組み「パリ協定」が発効した。パリ
協定では，世界の平均気温上昇を産業革命前と比較して 2℃ 未満に抑えること
を目標とし，1.5℃ に気温上昇を抑制することを努力目標とした。目標達成の
ため，21 世紀後半までに人間活動による温室効果ガスの排出量を実質的にゼ
ロにする方向性が打ち出された[8]。

1.2 日本政府の政策

2015年まで，日本ではESG投資に取り組む機関投資家は殆どいなかった。しかし，日本政府は，ESG投資の基盤づくりとも言える，証券市場改革を着実に進めていた。2014年2月，金融庁は機関投資家を対象とした，「責任ある投資家」であるための諸原則である，日本版スチュワードシップ・コード（SSコード）を制定した。同年8月，経済産業省は「伊藤レポート」を発表した。伊藤レポートは，伊藤邦雄・一橋大学教授（当時）を座長とした，経済産業省の「『持続的成長への競争力とインセンティブ〜企業と投資家の望ましい関係構築〜』プロジェクト」の最終報告書の通称である。翌2015年6月，東京証券取引所は上場企業に対するコーポレートガバナンス・コード（CGコード）を制定した。

SSコード，CGコード，伊藤レポートの3つの狙いは，投資家と企業の建設的な対話により，企業は持続可能な成長を実現し，その結果，投資家は長期投資で高いリターンを得ることにあると言えよう。

このように日本政府がESG投資の環境を整備したところで，先に述べたとおり，安倍元首相は2015年9月に開催された国連サミットで，GPIFによるPRIへの署名を表明した。150兆円を超える資産を管理する，世界最大の年金基金であるGPIFがPRIに署名することにより，GPIFから資金を受託し運用する機関投資家は，PRIが求めるESG投資を開始せざるを得なくなった。用意周到な日本政府の狙い通り，日本の機関投資家は堰を切ったようにESG投資に傾倒した。また，機関投資家はPRIに従い，企業とESG要因の改善について建設的な対話に積極的に取り組むようになった。その結果，日本でESG投資は急成長し，日本企業は持続可能な経営に向かい始めたと言えよう。

2．企業が環境・社会課題に取り組む理由

第1節では，企業が外部不経済と言われる環境問題や人権などの社会課題を内部化することを求める，国連を中心とした国際社会の潮流と日本政府の政策を概観した。このような世界的な流れは，企業にサステナビリティ経営を求めていると言えよう。サステナビリティ経営に関する明確な定義はないものの，

環境課題や社会課題をビジネスとして取り組み経済的利益を上げる，所謂トリプルボトムラインで評価される経営と言えよう。

欧州にはサステナビリティ経営を実践する先進的な企業が存在する。例えば，ネスレ，ユニリーバ，ノボノルディスクなどを上げることができる。これらの企業は，環境・社会課題に取り組むことがビジネスであり，それにより企業と社会のサステナビリティを実現できると考えている。

しかし，環境，社会，経済のトリプルボトムラインで評価する経営を標榜しても，それだけでサステナビリティ経営を実現できる訳ではない。ユニリーバでは，ビジョンに支えられたパーパス（存在意義）があり，そのパーパスを実現するための財務面と非財務面の優先課題に基づく経営戦略（Unilever Compass）がある。Unilever Compass をビジネスモデルに落とし込んで，事業活動を推進することにより，社会的価値と経済的価値の創造を目指している。ユニリーバは，マーケティングに注力するとともに，資本コストを基準とした厳格な事業ポートフォリオ管理に取り組んでいる（Unilever 2022）。

さらに，ユニリーバではサステナビリティのためのコーポレートガバナンスを構築している。非執行社外独立取締役を中心とした取締役会と，指名・報酬・監査委員会及び企業責任委員会が経営を監督している。特に，企業責任委員会は，同社の戦略である Unilever Compass に照らし合わせ，ユニリーバの経営が環境・社会課題の解決に貢献し，かつ適切な利益を上げているかについて評価を行う。その評価は，取締役会及び報酬委員会と共有して執行役員の報酬に反映させている（Unilever 2022）。

ユニリーバにおいては，世界的な規模で環境・社会課題に取り組み，かつ経済的利益を上げるサステナビリティ経営を実践していると言える。筆者は，ユニリーバがこのような経営を実践できる大きな理由の1つは，社内・社外を問わず個人を尊重する価値観，換言すれば，人権尊重の考えにあると考える。ユニリーバと同様に，個人の尊重，他者への敬意を大切にしているネスレは，人権問題の起こりやすいサプライチェーンの川上（原材料の調達・加工）で，農業従事者に対する農業技術指導だけではなく，生活，健康，経済状態の改善指導に加え，コミュニティの健全化や児童労働撲滅にも取り組んでいる[9]。このような高い倫理観，価値観がユニリーバ及びネスレの経済的成功を導いている

と考える。

3．ESG・SDGs と経営倫理の関係

　前節までで概観した，国連グローバル・コンパクトの 4 分野 10 原則，PRI が導入した ESG 要因，SDGs の 17 目標は，いずれも企業が取り組むべき環境・社会課題を包含している。これらは企業が取り組むべき倫理的課題でもあると言えよう。SGDs の目標 1 及び目標 2 の貧困や飢餓の問題は，企業が取り組む問題ではないようにも思える。

　しかし，ロールズ（2010）の「無知のベール」を被り，年齢，性別，国籍，人種，経済状態などがまったく分からない状態になれば，一番弱い立場の人間として貧困や飢餓の撲滅を訴えるであろう。サステナビリティ経営を標榜するのであれば，企業の経営者や従業員も，一番弱い立場の人間に対する感性と配慮が必要と考える。そのような感性があれば，事業を通じて貧困や飢餓の解決に取り組み，社会的価値と経済的価値を創造できるであろう。実際にそのような企業も存在する。

　梅津（2002）は，ビジネスの倫理とは，売上高や利益で計る「ビジネスの価値観（中略）と，人間の行為における善悪を扱う倫理価値基準をかけ合わせたところに成立する分野」（梅津 2002，pp.3-4）と言う。そして，倫理的には良いが業績があまり良くない企業と，業績は良いが倫理的には少々問題のある企業を，ビジネスと倫理の両面で優れた企業にするために，ビジネスの倫理は不可欠であると言う（梅津 2002）。

　ESG 要因や SDGs の 17 目標は将に倫理的な問題であり，ESG 要因や SDGs17 目標をビジネスとして利益をあげるサステナビリティ経営は，ビジネスの倫理または経営倫理の目指すところといえよう。ESG 要因や SDGs17 目標に取り組み，社会的価値と経済的価値を創造しサステナビリティ経営を実践する企業は，経営倫理の視点から尊敬される企業と考える。

4．おわりに

　本章では，国連設立から現在に至る国際社会の史的変遷を概観し，企業が
ESG 要因や SDGs17 目標が示す環境・社会課題に取り組むことを求められて
いる背景を解説した。そして，現在の日本企業が環境，社会，経済のトリプル
ボトムで評価されるサステナビリティ経営を求められている状況も説明した。
筆者は社会的価値と経済的価値を創造するサステナビリティ経営は，経営倫理
の視点からも，尊敬される企業となるための条件であると考える。

　本章では，サステナビリティ経営の実践企業としてネスレとユニリーバを取
り上げた。日本企業のなかにもサステナビリティ経営に取り組む企業は少なく
ない。経営倫理の視点で尊敬できる日本企業には，ネスレやユニリーバのよ
うな巨大な多国籍企業を上回る，インパクトのある社会的価値と経済的価値を
創造して欲しい。日本企業のもつ使命感や経営理念を社内に浸透させ，マーケ
ティング，研究開発，財務力，コーポレートガバナンスなどに優れた経営を行
うことにより，サステナビリティ経営を実現できると考える。世界で尊敬され
るサステナビリティ経営企業が，日本企業のなかから現れることを期待してい
る。

【注】
1）国際連合広報センターのウェブサイトによる。アクセス 2022 年 7 月 20 日，https://www.unic.
or.jp/activities/economic_social_developmentsustainable_development/2030agenda
2）MDGs の 8 つの目標は国際連合広報センターのウェブサイト参照。アクセス 2022 年 7 月 28
日，https://www.unic.or.jp/activities/economic_social_development/Sustainable_development/
2030agenda/global_action/mdgs/
3）PRI のウェブサイトによる。アクセス 2022 年 7 月 20 日，https://www.unpri.org/sustainability-
issues/environmental-social-and-governance-issues
4）PRI のウェブサイトによる。アクセス 2022 年 7 月 20 日，https://www.unpri.org/signatories
5）国際連合広報センターのウェブサイトによる。アクセス 2022 年 7 月 20 日，https://www.unic.
or.jp/activities/economic_social_developmentsustainable_development/2030agenda/
6）同上。
7）同上。
8）外務省ウェブサイトによる。アクセス 2022 年 7 月 20 日，https://www.mofa.go.jp/mofaj/ic/ch/
page1w_000119.html
9）北川（2022），165-186 頁，筆者担当の第 7 章「ビジネスと人権を両立させるサステナビリティ
経営とは：ネスレの児童労働撲滅の取り組みからの示唆」参照。

第 7 章
経営倫理とコーポレートガバナンス

松田千恵子

1．はじめに

　経営倫理が企業において制度化されるために最も重要なのは，「トップマネジメントが如何に規律をもって経営にあたることができるようにするか」である。経営者が経営倫理を逸脱した行動をとった際の影響は極めて大きい。それを未然に防ごうとする仕組がコーポレートガバナンスである。

　本稿ではまず，コーポレートガバナンスの理論と発展について歴史を振り返り，どのようにその仕組が考えられてきたかを概観する。次に，それが昨今どのように変化してきたのか，我が国における動向も含めて取り上げる。最後に，これらを踏まえながら，今後求められるコーポレートガバナンスのありかたを考える。

2．コーポレートガバナンス論の歴史

2.1　コーポレートガバナンスの定義

　コーポレートガバナンスとは何か。企業統治とも訳されるが，英米以外の先進国でも英語が使われる例がある通り，もともと極めてアングロ・サクソン的な概念である。その定義を一言でいえば，「経営者（常勤で会社の業務執行に当たる者）に対する監督（規律づけ）の仕組」のこと（江頭 2016）といえよう。誰の利益のための監督かという点については，英米では株主の利益の

ためであることがほぼ前提となってきた。M. Freedman は 1970 年に「株式会社の経営者の社会的責任は株主のために利益を最大化することである」とまで述べている。また，英国のコーポレートガバナンス・コードは「ステークホルダー全般に敬意を払いつつ，明確に株主利益を最優先のものと認識している」（Mayer 2018）。しかし，こうした株主利益を最優先とした英米のありかたは，2008 年に起こった世界的な金融危機，いわゆるリーマン・ショックを契機とした見直しにさらされている。

　株式会社におけるステークホルダーには，株主の他に債権者，消費者，従業員，供給業者，国や地域といった存在が考えられる。Monks and Minow（1995）は，コーポレートガバナンスを「株式会社の方向付けや業績を決定するにあたっての様々な参加者間の関係である。その第一次的参加者は，株主，経営者（Chief Executive Officer をリーダーとする），取締役会である。その他の参加者として，従業員，顧客，供給業者，債権者及び地域社会が含まれる」と定義している（図表 I-7-1）が，近時では更に「コーポレートガバナンスはその会社の消費者，従業員，供給者，社会の包括的な厚生を促進させる」（Mayer 2018）といった議論も盛んとなっている。

　我が国のコーポレートガバナンス・コードは，定義について「会社が，株主をはじめ顧客・従業員・地域社会等の立場を踏まえた上で，透明・公正かつ迅速・果断な意思決定を行うための仕組を意味する」としており，「（良いコーポレートガバナンスは）企業家精神の発揮を促し，会社の持続的な成長と中長期的な企業価値の向上を図る」ことになるという，「他に類例を見ない主張」（江

図表 I-7-1　コーポレートガバナンスの関係者

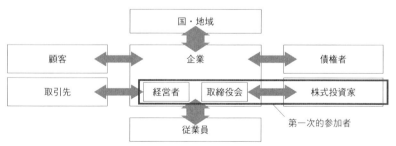

出所）Monks and Minow（1995）より筆者作成。

頭 2016）を行っている。

　本稿では，こうした様々な定義の背景にある歴史的な流れを振り返りつつ，なぜ英米において「株主の利益のための，経営者に対する監督の仕組」という概念が明確化されたのか，それに対するアンチテーゼ的な近時の議論はなぜ起こってきたのか，我が国ではなぜ独特なコーポレートガバナンスの位置づけがなされてきたのか，といった点について検討を加えていく。

2.2　コーポレートガバナンスの歴史

　世界最初の株式会社は 1602 年に設立されたオランダ東インド会社とされる。しかし，こうした大規模会社は例外と言え，17～18 世紀には，殆どの会社はごく小規模であった。この状況に変化をもたらしたのが 18 世紀後半の産業革命である。工場建設等に多額の資金を必要としたことから，株式会社という形態が多く利用されるようになった。19 世紀には米国にも株式会社制度が定着し，20 世紀に向けて巨大化していく。

　こうした中，近代経済学の祖 A. Smith は『国富論』（*Wealth of Nations*, 1776）において，東インド会社のような合本会社（Joint Stock Company）のありかたを批判するが，株主の会社業務への無理解と経営者の怠慢を指摘したその内容は現代におけるコーポレートガバナンス問題の本質を突くものであった。

　現代に続くコーポレートガバナンスへの要請は，株式会社が巨大となった 20 世紀初頭に米国において顕在化した。大企業の経済力が増し経営者の権力は増大する一方，株式市場では取引量の拡大とともに流動化が進み，株主の数は急速に増え企業への支配力を失っていった。Berle and Means（1932）は，多数株主を有する近代的な大企業における「所有と経営の分離」を指摘，経営者は株主の利益よりも自分自身の利益を追求するようになっているとした。この構図は，エージェンシー理論に受け継がれる。

　エージェンシー理論では，ある主体が自分の目的のために別の主体に権限を委譲して特定の仕事を代行させる契約関係をエージェンシー関係と呼び，権限を委譲する側を依頼人（本人，Principal），権限を委譲され代行する側を代理人（Agent）としてその関係を論じる。代理人は依頼人に対し，仕事の代行について責務を負う。この責務は，英米法における信認義務（Fiduciary Duty）

ともいえ，依頼人を株主，代理人を経営者とすれば，信認義務を負う経営者は株主の利益を最優先して行動すべきということになる。

　しかし，近代的な大企業では，経営者と株主の利害は必ずしも同一ではなく，経営者と株主の間には情報の格差があるため，株主は不利な立場に立たされる。こうした状況では，経営者が株主の利益ではなく自己の利益を優先させるといったモラル・ハザードを起こす可能性がある。このエージェンシー問題によって生み出されるコストがエージェンシー・コストである。コーポレートガバナンスはまさに，特に経営者と株主の間におけるエージェンシー・コストの発生を抑止することによって，経営者が株主に対してその投資に見合った適正な収益を還元する制度的な仕組を整えようとするところにその原点があり（花崎 2014），「経営者を規律付ける」ことをまずは株主の利益のために行うものとして発展してきたといえる。

2.3　規律付けはどのように行われるか

　経営者を規律付けるためにはどうしたらよいか。エージェンシー理論からみれば，株主と経営者との間の情報の非対称性を緩和し，或いは利害の一致を実現する必要がある。そのための方法はモニタリング・システムとインセンティブ・システムに分けられる。

　モニタリング・システムは，株主が何らかの制度を利用して経営者を統治する方法である。「何らかの制度」としては，「組織型」と「市場型」（Fama and Jensen 1983；Jensen 1986, 1988；菊澤 2004）がある。前者は，株主が株主代表を送り込むことで企業経営を監視し，経営者への規律付けを行うものである。具体的には，取締役会，監査役会，会計監査人といった設定を通じ，社外取締役や監査役，監査法人がその任に当たる。こうしたコーポレートガバナンスに関する組織のデザインを，コーポレートガバナンスの機関設計と呼び，そのありかたは各国の法律に基づく。一方，後者の「市場型」は，株主が株式市場を利用して経営者に圧力を加えるものであり，株式売却から敵対的買収に至るまで，様々な手段が取られる。

　インセンティブ・システムは，株主が経営者に対して何らかのインセンティブを与え，利害の一致を図るという方法である。業績連動報酬やストック・オ

プション等がこれに該当する。

　これらに加え，負債による規律付けも論じられる。Jensen（1986）は，フリーキャッシュフローの増加は経営者による浪費的な支出を招き，株主と経営者の間の利害対立が深刻になるというフリーキャッシュフロー問題を指摘し，この緩和のためには，契約違反を起こせば破綻のリスクも生じる有利子負債を増やすことにより，経営者への規律付けが可能とした。

3．コーポレートガバナンスの新潮流

3.1　従来型コーポレートガバナンスの限界と新しい流れ

　このような規律付けは，1970 年代以降の米国で特に活発に行われてきた。社外取締役中心の取締役会といった機関設計や業績連動による高額報酬，M&A や LMBO，敵対的買収の増加等をみてもこのことは明らかである。しかし，21 世紀に入るとその限界が露呈し始めた。象徴的な出来事が 2001 年に起きたエンロン事件である。取締役会や監査法人も全く機能せず，経営者はストック・オプションによる高額報酬を得るため，粉飾決算をしてまで株価操作を行うという暴走状態が明らかとなった。これを機に，米国では 2002 年にサーベンス・オクスリー（SOX）法が制定され，内部統制，開示強化や会計監査人の規制強化などが行われた。英国においても経営者が従業員年金基金を流用したマックスウェル事件等の巨額不正事件が発覚し，「コーポレートガバナンスの金融的な諸側面に関する委員会」（キャドバリー委員会）により取締役会の機能強化が図られた。しかし，こうした規律付けの強化にもかかわらず，「2008 年のリーマン・ショックによる打撃がとりわけ深刻であったのは，これまで先進的と言われてきたコーポレートガバナンスを誇る英米であった」（Mayer 2018）。

　従来型のコーポレートガバナンスの変調とともに，新しい動きも出てきた。金融危機以降，短期志向（ショートターミズム）への批判と，より長期的な投資行動への意識が強まってくる。先立つ 2006 年には責任投資原則（PRI：Principles for Responsible Investment）が提唱され，今に至る ESG（Environment, Social and Governance：環境／社会／企業統治）投資の大きな潮流が形成された。

　1990 年代には，企業活動のグローバル化がその負の側面を顕在化させ
てきたことから，企業に利益追求だけでなく「企業の社会的責任」(CSR：
Corporate Social Responsibility) を求める動きが活発化した。Porter and
Kramer (2006, 2011) は，社会性の高い事業を行うことで社会問題を解決す
るとともに自社の利益も生み出す「共有価値の創造」(CSV：Creating Shared
Value) を提唱している。また，国連グローバル・コンパクト (UNGC：
United Nations Global Compact) は，グローバル化に伴う課題を国家や国際
機関だけでは解決できなくなってきたことから，企業にもその解決に参画する
よう求めた。2015 年には，国連サミットにおいて持続可能な開発目標 (SDGs：
Sustainable Development Goals) が採択された。こうした一連の変化を受け
て，改めて株式会社とは何であり何を目指すのか，ステークホルダーとの関係
は如何にあるべきか，といった議論が活発となってきている。

3.2　ステークホルダー資本主義

　大きな転回点は，2019 年に米国大手企業で構成される非営利団体「ビジネ
ス・ラウンドテーブル」が，従来の株主資本主義における問題点を指摘し，あ
らゆるステークホルダーにコミットする旨の声明を発表したことであると言え
よう。翌 2020 年にはダボス会議（世界経済フォーラム）において「ステーク
ホルダー資本主義」が主題として採り上げられた。これは，企業は株主の利益
を最優先するべきとする「株主資本主義」に代わって，企業が従業員や，取引
先，顧客，地域社会といったあらゆるステークホルダーの利益に配慮すべきと
いう考え方である。こうした考え方は，1984 年の E. Freeman による『戦略
経営』(*Strategic Management: Stakeholder Approach*) 以降，利害関係者論と
して研究と実践の両面で影響を与えるようになってきていた（出見世 2022）。
企業の目的は利潤の最大化のみならず，利害関係者との相互作用における利
害関係者のための価値創造である (Freeman, Harrison and Wick 2007) とさ
れ，会社は外部性を内部化することによる事業上の利益と社会的利益を認識
し，その実現を追求すべきであり，そうした目的を促進するのがコーポレート
ガバナンスである (Mayer 2018) といった主張がなされるようになってきた。
　菊澤 (2004) は，コーポレートガバナンスの問題を 2 つの観点から整理して

いる。ひとつは，この問題を倫理にかかわる「価値問題」とみなすのか，あるいは効率性にかかわる「事実問題」とみなすのか，という点であり，もうひとつはこの問題の対象を広く多様なステークホルダーと捉えるか，狭く株主や債権者等投資家にかかわる問題と考えるか，である（図表 I-7-2）。

図表 I-7-2　コーポレートガバナンス問題の整理

	企業と社会の問題 （広義のガバナンス問題）	企業と投資家の問題 （狭義のガバナンス問題）
倫理問題	社会倫理問題 （正当性の問題）	企業倫理問題 （正当性の問題）
効率問題	社会効率問題 （国民経済政策の問題）	企業効率問題 （企業政策の問題）

出所）菊澤（2004）。

　1950〜60 年代には反戦や公害問題等広く利害関係者が倫理問題（社会倫理問題）として意識し始めたコーポレートガバナンスは，1970 年代には投資家が損失を被った企業不正への対処等狭い利害関係者の倫理問題（企業倫理問題）へと移行し，さらに 1980〜90 年代には狭い利害関係者における企業効率と企業倫理の複合問題となり，こうした複合問題に対して，米国では企業倫理を徹底させるというよりも，企業効率や企業価値を高める解決を取ってきた（菊澤 2004）。こうした考えを援用するならば，ステークホルダー主義に象徴される現在の状況はさらに変化が進み，コーポレートガバナンスが，改めて広い利害関係者をも対象とした問題となってきたと言えよう。

4．我が国のコーポレートガバナンス

4.1　日本におけるコーポレートガバナンスの変遷
　我が国では，1960 年代以降の公害の発生等に伴う社会倫理問題の発生に続き，1970 年代のオイル・ショックによる合理化の必要等を受けて，社会効率問題への対処も必要となっていた。「社会倫理と社会効率の複合問題」に対処しなければならなかったのである。加えて，バブル経済崩壊以降企業不正が多発し，「企業倫理問題」にも直面する。更に，経済停滞の長期化に伴い，企業

の効率性や企業価値を高めることの必要性が叫ばれるようになり，「企業効率問題」がクローズアップされてきた。ただ，その問題の解決を見ないうちに，世界的な流れとしてのステークホルダー資本主義，広い利害関係者をも対象とした問題もまた日本企業に迫ってきている（松田 2021）。

　改めて日本におけるコーポレートガバナンスの変遷を簡潔に追ってみたい。機関設計に関しては，監査役会設置会社の形態が従来採用されてきた。しかし，監査役が取締役の選解任を含む取締役会の議決権を有していないこと等から，特に外国人投資家を中心とした批判が強まり，1990 年代以降，監査役の権限強化及び委員会設置会社形態の採用という両面から監督機能の強化が図られた。前者に関しては半数以上の社外監査役の選任義務化等，後者に関しては米国型を模した機関設計である指名委員会等設置会社の導入等が挙げられる。その後，機関設計の曖昧さに批判もあるものの（鈴木 2016），第三の形態である監査等委員会設置会社も取り入れられ（図表I-7-3），この間社外取締役の導入も進んだ。

　変化の背景にあるのは，メインバンクガバナンスからエクイティガバナンスへの移行である。戦後以降，1970〜1980 年代を中心として，我が国では主要

図表173　日本におけるコーポレートガバナンスの機関設計

■取締役会の３つの形態

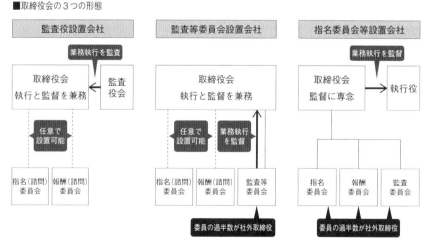

出所）松田（2018）。

取引銀行（メインバンク）との強固な関係が企業に安定と規律付けをもたらしてきた（Kaplan and Minton 1994）。

　一方，プラザ合意等 1980 年代後半からの環境変化は，内需拡大に引き続くバブル経済とその崩壊を生み出し，多くの銀行の淘汰を含む金融危機につながった。また，メインバンクガバナンスを含む日本の経済システムの閉鎖性への批判が諸外国から強まったこと等を受けて，1990 年後半には資本市場の規制緩和も行われ，その後 2000 年代にかけて，コーポレートガバナンスのありかたを含む一連の法改正が立て続けに行われることとなった。

4.2　コーポレートガバナンス・コードの導入とサステナビリティの追求

　この集大成ともいえるのが，2015 年に導入されたコーポレートガバナンス・コードであろう。先立つ 2014 年にはスチュワードシップ・コードも導入されている。

　これらは世界的な規範作成の流れに沿ったものであり，OECD が 1999 年来公表しているコーポレートガバナンス原則に準拠して作成されているが，我が国独自の背景も存在する。そのひとつが前述のメインバンクガバナンスからエクィティガバナンスへの移行であり，もうひとつは，長期不況の中で企業不祥事が目立つようになったことへの対処が挙げられる。更に，そうした状況を打開しようと 2013 年に打ち出された日本再興戦略（いわゆるアベノミクス）が，「三本の矢」として掲げたひとつである成長戦略において，コーポレートガバナンス強化を打ち出し，民間企業に「稼ぐ力」を取り戻させようと企図したことが，直接的には両コードの導入へとつながっている。そのため，我が国では，経営者の暴走を防ぐ規律付けの意味合いを「守りのガバナンス」とする一方で，慎重な経営者の背中を押し，企業が退蔵する現預金等を成長投資に振り向けさせるという「攻めのガバナンス」が強調されるという独特の内容を含むものとなった。

　両コードにより標準化が進んだ内容については順次会社法にも採り入れられてきた。また 2021 年のコーポレートガバナンス・コード再改訂は，東京証券取引所における証券市場改革の一環でもあり，プライム市場への上場企業には一段高度なガバナンスが求められることともなった。

　こうして矢継ぎ早になされているコーポレートガバナンス改革ではあるが，企業価値向上との関係について有効性を示唆する研究は未だ多くはない。こうした中，政府は「新しい資本主義」を標榜し，「ステークホルダー資本主義」への流れを意識したかのような動きを見せている。一方では，アクティビストを中心に Gibson and Gordon（2018）による「Board3.0」の主張を根拠に，株主利益に基づいた規律付けを更に強めようとする動きもあり（三和 2022），状況は未だ流動的と言えよう。

5．おわりに

　今後，我が国のコーポレートガバナンスについては，その成り立ちを改めて踏まえたうえで，我が国における歴史や文化も振り返りつつ，実効性の強化に取り組む必要がある。その際，英米型の制度設計に追随することの問題（小松 2022）に加え，英米と日本との間には状況にずれがあることの問題についても認識を深めるべきと思われる。英米では，従来型のコーポレートガバナンスの限界が明らかになったことによりショートターミズムへの反省やステークホルダー資本主義の考え方が生まれてきた一方，我が国は道半ばであるエクイティガバナンスへの移行に周回遅れで取り組んでいる最中に，世界共通かつ最先端の問題である持続可能な環境・社会の実現の必要に直面している。いわば二重の問題への解決を図らなければならない状況である。「三方良し」に代表される日本の伝統的な考え方や文化は大いに尊重されるべきだが，こうした展開を考えれば単純に昔に戻れば良いわけではないことも明白である。

　加えて，これまでのコーポレートガバナンスに関する議論は監督の強化に注目が集まっており，執行に関する議論が置き去りにされてきた感がある。コーポレートガバナンスが要請する規律付けは「守るかどうかは経営者の倫理観に委ねられている」（高浦・藤野 2022）。然るに，我が国では機関設計上執行の位置づけに曖昧さが存在し，そのことが経営者のコーポレートガバナンスに対する意識向上を妨げてきた感もある。機関設計の更なる改善とともに，経営者自身が自らの倫理観を高め，そのうえで積極的にステークホルダーとの対話を行っていくことが求められよう。

第 8 章

経営倫理とダイバーシティ

斎藤悦子

1. 経営倫理に関連するダイバーシティ研究の動向

　近年，ダイバーシティという用語をさまざまな場面で耳にするようになった。ダイバーシティ（Diversity）とは日本語に訳すと「多様性」「相違点」であり，経営分野ではインクルージョンと共に用いられることが多く，今日では「ダイバーシティ＆インクルージョン（D&I）」として企業，組織で定着している。「ダイバーシティ＆インクルージョン（D&I）」とは「個人のさまざまな違いを包摂し，多様性を生かし価値を創造すること」（自由国民社 2021）である。インクルージョンという語の追加が意味することに関しては本稿の最後に触れることにしたい。

　本節では，経営倫理に関連づけたダイバーシティ研究の動向を探るために，まずは国際的な潮流を把握する。査読論文の世界的なデータベースである Scopus を用いて，*Journal of Business Ethics* に掲載され，"Diversity" がタイトルに含まれている論文を検索した。その結果，2022 年 7 月現在，98 本の論文が抽出された。図表 I-8-1 は発表年別の論文数を示したものである。1995 年から出現し，2008 年以降に増加している。2013 年，2016 年，2017 年はいずれの年も 10 本を超える論文が発表され，経営倫理学の中でも昨今，注目を集めている研究分野であると考えられる。

　では，これらの論文は，ダイバーシティに関する何をテーマにしているのだろうか。各論文に掲載されているキーワードを全て抜き出し，キーワードか

図表 I-8-1 タイトルに "Diversity" が含まれる論文数

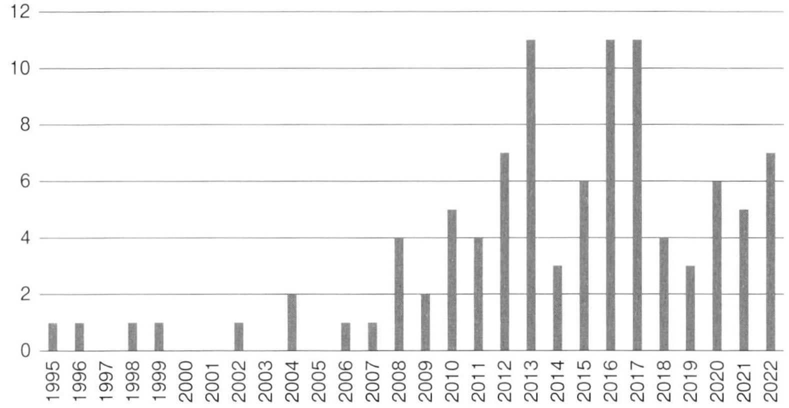

出所）筆者作成。

ら研究内容を検討してみよう。キーワードは 288 件あった。図表 I-8-2 はキーワードに「ダイバーシティ」が含まれていたもの 68 件について，何に関するダイバーシティであるかを明らかにしたものである。「取締役会のダイバーシティ」が最も多く 38.2％，次いで「ジェンダーダイバーシティ」が 23.5％，「文化や風土のダイバーシティ」が 14.7％となり，これらが約 8 割を占めていた。図表Ⅰ83は図表Ⅰ82に示した「ダイバーシティ」を含んだキーワード

図表 I-8-2 キーワードにあげられたダイバーシティの内容

	件数	％
取締役会のダイバーシティ	26	38.2
ジェンダーダイバーシティ	16	23.5
文化や風土のダイバーシティ	10	14.7
年齢のダイバーシティ	4	5.9
価値やアイデンティティのダイバーシティ	3	4.4
サプライヤーのダイバーシティ	2	2.9
人口統計学的属性	2	2.9
その他	5	7.4
合計	68	100.0

出所）筆者作成。

図表 I-8-3　キーワード分類結果

	件数	%
ガバナンス	47	21.4
CSR	23	10.5
理論と方法論	22	10.0
財務パフォーマンス	20	9.1
女性	17	7.7
倫理	16	7.3
平等・公平・差別	14	6.4
企業行動に関して	14	6.4
企業文化，風土，価値等	11	5.0
離職，人的資源管理	8	3.6
民族性	7	3.2
情報公開	6	2.7
途上国，フェアトレード	6	2.7
その他	9	4.1
合計	220	100.0

出所）筆者作成。

以外にどのような言葉があげられていたのかを列挙したものである。220 件中，約 2 割にあたる 47 件が「ガバナンス」に関してであった。次いで「CSR」が 23 件で 10.5％，「理論と方法論」が 22 件で 10％である。こうした結果から，*Journal of Business Ethics* において，注目されているのは取締役会のダイバーシティであり，ガバナンスを問題視する研究がその潮流であることがわかる。

　次に日本国内の動向について『日本経営倫理学会誌』の 1994 年から 2022 年までの第 1 号から 29 号を検討すると，2014 年の第 21 号の巻頭は統一論題「経営倫理とダイバーシティ・マネジメント」となっている。ご存知のように『日本経営倫理学会誌』は前年に実施された研究発表大会の統一論題の研究発表やパネル討議が冒頭に掲載される。当時の学会長の高橋浩夫先生は「経営倫理の基本である人材の公正，公平のマネジメントの視点からはもちろんのこと，企業の競争力の強化からも（ダイバーシティ・マネジメントは）徹底的に議論さ

れるべきテーマとなってきました」(p. 1)「ダイバーシティの本来の意義である多様な人材の活用がこれまで消極的に行われてきたことへの疑問と … 中略 … 公正な活用を行ってこなかったこと自体が経営倫理と深い関係がある」(p. 15) と述べられている。後述するように，ダイバーシティ・マネジメントが日本に導入されてから 20 年ほどが経過した 2010 年代の前半に，学会の統一論題としてダイバーシティ・マネジメントが掲げられ，多くの関心を集めたことは，経営倫理学による捉え直しが必要であることが再確認されたことを意味していると考える。

　本学会誌でダイバーシティがタイトルに含まれている論文及び研究ノートは6 本あり，その内容はダイバーシティ・マネジメントを利害関係者論で解読する研究，女性，障害者といったダイバーシティカテゴリーを扱う研究，SDGsとの関連を扱う研究，ダイバーシティ経営と企業属性の関連を検討する研究であった。これらの研究については「3.経営倫理学的にダイバーシティ・マネジメントを考慮する」で詳述する。

2．ダイバーシティ・マネジメントとは

2.1　ダイバーシティ・マネジメントの歴史

　ダイバーシティ・マネジメントは米国型と欧州型があり，企業の競争力の源泉を追求する米国型，多様な雇用・労働形態やライフスタイルの受容を追求する欧州型といった特徴をもつ（経済産業省 2016）。

　米国型は，1960 年代に制定された公民権法，雇用機会均等法（EEO Act）といった法律により人種や性別における差別のない社会環境基盤整備が求められるようになったことを背景に，企業の人材確保と相まってダイバーシティ・マネジメントの黎明期を迎える。1970 年代は差別を理由とする告訴が増加したことで，公民権法や雇用機会均等法が強化される。企業にとっては，告訴リスク回避策としてダイバーシティが位置付けられていた（経済産業省 2016）。1980〜90 年代は，ダイバーシティ・マネジメントが，従業員のモチベーションの維持に効果的であることが認識されるようになり，企業独自のやり方でダイバーシティ・マネジメントが推進されるようになった。また，1990 年には

障害者法（Americans Disability Act：ADA）ができ，障害者に対する機会の平等が明示された。山口（2014）は米国のダイバーシティ推進の特徴を，人種・性別・民族などの差別の禁止から，従来は「個人的理由」と考えられていた障害，育児・介護，宗教的信条によっても社会的機会を失うことのないように，多様な人々をインクルージョンしていくことにシフトしてきたという。その一方，ワーク・ライフ・バランスに関しては家族医療休暇法（Family and Medical Leave Act：FMLA）のみで法的保障が薄く民間主導であることが特徴であると述べる。2000 年以降は，特に大企業が経営戦略の競争優位性や他社との差別化をはかるためにダイバーシティ・マネジメントを本格化させている。

　欧州型は雇用政策として，女性の社会進出と働き方やライフスタイルの多様性の実現が進められてきた。1957 年の欧州経済共同体（EEC）創設条約には男女同一賃金の原則が規定され，男女間の機会均等の基本的権利は欧州連合（EU）の共有の価値観となっている。1990 年代には移民の流入等で，欧州全体の失業が深刻化し，その対策として，従来の雇用政策の見直しが行われ，フレキシキュリティの概念が誕生する（経済産業省 2016）。これは労働市場のフレキシビリティー（柔軟性）と，労働者の雇用のセキュリティー（保障）を合体させたものであり，経済成長と雇用の安定の両立が目指されるようになった。2000 年以降，EU 加盟国の各国はダイバーシティ憲章（Diversity Charter）を発出している。これによって，企業によるダイバーシティ・マネジメントが EU 全体と加盟国の政府によって実施されるようになった。従って，2000 年代が欧州型ダイバーシティ・マネジメントの黎明期であると考えられる（経済産業省 2016）。ダイバーシティ・マネジメントを経営戦略とする動きは米国に比べ弱く，多様な雇用形態やライフスタイルを受容する内容であったが，近年では，米国型と同様の経営戦略としてダイバーシティを活用する動きがあるという（経済産業省 2016）。

　日本では，2000 年以降に米国型が紹介された（谷口 2005）。その後，旧経団連がダイバーシティ・ワーク・ルール研究会を発足させたことで注目されるようになる。日本においてダイバーシティ・マネジメントが必要とされる背景には，①少子高齢社会による労働人口の減少，②消費市場の成熟と消費者の多

様化，③企業間の競争激化があげられる。2017 年には経済産業省が「ダイバーシティ 2.0　行動ガイドライン」を作成，2018 年には改訂版が出されている。また，同省は 2012 年度から 2020 年度までダイバーシティ推進に取り組む企業を選定する「新・ダイバーシティ経営企業 100 選」「100 選プライム」を実施し，9 年間で 282 社が選定された。2021 年度からは，中小企業に対するダイバーシティ・マネジメントの普及拡大を目指し「改訂版　ダイバーシティ経営診断ツール」を作成し，利用を呼び掛けている。

　2022 年現在，法制度がダイバーシティを経営に取り込むことを後押ししている。その筆頭が 2021 年 6 月に公表，施行された市場区分再編による，「コーポレートガバナンス・コード改訂」であろう。この改訂で企業の中核人材における多様性の確保があげられている。また，女性活躍推進法の改正（2019 年）によって 2022 年 4 月から労働者数 101〜300 人以内の事業主も女性が活躍できる行動計画を策定・公表することが義務付けられた。育児・介護休業法の改正（2021）では男女のワーク・ライフ・バランスをはかるために，2022 年 4 月から本人または配偶者の妊娠・出産等を申し出た労働者に対し，個別に育休制度等を周知し，制度利用の意向の確認が義務化された。同年 10 月には産後パパ育休（出生時育児休業）が創設される。さらに政府は，2022 年中に大企業の非財務情報（例えば管理職に占める女性割合，男女の賃金格差等）の開示義務化のルールを策定し，人的資本への対応も企業評価の重要指標として位置付けるとしている。これは企業の人的資本やダイバーシティの程度が，長期的な企業価値と関わる情報であり，機関投資家が着目していること，国際的なサステナビリティ開示のフレームワークの多くがそれらを開示項目としていることが背景にある（金融審議会 2022）。

2.2　ダイバーシティ・マネジメントの目的

　冒頭でダイバーシティ＆インクルージョンとは「個人のさまざまな違いを包摂（包み込むこと）し，多様性を生かし，価値を創造すること」と述べた。個人のさまざまな違いとは具体的に何を意味するのか。図表 I-8-4 にダイバーシティの構造を示した。ダイバーシティには表層的・外見的差異と深層的・内面的差異がある。表層的・外見的差異とは，人種，性別，年齢，体格，障害の有

図表 I-8-4　ダイバーシティの構造

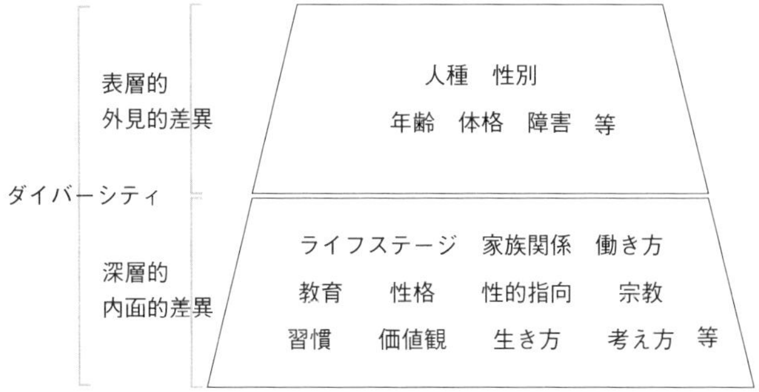

表層的
外見的差異

人種　性別
年齢　体格　障害　等

ダイバーシティ

深層的
内面的差異

ライフステージ　家族関係　働き方
教育　性格　性的指向　宗教
習慣　価値観　生き方　考え方　等

出所）中村（2018）の図1-2-2に筆者が加筆した。

　無等で，深層的・内面的差異には個人の直面しているライフステージ，家族関係，働き方，教育歴や性格，性的指向，宗教，価値観，生き方等がある。これまでの日本のダイバーシティ・マネジメントは，多様な属性の中の表層的差異を主に対象としてきたが，堀田（2015）は，今後は深層的な差異に着目する必要があると述べ，荒金（2013）も深層的な差異をどのように活かしていくかが経営上の大きな課題であるとしている。

　ダイバーシティ・マネジメントとは「多様な属性や価値観を活用して，ビジネス環境の変化に迅速かつ柔軟に対応し，企業の競争力と社会的評価を高め，個人の幸せを実現しようとする」ものである（馬越 2011）。つまり，ダイバーシティ・マネジメントの目的は，企業の競争力と社会的評価を高めることと個人の幸せの実現である。この目的に照らせば，企業の関心やダイバーシティ・マネジメント研究の多くは，企業の競争力や社会的評価との関連を問うてきた。一方の個人の幸せの追求は，ダイバーシティ・マネジメントの起源となった差別や人権問題の解消に関連しており，経営倫理学的な視点が必要とされている（林 2017；山田 2020）。山口（2014）は，日本のダイバーシティ・マネジメントに関して，企業を超える普遍主義的倫理が国民の中に根付いていないことを指摘し，長期的視点に立ち，雇用に関して守られるべき人権とは何かといった根本問題に政府，経営団体，労働団体が取り組み，合意していくことが極めて重要であると述べている。次の節では経営倫理学の視点からのダイバーシティ・マネジメントを考察していく。

3．経営倫理学的にダイバーシティ・マネジメントを考慮する

3.1 日本における研究

経営倫理学的にダイバーシティに言及した研究は何を扱っているだろうか。『日本経営倫理学会誌』に掲載され，タイトルにダイバーシティという用語を含む論文及び研究ノートについてその詳細を紹介する。

山口一男氏は 2013 年の第 21 回日本経営倫理学会研究発表大会の統一論題シンポジウム「経営倫理とダイバーシティ・マネジメント」のキーノート・スピーチを行った。その概要を「欧米の倫理・制度と日本の現状」としてまとめ，日米比較によって日本の雇用慣行や法的保障が女性の人材活用を大きく妨げていることを明らかにしている（山口 2014）。さらに，ダイバーシティの思想を発展させるためには，短期的な企業利益の論理よりも機会平等のための社会制度や人権問題が優先されるべきことを強調した（山口 2014）。

理論研究を行った出見世（2014）は，ダイバーシティ・マネジメントのあり方を利害関係者論から検討した。出見世によれば，利害関係者論は利害関係者を「名前と顔と家族を持った生身の人間」として捉えることに特徴があると述べる。従って，利害関係者論の立場からのダイバーシティ・マネジメントとは，人間の複雑さと生身の人間に対する倫理的内容を考慮するものであり，それは差別の解消，利害関係者の価値創造へと転換する。出見世は，この時に取締役会や経営層のダイバーシティ向上が必要となることを主張している。

ダイバーシティの属性別の検討について，勝田（2014）は女性の活躍に注目し，CSR の視点から人権・雇用に係る国際的潮流に応答する必要があることを説く。とりわけ真のワーク・ライフ・バランス実現に向けた働き方変革が行われるためには，経営トップの「人間観」「労働観」が問われていることを指摘する。山田（2014）は日本の障害者雇用の現状を明らかにした上で，水谷（2003）による「経営価値四原理システム」を参照しながら，競争優位や組織パフォーマンスの向上を目的とするダイバーシティ・マネジメントが，経営および倫理に関する誤った捉え方をしていると述べた。障害者雇用が企業で進展するためには，ダイバーシティの議論に経営倫理の視点を入れることが重要で

あることを提起している。

　青木（2020）は SDGs の企業実践に関して，ドイツのベルテルスマン財団と持続可能な開発ソリューション・ネットワークの 156 カ国の SDGs 評価において，日本は 11 位であるが，「ジェンダー平等と女性のエンパワーメント」「働きがいと経済成長」「不平等の是正」などにおいて取り組みが求められているという。これらの目標にはダイバーシティ・マネジメントが深く関係していることから，日本企業の SDGs 実践の最重要課題がダイバーシティ・マネジメントにあるとしている。

　林（2017）の研究はダイバーシティに積極的に対応する日本企業の属性分析である。多くの研究がダイバーシティとパフォーマンスの関係を扱う中で，ダイバーシティの全てをパフォーマンスと結びつけることに疑義を持ち，経営倫理の問題として取り組むべきダイバーシティカテゴリーがあるとしている。林はダイバーシティカテゴリーとして，外国人活用，女性登用，LGBT 対応，障害者雇用をあげ，それらと企業属性の関係を分析した。結果，カテゴリーによって積極的に対応する企業の属性が異なることを明らかにした。

　以上のように，経営倫理学的なダイバーシティ・マネジメント研究は，企業競争力の獲得や財務パフォーマンスの向上とは一線を引き，ダイバーシティの本質としての人権問題，CSR や SDGs との関連から非財務パフォーマンスを考慮する研究となっている。

3.2　経営倫理学的ダイバーシティ研究の今後の方向性

　人権問題や CSR，SDGs とダイバーシティを関連付ける研究は，今後，経営倫理学がリードするダイバーシティ研究のひとつであろう。ここでは CSR とダイバーシティ・マネジメントの融合を試みた Hansen and Seierstad ら（2016）の研究を紹介する。

　Hansen and Seierstad ら（2016）によれば，CSR はモラルや社会正義が理論的根拠の中心であるのに対し，ダイバーシティ・マネジメントは企業の利益と価値の獲得を追求するため，両者は異なる分野と捉えられてきたが，現在ではその相互作用が注目されており，2 つを統合したマルチレベルモデルを紹介している。Hansen らは CSR とダイバーシティを結び付ける際，ダイバー

シティの３つの概念に留意すべきと言っている。それは Harrison and Klein（2007）が示した「分離」（Separation：メンバー間の意見，態度，価値観の違い），「多様性」（Variety：メンバー間の情報，知識，経験，教育などの違い），「格差」（disparity：メンバー間の収入，地位，名声，影響力の違い）であり，この３つの概念は社会と個人を関連付けるものである。さらに，マルチレベルモデルは，近年，重要な概念として登場したインターセクショナリティ概念を基礎とする。インターセクショナリティとは，ダイバーシティを複数の属性の交差により理解する概念である。先述の図表 I-8-4 に従えば，例えば，女性であることは表層的・外見的差異であるが，その女性が育児中であることは深層的・内面的差異に関わっている。個人は多重的な属性を持っており，その組み合わせが，時には自身の力を十分に発揮できない状態を作るかもしれない（斎藤 2021）。このインターセクショナリティの視点を用いることで，個人の多様な事情や格差の実態を浮かび上がらせることができる。

　マルチレベルモデルを図表 I-8-5 に示す。マクロ（多国籍，国家）レベル，メゾ（組織／戦略チーム）レベル，ミクロ（個人間，個人内プロセス）レベルの３つのレベルがある。マクロレベルとメゾレベルでは「CSR ミッションと戦略」「ダイバーシティミッションと戦略」が実行される。ここでの戦略は

図表 I-8-5　マルチレベルモデルの中のダイバーシティと CSR

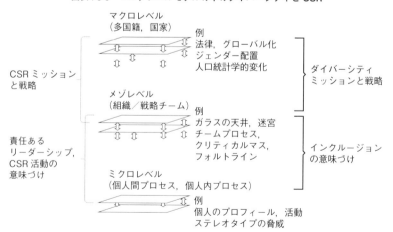

出所）Hansen and Seierstad（2016），p. 49, Fig 1. Diversity and CSR in a multi-level model を筆者が翻訳した。

「アウトサイド・イン」(市場の要求，規制からの圧力など) と「インサイド・アウト」(企業の強みと弱み) の組み合わせで成立する。メゾレベルとミクロレベルにおいては，「責任あるリーダーシップと CSR 活動の意味づけ」が行われる。「責任あるリーダーシップ」は重要視されている。なぜなら，CSR 活動の実際は，責任あるリーダーがさまざまなステークホルダーの利益を調整し，倫理的配慮を企業の意思決定に統合しているからである。ダイバーシティ・マネジメントとしては「インクルージョンの意味づけ」が必要となる。CSR 活動とインクルージョンの意味づけとは，両ミッションと戦略が一貫性をもち，組織の行動がメゾレベル・ミクロレベルにおける全てのステークホルダーにとって納得を得られることである。

4．ダイバーシティ・マネジメントの実現に向けて

最後に，ダイバーシティを企業に取り込む際の本質的な考え方に関して Lozano and Escrich (2017) の「寛容」(Tolerance) と「尊重」(Respect) の2つの概念研究をあげる。Lozano and Escrich (2017) は，組織のダイバーシティを支える概念として「寛容」と「尊重」をあげ，この2つは同一視できないとする。文化的ダイバーシティへの2つの異なる対応として，現在，最も普及している多文化主義は「寛容」の概念に，間文化主義は「尊重」の概念に基づくという。多文化主義が異なる集団間の平和的な共存を目指すのに対し，間文化主義は単なる共存を超え，積極的な相互行為によって相互作用を生み出し，創造的な文化を目指すものである。すなわち，間文化主義における「尊重」とは，自身の慣れ親しんだやり方を批判的に問い，他者の意見や慣習を認め，議論を通じて互いの受容の限界について考察し，新たなあり方を創造していくことである。

ダイバーシティ・マネジメントがインクルージョンを達成するとき，「寛容」を超え，互いの「尊重」関係が訪れると考える。脇 (2019) はインクルージョン概念の既存研究の結果，インクルージョンとは従業員の認知であり，その認知は①独自性への価値付け，②所属の認知（意思決定プロセス，公式・非公式情報へのアクセス，グループや組織全体への参画への働きかけ）③公正に

扱われているという 3 つの側面が含まれていることを見出した。個人が唯一の存在として認められ，当該組織に所属している感覚を得るためには，個々人が積極的に交流し，議論等を通して他者を互いに認識することが必要となろう。そのプロセスにおいて公正性が獲得されると考える。ダイバーシティ・マネジメントの目的として掲げられた個人の幸福は，インクルージョンが必須である。ダイバーシティをインクルージョンへ繋ぐために，その実践方法を研究し，議論していくことが今後の経営倫理学に求められている。

第9章

経営倫理とコンプライアンス

浜辺陽一郎

1. コンプライアンスの意義

　コンプライアンスには，論者によって意義の広狭があり，その理解の仕方について必ずしも見解の一致があるとはいい難い部分が残っている。しかし，「法令遵守」という狭い意味だけで把握する見方は徐々に弱まりつつある。もとより，欧米においても，コンプライアンスは，「法令」に限定されて理解されているものではなく，ましてや「遵守」だけで片付けられる概念でもない。

　コンプライアンスは，その組織が法令，倫理的規範などの社会における規範と調和しながら，適正かつ健全な事業活動をしていくための仕組み，ないし組織的取り組みのことを総称するものと理解すべきである。これを基礎として，コンプライアンスの概念は，「コンプライアンス経営」「コンプライアンス戦略」といった形に発展していく。

　コンプライアンスが，組織的に取り組む総合的な経営プログラムである以上，それぞれの組織におけるリスクを想定し，重要な法令や倫理的規範が何のためであるかを，できるだけ正確に理解し，組織的に対応することを求める。このため，コンプライアンス・プログラムには，適切に遵守できるような組織内のルールの構築から，その環境整備や情報伝達のあり方に至るまでの総合的な取り組みが含まれる。

　経済産業省の「グループ・ガバナンス・システムに関する実務指針」（2019年6月28日策定，以下「CGS ガイドライン」という）でも，「コンプライア

ンス」は「非常に広い概念であり，（中略）訴訟や法律問題でなくても，レ
ピュテーションに大きなダメージを受ける問題はやはりコンプライアンス問題
であり，法律的な線引きと企業がダメージを受ける線引きはずれてきている」
との指摘があったという。

　一部には，コンプライアンスは，法令や中央官庁等によって押し付けられる
ものであるような誤解がある。コンプライアンスを，政府等から命令された
「法令遵守」としか捉えない立場から，働く人たちが法令などのルールを盲目
的に遵守するように強制するもののように理解しているのであろう。しかし，
それでは組織の健全性を確保することは難しい。組織内の規範を自らが策定す
べきであるという考え方を基本とすることが重要である。

1.1　コンプライアンスの語源

　一般に，コンプライアンスは，コンプライ（Comply）という動詞の名詞形
で，comply with- が「〜に従う」「〜を遵守する」という意味で使われる。た
だ，その遵守の対象は限定されない。辞書によれば，日本語でいうルールを
守るとか，ルールに従うという意味の英語は，keep，follow，obey，observe
等，規範やルールに細かい欧米の文化では多くの表現がある。それらの表現の
うち，comply の前の部分 Compl は，complete と同じ語源で，完全，完成を
意味し，その後の部分 ply は，supply と同様に「提供する」，「供給する」との
意味もある。かかる語源から，コンプライアンスのニュアンスは，事業活動
における「完全性」を指向しており，完璧な活動を目指す誠実性を求めるもの
だと考えられよう。

　法令は，成文法に限られるものではなく，ルールベースの規律だけではなく
プリンシプルベースの規律も含まれており，さらに各種のソフトローが重要な
規範として機能するようになってきている。こうした中で，ソフトロー等の規
範を十分に尊重することなくコンプライアンスを把握するのでは十分なものと
はいえない。経営倫理をも含む様々な規範に立脚して，はじめて健全な事業活
動が可能となり，完成に至るというのが，コンプライアンスの基本的な考え方
である。

1.2　コンプライアンスにおける倫理的規範の重要性

　表面的に法令違反の発覚を阻止・回避して，それが表沙汰にならない限り，法令を遵守したことになっているというのでは，法令遵守さえ覚束ない。社会的に耳目を集めるような不祥事は，倫理的規範からも逸脱しており，そうした行為は法的な責任問題にも発展しやすい。

　形式的に法令を遵守するだけでは，現実の新しい問題にも対応できないし，実質的な法令遵守も疑わしい。法律の解釈運用においても，個別の制度で十分に対応しきれない場合に，一般条項によって妥当な結論を導くことがあり，倫理的な問題にすぎないような問題も，法的な問題となることがある。直接に関係する個別の法令の問題を回避できたとしても，基本的な倫理観が欠落している場合に，深刻な法律問題に発展することもある。

　一切の社会的な事象は法律問題として検討される余地があるが，特に経営者の場合には，善良なる管理者としての注意義務（善管注意義務）を負うため，妥当性の検証や倫理的な検討が不可欠となる。法律に欠けているところがあれば，それは「条理」で補って検討する必要がある。そもそも法令の内容自体が，必ずしも明確であるとは限らず，むしろ常に不完全であり，ある法令が適用できるか，できないかが判然としないケースも少なくない。こうした状況で，予測の困難な法律問題を，ひとつの法的見解だけに頼ることは危険が伴うこともあるからこそ，倫理的な判断が重要なのである。

　一般的には，法的リスクを抑制するためにも，倫理的な判断を正しく行うことが得策であることが多い。多く場合，倫理的に正しい判断は，法的にも正しく，仮に過ちがあっても，軽微であるか，何らかの弁解・弁明が成立しやすい。つまり，それぞれの組織において，適用される法令の規制に沿った行動をすべきではあるが，それにも限界がある。それを補うために必要となるのが，倫理的規範の視点である。

　よって，経営レベルにおけるコンプライアンスの考え方として重要な視点は，形式的な法令の定めだけにこだわるのではなく，実質的な社会的な要請を見極めて，倫理的な見地から考えて判断・行動することである。そうした視点から，経営者は善良な管理者として，事の理非を判断し，組織文化を改善し，倫理的規範を高めることにつなげていくことが重要なポイントとなる。

2．コンプライアンス経営の必要性と重要性

　不祥事を起こした企業の経営者に対しては，時として法的な責任追及が行われることがあり，刑事・民事両面で問題とされることもある。法令違反が顕在化すると，いかに非効率で非経済的でも，その対応を余儀なくされる。企業が受ける有形無形の損失・損害は，計り知れないからこそ，平時からもコンプライアンスの強化を図ることが要請される。

2.1　必要性
　現場では，いまだにコンプライアンスの考え方が十分に浸透しているとはいい難い部分があり，時として不祥事が顕在化する。多くの企業では，それなりに危機感をもって取り組むようになりつつあるとはいえ，まだ不足している課題が残っている。
　過去の失敗事例から得られる教訓も踏まえて，今後の組織体制のあり方から，IT 環境の整備等にいたるまで，コンプライアンスを充実させるために実効性のある内部統制の構築・評価における実務上の諸問題を整理・検討していくことが必要である。

2.2　主体性が求められるコンプライアンス
　かねてから，経済界も企業の主体的な社会的責任への取り組みを奨励してきた。様々な指針，ガイドライン等のソフトローによって，それぞれの組織による自主的な取り組みが促されており，形式的・硬直的・画一的な対応を厳に戒めている。あくまでも，組織自身が，実態に応じた内部統制の充実を図る責務を負っているのである。
　直接に規制の対象となっていないとか，行政からチェックされる対象でないからといって軽視することはできない。当局からの指導を待つまでもなく，それぞれの組織では，コンプライアンスに取り組む経営姿勢を明確化するとともに，不祥事防止に向けた全社的なコンプライアンス態勢を確立し，内部統制機能の実効性を確保する必要がある。

2.3　コンプライアンスに適合したビジネスモデルの確立

コンプライアンスの重要性が強く叫ばれ，高度情報化社会によるレピュテーション・リスクの増大，司法制度改革に伴う責任追及の厳格化，説明責任の強化等といった傾向が強まりつつある。こうした経営環境において，コンプライアンスは，収益をあげる基礎として，極めて重要な役割を果たす。

コンプライアンスの強化は，合理的に戦略を立てて事業を持続的に成長・拡大していけるようなビジネスモデルの展開を図ることができるかどうかという問題とも関係している。いつまでも同じようなやり方で収益を上げることができるわけではなく，グローバルな競争に勝ち抜くためには，人々のニーズを十分に汲み取って，新しいビジネスモデルを開発していく方向に知恵を絞る必要がある。

法令の改正に対応しなければならない事象も多い。日本の企業社会では信用が重要であるから，リスクを察知した場合には，それなりに十分な対策を立てて，安全・安心な製品・サービスの提供を目指すように努めるというのが，ある程度成熟した社会における良識的な態度であろう。少なくとも成熟した市場では，想定される事業活動におけるリスク，特に法的リスクに対しては敏感になることが求められる。誠実で信頼できる専門家の指摘に対しては，素直に耳を傾ける必要がある。どんな企業にとっても最悪の事態の場合は，一回起きただけで企業の命運を決することがあるから，重大なリスクに対しては十分な対策をあらかじめ立てておくことが賢明である。こうした事情などから，経営者にとっての経営倫理の重要性が大きくなっている。

3．コーポレートガバナンスにおける位置づけ

コーポレートガバナンスは，その経済的な効率性や業績の向上と，健全かつ適正な業務の運営を共に追求をすることを通して，企業価値の向上を目指すものであるため，後者の点からコンプライアンスが大きな課題となる。日本のコーポレートガバナンス・コード（以下「CGコード」という）は，その表紙に「会社の持続的な成長と中長期的な企業価値の向上のために」と明示して，企業自身のサステナブルな成長を促し，実効的なコーポレートガバナンスの実

現に資する主要な原則を取りまとめている。そして，2021 年 6 月の CG コードの改訂では，「サステナビリティ経営」が取り込まれた。CG コードの原則 2-3 では，「上場会社が，社会・環境問題をはじめとするサステナビリティ（持続可能性）を巡る課題について，適切な対応を行うべきである」とし，その補充原則 2-3 ①では，取締役会に対して具体的な対応を求めている。

　もとより，サステナビリティを巡る課題への対応は重要なリスク管理の一部である。経営陣はこれを十分に認識し，適確に対処する必要がある。したがって，また，ESG 投資，SDGs 等の課題も，ソフトローへの対応として位置づけると，事業活動の健全性を確保するためのコンプライアンスと軸足を揃えつつ，かかる観点から経営倫理を実践していくことが重要になっている。

3.1　効率性と健全性の相互補完の関係

　コーポレートガバナンスは，経済的な効率性や業績の向上（パフォーマンス）と，健全かつ適正な業務の運営（コンプライアンス）を図ることが 2 つの大きな柱となっており，これらが車の両輪のように，企業価値の向上を目指すことが求められる。かかるパフォーマンスとコンプライアンスの目的は，相互補完の関係にあり，その一方でも十分に機能しなければ，企業の持続的成長は期待できない。

3.2　ステークホルダー理論

　CG コードは，ステークホルダー理論に裏付けられたものであり，多元的なステークホルダーの利益に十分配慮することを求める。CGS ガイドラインも，「コンプライアンス」を「法令違反に限らず，契約違反や不正表示の問題も含め，社会規範や消費者等のステークホルダーからの合理的な期待に応える姿勢や取組を指すものとして用いている」と説明している。もっとも，多元的ステークホルダー主義に対しては，相互の調整が難しく，その選択や優先の度合いが恣意的な経営判断に流れる懸念が指摘されている点には注意が必要である。

3.3　最近の動向

環境・社会と併せてガバナンスの諸課題を含むサステナビリティの要請が，それぞれの企業にとっても最重要の課題として浮上してきている。企業が成長できるのは，社会環境が良好であることが前提であり，環境・社会の問題に背をむけて自社だけが持続的に成長することは不可能である。近時，環境・社会問題などに着目した ESG 投資が活発化して，これらの課題に対する要請は，ソフトローとしての規範としてコンプライアンス上の課題ともなる。

短期的・近視眼的な経営姿勢では，持続的な発展・成長は期待できない。経営戦略の観点からしても，持続可能性に向けた社会的な要請，業界の健全な慣行，経営倫理等を十分に踏まえた企業行動が求められよう。

4．コンプライアンスの制度化としての内部統制

ここでは会社法と金融商品取引法による内部統制の制度化を概観する。

4.1　会社法と金融商品取引法

会社法の制定において，コンプライアンスを推進するために，内部統制システム（コンプライアンスに向けた組織的取り組み）が制度化された。即ち，内部統制システムは，取締役会設置会社では取締役会の専決事項とされ，大会社や委員会型の会社では，内部統制システムの整備の決定が義務づけられた。会社法は，内部統制システムを，「株式会社の業務並びに当該株式会社及びその子会社から成る企業集団の業務の適正を確保するために必要なものとして法務省令で定める体制の整備」と表現している（362条4項6号等）。ここで業務の「適法」でなく「適正」というのは，法令の問題に限られないからであり，事業活動の妥当性にも踏み込んだ「業務の適正」においては，経営倫理の要請が働くものと解されるため，コンプライアンスの本質を含んでいる。実質的に内部統制を機能させるためには，レピュテーション・リスクをも踏まえた妥当性の問題や企業倫理の要請に配慮する必要がある。

一方，金融商品取引法（金商法）の内部統制報告制度のために作成された企業会計審議会の「財務報告に係る内部統制の評価及び監査に関する実施基準」

（以下「実施基準」という）で，「内部統制とは，基本的に，業務の有効性及び効率性，財務報告の信頼性，事業活動に関わる法令等の遵守並びに資産の保全の４つの目的が達成されているとの合理的な保証を得るために，業務に組み込まれ，組織内のすべての者によって遂行されるプロセスをいい，統制環境，リスクの評価と対応，統制活動，情報と伝達，モニタリング（監視活動）及びIT（情報技術）への対応の６つの基本的要素から構成される」と定義された。

　金融商品取引法では，特に財務報告の信頼性の確保が至上命題とされるが，全部をチェックするのは無理なので，サンプルチェック等で済ませることができる。ただ，これは信頼できる前提が内部統制であるため，リスク・アプローチの徹底が重要であり，実質的には，高度な経営倫理に裏打ちされた内部統制を通してコンプライアンス・プログラムを展開することが求められている。

　コンプライアンス・プログラムによって，当該企業の業務の改善が図られ，業務の見直しや改善が促される。内部統制が実質的に機能することを推進することにより，企業の健全性を高めていくことができよう。内部統制がうまく機能すれば，不祥事の発生率を相対的に低く抑えることができる。不正が発生した場合にも，的確・適切に対応することで，その損害・損失の拡大を防止できるが，その予防効率を現実に高める工夫が必要である。不祥事防止に向けて，企業の実態に応じて不正が起きにくい仕組みを工夫し，不正が起きた場合は徹底的に検証・追及する構えが必要である。

4.2　コンプライアンスに関する開示

　平成26年の会社法改正では，会社法本体に「企業集団の業務の適正を確保するため」の体制について明記され，内部統制システムの構築のみならず運用の状況についても事業報告への記載が義務づけられた。

　一方，金融商品取引法において導入された内部統制報告制度により，内部統制報告書は公認会計士又は監査法人の監査証明を受けることが必要とされ，「確認書」の提出義務は，代表取締役・代表執行役等に課されている。

　また，不祥事が発覚した場合には，積極的な情報開示も要請される。行政処分がされた場合には，問題等の原因となった役職員の責任の所在の明確化が求められ，指摘された問題に関する改善を図ることが計画（改善計画を着実に実

施するための経営管理態勢の整備・確立及び実効性確保にかかる責任の所在の明確化等を含む）の提出，実行や，当該業務改善計画の実施完了までの間，進捗・実施状況等を報告することが求められよう。

　これらの制度は，コンプライアンスの状況について開示する意味合いを含んでおり，その説明責任を果たすことが経営倫理の観点からも期待されるものであろう。

4.3　リスクに応じた綿密な対応の必要性

　それぞれの企業は，自社の事業活動の実態に応じて，きめ細かな対応が求められ，想定されるリスクに応じて適切な業務方法や社内ルールを構築していく必要がある。リスク管理が弱いと，そのリスクに対する姿勢も甘くなり，中途半端な対応に終わってしまう。リスク管理の甘さから不祥事に至ることもあり，経営上の欠陥が露呈する。そうした事態を回避するため，事業活動におけるリスクは多岐にわたり，イシュー・マイオピア（視野狭窄）に陥らないことが課題となる。過去の様々な企業不祥事を受けて，内部統制の重要性は，ますます強く意識されるようになってきている。

4.4　内部統制報告制度における 6 つの基本的要素

　内部統制を充実させるための方法論については，個別の指針やガイドラインにおいて繰り返し解説されてきた。金商法に基づく内部統制の実施基準では，内部統制における「6 つの基本的要素」が示されており，その中でも特に「統制環境」が重要であると指摘されている。統制環境とは，同実施基準において「組織の気風を決定し，統制に対する組織内のすべての者の意識に影響を与えるとともに，他の基本的要素の基礎をなし，リスクの評価と対応，統制活動，情報と伝達，モニタリング及び IT への対応に影響を及ぼす基盤」として位置づけられており，組織が保有する価値基準及び組織の基本的な人事，職務の制度等を総称する概念である。

　ここで「組織の気風は，組織の最高責任者の意向や姿勢を反映したものとなることが多い」と指摘されていることからも分かるように，トップ・経営陣の姿勢が内部統制のあり方に決定的な影響力を与える。この統制環境に含まれる

一般的な例示として,「誠実性及び倫理観」などが挙げられており,倫理規程・行動指針等の作成,遵守確保のための内部統制に経営者自らが関与して運用の有効性を確保することが重要である。

4.5 人材強化の必要性

内部統制においては,組織内部における研修・教育体制を充実させ,コンプライアンスの考え方を浸透させることが必要となる。しかし,内部統制を支える人材不足が問題とされ,内部統制を専門的に取り組む人材が育たなければ,その質的向上は難しい。ややもすると利益を生み出さない管理部門には有能な人材が振り向けられず,そのために管理部門に回された従業員の士気が低くなってしまい,なかなか効果的・効率的に機能していないという問題も指摘されてきた。

内部統制部門の人材に対する待遇が低いのでは,内部統制を高度化させることは困難である。この点は,外部専門家を上手に使うことができないという問題にも関わる。内部統制に関する予算が限られたままでは,内部統制の充実を期待すべくもない。今後の課題としては,内部統制に関与する人材を強化し,その水準を向上させることを通じたコンプライアンスの強化を図る必要があろう。

5. 法務・コンプライアンスの関係

法務部がコンプライアンスの担当部署となっている企業も多く,法令だけでなく,ソフトローを区別せずに対応する必要がある。企業によっては,総務や経理担当者が,コンプライアンスに関する業務を兼務することもあるが,大企業ではコンプライアンス部門を独立させていることが多く,コンプライアンスへのコストのかけ方は,企業の経営判断に委ねられるため,運用によって大きく異なる。

法務・コンプライアンス部門の強化を図る必要もある。特に,大手企業を中心に社内弁護士も増えている。今後はもっと多くの企業で,弁護士資格者や法科大学院出身者を起用することにより,法務部門の強化を図る必要がある。か

かる観点から，社内弁護士や法務専門家を起用して，社内において育成し，またコンプライアンス関連部門の核となってもらうことが今後のコンプライアンス体制改善のひとつのポイントとなる。実務の動向に対応した必要な予算を見直し，良い人材を採るための改革が求められよう。法的なリスクに対して早期の段階から関与する等，組織全体のコンプライアンス上の問題に対応する法務の専門家を活用していくための競争が激しくなっていくだろう。

6．グローバルコンプライアンス

　経済活動がグローバルに展開されるようになると，法的なリスクの内容も変容する。経済のグローバル化に伴って，海外の法令に違反した不祥事が注目されることもあり，グローバルな事業展開における必要な態勢の見直しや強化が求められている。その際，コンプライアンスのために経営資源が十分に割かれていなかったことから，内部管理態勢等の脆弱化を招いていたことが問題視され，海外の当局から積極的なコンプライアンス態勢の強化が命じられるようなケースもある。

6.1　拡大するグローバルな課題
　経済のグローバル化に伴って，欧米発の課題がコンプライアンスを推進する上でも，大きな比重を占めるようになってきている。例えば，地球規模での脱炭素・カーボンディスクロージャーの高まり，改訂 TCFD 対応の要請にも対応する必要があるほか，贈収賄防止，「人権デュー・ディリジェンス」強化，サプライチェーンマネジメント，個人情報保護などをはじめとして，反社・マネーロンダリング対策や安全保障問題に至るまで，対処すべき課題は多い。外国法令の域外適用のリスクもあるが，必ずしもハードローによる法令による規律に限られないソフトローによって規律されている領域が多いため，経営倫理の視点が重要なものとなる。

6.2　グループ企業全体での取り組みの必要性
CGS ガイドラインは，「グループ本社と子会社との適切な役割分担という観

点から，コンプライアンス問題など，グループ全体としてのレピュテーションに関わる案件についてはグループ本社の積極的な関与（集権化）が期待される一方，個々の事業部門における事業戦略に係る事項については迅速な意思決定を重視して権限委譲（分権化）を行うことも考えられる」としている。この観点からも，それぞれの機関設計に応じたチェック・アンド・バランスによる統制の徹底が重要である。

　グローバルなビジネス展開をする場合，法令整備の不十分な領域・国々においては，国際的な基準をはじめとするソフトローを踏まえた経営倫理が特に重要な意義を有することになろう。

第Ⅱ部

実践的アプローチ編

第1章
パーパス経営の展開

高浦康有・村山元理

　1990年代以降，グローバル化の流れの中で，企業による環境破壊や労働搾取の問題がクローズアップされ，NGO を中心として市民社会からの批判が強まった。企業はその強大な権限を自己の利益のためだけではなく，自然環境を守り，労働者やコミュニティの福祉向上のために行使すべきことが求められるようになった。すなわち企業の経営者はそれまでの株主重視という姿勢の転換を余儀なくされ，広くステークホルダー（利害関係者）のことに配慮しなければならなくなった。資本主義の自明視された規範は，市民社会の側からの問い直しによって，より進化的に再構築（リコンストラクション）されていったのである（谷本 2002）。

　こうした事業環境の変化を背景にして，近年グローバル企業を中心に，社会における自社の存在意義を表明したパーパス（purpose）策定の動きが加速している。本章では，実践的な経営倫理を考える上で，このパーパス経営に着目し，その制度的，理論的意義について考察を行う。

1．パーパス経営が注目される背景

　2020年代に入り，国内外のビジネス社会においてパーパス経営への関心が高まっている。パーパスとは「目的・意図」という意味合いの言葉であるが，パーパス経営では，事業活動の目的について社会との関係において再定義し，自社の社会的な存在意義をとらえようとする。企業は自社を取り巻くステーク

ホルダーにどのような貢献を果たしているか，あらためて事業の規範的な意義を見直し，分かりやすいコンセプトとして表現することが目指される。

　パーパス経営が注目を浴びるようになった歴史的背景としては，英国学士院の指摘によれば図表Ⅱ-1-1のような出来事があげられる。

　とりわけ米国の大手資産運用会社 BlackRock の会長兼 CEO のラリー・フィンクが CEO に宛てて送った "Profit and Purpose" という題名の手紙は大きな影響力をもったと考えられる。この手紙で彼は「会社の利益は，株主だけでなく，あらゆるステークホルダー（従業員，顧客，共同体）のために大切であり，利益とパーパスは矛盾しない」と語っている（村山 2022）。

　フィンクの手紙は明らかに，利益だけが大切だというこれまでの株主至上主義（shareholder primacy）を大株主の立場から否定するものであり，アメリカ資本主義が 50 年前から守ってきた，株主利益最大化の原則との決別を要求するものであった。

図表 Ⅱ-1-1　パーパス経営をめぐる近年の出来事

年月日	出来事
2018 年 11 月	英国学士院の出版物『21 世紀にむけたビジネス改革』が，企業のパーパス，信頼，倫理的文化への回帰を提言する。
2019 年 1 月	世界で最大の資産運用機関である米国 Blackrock の会長兼 CEO のラリー・フィンクが，各社 CEO 宛のメッセージの中で「あらゆるビジネスはパーパスが必要である。…パーパスは，単なる利益追求ではなく，利益を獲得するための活力である」と語る。
2019 年 8 月	アメリカのビジネス・ラウンドテーブル─米国のトップ企業の CEO の集まり─が，企業パーパスの宣言（Statement on the Purpose of a Corporation）を公開し，株主至上主義から大きく移行することを明確化する。
2019 年 9 月	フィナンシャル・タイムズがリセットを提言し，「自由資本主義体制の長期的な健康は，パーパスで利益を産み出すことに掛かっている」と提言する。

出所) The British Academy (2019), p. 15 をもとに筆者（村山）が作成。

2．パーパス経営の定義と実践

　オクスフォード大学サイード経営大学院の教授陣が関わる産官学のイニシアティブ，EPI（Enacting Purpose Initiative）は，「パーパスとはマーケティグ

のスローガンでも曖昧な価値の体系でもない。パーパスはなぜ組織が存在するのかという組織の根本原則とならなければならない」（EPI 2020, p. 2）と定義している（村山 2022）。

　また本レポートでは「戦略としてのパーパス」が説かれ，社内の議論を通じてパーパスとそれに関連する概念である価値やミッション，ビジョンを定めることが取締役会の責任であるとした。具体的には図表 II-1-2 のようにパーパスとその他の概念との関係を位置づけることができる。

図表 II-1-2　パーパスと関連する概念

WHY = PURPOSE（パーパス）	なぜ組織は存在するのか
HOW = VALUES（価値）	どのように組織を運営するのか
WHAT = MISSION（ミッション）	なにを組織は提供するのか
WHERE = VISION（ビジョン）	組織の目指す方向は何か

出所）EPI (2020), p. 14 をもとに筆者（村山）が作成。

　さらに本レポートでは，パーパス経営実践のための SCORE と称するフレームワークを提示している（図表 II-1-3）。

図表 II-1-3　パーパス経営実践のための SCORE フレームワーク

SIMPLIFY：	パーパスは何を，誰の問題を解決しようとしているのかを明確にし，組織全体が理解できるようなシンプルなものでなければならない。
CONNECT：	パーパスは組織の行動につながらなくては意味がない。組織内の全員の行動に反映されるよう，戦略や資本配分の決定を促進させなければならない。
OWN：	オーナーシップの起点となる取締役会は，パーパスを実現するための適切な構造，管理システム，プロセスを導入しなければならない。
REWARD：	取締役会は，インセンティブと報酬をパーパスにかなった行動と連動させるための業績測定システムを構築しなければならない。
EXEMPLIFY：	リーダーは，コミュニケーションやナラティブ戦略を通じて，パーパスを生き生きと伝えるのでなければならない。共通のパーパスを軸としたアイデンティティが構築されれば，組織メンバーは，意義深く充実したものにチームとして貢献しているのだという確信を持つようになる。

出所）EPI (2020), pp. 5-6；Eccles (2021), p. 3 をもとに筆者（高浦）作成。

3．企業（経営者）の社会責任論の系譜

　こうした経営者ないし企業自体の社会的関わりを強調する議論は何もパーパス経営が初めてではない。これまでの CSR（企業の社会的責任）論の系譜を紐解けば，米国社会を中心に産業化が進展した 1920 年代あたりまで遡ることができる。

　たとえば，社会的責任論の嚆矢とされる英国のオリバー・シェルドン（Sheldon 1924）は，経営者には社会全体に対する企業統治の責任と，従業員に対する奉仕の責任があることを説いた（小島 2019）。

　また米国のアドルフ・バーリーとガーディナー・ミーンズ（Barle and Means 1932）は，1920 年代の米国大企業における経営者支配の出現という事態をふまえて，経営者は株主の利益のみならず，産業の安定など公益のために奉仕すべきであるとした。そして経営陣は，従業員や消費者，大衆など社会の様々な集団の多様な要求を調整しながら，その各々に利潤の一部分を割り当てる純粋に中立的な技術体（neutral technocracy）に発達していくべきであると主張した。

　同時期に，経営思想家のメアリー・フォレット（Follett 1925）は，企業は社会の必要な機能を担う「社会的機関」であると述べ，企業経営はそれ自体の倫理則をもった専門的職業として確立されなければならないとした。その職業倫理としては，仕事に対しての忠誠や公衆の教育，管理の科学への貢献といったものがあげられる。フォレットによれば，企業経営は人間関係の組織の改善を通じて，個々の人間の発展に対して機会を与えるものであり，精神的価値（spiritual values）の創造に寄与する崇高な目的（noble aim）を持つ。

　フォレットの思想を高く評価するピーター・ドラッカー（Drucker 1946）も，産業社会における代表的組織として企業をとらえ，事業体としての経済的機能を果たしつつ，雇用の安定と拡大という社会秩序の維持にも寄与すべき存在であるとした。ドラッカーによれば企業は「人の生活と生き方を規定し，方向づけ，その社会観を定め，かつ問題を生み出し問題を解決していく社会組織」である。企業は社会の信条と価値に応えなければならず，たとえば米国に

おいては機会の平等や，報酬は努力と能力に応じて与えられるといった約束を満たすものでなければならない。

　同様に「CSR の父」（Carroll 2006）と評されるハワード・ボーエン（Bowen 1953）も，経済倫理の観点から，1950 年代の自由競争体制において経営者（ビジネスマン）には，経済的進歩の推進と並に，労働者及び一般公衆の健康や自由を守るべき道徳的責務があることを説いた（百田 2011）。

４．フリードマン・ドクトリン

　もちろん，こうした CSR 論の隆盛に関しては，本来，経済的機関である企業が公共的役割を果たすことに対して懐疑的な見方もある。

　セオドア・レビット（Levitt 1958）は，ビジネスが社会福祉の充実に関心を持つことは「新しい封建主義」であり「ファシズム」的であるとして，資本主義の消滅につながる恐れがある，と警鐘を鳴らした（宮坂 2012, 181 頁）。レビットによれば，企業の責任は法規に従い，利益をあげることのみに限定される。

　同様に，ミルトン・フリードマン（Friedman 1962, 1970）も，自由主義経済のもとでの企業の社会的責任は「（自由競争のルールの範囲内で）利潤を増大させること」のみであると主張した。彼の見解によれば，株式会社の経営者は株主のエージェントとしてその資本を忠実に運用する責任が課せられているのであり，経営者の勝手な価値観によって，差別の撤廃や環境汚染の回避など慈善的な目的で支出することは，株主への受託責任に反する行為である。やや極端とも思えるこうした彼の株主至上主義的な見解はフリードマン・ドクトリンと呼ばれて大いなる論争を巻き起こした。

５．CSR 論の深化

　ただし今日，フリードマンの時代に比べ，投資環境は大きく様変わりしている。株主とりわけ持株比率の高い機関投資家が，スチュワードシップ原則に基づき ESG に配慮した経営を企業に求めるようになったことで，むしろそうし

た意向に従うことが経営者の責務となっている。またフリードマンは，企業に規制をかけることができるのは，民主的な手続きで選ばれた政府のみであると考えたが，グローバルに広がる環境問題や人権問題に介入できる政府の能力には限界があることも分かってきている。現実的に企業はフリードマンが主張するような経済活動だけに注力する存在ではなくなっているのである（篠原2019）。

　実際，今日の CSR 論の体系化に貢献したアーチー・キャロル（Carroll 1979, 1991）は，企業の社会的責任は，経済的・法的責任から，倫理的・裁量的（慈善的）責任まで及ぶ多様で階層的な次元を内包することを示した。キャロルのモデルの前提となるのは，企業は社会が要請する倫理的規範に従い，期待に応えより自発的に課題解決に寄与する存在であるということである。

　さらに，企業の社会的領域での取り組みを事業戦略と統合する議論もある。マイケル・ポーターとマーク・クラマー（Porter and Kramer 2006, 2011）はCSV（共通価値創造）の概念を提示し，今や企業は経済的価値の追求のみならず，社会的な価値の増進にも関心をもち，社会課題解決型の商品・サービスの提供などの形でその両立を目指すのでなければならないと主張した。

　他方，先のフリードマンは，自社の利益につなげる意図を隠し持った社会貢献活動について，偽善的で資本主義体制への信頼を損ねるものとして退けようとしたが，その議論も，今日の相互依存的で複雑なビジネス環境に照らすと，あまりにナイーブ（素朴）なものに映る。企業がステークホルダーと共にウィン－ウィンの関係を築き持続可能な成長をめざすことは，ごく自然なことと受け止められるようになっている。株主と他のステークホルダーの利益は相互に依存しあうものであり，統合的に考えるシステム的思考があらたなビジネス規範になりつつある。ステークホルダーとの関係を企業理念としてとらえ直すパーパス経営の意義は，こうした文脈において位置づけることができる。

６．パーパス研究の隆盛

　パーパスを経営学研究に取り入れるべきことを提唱する研究者も現れている（村山 2022）。組織の目的（purpose）がもつ道徳的側面に注目し理論的な吟

味を行ったのが，近代組織論の祖とされるチェスター・バーナード（Barnard 1938）である。彼によれば組織の目的設定における道徳的側面とは「つねに未来に関係し，願望のなんらかの標準ないし規範からみた見通し」（Barnard 1938, p. 201）を意味する。これは理想や価値として，組織を構成する人々の感情に影響を与える。

　そしてパーパスは今日，より社会性を帯びたものとして定義されるようになっている。先述の EPI のプロジェクトを率いるオクスフォード大学サイード経営大学院のコリン・メイヤー（Mayer 2019）は，パーパス経営の代表的論者である。彼は「ビジネスの目的は，人々と地球の問題を有益に解決することであり，問題を引き起こして利益を得ることではない」と述べ，企業の本質的意義を示すものとしてパーパスをとらえた。パーパスは組織が様々な活動を行う理由を示すものであり，組織が解決しようとする社会的課題，ニーズ，利益を明確にするものである（EPI 2020, p. 13）。

　スペインのジョルディ・カナルス（Canals 2010）は，リーマン・ショックの経済危機を受けて，英米系の経済学の概念，とくに株主価値・利潤極大化の理論が根底にあることを批判する。より広い人間の本性にたってより包括的な企業観に立つべきだと述べている。誤った前提は経営者のリーダーシップやガバナンスに負の影響を与え，経営者の役割を魅力ないものとして，企業の評価を落としているとみなす。経済的価値だけでなく社会的価値の創造をその概念図に入れている。

　米国のエレイン・ホレンズビーら（2014）はパーパスを経営学研究の課題として取り組むべきだとする。彼らはビジネスの世界における信頼の欠如を指摘する。パーパスに焦点を当てることは，経済性や法律性を超えて，よりスピリチュアルな意味で魂を求めることと関わる。また共有されたアイデンティティや目的，創業者の価値，ミッション，ビジョンなどのコアなレベルが問われるとする。組織はパーパスにフォーカスすべきであり，社会全体の共通善（common good）が目指されることになる。さらにパーパスの実現には，(1) 尊厳，(2) 連帯，(3) 多様性，(4) 補完性，(5) 互酬性，(6) 持続可能性（サステナビリティ）の6つの価値が考慮されなければならない。

7．おわりに

　以上，本章ではパーパス経営の制度的，理論的意義の検討を通じて，経営倫理の実務的位相をとらえようとした。

　あらためてパーパスを経営の中核として，いかなる価値が求められているのか。研究者も実務家もその多くが，利潤最大化がビジネスの唯一の目的であることを否定し，経済性と社会性の一致を求めている。とりわけ気候変動への対処という地球規模の課題があり，また人権課題への関心も急速に高まっている。これら2つの課題は人類共通に目指すべきパーパスとして経営が取り組むべき課題である（村山 2022）。

　かつて哲学者のカント（1724-1804）は，理性的存在としての人格（人間性）を「常に同時に目的として用い，決して単に手段として用いないように行為せよ」という定言命法が行為の格率になるとした。ここにも「目的」という用語が使われている。人間を取り換え可能なモノとして扱うのではなく，人格をもった存在として尊重すべきことをカントは教えている。

　一人一人の人間の尊厳が守られ，そうした個々の人間の集まりとしての組織が生き生きとした職場となるように，ビジネスは一層，そのパーパスの意味を問い続けていかねばならない。

第2章
サステナビリティ経営に求められる価値基準

古谷由紀子

1. はじめに：さまざまな場面で求められる経営倫理

　経済がグローバル化し，企業は多様な国や地域から資源を調達するようになり，地球資源の枯渇や地球温暖化，商品の容器や包装材のプラスチックによる海洋汚染，商品の製造現場における労働環境や商品の宣伝の場面における人種，女性や障害者の人権の問題などいわゆるサステナビリティに関わるさまざまな問題が顕在化している。そこでは，企業の行動や意思決定についての「経営倫理」が問われている。「経営倫理」は，経営における行為や意思決定における「正・不正」，「善・悪」を判断する価値基準である。企業がどのような価値基準をもつかによって，上述のような「負」の影響を及ぼす，あるいは問題解決への取組みに違いがあらわれる。

　経済活動の根幹にある経済システムがほころびを見せ，私たちは環境や社会の存続すら危ぶまれるという岐路に立たされ，サステナビリティな社会の実現に向かうことが求められるようになっている。現在，SDGs（持続可能な開発目標）やESG（環境・社会・ガバナンス）投資に代表されるように，よりよい環境や社会を未来に引き継ぐための取組みが世界各国で進んでいる。

　本稿は，企業がサステナビリティに関わる課題への取組み，いわゆるサステナビリティ経営を進めていくために求められる「経営倫理」について考えるものである。

2．なぜ企業はSDGsやESGなどサステナビリティに取り組むのか

2.1 サステナビリティ経営の取組みの現状

　企業のサステナビリティ経営の状況を確認するために，SDGsとサプライチェーン上の人権取組みを概観してみよう。

　SDGsについては，帝国データバンクの最新調査結果（有効回答企業数は11,109社）（2021年7月14日公表）[1] を見ると，その主な特徴は次のとおりである。

- ・SDGsに積極的な企業は39.7％であり，前年より大幅増加，一方，取り組んでいない企業は半数以上を占める
- ・規模別では，「大企業」ではSDGsに積極的な企業が55.1％となり，半数を上回る
- ・SDGsの17目標のなかで，現在力を入れている項目は，「働きがいも経済成長も」が32.0％で最も高く（複数回答），今後最も取り組みたい項目も同様に「働きがいも経済成長も」が15.4％でトップとなっている（単一回答）
- ・現在そして今後取り組みたい目標として，「エネルギーをみんなにそしてクリーンに」や「つくる責任つかう責任」が上位にあがっている

　「サプライチェーン上の人権取組」については，経済産業省と外務省における「日本企業のサプライチェーンにおける人権に関する取組状況のアンケート調査」（回答企業760社）（2021年11月30日公表）[2] を見ると，その主な特徴は次のとおりである。

- ・約7割が人権方針を策定し，5割強が人権デュー・ディリジェンスを実施，そのうち間接仕入先まで実施しているのは約25％，販売先・顧客まで実施しているのは約10〜16％である
- ・外部ステークホルダー関与は3割にとどまる
- ・被害者救済・問題是正のためのガイドライン・手続を定めている企業は，全体の約5割である

・人権を尊重する経営を実践する上での課題として,「具体的な取り組み方法がわからない」が最も多く48％である

　これらの調査結果を見ると，企業のサステナビリティ経営の取組みはある程度進んでいるが，企業によってはこれからというところ，あるいはその取組みに課題を抱えているところも少なくないのが実態であろう。

2.2　ステークホルダー資本主義，パーパス重視の動きについて

　2019年8月に，米国の経済団体ビジネス・ラウンドテーブルは，「株主資本主義」から「ステークホルダー資本主義」への転換を宣言し，企業は自社の利益の最大化だけではなく，パーパス（存在意義）の実現も目指すべきとの声明を出した。背景には，株主資本主義が，地球環境をはじめ貧困・格差の拡大などを深刻化させ，地球や人類の存続の問題をもたらしたことの反省があると言われている。「ステークホルダー資本主義」とは，株主の利益を第一とする「株主資本主義」ではなく，企業が従業員や，取引先，顧客，地域社会といったあらゆるステークホルダーの利益に配慮すべきという考え方である。パーパスは「社会の中で，企業が何のために存在しているか」,「そのためにどのような事業を展開するのか」という存在意義として使われている。

　日本経団連は2020年11月に公表した「新成長戦略」のなかで，「サステナブル資本主義」に取組むと明言している。また，パーパスについては，たとえば，富士通は「イノベーションによって社会に信頼をもたらし，世界をより持続可能にしていく」，味の素は「食と健康の課題解決」，ユニリーバが「サステナビリティを暮らしの"あたりまえ"に」など，企業は社会における自社のあり方を内外に示すようになっている。

　問題は，サステナビリティ経営を実装させるための具体的なアクションであり，その根底にある経営倫理に課題はないかである。

3．CSR研究に見る経営倫理

　サステナビリティ経営における経営倫理については，一般的にCSR

(Corporate Social Responsibility：企業の社会的責任）の研究のなかで展開されている。CSR は，アメリカや日本では，歴史的に企業不祥事の議論から始まっているが，欧州では，社会的排除や環境問題，途上国における労働・人権問題などがサステナビリティに関わる問題として論じられている。なお，国際機関においては，ISO26000（組織の社会的責任，2010 年）や SDSs を盛り込んだ「我々の世界を変革する：持続可能な開発のための 2030 アジェンダ」（2015 年）などの環境や社会課題であるサステナビリティに関わる国際基準を数多く策定している。

　CSR と経営倫理との関係について，まず企業の責任を 4 つに分類する研究として，Caroll（1991）の CSR ピラミッドモデルがある[3]。これは，①経済的責任（利益をあげる責任，他の全ての土台），②法的責任（社会で定めたルールに従う責任），③倫理的責任（正しく公平に，害をなさない責任），④社会貢献的責任（良き企業市民としての自由裁量的な責任）の 4 つのパート・モデルである。企業の責任を経済的責任に限定しないで多様な責任を提示した意義は大きいが，4 つの責任をそれぞれ段階的な責任としており，現在問われている企業の利益のあげかたと倫理との関係については必ずしも明確ではない。

　またこの 4 つの責任をベースに，「守りの CSR」と「攻めの CSR」という研究も多い。「守りの CSR」は，コンプライアンスやリスクマネジメントを基本とするが，それだけでは付加価値を生まないことから，事業を通じて社会課題等を取り込もうとする「攻めの CSR」の考え方が生まれ，CSV（Creating Shared Value：共通価値の創造，2011 年）という考え方にもつながっている。これらは，社会課題をビジネスの機会としようとするものであり，企業のサステナビリティ経営を促進した一面はあるが，あくまでも企業の成長・利益拡大を目的としており，ビジネスがもたらした「負」の影響など自社の利益に制限を課すような倫理性を問う問題には応えられていない。

　さらに，日本特有の考え方として，「売り手よし，買い手よし，世間よし」という「三方良し」という社会の中での企業のあり方を示す考え方も根強く存在するが，環境・社会課題への積極的かつ具体的な取組みは見い出せない。

　他方，これらとまったく異なる見方をするのが，欧州の動きである。EC（European Commission：欧州委員会）では，2019 年には持続可能な EU 経済

の実現に向けた成長戦略「欧州グリーン・ディール」を発表するなど，CSRについて積極的な政策を展開している。EC は，CSR について，2001 年発表のグリーン・ペーパー（Green Paper：Promoting a European Framework for Corporate Social Responsibility）において，「企業が社会的・環境的関心をビジネス活動の中に，またステークホルダーとの関係の中に，（CSRを）自発的に組み込んでいくこと」と捉え，2002 年のホワイト・ペーパー（White Paper：Communication on Corporate Social Responsibility Business Contribution to Sustainable Development）においては，「CSR は法的な要請を超えて，自発的に行われるものである。企業は経済・社会・環境への配慮を事業活動に組み入れる必要がある。CSR はコアの活動に付加されるものではなく，ビジネスのあり方そのものである」としている。欧州の考え方は環境・社会課題に対するビジネスのあり方を問うものであり，「負」の影響に対する企業の責任に真正面から向き合うものと考える。

　CSR は国によって，論者によって，多様な展開を見せているが，企業行動の根底にある価値基準である「経営倫理」にまで言及できていない。

　参考として，「サステナビリティに関わる主な動向と CSR の主な動向を図表II-2-1 に示す。

4．企業と社会の相互関係

　サステナビリティ経営における「経営倫理」を考えるにあたっては，企業と社会の相互関係を見ていく必要がある。なぜなら，企業はビジネスの過程で社会のさまざまなステークホルダーと関わりながら行動しているからである。まず，特にこれまで企業の責任として外部不経済ともいわれる環境・社会の「負」の部分に十分取り組んで来なかったことが，今日のサステナビリティの問題につながっていることを認識する必要がある。

　「負」の影響の減少については，SDG Compass（SDGs の企業行動指針）やビジネスと人権に関する指導原則，ISO26000 などの各種ガイダンス等を丁寧に見ていくと，「負」の影響の減少についての企業の責任が強調されている。たとえば，ISO26000 では，「組織の統治，システムおよび手順への社会的責任

図表 II-2-1　サステナビリティに関わる主な動向と CSR の主な動向

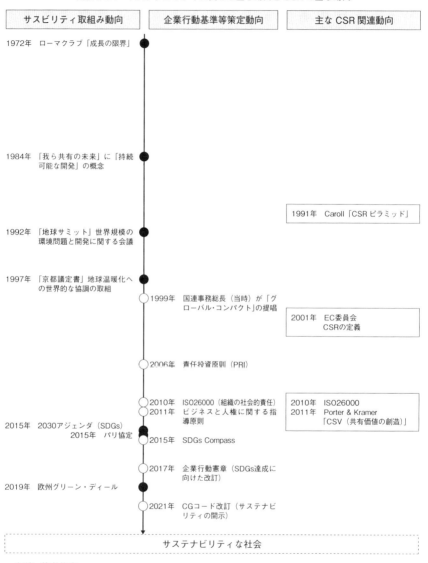

の組み込み」の箇所で,「組織は,自らの活動が及ぼす有害な影響を最小限に抑え,自らの行動が社会および環境に及ぼす有益な影響を拡大するための最善策を検討すべきである」と記述されている。SDG Compass では,「企業の基本的責任」の箇所において,「企業にとって得になろうとコスト増になろうと,人権を侵害するような影響やリスクは,何をおいても対処されるべきである」と記述されている。「正」・「負」の影響について,企業のバリューチェーンに沿って具体例を下記に例示する（図表 II 2 2）。

図表 II-2-2　企業の活動と「正」・「負」の影響（例）

「正」の影響	労働者の権利の尊重	再生可能エネルギーの使用	ダイバーシティ	資源の再利用			
主な活動	企画・設計	原料調達	製造・加工	物流	販売	アフターサービス	再利用	廃棄
「負」の影響	森林の減少	生物多様性の喪失	プラスチック海洋汚染	CO_2 排出	低賃金	差別	

出所）筆者作成。

　つぎに,企業と社会の関係を考えるにあたっては,サステナビリティに関わる環境・社会課題への取組みについての問題認識を考える必要がある。企業はこれらをリスクマネジメントや最近では経営戦略や経営計画に組み込んで進めているところも増えている。背景には,ビジネスがもたらすこれらの問題について,消費者・労働者や NPO・NGO などからの抗議の対象となることが頻繁に起きていること,若い世代が就職活動の際に企業の CSR を重視するようになっていること,さらには機関投資家による ESG などのプレッシャーがあると言われている。

　しかし,サステナビリティに関わる問題はビジネスを取巻く外部環境だけの問題ではない。サステナビリティの実現は人類共通の課題であり,企業に問われているのはサステナビリティな社会を目指すにあたっての企業行動であり,そこでの経営倫理が問われているのである。

5．本質的なサステナビリティ経営のために

　企業が本質的なサステナビリティ経営を実践するためには,企業にその必要

性を説くだけでは不十分であり，それらに影響を及ぼす経営倫理を明らかにしていく必要がある。

　水谷は，企業経営は「効率性原理」と「競争性原理」の「価値二原理システム」にもとづいており，そのことが環境や社会の問題を引き起こしているとして，「人間性原理」と「社会性原理」の二原理を加えた「価値四原理システム」のもとに，これらを均衡化（バランス化）することが必要であるとした（水谷 1995, 38-41, 50 頁）。さまざまな企業行動がもたらす問題を個人の倫理ではなく組織の倫理としての経営倫理，さらに求められている原理を明確にしたことに大きな意義がある。

　しかし，サステナビリティの実現がかつてないほど緊迫度を増しつつある現在，追加の二原理に課題はないのか，四原理についてバランスを取りながら進めるとしたことについて課題はないのか，さらにはほかの原理や価値基準を検討する必要はないのかを考える必要がある。

5.1　「社会性」と「人間性」の原理について

　「社会性」および「人間性」について，原理はある程度は抽象的にならざるを得ないが，「効率性」や「競争性」と比べても抽象的であり，企業の具体的行動の基準として十分機能させるためには根底にある価値を示すことが有効と考える。そこで，現在，人類存続の前提とされている「環境」と「社会」をもとに，それぞれの核となる価値として，「自然の尊重」と「人間の尊厳」の二原理を提案したい。

5.2　4 つの原理について「バランスを取る」とすることについて

　現実の意思決定の場においては，バランスが必要なことはありうるが，これらの関係性を明確にしないままにバランスを取るとすると，追加の二原理は方針や心がけで終わってしまいかねず，実質的に機能しなくなる懸念がある。

　問題は，環境，社会，経済の関係である。環境・社会と経済の関係については歴史的な変遷があり，1980 年頃までは，それぞれ独立したものとされていたが，1990 年頃から 2010 年頃には，これらのバランスを取るトリプルボトムラインの考え方に変わっていく。しかし，2010 年代以降，経済活動は環境や

社会の持続可能性なしには成り立たないことが認識されるようになっていく。そこで，ストックホルム・レジリエンス・センターのヨハン・ロックストローム氏らが「SDGs ウエディングケーキ」を[4)]，ケイト・ラワースが「ドーナツ経済」[5)] を提唱するように，環境をベースに，次に社会の持続可能性を前提に経済が成り立つという価値基準が示されるようになってきた。

　なお，この考え方はさらに企業行動に具現化するために，欧州では地球環境にとって企業の経済活動が持続可能であるかを判断する EU タクソノミーに基づく施策が展開されている。今後，環境，社会，経済との関係をもとにさらなる指標が策定されていく可能性がある。企業は環境・社会・経済との関係性を十分に認識して取組むことが不可欠となるだろう。

5.3　「負」の影響の減少について

　これまで述べてきたように，サステナビリティな社会の実現には「負」の影響についての取組みが重要であることから，そこに価値基準を示す必要がある。「負」の影響を減少させるために，自社の取組みがもたらす「負」の影響への責任を認識して取り組んでいくことが求められるのではないか。また「負」の影響は未来世代に影響を及ぼすことでもあり，未来世代への責任の根拠は何か，もし責任があるとしたら，ステークホルダーである未来世代と対話できないなかで，どのような基準に従うべきなのか，とのヨナス[6)] の問いにも応える必要がある。

　未来は，現在の企業や消費者の行動の延長線上にあり，それらは切り離されるものではない。また人類存続のカギを握る環境や社会のサステナビリティについては，今日科学的な知見や調査によって未来についての予測が可能になり，これらは日々更新されている。また，未来への影響の予測をもとに，環境・社会を持続可能なものにするために，多様なステークホルダーが協働して，各種国際基準が多数策定されていることは，不完全ではあるが未来世代の声を代弁するものと考えてよいのではないか。そこで，価値基準として，「ビジネスの負の影響減少への責任」と「国際基準の尊重」を加えることが必要と考える。

　以上から，サステナビリティ経営における経営倫理の価値基準について，次のように整理できる。

① 　自然の尊重と人間の尊厳

② 　環境と社会の持続可能性をもとにした経済活動

③ 　ビジネスの「負」の影響減少への責任

④ 　国際基準の尊重

6．おわりに：経営倫理を根底に据えたサステナビリティ経営へ

　本稿では，企業がサステナビリティな社会の実現に向けて，本質的なサステナビリティ経営を実現するためには「経営倫理」がカギを握ること，そしてそこに求められる4つの価値基準を提示した。最後に，現在の社会において，これらの価値基準に基づいている実例として，サステナビリティ経営の代表的企業とされるユニリーバと花王を提示したい。

　まず，ユニリーバは，2021年に導入した成長戦略「ユニリーバ・コンパス」において，「地球の限界を超えることなく」，「誰もが豊かに暮らせるようにする」，「ビジネスのしかたやライフスタイルを変える必要がある」とし，具体的なアクションとして，「地球の健康を改善する」，「人々の健康，自信，ウェルビーイングを改善する」，「より公正で，より社会的にインクルーシブな世界に貢献する」を掲げ，これらのベースとなる取組みに「責任あるビジネスの基盤」や「人権の尊重」を掲げている[7]。また，花王は企業理念である「花王ウェイ」には，「Kirei Life ～すべての人と地球にとってより清潔で美しく健やかな暮らし方～を創造する」を掲げ，さらに「基本となる価値観」に「正道を歩む」を置いている[8]。また，両社は上記の取組みのなかで国際基準を積極的に導入している企業でもある。

　企業はサステナビリティな社会の実現に向かって，正しくその影響力を行使し，負をもたらす結果についての責任を果たしていくことが求められる。また，企業は常に競争環境にされされた結果，グリーンウォッシュ，SDGsウォッシュ，ESGウォッシュとも揶揄される事態を招くこともよく見受けられる。自社ならではの経営倫理に本論で示した価値基準を取り入れて，ステー

クホルダーとともにサステナビリティな社会を実現していくことを期待したい。

【注】

1 ）帝国データバンク（2021）「SDGs に関する企業の意識調査（2021 年）」2022 年 4 月 30 日アクセス，https://www.tdb.co.jp/report/watching/press/pdf/p210706.pdf

2 ）経産省，外務省（2021）「『日本企業のサプライチェーンにおける人権に関する取組状況のアンケート調査』集計結果」2022 年 4 月 30 日アクセス，https://www.meti.go.jp/press/2021/11/20211130001/20211130001.html

3 ）Carroll, A. B.（1991）,"The Pyramid of Corporate Social Responsibility: Toward the Moral Management of Organizational Stakeholders," *Business Horizons*, Vol. 34, Issue 4, July–August 1991, pp. 39-48.

4 ）JohanRockström（2009）, Planetary Boundaries Research, Stockholm resilience centre, 2022 年 6 月 14 日アクセス，https://www.stockholmresilience.org/research/planetary-boundaries.html

5 ）ケイト・ラワース著，黒輪篤嗣訳（2018）『ドーナツ経済学が地球を救う』河出書房新社。

6 ）戸谷浩志（2021）『ハンナ・ヨナス　未来への責任』慶應義塾大学出版会，149-158 頁。

7 ）ユニリーバ「地球と社会」2022 年 6 月 19 日アクセス，https://www.unilever.co.jp/planet-and-society/

8 ）花王「花王ウェイ」2022 年 6 月 19 日アクセス，https://www.kao.com/jp/corporate/about/our-story/kaoway/

第3章

カーボンニュートラルへの対応と企業開示

松山将之

1．はじめに

　本稿は，日本企業におけるカーボンニュートラル達成に向けた対応と経営倫理の関係を企業開示のフレームワークを通じて明らかにするものである。2015年のパリ協定以降，2050年をゴールとして脱炭素社会を実現するために，カーボンニュートラルに向けた活動をすることが世界の共通認識となっている。しかし，それまでの1992年リオデジャネイロでの地球サミット以降，地球温暖化については，社会的課題として議論されてきたが，フリーライダーやリーキングの問題から遅々として進んでこなかった[1]。近年，気候変動問題への国際的な対応を加速させた背景には，2つの要因があると考える。1つ目は，対応する主体が民間セクターに移行したことである。パリ協定以前の気候変動問題の対応は，国家レベルでの議論が中心であった。しかし，ESG投資が投資のメインストリーム化するに従い，金融の力によって社会的課題を解決することが一般的に認知されるようになった。特に2017年 Task Force on Climate-related Financial Disclosures（気候関連財務情報開示タスクフォース，以下TCFD）の最終報告書が公表された頃から，気候変動問題に対応する主体が国や政府から企業と投資家へ移行することが顕著となった。2つ目は，気候変動問題の論点の明確化である。温室効果ガスの増加が地球温暖化の原因と特定するまでには，様々な前提の上で成立している。例えば，脱炭素社会実現は，国際協調が前提となっており，現在のような分断社会は想定されていない。従っ

て，自国の温室効果ガスを計画通り削減されたとしても地球温暖化に歯止めが
かからない可能性もある。しかし，地球温暖化と直接関係のない外生的な要因
についての議論を劣後させた結果，温室効果ガス削減＝地球温暖化抑制の図
式が広く市民社会の活動にまで浸透することとなった。加えて 2050 年にカー
ボンニュートラル達成といった明確なゴールを設定することで，現在にバック
キャストした具体的な対策についての議論も活発におこなわれるようになっ
た。現在では，企業と投資家との対話の現場においてもカーボンニュートラ
ルの議論を抜きにはありえない状況になっている。しかし，実際に 2050 年に
カーボンニュートラルが達成できるか否かに関しては，企業が経営倫理的な観
点から脱炭素社会の実現にコミットし，実現可能性のある企業行動の如何にか
かっていると考える。

　そこで，本稿では，企業における情報開示に注目し，気候変動開示の枠組み
である TCFD 提言に賛同している企業を対象に日本におけるカーボンニュー
トラルに向けた現状について分析をおこなう。その際，経営倫理の観点から
TCFD 提言に賛同することと企業に対するコミットメントを求める枠組みで
ある Science-based targets（以下 SBT）と Renewable Energy 100%（以下
RE100）に参加することとの相違点について整理をおこなう。そして，更に，
日本政府によるカーボンニュートラル実現のための政策内容と分析結果を踏ま
えた上で，カーボンニュートラル達成に向けた課題と実現可能性を高めるため
の方策も考察する。

1.1　カーボンニュートラルと日本における対応

　そもそも，カーボンニュートラルとは，脱炭素化された社会の実現を目指す
ために，温室効果ガスの排出量を全体としてゼロにすることを示す。具体的に
は，CO_2 に代表される温室効果ガスの「排出量」を単に減少させるのではな
く，植林や森林管理等による「吸収量」を差引し，実質的にゼロにすること
を意味している。従って，カーボンニュートラルに対応する企業の裾野は広
く，様々なセクターや産業グループにわたって活動がおこなわれている。日本
では，政府が 2020 年 10 月に 2050 年までに温室効果ガスの排出を全体として
ゼロにする，カーボンニュートラルを目指すことを宣言している。それに伴い

2021 年地球温暖化対策推進法の改正がおこなわれた。同法は，長らく地球温暖化対策の基本方針とされてきたが，パリ協定以降のながれを受けて 2050 年までのカーボンニュートラルの実現を法律に明記している。それに伴い，脱炭素に向けた取組・投資やイノベーションを加速させるとともに，地域における脱炭素化の取組や企業の脱炭素経営の促進を後押しする内容が主な改正内容となっている。更に，同年 6 月，「2050 カーボンニュートラルに伴うグリーン成長戦略」が，内閣官房も含めた 10 の省庁連名により公表された。戦略の主な特徴は，予算，税，金融，規制改革・標準化，国際連携といったあらゆる政策を総動員し，カーボンニュートラルを実現させるために民間投資を促進することを目指した総合的な政策である。このように日本では，従来からの日本の地球温暖化対策の基本方針となる法令をカーボンニュートラル実現の方策を織り込んだ法令に改正し，政策面でも，従来の「環境と成長の好循環」を踏まえつつ，省庁横断の総合政策を策定した。つまり，カーボンニュートラルに対し，従来の環境政策の継続性と予見可能性の向上を目指した対応をとったといえる。

1.2　カーボンニュートラルに対する企業における対応

　2050 年カーボンニュートラルについては，世界で多くの国々が目標として掲げており，脱炭素社会の実現に向けた民間セクターにおいては大規模な投資が期待されている。例えば，欧州員会は 2018 年「サステナブル・ファイナンスのためのアクションプラン（行動計画）」を掲げ，金融が地球環境と社会的課題に対応することによって欧州の資本市場同盟（Capital Markets Union）の構築を目指している。一方，日本では，2020 年に「クライメート・イノベーションファイナンス戦略 2020」を公表し，気候変動問題への対応を成長の機会として捉え，世界的な規模でのビジネスや金融市場の変化に対応することを政策目的としていた。具体的には，トランジション，グリーン，イノベーションの 3 つのファイナンスを重点分野として掲げ，これらの金融活動を進展させることにより「環境と成長の好循環」を実現させることを目指す産業政策であった[2]。その実現のためには，「政府の気候変動対策へのコミットメント」「企業の積極的な情報開示（TCFD 開示）」「資金の出し手によるエンゲージメ

ント」の 3 つが重要基盤であると位置づけている。これらを通じて，公的資金と民間資金の供給を通じてクライメート・イノベーションが進展することを期待したものである。この政策方針は，その後のカーボンニュートラル宣言後に公表された成長戦略においても踏襲されている[3]。つまり，日本の企業セクターおいては，「企業の積極的な情報開示」がカーボンニュートラルを実現するための対応のひとつとして想定されていることがわかる。

1.3　カーボンニュートラルと企業開示

　現在，企業開示において特定の社会的課題について人口に膾炙されたフレームワークとして TCFD 提言があげられる。TCFD 提言は，「ガバナンス」「戦略」「リスク管理」「指標と目標」の 4 つの項目について 11 の開示を求めるシンプルな構成である。その一方で，「戦略」において気候変動のシナリオ分析による企業のレジリエンスについての説明や，「指標と目標」では，Scope3 までを開示対象としている点など，開示をおこなう企業にとって難度の高い面もある。また，TCFD 提言を適用して開示をおこなう企業の開示媒体は，財務報告書が推奨されているが，その国や地域の開示制度等にあわせた適用を認めるという柔軟性も備えている。日本の場合，ほとんどの企業は，統合報告書などの既存の任意開示報告書の中で TCFD 開示をおこなっている。

　しかし，TCFD 提言は，カーボンニュートラルのような特定の意図を踏まえた開示までは求めていない。TCFD 提言はあくまでも開示の枠組みであって，投資家とのエンゲージメントを通じて気候変動問題に対する企業や金融機関の行動が促進されることを期待している。つまり，TCFD 開示しているからといって，必ずしもカーボンニュートラル実現に向けたコミットメントを企業がおこなっているとは限らない。そこで一部の企業は，SBT や RE100 に参加し，活動内容を開示することによって自社のカーボンニュートラルに向けた活動の真意性を示している。これらのイニシアティブは，脱炭素社会実現のコミットメントを企業に求めている枠組みであり，カーボンニュートラルに対する開示内容を補完する役割を果たしているといえる。

　SBT とは，パリ協定が求める水準と整合した企業が設定する温室効果ガスの削減目標を意味している。2015 年に排出削減目標の設定と目標達成をモニ

タリングするためのイニシアティブ（以下 SBTi）を設立している。それ以外に SBTi は，SBT 設定のベストプラクティスを定義し，それを推進するためのガイダンス等の提供や，設定された目標の評価の承認もおこなっている。また，運営にあたっては，Carbon Disclosure Project（以下 CDP）などの国際的な組織の協力を得て活動の信頼性を担保している。また，参加企業は，SBT の基準に従って自社のサプライチェーン排出量（Scope1, 2, 3）を測定し，削減量と達成年限を目標として定め，具体的な実施計画に対してコミットメントが求められる[4]。

　RE100 は，2014 年に SBTi と同様，カーボンニュートラルを達成することを目的に設立された国際的なイニシアティブである。RE100 は，SBT と同様に企業に対してその達成のための計画の策定とコミットメントと公表を求めている。また，これらの組織の運営を担保するために，こちらも CDP の協力を得ている。RE100 と SBT との異なるの点は，ターゲットを置いていることと参加と活動範囲を定めていることである。RE100 の参加企業は，2050 年度までに，全世界の電力消費量の 100％を再生可能エネルギーで賄うという公的目標を設定し，それまでの 2030 年 60％，2040 年 90％などと段階的な目標を設定することを推奨している。また，参加にあたって，社会へのインパクトを考慮し年間電力消費量に下限を設ける一方，活動の対象をグル ープ会社含め全ての事業所を対象としている。ただし，再生可能エネルギーの転換の範囲は，Scope1 と Scope2 までであり Scope3 を対象としていない点が SBT との大きな相違点である。

２．経営倫理とカーボンニュートラル

　ESG 投資は，CSR 活動などの社会的活動によって企業の長期的なパフォーマンスが向上するという戦略的経営倫理の考え方に則ったものである。投資成果の短期志向に対するアンチテーゼとしてリーマン・ショック後から評価され，その考え方は，責任投資原則（PRI）の浸透に伴い幅広い投資家に受け入れられた。また，日本においては，TCFD 提言による情報開示も，ESG 投資における企業と投資家の対話手段の延長線上にあるものとして位置付けられて

いる[5]。その意味では，一般的な投資家にとっての TCFD 開示は，倫理的な観点では，従来の ESG 投資と同様である。

　一方，企業側は CSR 活動を評価されるために投資家との対話を実践し，その手段として企業開示の内容を充実させてきた経緯がある。その背後には，戦略的経営倫理とは異なる，もう少し深い企業の倫理的な意図があると考える。中谷（2009）によると，企業の倫理には，企業不祥事防止に必要な「消極的禁止命令」の側面と CSR 活動に代表されるような「積極的義務」の側面があるとしている。そして，「積極的義務」の倫理は，更に「意思決定に関与する倫理」と経営者のリーダーシップに該当する「徳倫理」に分類している。そこで，この経営倫理の分類についての考察を用いて，投資の意思決定に関わる部分と企業の CSR 活動の関係について整理する。まず，企業の意思決定の妥当性の評価については，ESG の G（ガバナンス）開示情報との関連性が高いことがわかる。また，経営者のリーダーシップの発揮を，開示情報上では，経営者のコミットメントの内容から経営戦略の有効性を評価することが多い。

　そこで積極的義務の倫理の視点から，TCFD 提言，SBT 及び RE100 についてカーボンニュートラルとの関係も含めて整理を試みる。まず，TCFD 提言については，企業の気候変動開示における戦略の意思決定においてガバナンスの要素が「意思決定に関与する倫理」についての内容と関連する。TCFD 提言の開示推奨項目では，「ガバナンス」「戦略」の開示内容に含めれると考えられる。しかし，カーボンニュートラル達成を念頭に入れているか否かに関しては，気候変動問題が企業にとってマテリアルか否かによって異なっている。また，経営者のリーダーシップに関わる「徳倫理」に関わる部分については，TCFD 提言の枠組みの中では規定していない。しかし，SBT 及び RE100 は，ともにカーボンニュートラル達成を目的とした枠組みであり，企業に対して高いレベルでのコミットメントを求めている。従って，それに参加することは，企業の強い倫理的な動機が働いていることはあきらかであろう。更に，この2つの枠組みは，目標や削減計画をコミットした上で，実際にカーボンニュートラル達成にむけた行動が必要であり，当然そこには，経営者のリーダーシップの発揮が求められる。その意味では，SBT 及び RE100 に参加している企業は，「徳倫理」が発揮されている可能性が高いと考えられる。

2.1 日本企業におけるカーボンニュートラルの現状

　企業が，TCFD 提言への賛同や SBT 及び RE100 への参加することは，気候変動問題に関して積極的義務の倫理に基づく行動としてとらえることができる。しかし，地球温暖化がマテリアルな問題であるか否かは，セクター・産業グループ若しくは個別の企業によっても異なる。そこで，日本企業におけるカーボンニュートラルに向けた企業の情報開示とコミットメントの状況の現状について分析をおこなった。開示企業の現状にあたっては，2022 年 3 月末時点の TCFD 提言への賛同，SBT 及び RE100 に参加している日本企業のデータを収集しセクター・産業グループ別に分類している[6]（図表 II-3-1）。

　まず，セクター・産業グループの傾向である。TCFD 提言への賛同数が多いセクターは Financial（金融），Industrials（資本財・サービス）であったが，Financial（金融）が多いことに関しては，TCFD が金融安定理事会（FSB）からの付託を受けて組織された経緯より，世界的な賛同の傾向とも整合するものであった。一方，SBT では，Industrials（資本財・サービス），Information Technology（情報技術）セクターが上位であり，RE100 では，Consumer Discretionary（一般消費財・サービス），Information Technology（情報技術）セクターが上位である。いずれも，いわゆる CO_2 の多排出産業ではないセクターである。

　次に，カーボンニュートラルに対する情報開示の観点から，TCFD 賛同企業と SBT 及び RE100 への参加との関係について確認する。TCFD 賛同企業の SBT 及び RE100 への参加率については，SBT への参加率は全体で約 17％であり，RE100 は，約 8％であった。これを，セクター別に見た場合，SBT については，参加企業数の多いセクターに加えて，Health Care（ヘルスケア）の参加率が 46％と他のセクターと比較して高かった。産業グループでは，Consumer Durables & Apparel（耐久消費財・アパレル）73％などが高く，産業グループを構成する企業数は少ないが，Airlines（航空）100％，Marine（海運）60％のような多排出産業で SBT への高い参加率が確認できた。また，SBT と RE100 に参加しているグループ・産業グループについては数字に多少の違いはあっても，傾向的な部分は参加数や参加率に特徴的な違いは，確認できなかった。結果として TCFD 提言への賛同や SBT 及び RE100 など参加企

業とカーボンニュートラルとの関連性においては，セクターに関しては一定の
傾向があることは確認することができた。

図表 II-3-1　日本企業の TCFD 賛同，SBT 及び RE100 参加状況（2022 年 3 月末基準）

セクター・産業	TCFD 賛同企業数	構成比	SBT 企業数	構成比	RE100 企業数	構成比
Communication Services（電気通信サービス）	15	2%	4	3%	0	0%
Diverdified Telecommunication Services	8		4			
Media & Entertainment	7					
Consumer Discretionary（一般消費財・サービス）	57	7%	17	13%	14	24%
Automobiles & Components	24		2		1	
Consumer Durables & Apparel	11		8		7	
Consumer Services	4		2			
Retailing	18		5		6	
Consumer Staples（生活必需品）	52	7%	19	14%	8	14%
Food & Staples Retailing	5		2		1	
Food, Beverage & Tobacco	31		9		4	
Household & Personal Products	16		8		3	
Energy（エネルギー）	10	1%	0	0%	0	0%
Energy Equipment & Services	5					
Oil, Gas & Consumable Fuels	5					
Financials（金融）	173	22%	0	0%	4	7%
Asset Management/Investment Management	57				1	
Banks	76					
Capital Markets	3					
Credit Rating Agency	2					
Diversified Financial Services	5				1	
Foundation or Endowment	2					
Insurance	13				2	
Other Financial	7					
Pension	5					
Real Estate Management & Development	2					
Stock Exchange	1					
Government（政府）	9	1%	0	0%	0	0%
Central Bank	1					
Government Ministry	2					
Other Government	5					
Supervisors and Regulators	1					
Health Care（ヘルスケア）	24	3%	11	8%	3	5%
Health Care Equipment & Services	9		3			
Pharmaceuticals, Biotechnology & Life Sciences	15		8		3	
Industrials（資本財・サービス）	139	18%	35	26%	9	15%
Automobiles & Components	1					
Building Products	10		4		1	

Construction & Engineering	9		6		2	
Construction & Engineering	27		5		2	
Electrical Equipment	41		13		4	
Industrial Conglomerates	4		2			
Machinery	33		5			
Trading Companies & Distributors	14					
Information Technology (情報技術)	58	8%	23	17%	11	19%
Machinery	1					
Semiconductors & Semiconductor Equipment	5		3		1	
Software & Services	32		7		2	
Technology Hardware & Equipment	20		13		8	
Materials (素材)	91	12%	5	4%	2	3%
Building Products	1					
Chemicals	50		3		1	
Construction Materials	7		1			
Containers & Packaging	4		1			
Industrial Conglomerates	1					
Metals & Mining	21				1	
Paper & Forest Products	7					
Other (その他)	70	9%	5	4%	1	2%
Academia, Education, and/or Research	1					
Academia/Education/Research	2					
Accounting Firm	1					
Commercial & Professional Services	35		5		1	
Industry/Professional Association	12					
Other	17					
Proxy Firm	1					
Reporting Standards & Frameworks	1					
Real Estate (不動産)	31	4%	9	7%	7	12%
Equity Real Estate Investment Trusts (REITs)	12				1	
Real Estate Management & Development	19		9		6	
Transportation (交通)	24	3%	5	4%	0	0%
Air Freight & Logistics	2					
Airlines	2		2			
Marine	3		2			
Road & Rail	13					
Transportation Infrastructure	4		1			
Utilities (公益事業)	17	2%	0	0%	0	0%
Electric Utilities	10					
Gas Utilities	3					
Independent Power and Renewable Electricity Producers	3					
Multi-Utilities	1					
総　　計	770	100%	133	100%	59	100%

出所）TCFD, SBT, RE100, 各イニシアティブのHP上の公表データを用いて著者が編集及び加工。

2.2　日本におけるカーボンニュートラル実現にむけての課題

　TCFD 提言に賛同した上で，RE100 及び SBT に参加している企業は，カーボンニュートラルに対するコミットメントを開示していることを示している。そして，それを投資家との対話に活かしていくという観点では有効であろう。しかし，このような活動が，必ずしもカーボンニュートラルの実現可能性を高めるわけではない。実現可能性という観点では，現時点で CO_2 を多く排出しているセクター・産業グループの排出削減が重要な課題となっている。例えば，経済産業省の集計によると日本における CO_2 の多排出産業の上位 6 業種が，全体排出量の約80％（2019年度）を占めていると報告されている[7]。だが，現状は，その業種が属するセクター・産業グループ（エネルギーセクターを除く）は，SBT 及び RE100 への参加も全産業の平均をいずれも下回っている[8]。この結果の含意は，多排出産業のセクターにおけるカーボンニュートラル実行の困難さである。つまり，多排出産業におけるカーボンニュートラルの実現は，一企業の行動や情報開示だけで対応できるものではなく，国家的な対応が必要な課題であると考える。例えば，欧州では，そのアクションプラン（行動計画）中で，企業活動をセクター別にグリーンと非グリーンに分類するタクソノミーを策定し，それを規制化している。一方，日本では，グリーンか，否かの二元論で整理するのではなく，脱炭素に向けた省エネやエネルギー転換などの「移行」に焦点をあてたトランジションファイナンスを推進するという方向性を示している。具体的には，2021 年 6 月「クライメート・トランジション・ファイナンスに関する基本指針」を公表し，更には，多排出産業が脱炭素に向けた道筋を描くための分野別のロードマップを策定している。このロードマップは，企業のトランジション戦略策定の参考として，投資家にとっては企業の戦略の適格性を判断材料として策定されたものである。

3．おわりに

　本稿は，日本企業におけるカーボンニュートラル達成に向けた対応と経営倫理の関係を明らかにするために，企業における開示に注目し，カーボンニュートラルに向けた現状について分析を行った。その際，経営倫理の観点から整理

をおこなうとともに，日本企業の実態について分析をおこなった。その結果，カーボンニュートラルへの対応について開示することと，カーボンニュートラルを実際に実現することとは異なることを明らかにした。その実現のためには，日本政府においては，方策としてトランジションファイナンスに注目し，多排出産業が技術的に対応していくためのロードマップ提示し，段階的に移行しながらカーボンニュートラルを目指す方針をとっている。このトランジションに向けた方針は，ロードマップであり欧州におけるタクソノミーのような規制ではない。あくまでも適用は任意であり，企業の個々の判断に委ねられている。つまり，日本がカーボンニュートラルを実現する為には，各企業が，経営倫理的な判断力を高めることによって気候変動に対応する経営の意思決定を行い，その実践に対して経営者はリーダーシップを発揮することが必要であると考える。今後，日本企業には，欧州のような規制を主体にしたものではなく，高い経営倫理をもってカーボンニュートラルが実現される活動が拡大していくことを期待したい。

【注】

1）経緯に関しては『良き社会のための経済学』第8章「気候変動」を参照。
2）2019年6月閣議決定「パリ協定に基づく成長戦略としての長期戦略」を参照。
3）「2050カーボンニュートラルに伴うグリーン成長戦略」p. 11において政策の連続性について記載。
4）Scope1とは，直接排出（自社の燃料使用に伴うCO_2），Scope2とは，間接排出（他社で生産されたエネルギー使用に伴うCO_2）Scope3他間接排出（サプライチェーン全体で生じるCO_2）を示す。
5）「グリーン投資の促進に向けた気候関連情報活用ガイダンス2.0」本論を参照。
6）TCFDに賛同している企業のうちSBTとRE100に参加している企業をセクターと産業別に分類したものであり，集計時点の全体数値と不一致。また，セクター及び産業グループの分類は，国際的な産業分類のひとつであるGICSを使用。
7）「（参考資料）トランジション・ファイナンス推進について）」p. 5より参照。尚，資料中での上位6業種（精油・発電所等，紙・パルプ・紙加工品，化学工業，窯業・土石製品，鉄鋼，運輸）の分類は，本稿における分析におけるGICSの産業分類と異なるため不一致。
8）SBTにおいては，エネルギーセクターにおける目標設定に科学的根拠が十分でないことから参加セクターの対象外。また，SBTに参加している日本企業のうちSBTiがコミットメントの内容を承認しているのは，全体の約2割（30社）である（2022年3月現在）。

第4章

持続可能性を高める
「守りと攻めの CSR/CSV」

水尾順一

1．普遍的な価値を追求する CSR

　いま，企業に必要な経営活動のひとつに「CSR」(Corporate Social Responsibility：企業の社会的責任）の概念がある。CSR は東日本大震災後の復興支援や現在の SDGs のように，企業がおかれた時代的背景によってその重点課題は変化するものの，後述するとおり底辺を流れる基本的考え方は変わることなく，時代を超えて求められる普遍的な価値である。

　CSR とは，筆者らが日本経営倫理学会の CSR 研究部会で定めた定義によれば次のように説明することができる。

　　「企業と社会の持続可能な発展を促進することを目的として，不祥事の発生を未然に防ぐとともに，トリプルボトムラインと称される経済・環境・社会に対して積極的に貢献していくために，マルチ・ステークホルダー（利害関係者）のエンゲージメント（参画）を通じて，共に進める制度的義務と主体的取り組みの責任」（水尾ほか 2007）。

　つまり CSR は，企業の不祥事を予防するだけではない。環境への配慮や，働く社員の人権や労働に関わることで，本業を通じて企業と社会の発展に貢献することも重要な要素なのである。

　後述するが社会貢献・文化支援活動への取り組み，さらには積極的な貢献活動への取り組みなど，ポジティブな活動も含んだ考え方である。たとえば，社内にあってはワーク・ライフ・バランスに取り組み，女性が働きやすい職場をめざして，育児休業制度などを整備し，従業員が働きやすい環境を整える。また，ボランティア休暇制度の設置によって，従業員の社会貢献活動を支援することも立派な CSR といえよう。

　そう考えれば，CSR にはアメリカの経営学者アーチ・キャロルが主張した次の４つの責任を援用して説明することができる。

①　法的責任

　　これは企業が最低限守るべき「義務」である。CSR は自主的取り組みであるといえども，法令を遵守する法的責任は義務と言うべきもの。

②　経済的責任

　　これは企業が社会的存在として果たすべき責任。いわば社会から認められるために企業は売上・利益を獲得し，従業員に給与を支払い，取引先に支払い，そして地域社会や国家に税金を支払う経済的責任である。

③　倫理的責任

　　法律を超えて企業が果たすべき責任である。地球環境への配慮や，社内の人権を守り，楽しく仕事ができる環境づくりなどもそうである。

④　社会貢献的責任

　　震災復興への支援やボランティア活動，地域貢献などの社会貢献活動である。

1.1　強固な経営基盤を作る「守りの CSR」

　上記の４つの責任について「守りと攻めの CSR」という視点からもう少し詳しく説明しておきたい。そもそも CSR とは，日本語に訳すれば「企業の社会的責任」と表現することができ，一部の誤解にあるように企業の社会貢献のことだけをさすのではない。もちろん本稿のテーマである SDGs など社会に貢献する活動も重要だが，企業の社会的責任である以上，その前提として最低限守らなければならない約束事がある。

　営利企業として売上・利益を確保し，社員に給料を支払い，国家社会に税金

を払うなど「経済的責任」を果たさなければいけないのは当然のことである。

　ただ，そのために手段を選ばぬということではなく，その意味で経済的責任の大前提という意味も含めてその下に「法的責任」を義務として位置付けた。たとえばデータ偽装や虚偽記載，不公正な取引など，社員や地域社会ほか社内外のステークホルダーに対して迷惑をかけない法令を遵守する責任のことをさす。

　多様な法的リスクから企業を保護するという法的責任を果たしながら，先に述べた売上・利益を確保するという経済的責任を果たすことは，将来にわたって強固な基盤を作る「守りの CSR」と表現することができる。

1.2　戦略思考の「攻めの CSR」

「企業は社会の公器」という言葉があるとおり，企業は守りの CSR だけではなく，積極的に社会に貢献することでその存在価値も高まる。たとえば社内でいえば「働き方改革」で社員に働きやすい環境を整備し，支援することも重要である。また社外に対しては，環境や地域社会への貢献，人権への配慮など後述する SDGs への貢献は，「攻めの CSR」といえる。

　一方，被支援先地域（国家）の社会的課題解決に向けて，自社の強みを生かしながら，ヒト・モノ・金などの限られた経営資源をどの領域にどれだけ投資するかという点を考えれば，戦略思考の攻めの CSR ということができる。

　もちろん，ただ単に貢献することではなく，その結果，社内外の利害関係者から最高の満足をえることが最も大切なのだ。このことを忘れては元も子もない。

　以上をまとめて図表 II-4-1 で CSR の 4 つの責任と，「守りと攻めの CSR」の関係を示しておきたい。

　なお，キャロルの図表では最下限に経済的責任が位置されており，筆者らも企業の責任として経済的責任の重要性を否定するものではない。ただし，日本だけでなく世界各国で企業不祥事によって企業の存続さえも失った事例が多くあり，「法は倫理の最下限」という言葉が示している通り，法令順守は社会契約の主体として存在する企業の最低限度の責任であることは記述のとおりである。その意味で法的責任は最低限の責任として最優先させるべき意味からキャ

図表 Ⅱ-4-1 守りと攻めの CSR と 4 つの責任

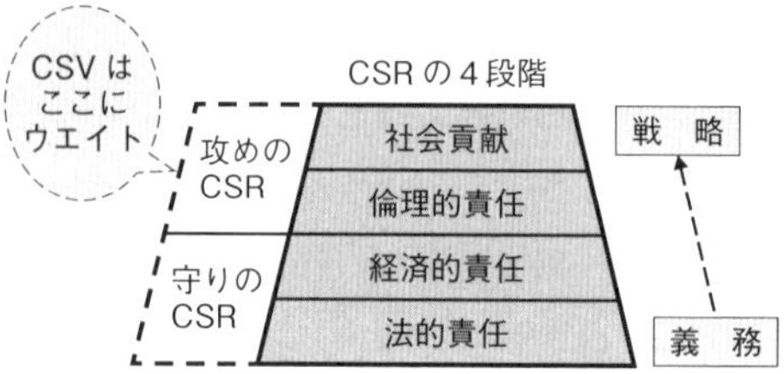

出所）水尾・田中（2004），10 頁をもとに筆者作成1)。

ロルの図を修正して，経済的責任の前提として最下限に位置づけている。

　以上のような枠組みの中で 4 つの責任が定められるが，守りと攻めと言う視点からみれば，法的責任を遂行し守りを固める守りの CSR が実践された上で，次のステップとして企業間競争に打ち勝ち，攻めの CSR の展開をめざすことが重要となる。要は 4 つの責任は下位から上位へと積み上げられるもので，法的責任を無視し下位概念を疎かにしての上位の社会貢献的責任の遂行はありえない。

　「戦略的 CSR」については，CSR の責任レベルでも最高位の社会貢献的責任が戦略的要素として重要になる。企業による CSR への取組みは NPO などの慈善事業であってはならない。営利企業がビジネスとして取り組む以上は，「慈善活動」ではあっても「慈善事業」ではない。すなわち，NPO など非営利組織の取組みではないと言うことであり，企業の営利活動のなかで本業と一体化した CSR 活動を積極的に取り組むと言う意味から，まさに CSR は戦略的でなければならない。

　言葉を変えれば CSR は社会的・戦略投資として位置づけなければ，限られた経営資源の中では継続性は維持できない。つまり，CSR 部と言う一部門だけではなく，全社戦略の発想で経営の中枢に組み込まれて始めて「戦略的CSR」が誕生する。

1.2.1　戦略的 CSR から CSV へ発展させたマイケル・ポーター

　上記の概念をもとに戦略的 CSR を提唱し，さらに進めて CSV（Creating Shared Value：共益の創造，以後「CSV」と略す）に結びつけたのが，米国

で経営戦略論を展開するマイケル・ポーター（M. Porter）と，マーク・クラマー（M. R. Kramar）である。

ポーターとクラマーは，競争優位の戦略的フィランソロピー（Philanthropy：社会貢献活動）と言う表現で次のように指摘している。「社会的目標と経済的目標に同時に取り組み，ここに独自の資産や専門能力を提供することで，企業と社会が相互に利するような戦略上のコンテクスト（文脈）に焦点を絞ることである」[2]。ここでのフィランソロピーは，筆者の主張する社会貢献的責任と同様と考えれば，戦略的 CSR は社会的課題と企業の本業との一体化を目指すことが重要と指摘するのである。

その後，同じくポーターとクラマーは，事業活動と CSR を有機的に関連づけ，「受動的 CSR」を超えて「戦略的 CSR」を展開することの重要性を指摘している[3]。

さらに，2011 年 1-2 月号の *Harvard Business Review* で，ポーターとクラマーは CSV を発表した[4]。

1.2.2　CSV は，経済的価値と社会的価値を統合する

当時，グローバル CSR という概念で途上国の支援や，東日本大震災の影響で復興支援など，様々な社会課題の解決の重要性が叫ばれていた。企業にとっては社会課題の解決に取り組みながら自社の持続可能な発展を目指す意味から人・モノ・金という限られた経営資源を有効活用し，業績向上という経済的価値を追求していた。

一方，支援先からみれば，上記の社会的課題の解決のみならず雇用の創出，消費の拡大，流通ネットワークの整備など現地経済への貢献も大きい。すなわち途上国支援であれば，多様な社会的価値を高めることとなる。

ポーターとクラマーはこの概念を発表したが，言葉を変えれば企業と社会課題を抱える相手先の双方が価値を享受し WIN-WIN の関係を築く意味から CSV を進めてきた。

なお，CSV の日本語訳を多くは「共通価値の創造」と訳しているが，筆者は共に利益（金銭的・非金銭的利益）を分かち合う意味で「共益の創造」と表現している。

1.2.3　CSV は戦略思考の攻めの CSR に通じる

CSV は環境汚染や水質汚濁，交通渋滞などの外部不経済を内部化することで社会のニーズに対応しながら社会的価値を高め，そのことを通じて企業は本業を通じた CSR のビジネスとして売上・利益など経済的価値を高める意味から，両者の価値を共益として分かち合う概念として重視するものである。

この CSV についてもう少し説明を加えておきたい。CSV は総合食品企業でグローバルなビジネスを進めるネスレが，2006 年から会長のピーター・ブラベックとマイケル・ポーターが連携して最初に取り組んだことで有名である（なお，ピーター・ブラベックは 2017 年に退任）。

そこには，「まず法律を順守し，すべての活動において持続可能性を確保し，その上で社会に価値あるものを生み出していかなければならない」という同社の基本理念があり，その実現に向けて世界の人々の生活に貢献したいという思いがある。

ネスレでは，特に世界の貧困層といわれた BOP（Bottom of the Pyramid）層への支援として，栄養強化した食材の提供や農業・地域開発，コーヒー豆産地・カカオ豆産地への支援，水資源提供，児童の栄養改善のヘルシーキッズプログラムなど，様々な活動で具体化している。それらは途上国の人権や環境，地域開発など MDGs で掲げるような社会的課題解決に向けた CSV ということができる。

2．CSV の取組み事例

2.1　アメックスのコーズリレーティド・マーケティング

CSV への取組みは，ポーターの経営戦略の視点から取り組む前に，同様の趣旨からカード会社のアメリカンエクスプレス（アメックス）が 1983 年にコーズリレーティド・マーケティング（CRM：Cause Related Marketing）として，以下の内容でその概念を提唱しており，CRM の用語は現在同社にて著作登録がされている活動である[5]。

CRM は，原因関連型マーケティングと訳され，日本では慈善事業協賛型マーケティング，あるいは利益誘導型マーケティングなどを表す言葉とされて

いる。CSV と同じく現代の言葉でいえば，社会的課題の解決と，企業の経済的価値の追求の共益の創造といえよう。

バラダラジャンとメノン（Varadarajan and Menon 1988）によれば，「顧客が，収益提供の交換概念―その結果，組織と個人双方の目的を満足させることができる―を通じて購買行動を起こしたとき，企業から指定された要因に，一定金額の寄付活動を通じて貢献することが特徴づけられた，マーケティング活動の形成プロセスである」とされている[6]。

つまり，顧客が製品やサービス，アイデアの購買行動を起こしたとき，発生する支払い金額の一定割合を定められた目的のために寄付行為を通じて社会に貢献するマーケティング活動である。後述するキリンホールディングスが，被災地支援で「とれたてホップ」「キリン氷結」の 2 つの飲料について，CSV の活動として活動を進めそれぞれ販売金額の内，1 円を被災地の復興支援活動に寄付を行った活動と同様である。

アメックスはニューヨークの自由の女神を修復する運動にこのコーズリレーティッドマーケティングを提唱した[7]。その内容は，1983 年の 10 月から 12 月の 3 カ月間でカード使用 1 回毎に 1 セント，新カード発行 1 枚毎に 1 ドルを寄付する慈善運動協賛型の販売促進活動を展開することで自由の女神の修復活動に貢献することを約束した。3 カ月の販売促進活動期間を終了し，アメックスは 1982 年の前年同期間のカード使用率で 28%増，また新カード発行枚数においては 45%の増加があったと発表している。

自由の女神の修復運動を実施したエリスアイランド財団の 600 万ドルのキャンペーン収入の内，170 万ドルがアメックスから贈られたとされ，ニューヨークにある自由の女神像の台座の部分に，これらの内容が感謝の記念としてしるされており，訪れた観光客が確認することができる。

アメックスは米国の，またニューヨークの象徴でもある自由の女神の修復運動に協賛するマーケティング活動を通じて，市民から絶大な人気と信用を得て沢山の新規顧客の獲得と使用頻度の増加に成功したのみならず，企業の社会貢献マーケティングを通じた慈善活動を展開することで，企業市民としてハイイメージの獲得に成功したのである。

2.2　株式会社明治のカカオ・サスティナビリティと CSV

2.2.1　ガーナにおける「トレーサブル・カカオ豆プロジェクト」

　株式会社明治は，チョコレートの製造にあたり，高品質のカカオ豆を安定的に確保するために，ガーナで生産地域の協力を得ながらこれまでは出来なかった地域指定購入を 2006 年から始めている。筆者は 2011 年に（株）明治の協力を得て，ガーナの現地を訪問し明治の CSV を取材したので，その結果にもとづき記したい。

　明治は，農民が栽培するカカオ・ビーンズに対して安全・安心を追求するコンセプトとして，「トレーサブル・カカオ豆プロジェクト」の支援をしており，後述する現地の課題解決と同社の経済的価値の追求という視点から CSV といえよう。

2.2.2　CSV は「高い志と使命感」がスタートの第一歩

　CSV をグローバル市場で進めるには，社会的課題の解決がビジネスに結びつかなければならない。計画段階で，そのことについて全社的なコンセンサスを得るためには，自社の経営理念との整合性を見出すことが必要だ。同社には，企業行動憲章のひとつに「私たちは，国際的な事業活動にあたり，各国・地域の法令の遵守はもとより，文化・慣習を尊重し，現地の発展に貢献します」という項目がある。これらの活動は，同社の「高い志と使命感」を背景として企業行動憲章を具現化させたものといえる。

2.2.3　ソーシャル・ニーズ（社会的課題）と自社独自のコア・コンピタンスとの適合

　次は現地のソーシャル・ニーズ（社会的課題）を見極めることが必要である。自社の事業領域なども念頭におき，現地の文化・宗教・習慣なども踏まえて，市場性や地域社会の実態にあわせて見極める。

　その上で，自社の人・モノ・金といった経営資源から参入できる分野を見極め，さらに自社の強みから応用可能な技術や参入領域の選択，最後に現状の経営状況や置かれた環境など，戦略的な視点からコア・コンピタンス（中核的能力）を峻別する。その結果，ソーシャル・ニーズが高いところと合致する部分

図表 II-4-2　**CSV マトリックス**

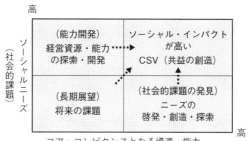

出所）筆者作成。

がソーシャル・インパクト（社会的インパクト）の高い CSV の領域となる。

2.2.4　スペシャリティーカカオ豆がもたらす CSV（共益の創造）の意義

① 　企業にとっては，トレーサビリティ（Traceability：産地特定可能性）の確保，食の安全・安心の追及（フードセキュリティー），そして CSR の実践になる。

② 　現地のカカオ農民や流通業者に対しては，従来価格にプレミアムを付加する契約を締結することで栽培技術の改善や安定収入の確保に結びつく。

③ 　消費者には，トレーサビリティが担保されることで，食の安全・安心の確保につながる。

2.3　キリンの被災地支援，寄付金つき販売で社会貢献

東日本大震災の折，被災地支援の活動を通じて自社のモノづくりやサービスなどで独自のノウハウや経営資源を活用して，金銭的な支援に結び付ける取組みも行われている。

たとえばキリンホールディングスでは，「復興応援　キリン絆プロジェクト」を 2011 年に立ち上げ，3 年間で約 60 億円を拠出することを決め取り組んだ。「とれたてホップ」「キリン氷結」の 2 つの飲料について，CSV の活動として活動を進めそれぞれ販売金額の内，1 円が被災地の復興支援活動に寄付がされている。その結果，社員の募金なども含めて 2 年間で累計約 47 億円の支援がなされたという。

　その後 2013 年には日本企業初の CSV 本部を立ち上げ，本格的な取組みに乗り出した。当時，初代 CSV 本部長に就任した橋本氏に取材した折，CSV への熱い思いを語っていただいたことが筆者の記憶に残っている。

3．CRM に対する賛否両論

　CRM には，賛成派と反対派の双方の議論が展開されており，その内容は現在の CSV のあり方に相通じるところがあるので，最後にこの論争について紹介しておきたい。

[CRM 賛成派の主張]
① 　CRM による寄付行為で企業は「社会に貢献」し，社会が抱えている「課題解決に結びつける」ことができる。今回のキリンが行った救援活動は被災地の人々に対する金銭的支援と精神的な勇気を与えることになり，結果としてキリンに対する存在価値を高めることができ，「社会からの倫理的評価を高める」ことにもつながった。
② 　さらには，企業理念と活動方針を開示することで，「コーポレート・ブランドに対する信頼を高める」ことにも結びつく。
③ 　また，消費者の環境，福祉，社会貢献など，「倫理的意識を醸成」させるのにも貢献することができる。

[CRM 反対派の主張]
① 　CRM は慈善活動ではなく，自社の売上追求のための「偽善活動」だという意見がある。
② 　また，消費者は商品やサービスがもつ「機能や価値を購入する」のであり，寄付金を目的に買い求めるのではないという主張である。たとえば，キリンビールの「とれたてホップ」はビールのホップのおいしさを購入するのであり，寄付に関心を示さない消費者にとっては，寄付金額分は売価から差し引いて販売すべきだという意見である。
③ 　さらに，CRM は「コストアップ」につながるという考え方もある。つ

まり，寄付の宣伝活動に要する費用で値段が高くなっているのではないかという主張であり，さらに言えば，寄付行為やその宣伝経費は税金逃れとみなされる（極論ではあるがこうした意見もある）。

　このように，CRMには賛成派と反対派の意見が対立し，それぞれ双方の意見の主張が繰り広げられている。ただ，最終的にはこの判断は企業や消費者の価値観に関わるもので，意見を押し付けるべき種類のものではない。
　CSVも同様。企業の経営理念やパーパスに対する重要性が叫ばれているが，CSVに対する明確な理念と主張，さらにはその結果に対する実施後の評価と寄付金の収支を明確にして公開することが大前提であることは論を俟たない。こうしたことを踏まえた上での話であるが，CSVは企業の社会貢献活動のひとつのかたちなので，その制度は残しておくべきで，その活動に消費者が賛同するかしないかは消費者の判断に任されるものと考える。

【注】
1）4つの責任はCarroll（1979），pp. 497-505に加筆・修正。
2）Porter and Kramer（2002），pp. 57-68.
3）Porter and Kramer（2006），pp. 78-92.
4）Porter and Kramer（2011），pp. 62-77.
5）アメックスの旅行関連サービス部門が，"Cause-Related　Marketing"の用語を著作登録している。
6）Varadarajan and Menon（1988），pp. 58-74.
7）アメックスの"Cause-Related Marketing"活動内容については，American Express Company（1987）に詳しい。

第 5 章

大学における経営倫理と倫理教育

岡部幸徳

1．はじめに

　本稿は，「学術編」で論じられた経営倫理に関する理論とこれまでのわが国の経営倫理教育の変遷を踏まえ，我が国経営倫理についての教育に関する実際を事例で紹介する。筆者が担当する「企業倫理（論）」講座の内容について述べていく。これらの講義実例を本稿上で紹介することで「実践編」としたい。

2．大学における経営倫理に関する倫理教育実例

　ここでは筆者の担当する授業科目のシラバスを紹介し，この授業の柱となる内容に焦点をあて，実際に大学で開講されている講義内容の一部を紹介していく。具体的には帝京平成大学で 2019 年から，長野県立大学にて 2022 年から筆者が担当している，科目としての「企業倫理（論）」について述べていく。

2.1　科目としての「企業倫理（論）」

　2022 年度現在，帝京平成大学，長野県立大学にて開講している「企業倫理（論）」は，両校共に選択科目（2 単位）として位置づけられている。本務校の帝京平成大学では「対面式」として，長野県立大学では，「対面式」をベースとしながらもオンライン受講も可能な「ハイフレックス形式」で開講されている。「ハイフレックス授業」は毎回数名の受講者がある。無症状ながらコロナ

ウィルスに感染した学生や濃厚接触者に指定された学生のほかに，四年生が就職活動時の遠隔授業として受講する場合が主である。学生の立場からは大変利便性の高い学びの機会となっているようだ。なお，帝京平成大学では週1回開講90分授業による15週授業であり，長野県立大学は年間4セメスター制を実施しており，週1回開講2コマ実施（1コマ100分）の7週間授業で設定されている。

2.2　授業計画（シラバス概要紹介）

本科目の特色は，「経営倫理」と「技術者倫理」の内容的統合（共通講義内容，共通ケース教材を用いている）にある。筆者は2002年から2007年まで非常勤講師として関東学院大学などで「経営倫理（論）」を担当，2007年から2019年まで金沢工業大学で「科学技術者倫理」と「コンプライアンス経営」

図表 II-5-1　帝京平成大学，長野県立大学における企業倫理（論）の授業計画[1]　概要

1	オリエンテーション，「直面する可能性のあるジレンマ問題」に関する具体例1の検討（グループ討議）（個人でケースシナリオ読みこみ，意思決定と行動設計，グループで意見交換）
2	「直面する可能性のあるジレンマ問題」事例1の検討（グループ討議）
3	「直面する可能性のあるジレンマ問題」事例1の検討（グループ発表） 討議へのコメント（討議結果の発表，事例分析課題についての考察の深化）
4	現実事例を使った倫理的考察や意思決定（教員による事例1の解説講義）
5	倫理的問題解決の方法／セブン・ステップ・ガイドの詳細解説と演習
6	ケースメソッド事例に関するグループ討議・事例2のグループ討議
7	ケースメソッド事例に関するグループ討議・事例2のグループ発表
8	「マネジャーとしていかに行動すべきか」：（関連する視聴覚教材を視聴） 企業の取り組み調査：倫理綱領，企業倫理プログラムの検討
9	個別事例研究とケース化の手順→課題（最終レポート）テーマ提示：企業事例を選定し調査分析の上，学期末にケース教材化提出
10	特別講義：企業倫理，CSRなどを担当する実務者を招聘する講演会
11	ケースメソッド事例に関するグループ討議・事例3のグループ討議
12	ケースメソッド事例に関するグループ討議・事例3のグループ発表
13	「公益通報」に関するケーススタディ：映像視聴と意見交換
14	達成度確認テスト＋最終レポート提出
15	最終レポートに関する確認の面談

出所）

を担当した。2019 年からは本務校の帝京平成大学で，2022 年から長野県立大学で「企業倫理（論）」を担当していることから，「経営倫理（論）」と「科学技術者倫理」の双方の教育に携わっており，それぞれの相補点と相反点を理解している。これらを踏まえ，本科目を構築した。授業計画を図表Ⅱ-5-1 に示す。

2.3　授業形態について

　図表Ⅱ-5-1 は 4 つの授業運営形態が運用されていることを示す。1 つ目は「グループ討議」をベースとする「ケースメソッド」である（図表Ⅱ-5-1 **太字表示**）。2 つ目は視聴覚教材等を使用し，そのポイントについて意見交換を実施する（図表Ⅱ-5-1 *斜体表示*）。3 つ目はこれまで学んだ点を「思考のためのツール」として用いレポートや演習シートを作成するもの（図表Ⅱ-5-1 網掛表示），最後はオーソドックスな教員による講義（図表Ⅱ-5-1 標準字体表示）である。これらとは別に授業目標に沿った能力を獲得しているかを測定する「達成度確認テスト」と「ケースシナリオ教材作成課題」を最終レポートとして課している（図表Ⅱ-5-1 下線表示）。

2.3.1　グループ討議の留意点と教材

　筆者は 20 年前から「ケースメソッド」を実施しており，グループやクラス内の意見交換などの形式を行い「教員の一方通行の講義によらない」授業運営をおこなっていた。倫理的問題を包含する事象の意見交換は「個人のものごとの善悪の判断」にかかわり，「個人の価値観のすりあわせ」であるので，他人から押しつけられれば納得感を得ることは難しい。この点を学生に事前説明し，お互いの価値観を認めながら相違点を確認しグループで統一の意思決定と行動設計を作ることを求める。また，授業で使用する 3 つの事例は，物語仕立てになっており，登場人物が直面する意思決定が困難な倫理的問題について，自分ならばどのように対処するかを検討する「ケースメソッド教材」である。1 つ目と 2 つ目は，1986 年の「米国スペースシャトル爆発事故」がベースとなっている。1 つ目は梅津光弘先生作成の「F1 レース」をモチーフにしたもので，レースの実行委員会委員長の立場で検討する。2 つ目は，筆者の前任校

「金沢工業大学」の夏目賢一先生を中心に「科学技術者倫理」のために製作された映像ケース「ソーラーブラインド」[2]　で，新製品開発時に発生した不具合について，開発担当技術者の立場からの問題解決を検討する。この2事例は，「チャレンジャー号爆発事故」をベースに作られ問題のフレームワークが同じである。つまり，学生は同じ問題を異なる立場から検討するのである。3つ目は，元英国レスター大学工学部客員研究員の遠藤菜央氏と筆者が作成した「宇宙エレベータ」の事例を使用する。これは2018年の「ボーイング社737MAX墜落事故」の事象をもとに作成された。この事象のポイントは，「チャレンジャー号爆発事故」と似た問題構造を持つ点にある。チャレンジャー号事故では，NASAは事前に打上げに問題があることを知りながら打ち上げを実施した。一方，ボーイング737MAXの事象では，ボーイング社の経営者は事前に，機体姿勢制御システムに欠陥があることを聞かされていたにもかかわらず，販売に踏み切ったと言われている。つまり，1986年チャレンジャー号事故と2018年の737MAX墜落事故の問題構造は，「経営者と技術者の相克の存在」と「利益と安全のぶつかり合い」があった点で酷似している。そして，両方に共通する問題のフレーム枠，つまり「効率性・競争性」特に「利益」と，「人間性・社会性」特に「安全」のジレンマ問題が，1986年から30年以上経った現在も解決出来ていないことを示唆する事例として使用する。

2.3.2　演習ドリル形式

　2007年から2018年度まで前任校で担当した「科学技術者倫理」で推奨した「セブン・ステップ・ガイド」などの「思考整理のためのツール」を解説，実践的に演習する仕組みとして「演習ドリル」を実施する。学生達が自由に議論をすることと同時に，状況を整理し後悔しない意思決定と行動設計を構築する為の一助となる道具として紹介する。「セブン・ステップ・ガイド」は米イリノイ州立工科大学のマイケル・デイヴィス教授（考案当時）が提唱した「よりよい倫理的意思決定をするためのガイドライン」である。「科学技術者倫理」のみならず，経営や企業の倫理に援用する事も出来る。「意思決定の過程で満たしておくべき倫理的判断の条件を，その段階ごとにまとめた「ガイドライン（筆者注：図表II-5-2参照，ここではKITバージョンを紹介）[3]」で学生達が

図表 II-5-2　セブン・ステップ・ガイド

0.　自分が当事者としてとると思う行動を想像してみよ
1.　当事者の立場から，直面している問題を表現してみよ
2.　事実関係を整理せよ
3.　ステークホルダーと価値を整理せよ
4.　複数の行動案を具体的に考えてみよ
5.　倫理的観点から行動案を評価せよ 　・普遍化可能テスト：その行為をもしみんなが行ったらどうなるか考えてみる 　・可逆性テスト：その行為によって直接影響を受けるステークホルダーの立場であっても，同じ意思決定をするかどうか考えてみる 　・徳テスト：その行為を頻繁に行った場合，自分（の人間性）はどうなってしまうか考えてみる 　・危害テスト：結果としてその行為がそのような危害を及ぼすか（あるいは及ぼさないか）考えてみる 　・公開テスト：その行動をとったことがニュースなどで報道されたらどうなるか考えてみる 　・専門家テスト：その行動をとることは専門家からどのように評価されるか，倫理綱領などを参考に考えてみる
6.　自分の行動方針を決定せよ
7.　再発防止に向けた対策を検討せよ

出所）金沢工業大学（2017）『本質から考え行動する科学技術者倫理』白桃書房，46頁。

これを自律的に運用出来るようにする為に，「レスポンスシート」[4]といわれる用紙を用い，ケースメソッド用「ショートケース」で分析する。学生達はこのガイドラインを使用し，グループメンバーと教え合いながら自律的に活用出来るようになっていく。

2.3.3　その他（映像視聴，教員による講義など）

本講座では，ここまで紹介してきた「グループ討議」と「セブン・ステップ・ガイド」演習などの「アクティブラーニング」形式のほかに「教員による講義」もある。「教員による講義」を通して学生達には，「知っておくと便利，日常生活で使える倫理学に関する基礎知識」として，「功利主義」，「正義論」，「徳倫理」，「義務論」及び演習として「トロリー問題」と「簡易シナリオ教材」を説明している。その上で「便利なツール」として「セブン・ステップ・ガイド」演習をおこなう。これ以降，授業内では倫理学説を身近に感じてくれる学生が増加する。加えて，「内部告発若しくは公益通報」に関しても，慎重に対処（実施）する必要がある旨を学生が自律的に気づくように授業内で2種類の映像教材を視聴し討論する。

3．達成度確認試験と最終レポート

　ここまで紹介した内容は，「ケースメソッド」「ケーススタディ」などの「グループ討論」，「演習ドリル」などをとおして学生同士の「教え合い」などいわゆる「アクティブラーニング」を柱にした「技術者倫理」との統合を試みた「実践的な経営倫理講座」をめざし設計し実施している。これらの学習を通して，経営倫理を理解し，ステークホルダーのバランスをとりながら倫理的意思決定と行動設計を実践出来る能力の獲得をめざす。次に獲得したそれらの能力をどのように評価しようと試みているか紹介しよう。

　ここからは科目目標の達成度確認試験（定期試験）と期末レポートについて記す。本科目では定期試験については，「セブン・ステップ・ガイドを各ステップに沿って適切に運用できるか」を測定のモノサシと設定した。一方，個人の倫理観を測定しようとすることなどはあってはならないと考えている。前述の「レスポンスシート」を回答用紙としても利用することで，その項目を考えて記述したかを単純に評価していく。最終レポートのテーマは，「ジレンマ問題を討議させるケースメソッド用シナリオとその解説シートを作成せよ」である。このテーマ設定の理由は，代表的倫理問題である「ジレンマ」とは何か，それはどのような構造で何を理解する必要があるかを修めていなければこれらの教材を作成できないからである。また，その解説を作成するためには，それらを取り巻く法律や重要事項などを自ら調査，分析し，自分で具体的対処法を考案しなければならない。つまり，本講座で学んだことが身につき，ジレンマ問題を知覚してステークホルダーのバランスをとることの重要さを理解していることが求められるレポートテーマである。

4．まとめ

　本科目で行う「ケース討議」は，自らの倫理観，価値観を説明し口に出すことで，それを守ろうとし，実践を促す効果があると考えている。友人と意見の掏りあわせをしながら，善悪の判断という他人からの押しつけが最も嫌がられ

る内容を検討することになる。同様に「セブン・ステップ・ガイド」は，今後社会で活躍する学生達にとって倫理的意思決定を行う重要なツールとなりうるものである。一方で，これらの手法には限界もある。ケース討論は，困難な意思決定を先に経験させ，現実の難しい状況に備えさせるメリットはあるが，実際に経験することに比べれば及ばない。セブン・ステップ・ガイドもあくまで状況の整理のツールであり，最終的な意思決定は自分自身で行う必要がある。これらをしっかりと学生達には理解してもらう必要がある。最後に，この授業を受けた学生達の授業の感想を紹介する。「倫理はとっつきにくいとおもっていたが，この授業を受けてとても興味を持った」，「不正をしったら内部告発すれば良いと単純に考えていたが，友人との議論をとおしてより慎重になるべきと理解した」などの感想が寄せられている。

＊本稿は日本学術振興会　科学研究費 2018 年度「基盤研究（C)」『経営倫理教育と技術者倫理教育の統合－統合教育モデルと教育の質保証評価手法の構築』（18K02838）の研究成果の一部を含む。

【注】

1）岡部幸徳，長野県立大学 HP，シラバス「企業倫理」https://portal.u-nagano.ac.jp/mfufg_s2/view/Syllabus12310.xhtml　2022 年 7 月 23 日アクセス。
　　岡部幸徳，帝京平成大学 HP，「シラバス」から検索，https://unipa.thu.ac.jp/uprx/up/pk/pky001/Pky0101.xhtml　2022 年 7 月 23 日アクセス。
2）このケースの映像は金沢工業大学科学技術応用倫理研究所 HP（https://wwwr.kanazawa-it.ac.jp/ACES/docs/sb_movie.html）で視聴可能である
3）金沢工業大学（2017）『本質から考え行動する科学技術者倫理』白桃書房，46 頁。
4）金沢工業大学，前掲書，178-181 頁。

第6章
産業界における経営倫理と倫理教育

河口洋徳

　30周年記念誌の発刊に当たって本テーマでの寄稿をお受けした理由はたったひとつ「実践的観点」でなら，ということである。学術的な観点でこのテーマを見た時，執筆にふさわしい方々は，わが「日本経営倫理学会」は勿論，世界的視野で見れば極めて多くの先生方がいらっしゃるからである。

　2007年開催の「第14回研究発表大会」では統一論題を"経営倫理と教育"として開催，「日本経営倫理学会誌第14号」には，文字通り本テーマに関する学術研究の成果が掲載されている。その後15年の間にも多数の学術的研究成果が報告されている。改めてこれらをご覧頂くことをまずお勧めしたい。

　日本における経営倫理30年の歴史の中で，「経営倫理とは何ぞや？」という問いとともに最も重要なテーマのひとつは，「教育の在り方」だと考えている。私自身過去ビジネスパーソンであった時代，最後の数年間をこのテーマに費やし，その後も縁あって「経営倫理教育」の場に踏みとどまったからである。自身の学習のためと社員教育の為，その門をたたいた通称BERC（一般社団法人経営倫理実践研究センター）の運営を6年ほど，任されたことから，さらに因縁のような存在となったのである。

　私の知見は概ねこの20年余りの間に生起した事柄を通じてのものである。

　マーケティングにおける"商品のライフサイクル理論"ではないが，新しい"もの"には概ね導入期，成長期（前期・中期・後期），安定期，衰退期といういわば宿命のようなものが存在する。「経営倫理教育」という"もの"についても同じようなことが言えると考えてみた。

　"結論" を先に述べるならば，"新たな成長" を求めて "新たな理論の構築と実践" が必要となるということである。そしてその実践において私が大切と考える要素は次の3点，「知識」，「意識」，「仕組」である。すなわちどんなに知識を詰め込んでも，具体的に実践するという意識が欠落してはだめ!　さらに知識と意識があっても，組織である以上，仕組みでこれを補完しないと教育のための教育に終わってしまうということである。

1. 導入期の経営倫理教育

　先に記した通称「BERC」はその活動を1997年に開始した。一方わが「日本経営倫理学会」（以下JABESと表記）はこれから遡ること4年前の1993年に設立された。

　文字通り日本に初めて経営倫理，企業倫理が広がり始め，その教育が始まった時期でありこの1993～2000年ぐらいまでが導入期であったと振り返っている。

　先ず米国から移入されたこの考え方は通常 Business Ethics と呼ばれたが，これをまず学会（学問的研究）として初めたのがJABES，次に一般企業（当初はほとんどが当時の1部上場企業）を巻き込み，より実践的な歩を進めたのがBERCであり双方とも国内初めての経営倫理を専門的に探求する組織としてその活動を開始した。特にBERCの発足に当たっては，経団連の支援を受けその後の各種教育イベントにも毎年後援を頂く関係にあることから，産学連携の研究団体との評も存在する。

　勿論経営には倫理や正義が必要であるとの考えから，道徳的または宗教的色彩をもって活動する団体や個人も存在はしたが，これらはまだ経営者個人の心情，思想形成への影響を与えるものであったと筆者は認識している。

　"経営倫理教育" の導入期，特にBERCにあっては，各企業が先ず，「コード・オブ・コンダクト」（一般に，企業行動憲章，企業行動規範，企業行動指針等）をどのように作るかが議論され，これを各企業が制定し，社員・従業員に教育することから始まった。

　大企業を中心として今や当然のように存在するこうした行動規範，行動基

準，行動指針などはこの時期に制定されたものがほとんどである。

　大手企業でその草創期に関わった方々とざっくばらんな会話をすると BERC の中で知己を得た外資系（米国系）の先進企業にその基礎を学び当初はこれをまねるところから始めた。という正直な話を複数お聞きしている。

　日本企業は，こうした真摯にまねをする，すなわちマネブことが極めて得意であった。そして素晴らしいのは努力を積み上げ自身のもの（オリジナル）に仕上げてきたことである。

　多くの企業は積極的に「コード・オブ・コンダクト」づくりとその定着への努力をいわば競争原理で実践したといえる。経営倫理教育の導入期であった。

2. 成長期の経営倫理教育

　こうして始まった経営倫理教育は，あらゆる企業がこれを取り入れるという考え方「横並び志向」で大いに広がりを見せた。ここではあえて 2000～2010 年頃を成長期の経営倫理教育であったと総括する。こうした広がりは，当初のトップランナー企業が導入した理想や意思とは少しずつ乖離が起こり始めていたことを思い起こす。極端な場合，はじめから「仏作って魂入れず！」すなわち形だけの導入を図る企業や組織も出始めた。断言はしないが，明らかにそう感じた組織にもいくつか出会ったと感じている。今なら“経営倫理教育ウオッシュ”と言ったところか。

　横並び思考で形式的に導入した場合，末端までその雰囲気は流れる傾向にある。全体として，「まあうちもやっています」という空気が広がる。これは受けてたつ従業員一人一人の感性にも影響を受ける為，教育内容を真面目に理解する素養があれば，一定の効果はあると考えている。

　事例を一つ紹介する。全く別の会社であったグループ会社 2 社（いわゆるM&A でグループ入り）にコンプライアンス教育を実施した折のことだ。A 社とB 社では当初の受け取り方に大きな差があり，少々途方に暮れかかったことがあった。A 社は超大手企業のグループ会社の一部門で，飲み込みは極めて速く，いわゆる手間のかからない企業だった。しかし最後まで，所謂本音の会話が成立していたとは，今も思っていない。一方のB 社はいわゆる派遣系

の企業で教育対象の社員の平均勤続期間が１年にも満たないという企業であった。コンプライアンス担当のマネージャー自身が本当にどう教育を進めるべきか悩んでいた。彼とは，話を進める中で，グループの行動規範の掲載される書籍（150 頁程の読本）を新入社員に渡し，教育するという方法は考えられない。ということで，首っ引きで圧縮版を A4 一枚にまとめ，まず入社時に簡単な研修を実施，さらに２年以上勤務の現場マネジャークラスには改めて本研修をという具合に，進め方について真剣な議論を重ねることで，お互いに目指すところを共有出来たとの実感をもっている。

　業界再編や，M&A による企業買収・合併など多くの企業が直面する問題で，その克服の近道は，双方の企業理念に立ち返ってのすり合わせとその本質の共有だ。その上で行動規範や行動指針の再構築。すなわち新たに参入したグループ企業等への教育に当たっては，まず経営理念のすり合わせと統合が基本となる。

　この時期になると，先進企業では通り一片の講義教育だけでは行き詰まり感も出始め，新たに“ケースメソッド理論”に基づいた，考える倫理教育も行われるようになった。

　過去に起こった不祥事などを題材に，「設問」と「答え」を準備したケーススタディから一歩進んだ，ケースメソッド教育で，自らが考えることに加え，導かれる答えがひとつではないことを気づかせることで，社員の判断力を向上させ，自社の経営クオリティを上げることとなったと考える。実際このころから企業間のいわゆるコンプライアンスに対する意識には大きく差が付き始めたと考えている。真剣にケースメソッドを実施しようとすれば，教える側の知見と熟練が求められるので，実際導入には相当の覚悟が必要だった。問題と正解のセットで育った日本人にはなかなか難解なテーマであった。

　またこの時期，経営品質の向上という観点で，米国のマルコム・ボルドリッジ国家品質賞を範とした「日本経営品質賞」なども整備され企業は経営倫理教育をひとつのベースとしながらも，経営品質というマネジメント全体への学習（セルフアセッサーの養成等）に力を入れることで企業価値の向上を目指すことが一つの方向として加わってきた。勿論こうした取り組みも企業の経営品質向上や，中・長期の経営計画策定の基礎的知識の積み上げには功を奏したと考

えている。

3．安定期の経営倫理教育

　安定期（2010〜2020年ごろ）に入ると，各社とも一通りのコンプライアンス教育がほぼ完成し，決められたタイミングや社員の階層別教育＋いわゆる e-leaning の投入による継続的教育体制が完成した時期と言って良い。

　定着傾向にあった社員のコンプライアンス意識調査も，変化の兆しを見せ始めた。職場別に社員の意識を定点観測によって，分析することが主流であったが，実施期間を3年に一度に変更する企業や，中には調査自体を廃止する企業も出始めた。

　国内でも1，2を争っていたある企業が，こうした意識調査から撤退したこともこれを物語っている。

　個人情報保護や公益通報者保護，さらにはいわゆるハラスメント防止といったテーマも法律の改定・施行もあり，従来型の教育や意識調査から時流対応型に変化し始めたとみることもできる。さらには，経営倫理や技術者倫理の学問的進展の中でいわゆる"ポジティブサイコロジー"や，"ウエルビーイング"といった，"攻めの経営倫理（コンプライアンス）"という考え方が広がってきたことも背景に伺える。

4．衰退期の経営倫理教育

　このような表現は極めて不適切と言われそうであるが，一先ず2020年前後からの動きをあえてここではこのように位置付けてみた。

　このころになると，企業によっては，「当社では経営倫理についての考え方はすでに定着した」，とか「従来型の倫理教育がマンネリ化している」などの理由で，組織体制を圧縮し，継続的教育を取りやめた企業も散見されるようになった。

　私にそのような主張をされた何社かは，残念ながらその後マスコミでも取り上げられるような大きな不祥事を再発されたという事実を複数知るに至ったこ

とは大変残念であった。もっと的確に意見を申し上げられなかったことを大いに反省もしている。

　いわゆる景気の後退や，自社事業の利益の縮小を，単に間接費の大削減という形で一時的に退避する傾向に拍車がかかり，結果として経営トップが率先して行った会計不正や，現場任せゆえの，検査不正の横行なども記憶に新しい。衰退期と呼ぶのは悲しいが，これも実相である。

5．結論に代えて

　経営倫理と軌を一にする「技術者・研究者倫理」は，世界的な影響で，確実に理工系大学での必須科目化が進んだ。近年採用された技術者の多くはこの"技術者・研究者倫理教育"でみっちり仕込まれていることが好影響し，職場での改善が進む。さらに以前なら伏せられて済んだことも，所謂内部告発により，不正の表面化は当然のこととなってきた。そしてこれらの多くは，開発部門や生産部門（広義での品質管理部門を含む）で起こっている。

　この点では経営学は教えても経営倫理学は教えない多くのいわゆる文系大学に警鐘を鳴らしたい。

　〈提言〉
　経営倫理教育は TOP 自らが指導者となり，自身（企業あるいは組織とも言い換えられる）の経営理念との統合的な観点で常に倫理教育の内容，教育手法をリニューアルしながら，変化する様々な状況に対応し，経営者自らも研鑽と学習（教育を受ける姿勢）を継続することが，最も重要な観点であることを自覚すべきである。

　企業経営にとって重要なのは，新規事業による経営拡大と同時に経営倫理の第2成長期を TOP 自らが創出することであろう。

第7章

ESG 時代に主流化する SDGs
──SDGs 経営支援ツールの提唱──

笹谷秀光

1．ESG/SDGs の関係性の整理と企業

現下の ESG/SDGs への対応は，ESG 投資家に対処する一方，関係者に SDGs への対応も訴求する，という重要な経営課題であり，次々と関係者からの要請が高まっている。

ESG も SDGs も非財務情報の整理が必要であるので，企業の ESG/SDGs の導入作業にあたっては，CSR に関する体系を改めて見直す必要がある。既存の体系を使うことで，効率的，効果的に対応できるためだ。

企業の社会的責任については，2010 年発行の ISO26000「社会的責任に関する手引き」による，「本業の CSR」が基本となる。ISO26000 は CSR を本業により遂行することが基本であると明記した。

続いて，2011 年にポーターらが提唱した「共通価値の創造」（Creating Shared Value：CSV），つまり，経済価値と社会価値の同時実現を目指す競争戦略が提唱された。

そしてこれらの影響も受けて，2000 年 9 月に開催された国連ミレニアムサミットにおいて採択された 2015 年を目標とする「ミレニアム開発目標」（Millennium Development Goals：MDGs）の見直しの結果できたのが，2015 年の国連総会で採択された「我々の世界を変革する：持続可能な開発のための 2030 アジェンダ」に盛り込まれた「持続可能な開発目標」（Sustainable

Development Goals：SDGs）である。

　一方，このような中で，ESG，すなわち，環境（Environment），社会
（Social），企業統治（Governance）への配慮要請が世界的に強まっている。
ESG 投資家は E，S，G の各要素の判断にあたり事業会社の SDGs への貢献度
をひとつの指標として使い，ESG と SDGs は「裏腹の関係」になった。その
きっかけは，国連で 2006 年に提唱された責任投資原則（PRI：Principles for
Responsible Investment）である。

　ESG 投資と SDGs 経営が本格化する中で，次々とサステナビリティに関す
る様々な規律が提起されている。またその変化の速度も増している。

　この中で，日本企業はどう行動すべきかについて，経営倫理と関連付けて，
ISO26000，CSV を踏まえつつ，SDGs と ESG の関係に焦点を当てて考えてみ
たい。

2．国際規格 ISO26000 が示した「社会的責任」

2.1　ISO26000 が示した「社会的責任」の定義

　企業と経営倫理・社会的責任の関係については，ISO26000 が重要である。
これは，組織全般の手引として策定されたが，企業の場合は CSR のガイダン
スとなる。国内では日本産業規格（JIS 規格）にもなっており政府内の議論の
基準である。その特徴のひとつは，それまでのフィランソロピー的な CSR で
はなく，本業が社会的責任を遂行するうえで基本であるとの CSR の定義を示
したことである。社会的責任の定義に関して国際的合意が得られた意義は大き
い。

　ISO26000 が本業を軸にした理由は 3 点あると考えられる。第 1 に，収益が
あったときにのみ慈善活動を行うと継続性のある活動が期待できないこと。第
2 に，慈善活動をしつつ本業関連で環境への悪影響を与える企業は許されない
こと。第 3 に，企業が本業で CSR を実践すればイノベーションと創造性につ
ながることである。この点は CSV に通じるものである。

2.2　ISO26000 が示した社会的責任の内容・方法と意義

ISO26000 では，組織が社会的責任を果たすに当たって準拠すべき基本的な原則に加え，組織が取り組むべき課題として7つの中核主題を示している。組織統治，人権，労働慣行，環境，公正な事業慣行，消費者課題，コミュニティへの参画及びコミュニティの発展（以下，「コミュニティ課題」という）に対処すべきとした。

また，ISO26000 では社会的責任の企業への ISO26000 の導入手順として次のステップを示している。

ステップ1：事前の人権などのリスク回避措置（「デュー・ディリジェンス」）と企業にとっての課題を洗い出す。

ステップ2：中核主題及び課題の関連性と重要性を判断し，取り組み項目及び優先順位を決定する。

ステップ3：CSR 目標の設定と PDCA サイクルの実行である。

ステップ4：社内体制の整備，方針の決定である。

これを見ると，後述する SDG コンパスの企業への SDGs 導入の手順とほぼ同様であり ISO26000 が SDG コンパスにも影響を与えたことがわかる。

また，ISO26000 で示された，関係者との連携・協働を重視する「ステークホルダー・エンゲージメント」という概念は SDGs の目標 17「パートナーシップ」の形成のうえでも重要な考え方である。

ISO26000 は，世界標準として CSR のグローバル化に寄与しており，企業と社会的責任の関係についてのいわば「羅針盤」としての機能を発揮しうると考えられる。ISO26000 は，CSR の新潮流となりフィランソロピーから本業 CSR への切り替えの契機となった。これは法的拘束力のないガイダンス規格で，いわゆる「ソフトロー」であるが，最近国際合意がなかなか難しくなっている中で世界的合意であるうえ汎用性が高いという特色がある。

3．世界の共通言語 SDGs

3.1　SDGs 策定の経緯

ISO が社会的責任について議論をはじめ，のちに 2010 年に発行される

ISO26000 につながる検討作業が開始されたのは 21 世紀に入ってからである。

一方，国連では，同時期の 2000 年 9 月に開催された国連ミレニアムサミットにおいて MDGs が策定された。MDGs は 8 つの目標，21 のターゲット，60 の指標から構成されている。MDGs については，基本的には先進国が途上国に対し支援するという性格が強く，政府，国際機関，NGO などの役割を重視していた。

その後，2015 年にできた SDGs は，MDGs の後継として 3 年もの議論を経て策定され 2016 年 1 月から発効した持続可能性に関する国際ルールの集大成と言えるものである。

SDGs は持続可能な世界を実現するための 17 の目標と 169 のターゲット，232 の指標という広範な施策から構成されている。

SDGs は，経済・社会・環境課題に対処し持続可能な社会づくりを目指す 2030 年に向けた目標である。SDGs の特色は，地球上の誰一人として取り残さないとの理念のもとで，途上国，先進国を問わず取り組み，政府等のみならず企業の役割も重視している。SDGs はこのようにユニバーサルなもので，持続可能な社会づくりのための世界の共通言語といえる。

3.2 SDGs の 17 目標

2030 アジェンダに盛り込まれた SDGs の 17 目標にはそれぞれ 10 個程度の具体的な達成目標としてターゲットが示され，合計 169 になる。ターゲットは小数点で示される（例えば，目標 1「貧困」では，1.1，1.2，1.3…… など）。

このように未来志向と意欲的な目標で構成されている SDGs の 17 目標については，2030 アジェンダの前文などを読むと，現下の地球規模課題を洗い出すと 5 つの P が危機に瀕しているという視点で整理されている。

5 つの P とは，People（人間），Prosperity（繁栄），Planet（地球），Peace（平和），Partnership（協働）である。そこで 5 つの P との関連で 17 目標を整理すると各目標の位置づけは次のとおりである。

・People（人間）：世界の貧困を撲滅するために，目標 1「貧困」，目標 2「飢餓」，目標 3「保健」，目標 4「教育」，目標 5「ジェンダー」，目標 6「水・衛生」等。

・Prosperity（繁栄）：持続可能な経済の繁栄のために，目標 7「エネルギー」，目標 8「成長・雇用」，目標 9「インフラ，産業化，イノベーション」，目標 10「不平等」，目標 11「持続可能な都市」等。

・Planet（地球）：環境保全のために，目標 12「持続可能な生産と消費」，目標 13「気候変動」，目標 14「海洋資源」，目標 15「陸上資源」等。

・Peace（平和）：SDGs を実現する仕組みのために，目標 16「平和・公正」。

3.3　SDGs と企業

このように広範な事項を盛り込んだ SDGs では，深刻化する現下の地球規模課題の分析を踏まえ，企業の役割がクローズアップされ，社会課題の解決には企業の創造性とイノベーションが不可欠だという考えが示されている。

SDGs の企業への導入のためにつくられたものが「SDG コンパス」（GRI，国連グローバル・コンパクト及び WBCSD（持続可能な開発のための世界経済人会議）による）である。SDG コンパスでは，5 つのステップが示されている（第 1 ステップ：SDGs を理解する，第 2 ステップ：優先課題を決定する，第 3 ステップ：目標を設定する，第 4 ステップ：経営へ統合する，第 5 ステップ：報告とコミュニケーションを行う）。前述の通り，ISO26000 での社会的責任の企業への導入手順とほぼ同じ整理であり，また，SDG コンパスは ISO26000 の併用を推奨している。

4．SDGs の主流化

4.1　SDGs 達成度順位と政府：「SDGs アクションプラン 2022」の進化

SDGs 策定後ただちに世界での活用が始まった。

毎年公表される SDGs の達成状況を報告する『Sustainable Development Report』が参考になる。これは，SDSN（持続可能な開発ソリューション・ネットワーク）とドイツのベルテルスマン財団による報告書だ。

一定のデータ指標を選び 17 目標の達成度を評価し達成度順に緑，黄，オレンジ，赤色 4 色で表現している。SDGs は世界全体での共通目標なので統一的比較ができ，経年変化も見ることができる。

　最新版（2022年）によると，調査163カ国中，1位フィンランド，2位デンマーク，3位スウェーデンと北欧諸国が上位を占め，その他の主要国の順位はドイツ6位，英国11位，米国が41位，中国56位。日本は19位と昨年より一位順位を下げた。

　日本はSDGs目標のうちジェンダー平等，気候変動などで課題を残す一方，特にSDGs目標9の技術や目標4の教育が世界的にも評価が高い。

　この手のランキングに一喜一憂するのはよくないが，独，仏，英には抜かれているが，人口1億人以上では日本が1位である，とみることもできる。世界共通に比較できるのは良い点だが，SDGs各目標についての指標の取り方に限界があることに留意が必要だ。

　日本政府はSDGsの策定を受けて，2016年にSDGs実施指針を定め，その後2017年暮れ策定のSDGsアクションプラン2018を第一弾として，毎年SDGsアクションプランを進化させてきた。この中で，最新のSDGsアクションプラン2022は重要である。2023年に日本がG7議長国を務め，2015年の2030アジェンダ策定以降4年ごとに行われる「SDGサミット」が2023年に行われるというSDGsに関する大きな節目を迎える。2025年にはSDGsをテーマとする大阪・関西万博も控えている。

　そこで，政府が，2022年にはSDGsの達成に向けて国内実施・国際協力をより一層加速するという決意のもと，『SDGsアクションプラン2022』を定めた。

　これは，SDGs実施指針に基づき，2030年までに目標を達成するために，「優先課題8分野」において政府が行う具体的な施策やその予算額を整理し，各事業の実施によるSDGsへの貢献を「見える化」することを目的として策定されている。

　今回は，「2030アジェンダ」の5つのPに基づき，優先分野の課題毎に，2022年に各府省庁が進める予定の取組案と予算額を取りまとめた。この最新プランの最大の特色のひとつがこの予算のリストを作ったことだ。合計554にも上り，合計額が7.2兆円となっている。

　関連予算は，令和3年度補正予算（11月26日閣議決定）及び令和4年度当初予算政府案（12月24日閣議決定）に含まれる総額（内数として予算額が特

定できない施策については，合計額には含まない）である。SDGsの政策における主流化を反映したものとなっている。

4.2　加速する自治体SDGs：SDGs未来都市

2018年に自治体によるSDGsの達成に向けた優れた取組みを提案する都市を「SDGs未来都市」として選定する制度ができた。2022年度までに154都市を選定した。

また，特に先導的な事業を「自治体SDGsモデル事業」として選定し上限3000万円の補助金を支給。毎年度10事業が選定されている。この政策は自治体でのSDGs実装に役立って深化している。

企業もSDGsに取り組んでいるが，自治体のSDGsと違い，指標を立てるのは大変難しい面がある。一企業で対処できるターゲットは限られるからだ。これに対し自治体では，国の指標やローカライズされた指標を参考に計画作りができる強みがある。つまり指標が立てやすい。

このため，SDGsの「3層構造」といわれる，目標，ターゲット，指標の3点がそろっているのが自治体SDGsである。その意味で先駆的だ。また，官民連携の強化も進んでいる。

5．ESG「投資」とSDGs「経営」

5.1　企業とSDGs経営

企業にとってみると，SDGsの17目標のカバー範囲は極めて広い。企業統治・経営倫理や環境課題への対応のみならず，働き方改革，採用，ブランディング，地域社会など幅広くカバーしている。SDGsに関心の高いミレニアル世代の消費者への対応やグローバルなリスク管理にも必須だ。まさに，SDGsは経営要素のすべてに絡むので，社内全部署に関連し，経営トップも重大な関心を寄せる経営マターになったのである。

2030アジェンダの文書の題名に「我々の世界を変革する」とある通り，SDGsの実践は社内外に変革をもたらす。

もう一点重要なことは，SDGsは自主的取り組みが基本である，という点

だ。地球規模の危機的状況に向けて，やれる人がやれるところからすぐにも着手しようというルールである。このルールは怖い。どんどん差がつくからだ。日本が欧米に先を越される，日本でも SDGs 仲間から置いていかれる，といったことが起こる。

　日本企業は，SDGs 経営のポテンシャルが高いので，ジャパン SDGs アワードなども参照して早急に自社の SDGs 経営を確立すべきだ。

5.2　CSV の実践としての SDGs

　企業による SDGs 活用では，社会課題解決と経済価値の同時実現を狙うマイケル・ポーターが提唱する CSV の考え方をうまく取り入れ，本業を活用することが重要だ。

　CSV とは，社会課題を解決しつつ経済価値の実現もねらう企業戦略だ。SDGs ができる前は，競争戦略の権威であるポーターらが提唱する「共通価値の創造」は，米国発の概念で，多国籍企業などの事例で説明されわかりにくい面もあり，解決を目指す社会課題が主観的であるとの批判などが多かった。

　その点は CSV で目指す社会課題が SDGs であると理解することで課題が客観化し説得性も高まる。このように CSV の実践に SDGs を活用すれば，いわばバージョンアップした CSV につながっていく，という点が，企業 SDGs の要諦である。

5.3　ESG 投資

　次に ESG である。SDGs は「経営マター」になったが，それを読み解く重要なカギのひとつが ESG だ。投資家を中心に，ESG への要請が世界的に高まっている。2006 年に PRI が国連で提唱されて以降，PRI への世界の署名機関の数が急速に増加し，世界的投資額も年々増加し，最近は日本の比率も増えつつある。

　日本での加速の要因のひとつが，運用資産額約 190 兆円という世界最大の機関投資家である GPIF が 2015 年 9 月に PRI に署名し，ESG 投資の推進を明確化したことである。GPIF では，PRI への署名と SDGs をリンクさせ，ESG 重視が投資家にとって良質な投資機会の増加につながり，一方，事業会社は

SDGs を事業機会の増加にもリスク回避にも使って競争優位につなげることを推奨している。

これは ESG/SDGs 関係者に大きな影響を与えた。GPIF は ESG と SDGs を関連付ける資料を示し，投資側は PRI，企業側は SDGs を実践すべきであるとし，ESG と SDGs を関連づけた。この結果，GPIF による ESG 投資と，投資先企業の SDGs への取組みは，表裏の関係になった。

このように，日本においては，企業にとっての SDGs への対応が，ESG 投資の動きにけん引されているのが特色である。

これは，SDGs への対応が株価水準に影響するようになったことを意味する。これまでの CSR などと違って SDGs が「経営マター」になった最大の理由である。

上場していない企業でも上場企業との取引があろう。また金融機関が融資などにあたり ESG の視点で SDGs をチェックしている。金融機関とつき合いのない企業も少ない。

さらに，SDGs は世界での共通言語なのでグローバルビジネスやグローバル化するサプライチェーンに必須だ。

5.4　SDGs の主流化と企業

そこで，ESG 投資家にも響き，他の関係者にも伝わりやすい方法が求められるが，SDGs は世界共通言語としてわかりやすいので対外アピールに使いやすいツールといえる。つまり，ESG は投資家向けの「チェック項目」，SDGs は投資家を含めた関係者への「アピール項目」と理解できる。

また，ESG は投資家からスタートしたことから，IR 責任役員や経営トップマターになり，社員に紐づきにくい。その点，SDGs は 17 目標と 169 のターゲットに当てはめていけばかなり具体的な個別項目にブレークダウンでき，それを責任部署と紐づけることにより，社内での「自分事」化につながるという点が重要だ。

以上の観点から，筆者は「ESG 投資と SDGs 経営」という表現を使った経済産業省の研究会での整理に賛同する。事業会社は「SDGs 経営」の表現で打ち出すことが効果的であると考えている。

5.5　総合体系の構築「SDGs経営支援ツール」：ESG/ISO26000/SDGsマトリクス

　SDGs経営に取り組むと戸惑うのが，ESGとSDGsの関係の整理だ。これが最も難しく，現在混乱している点である。ESGについてもSDGsについても専門家は多い。しかし両者を関連づけてわかりやすく整理し，企業の現場で使いやすい方法を示しているものが見当たらなかった。

　そこで筆者の企業現場での実践と理論からつくった，これを解決する経営支援ツール「ESG/ISO26000/SDGsマトリックス」を提唱している。これまでの筆者の論文や著作で発展させてきたものをここで紹介したい。

　ESGを測る指標開発も内外で進行中であるが，ESGとSDGsの混乱はしばらく収束しないと考えられる。そのような中で企業は的確に両者を関連付けて発信していく必要に迫られている。

　そこで，筆者は，SDGsの17目標全般を鳥瞰できるように，縦軸に活動をESG投資家向けにE，S，Gに分けて整理し，各活動がどのSDGsに該当するかについて横軸にSDGsの目標1，2，3，……目標17まですべて並べて関連性の程度に応じ「●」と「○」の印をつける。このような一覧性を持った「ESG/ISO26000/SDGsマトリクス」作成を提唱している。

　特に重要な点は縦軸の整理に世界標準であるISO26000による7つの中核主題を使うことだ。これにより経営倫理との関係性やこれまでのCSRの蓄積も意識して整理できるからである。

　よくある見せ方は，活動に関係するSDGsのマークだけ並べる方式で，これを筆者は「さや寄せ型」と呼んでいるが，これはすべての目標との関連を検証したことにならない。その結果，企業にとって都合の良い目標だけを並べたのではないかという「SDGsウオッシュ」の批判が起こりやすい。そこで，1～17まで網羅するマトリクスの形をとり，資料としてはスペースをとるものの，そのような整理をするべきだ。

　このマトリクスをつくると，その企業にとって関連性の高い項目がわかる。これがマテリアリティ（経営の重要事項）の候補になる。また，それぞれの項目の右端に責任部署を書き込んでことにより，SDGsの社内の紐づけに繋がっていく。

　まずは 17 目標のレベルで整理し，次に 169 のターゲットレベルで当てはめていく形で作成する。

　この SDGs 経営支援ツールは，最初に，筆者が作成に関与した「伊藤園統合レポート 2017」で全編にわたり SDGs を取り上げ，このマトリクスの整理を適用した。

　その後，セイコーエプソンはいち早く 2018 年統合報告書でこのマトリクスの「●」と「○」を進化させ，小数点レベル，つまり 169 のターゲットレベルで当てはめを行い，さらにマテリアリティ特定にも活用している。

　最近，筆者が監修させていただいた企業はすべてターゲットレベルでのあてはめを行い，それぞれ特色ある発信を行っている（SOMPO ホールディングス，熊谷組，モスフードサービス，スカパー JSAT，NEXCO 東日本グループ）。

　このほか筆者が作成に関与した企業としては日本道路，ミルボン，日本調剤，DCM ホールディングス，非上場企業でも YKK AP がマトリックス整理を行った。今後，このマトリクスが SDGs 経営のための支援ツールとして，中小・中堅企業も含め，活用が進むことを期待している。

6．おわりに：パブリックリレーションズと企業ブランディング

　以上述べた通り，非財務情報をすべて統合し，一枚で示す鳥瞰図をつくると社内外で企業の強みが理解できる。非財務情報に関しては，財務情報と異なり，数値データなどで示すことは難しい項目も多いので，「体系」が命である。

　「マルチステークホルダー資本主義」の流れの中で，ESG 投資家をはじめ幅広いステークホルダーに向けた財務，非財務の情報を統合した効果的なコミュニケーションが求められている。

　投資家，経済界，自治体，大学，消費者，NPO/NGO の各方面で SDGs が主流化，つまり単なる参照事項ではなく必須事項と理解されている。メディアでも，SDGs への取り組みが加速している。SDGs の「グローバル・メガトレンド化」が進み，SDGs を活用できるかどうかが，経営倫理，株価水準，ブランディング，人材確保すべてに関係し，まさに経営課題そのものになった。

　そこですべてのステークホルダーに訴求していくためには自社のSDGs経営に関する各方面への「パブリックリレーションズ」が重要である。SDGsの経営への活用が必須であり，そうしなければ各方面から「取り残される」という意味で企業のサバイバル戦略ともいえるものになった。

図表Ⅱ-7-1　ESG/ISO26000/SDGsマトリックス（イメージ）

ESG	ISO26000の7つの中核主題	政策内容（例）	SDGs 17目標																
			1	2	3	4	5	6	7	8	9	10	11	12	13	14	15	16	17
G	組織統治	コーポレートガバナンス																●	●
S	人権	人間の尊重関連政策	●				●					●						●	
	労働慣行	労働関連政策					●			●								●	
	公正な事業慣行	取引関連規制の順守								●				●				●	
	消費者課題	消費者保護対策									●			●					
	コミュニティ	地域政策		●	●	●							●						●
E	環境	環境政策関連						●	●		●			●	●	●	●		
			1	2	3	4	5	6	7	8	9	10	11	12	13	14	15	16	17

注）◯　マテリアリティの候補，●　関連する事項。
出所）筆者作成。

第8章
サステナビリティ経営（ガバナンス）とは何か

今井　祐

1．コーポレートガバナンスの基礎知識

1.1　コーポレートガバナンスの言葉の由来

そもそもコーポレートガバナンスの "Governance" は「統治する，支配する」といつた意味を持つ "govern" から派生した言葉である。語源はギリシャ語で「船の舵を取る」を意味している。即ち，船長らが，たとえ暴風雨に遭おうが，海賊に遭遇しようが，迅速・果断なかじ取りをして，安心・安全に乗客・貨物を目的地に導くための意思決定の仕組みを意味している。

2021年6月11日金融庁と東京証券取引所（以下東証）が二度目の改訂を行った「改訂コーポレートガバナンス・コード」の冒頭にコーポレートガバナンスの定義が載っている。曰く，「本コードにおいて，コーポレートガバナンスとは，会社が，株主をはじめ顧客・従業員・地域社会等の立場を踏まえた上で，透明・公正かつ迅速・果断な意思決定を行うための仕組みを意味する。（後略）」とある。「ステークホルダーの立場を踏まえる」が入っていることは重要である。

我が国でコーポレートガバナンスの訳として「企業統治」という言葉が初登場したのは1991年5月13日の日本経済新聞である。当時，一橋大学教授の竹内弘高先生の論文においてである。現在はコーポレートガバナンスをそのまま使用することが増えつつある。

日本経済の停滞と企業が内部留保にばかり手厚く資金をため込み（9年連続

増で 2020 年には 484 兆円に上る）積極的に設備投資・研究投資・人材投資等を行わない姿勢に業を煮やした安倍内閣はアベノミクスという日本再興戦略を2014 年 6 月 24 日に発表し，①インベストチェーン[1] の高度化と②コーポレートガバナンスの強化が謳われた。それは菅内閣にも成長戦略会議として引き継がれた。従って，各省庁はこれら戦略に平仄を合わせるかの如く，競って攻めの企業統治に関する制度改革に走った。

1.2　2014 年以降の我が国企業統治の制度改革の急展開

図表 II-8-1　2014 年以降の企業統治改革の急進展

出所）筆者作成。

1.2.1　スチュワードシップ（以下 SS）コードとは

　スチュワードとは一般に中世荘園の財産管理人と訳されているが，元はバイブルにある「タレントの逸話」より来ている。2014 年 2 月に金融庁は，機関投資家向けに SS コードを新設した。目的は，投資先企業の持続的成長を促し，顧客・受益者の中長期的な投資リターンの拡大を図ることにある。機関投資家が企業と建設的な「目的ある対話」を図ることにより企業統治の実を上げることにある。その後，2017 年 5 月と 2020 年 3 月に二度改訂されている。

2022 年 5 月 31 日現在，金融庁に登録して SS コードの 8 原則[2]）を守ります
と表明している機関投資家の数は 322 社である。

1.2.2　コーポレートガバナンス（以下 CG）コードとは

2015 年 6 月に，金融庁と東証が，OECD の CG コードを参照しつつ，9 回に
及ぶ有識者会議の助言を受けて，企業向けに「攻めのガバナンス」として適用
した。やっと SS コードと揃い両コードは車の両輪といわれ機関投資家と企業
がともに建設的な目的ある対話を通じて企業の持続的成長と中長期の企業価値
の向上という目的を達しようとするものである。2 回の改訂を受けて 83 コー
ドとなっている。これらは遵守できればよいができない場合には，その理由
を「コーポレートガバナンス報告書」で説明しなければならない。しかし，罰
則はない。これを称して「コンプライ・オア・エクスプレイン方式（英国の手
法を参照した）」という。2023 年 4 月 4 日からは証券市場の市場区分が変わっ
た。プライム市場 1839 社（株主数 800 人以上，株式流通比率 35％以上等）と
スタンダード市場 1466 社（同 400 人以上，同 25％以上等）は 83 コード全て
が適用となる。グロース市場 466 社（同 150 人以上，同 25％以上等）は 5 つ
の基本原則のみ順守すればよい。2015 年の本コードの導入及び 2018 年の CG
コード改訂により社外取締役が飛躍的に増加した。

1.2.3　CG コードの 2018 年及び 2021 年の主要改訂点

・改訂点 1．変化の激しい経営環境に対応した経営戦略と資本政策の策定

　　自社の資本コストを的確に把握した上で，事業ポートフォリオの見直し
　や，設備投資・研究開発投資・人材投資等を含む経営資源の配分等に関し具
　体的に何を実行するかについて，株主に分かりやすい言葉・論理で明確に説
　明を行うべきである。

・改訂点 2．CEO（社長）の選解任と後継者計画

　　CEO が不適格な場合（不祥事を起こした，連続的業績不振，DX や IT が
　よく分からない等の場合）には解任を求める。後継者計画が社長の頭の中だ
　けにあることを止めさせ，シームレスかつ客観的な後継者育成計画の樹立と
　指名（諮問）委員会設置が求められる。プライム市場では指名委員会と報酬

委員会の設置が義務化された。本来，不祥事防止のためには，「制度とその運用と経営者資質の三位一体の改革・改善」が求められ，倫理観のある責任経営者の育成が重要である（今井 2021）。

・改訂点３. 経営者の報酬決定

　カルロス・ゴーン事件に係わるグレッグ・ケリー被告の事件では，企業情報開示制度への信頼性を揺るがしたことが指摘されている。トップがお手盛りで自分の報酬を決めることなどあってはならない。客観性・透明性ある手続に従い，報酬制度を設計しなければならないし報酬委員会の設置が求められる。我が国の役員報酬は固定部分が多いのと長期・インセンティブ部分が少ないのが問題点である。

・改訂点４. 独立社外取締役の活用と取締役会の多様性等

　取締役会の構成として，欧米からかなり遅れているジェンダーダイバーシティや外国人の登用が求められる。2021 年の改訂でプライム市場では，1/3 以上の独立社外取締役を選任（その他の市場では 2 人以上の独立社外取締役の選任）することが求められる。2021 年 8 月 1 日現在，東証一部の取締役会構成で社外取締役が 1/3 以上の企業の割合は 79％（日本取締役協会調べ）である。今後は社外取締役の質が問われる。

1.2.4　伊藤レポートとは

2014 年 8 月，経済産業省は，いわゆる「伊藤レポート」（持続的成長への競争力とインセンティブ：プロジェクト最終報告書）を公表した。ROE（株主資本利益率）8％以上の目標を示した。その結果，多くの企業が経営目標として ROE を採用するようになり，投下資本に対する効率性を考えるようになった。しかし，現在反省期にあり ROE だけではなく ESG や SDGs も同時に考えなさいという考え方が主流になりつつある。そこで ROESG なる造語も出てきているがこれに連動する役員報酬に関し，税務上の損金算入ができる位の客観的な定量的指標が必要である。また，ショートターミズム（短期主義）の反省から，金融庁は法律で開示を義務付けている四半期報告書を廃止し，証券取引所の決算短信に 1 本化する方針である。

1.2.5　令和元年改正会社法とは

　令和元年 12 月 4 日法案成立，11 日に公布された。上場会社等に社外取締役を置くことを義務化，株主総会資料の電子化，株主提案権乱用防止等が決まった。その背景には，日産自動車元会長のカルロス・ゴーン被告の報酬過少申告記載や東芝の不正会計等の巨額損失などの問題がある。社外取締役が有効に機能してないと指摘される事案が相次げば，海外からの投資家が証券市場から引き上げかねないからである。「臆さずモノを言う」社外取締役の就任が求められる。

2．「サステナビリティ（経営）ガバナンス」とは何か

　サステナビリティの語源に関する先行研究としては，1987 年に国連の「開発と環境に関する世界委員会」が，グローバル・アジェンダの基本理念を意味する新語として提唱した「サステイナブル・ディベロップメント」（sustainable development）という英語 が当委員会の報告書（独立行政法人環境再生保全機構 1987）で用いられたことに語源を求める池田（2019），潜道（2021），内ヶ崎・川本・渋谷（2022）等がある。一方，サステナビリティの定義につては，2021 年 6 月に改訂されたコーポレートガバナンス（CG）コードの基本原則 2 の考え方で，「持続可能な開発目標」（SDGs）が国連サミットで採択され，気候関連財務情報開示タスクフォース（TCFD）への賛同機関数が増加するなど，中長期的な企業価値の向上に向け，サステナビリティ（ESG 要素を含む中長期的な持続可能性）が重要な経営課題であるとの意識が高まっている。（後略）」とある。従って，本稿においては，「サステナビリティ」の用語の定義は「ESG 要素を含む中長期的な持続可能性」に統一して以下に述べる。

　次に，サステナビリティ経営（ガバナンス）について述べる。高山ほか（2021）[3] によると，「2014 年に国連環境計画・金融イニシアチブ（UNEP FI）が「統合ガバナンス―サステナビリティのためのガバナンス（Governance for Sustainability）に関する新しいモデル」と題した報告書が出されたことがひとつの契機となっている。この報告書のフェーズ 2 では，「①取締役会の議題にサステナビリティが取り上げられる。②サステナビリティに関連する委員

会を取締役会に設置するか，その責務を CSO（チーフ・サステナビリティ・
オフィサー）に割り振る。③サステナビリティに関する指標・KPI を設定す
る」とある。最低限これらのことを行ってないとサステナビリティ経営（ガバ
ナンス）に移行したとは言えないが，制度だけではなしに，経営者が，投資
家・消費者・従業員・環境団体等のステークホルダー（SH）と協働をしつつ，
ESG 要素を含む中長期的な持続可能性と企業価値向上に向け，社会的責任を
果たす経営であることが重要である。とはいえ，この報告書が今から 8 年前に
出されていたことに驚かされる。

2.1　サステナビリティ経営（ガバナンス）の具体策

2.1.1　気候変動等に関する中長期戦略の立案・推進・開示の重要性

　中長期戦略において，現時点に立って，企業を取り巻く長期的な経営環境
や構造変化等のメガトレンドを予測し，且つ経営理念（ミッション）・経営方
針（ビジョン）・倫理的価値観（コアバリュ）に基づき，経営資源の有効活用
を図りつつ，中長期戦略を立てることをフォアキャスティング思考に基づく戦略
という。一方，未来のある時点における目標を，あたかも北極星を見るかの如
く設定し，そこから，逆算して，中長期経営戦略を設定する手法をバックキャ
スティング思考という。これらは企業経営者に課せられた最重要課題のひとつ
である。改訂 CG コードの補充原則 2-3 ①では，「取締役会は，気候変動など
の地球環境問題への配慮，人権の尊重，従業員の健康・労働環境への配慮や公
正・適切な処遇，取引先との公正・適正な取引，自然 災害等への危機管理な
ど，サステナビリティを巡る課題への対応は，リスクの減少のみならず収益
機会にもつながる重要な経営課題である。（後略）」とうたわれている。これら
はまさしく取締役会がリーダーシップをとる「サステナビリティ経営」を金融
庁と東証は求めている。更に，改訂 CG コードの補充原則の 4-2 ②で，自社の
サステナビリティをめぐる取組みについて基本的な方針を策定すべきであるこ
と，また，補充原則の 3-1 ③で自社のサステナビリティについての取組みを適
切に開示すべき旨述べている。今や，消費者・従業員・環境団体やミレニア
ル世代の若者等の SH は環境や社会を犠牲にしてまで利益を上げようとする企
業に厳しい態度を取り始めている。特に，未来世代にクリーンな地球を残すこ

とは我々現役世代の責務である[4]（今井 2022）。「地球的課題を Profitable に実現する」必要がある。そのためには「社会の持続可能性を経営に実現し，ESG 要素の促進にイニシアチブをとりなさい」（宮島 2022）[5] と説く。

2.1.2　TCFD に基づく開示義務におけるガバナンス

　G20 の要請を受け金融安定理事会（FSB）により設立された TCFD は，2017 年 6 月に最終報告書を公表した。企業等に対し，温暖化ガス排出量の開示のほか下記の項目について開示することを推奨している（原則主義）。具体的には IFRS 財団が国際サステナビリティ基準審議会（ISSB）を設立，2022 年 6 月をめどに TCFD 提言をもとに各国共通のルール（基準案は公表済み）をまとめることに期待したい。TCFD は，ガバナンス・戦略・リスク管理・指標と目標の 4 項目をかかげる。我が国では，プライム市場において 2022 年 4 月から TCFD に基づく開示が求められる。更に，有価証券報告書で気候変動リスクや「人的資本」についての記載義務化が決まった。

　ここでは，先ず TCFD がトップで示したガバナンスについて触れておきたい。サステナビリティ委員会を設置する場合，委員会のガバナンス体制上の位置づけ，その役割，メンバー構成，開催頻度等を決めなくてはならない。内ヶ崎・川本・渋谷（2022, 158 頁）は，全員独立社外取締役（CEO はオブザーバー）からなるサステナビリティ委員会の役割として，「取締役会からの権限移譲を受けて，以下の 10 項目を 3 カ年計画で審議・決定の上で取締役会に報

付表 1　サステナビリティ委員会の審議事項

①	パーパス・マテリアリティ（持続可能性のため重要項目）の再定義	②	長期的なビジネスのシナリオ分析
③	CG 方針の策定	④	取締役会のスキルマトリックス策定
⑤	人財・事業・知財ポートフォリオ（資産構成）方針の策定	⑥	戦略・リスク方針策定
⑦	サステナビリティの実効性向上	⑧	組織風土・企業文化の改革
⑨	SH とのエンゲージメント（対話）強化	⑩	取締役会の実効性向上

注）カッコ内の注記は筆者追加。
出所）内ヶ崎・川本・渋谷（2022），158 頁。

告することを提案している。

　内容から従来の CSR 委員会ではできないような項目が多く充実している。しかし，これらを達成するためには，自社の限られた独立社外取締役だけではなく社外からの有識者の参加が望ましい（味の素）。また，委員長は CEO/ 社長（日立製作所，マツキヨココカラ＆カンパニー）が望ましい。TCFD がいう「指標と目標」の設定も大事である。例えば，日立製作所は脱炭素の成果を役員報酬と連動させている。また，これら 10 項目の内，取締役会で審議した方が良い項目があるのならば重複を避けた方が良い。ともあれ，「50 年脱炭素」を掲げる日本企業は未だ約半数[6] である。これからサステナビリティ委員会の設置を考える企業にとっては大いに参考になる提言である。

2.1.3　時代背景としてのパラダイムシフトに伴う資本主義の再構築

　現在，時代背景としての物の見方，即ちパラダイムがシフトしつつある。ミルトン・フリードマンによる株主主権論は限界にきている。2019 年に米経営者団体ビジネス・ラウンドテーブルは全ての SH に配慮すると宣言してから 3 年がたつ。全ての SH に目配りする「SH 資本主義」の企業統治が説得力を増しつつある。ハーバード大学の最高位の名誉称号「ハーバード・ユニバーシティ・プロフェッサー」をもつレベッカ・ヘンダーソン教授が著した『資本主義の再構築』（*Reimaging Capitalism in a World on Fire*）の第 4 章（企業の目的・存在意義に革命を起こす）が，正に革命を起こしている。株主と企業が，これを受け入れれば，気候変動・所得格差等の解決に大きく貢献するであろう。現在，世界及び企業は炎上する地球を救えるのかの岐路に立っている。2050 年脱炭素に関し，パラダイムシフトが起こりつつあり，SH はパーパス（企業の存在意義）が何かを問うている。これまでの経営理念は What「何々をやって社会に貢献します」が多かった。これからは Why 何故やるのか及び How いかに実現するかが問われている。それを行う CEO の経営哲学・倫理観が問われている。トヨタが 2050 年の脱炭素からバックキャスティング思考で今何をやらねばならないかを考え，創業の精神に立ち返っている。

2.2　トヨタ自動車株式会社（以下トヨタ）のカーボンニュートラル戦略

2.2.1　2021年6月14日，トヨタは「サステナビリティトップ」を更新

　2021年，トヨタはサステナビリティの考え方から，2011年に外した豊田綱領を，再びトヨタフィロソフィーの頂点に変更した（パーパス）。その下にトヨタウエイ（バリュー），幸せを量産する（ミッション），可動性を社会の可能性にする（ビジョン）を置いた。2050年の脱炭素からのバックキャスティング思考で2030年を中間点として中長期戦略を検討しているが，HV（ハイブリッド）車やPHV（プラグイン・ハイブリッド）車がEU中心に排除される動きの中で，どのようにして中長期の企業価値の向上を図るかが注目されている。トヨタは今，100年に一度と言われる大変革の時代を迎え「モビリティカンパニー」に生まれ変わろうとの強い意思と世界観が覗われる。

　どこの企業も取締役会で「2050年カーボンニュートラル」について，そしてひとつのマイルストーンである2030年までに具体的に何をやるかの長期戦略について議論せざるを得ない。特に，脱炭素により，電力・アルミ・鉄鋼・セメント・石油精製及び石油化学・紙・パルプ・自動車・商社・物流・金融等の我が国の主要基幹産業は大試練に直面している。2050年の脱炭素からバッ

図表II-8-2　トヨタのフィロソフィーと創業以来受け継がれてきた「豊田綱領」の精神

豊田綱領
豊田佐吉翁の遺志を体し

一、上下一致、至誠業務に服し、産業報国の実を挙ぐべし。
一、研究と創造に心を致し、常に時流に先んずべし。
一、華美を戒め、質実剛健たるべし。
一、温情友愛の精神を発揮し、家庭的美風を作興すべし。
一、神仏を尊崇し、報恩感謝の生活を為すべし。

出所）トヨタHP, global.toyota > sustainability　2021年12月29日確認。

付表2 トヨタのサステナビリティの考え方

> トヨタは創業以来,「自動車を通じて豊かな社会づくり」を目指し,事業活動を行って参りました。活動の根底には常に,トヨタグループの創始者,豊田佐吉の考え方をまとめた「豊田綱領」があります。国のため社会のために活動するという「産業報国」を掲げた「豊田綱領」は,今日に至るまでトヨタグループ各社の企業理念,社員の行動規範の基となっています。トヨタは今,100年に一度と言われる大変革の時代を迎え,「移動」に関わるあらゆるサービスを提供していく「モビリティカンパニー」に生まれ変わろうとしています。この変革を大胆に進めるため,歩んできた道を改めて振り返り,未来への道標として,「豊田綱領」を原理原則とする「トヨタフィロソフィー」を定義しました。(後略)

出所) トヨタHP, global.toyota > sustainability > csr > policy 2021年12月29日確認。

クキャスティング思考で,現在のミッション・ビジョン・コアバリュの見直しが必至である。これを達成するに必要なガバナンス体制やリスク・マネジメント体制(特に移行リスク)は個々の企業により異なるが戦略的・能動的に対処することが重要である。

2.3 ライフサイクルアセスメント(LCA)に基づく脱炭素推進の重要性

　以上のことをトヨタ1社だけがいくら頑張っても我が国の脱炭素は成功しない。我が国の主要企業は,ライフサイクルアセスメント(LCA)に基づくリスク評価と脱炭素を始めなくてはならない。例えば,キリンHLの場合,気候変動により,世界の気温が4℃+で,大麦収量減でコスト30〜120億円増/年とのリスク評価を行っている。①スコープ1:自社の工場等の自家発電からのCO_2直接排出,②スコープ2:自社で使う外部電力の購買に伴うCO_2排出。スコープ1と2の合計排出量88万トン(2019年),③スコープ3:アルミ缶の製造工程や製品の配送車の排出量は398万トン(全体排出量の80%)である。これを2030年までに3割削減を計画している。スコープ3が全体の40%以上を占める企業はLCAを行い,これを公表しなければならない(TCFD基準)。従って,LCA活用による脱炭素計画を日本中に拡大するためにはスコープ3が重要である。高村ゆかり東京大学教授は2021年12月11日の日本経営倫理学会シンポジュウム(テーマ「気候変動の内在化が企業価値を高める」)において,「日立製作所の環境戦略の一環として,2050年までにバリューチェーン全体でカーボンニュートラルを目指すこと等」(46頁)を示された。

3．最後に

　最後に，「2050年カーボンニュートラル」の阻害要因として考えられること
は，

①　政府・自治体・企業・国民の覚悟である。
　　政府・自治体・企業においては，2050年までに目標に向かって業態・
　事業を変えていく，所謂「移行リスク」に挑戦する痛みを伴う覚悟がある
　かが問われている。一方，国民には倫理的・社会的に許容できる持続性の
　ある製品・サービスを強く求めるいわゆるエシカル消費が求められる。
②　変化を拒む旧態勢の指導者（政治家・経営者）は，「私はそれ程長く担
　当していない，2050年までは生きていないだろう」との考え方である。
　これに対しては「シームレスな人材マネジメント・システムとして，後継
　者育成計画をしっかり立案してほしい」と言いたい。
③　既存の体質・考え方への固執がある。例えば，
　・環境・社会対策はコスト高となる。
　・グリーンウオッシング（見せかけの環境対応）やソーシアルウオッシン
　　グ（見せかけの社会対応）の横行。
　・ロシアによるウクライナ侵攻による化石燃料の高騰でグリーン路線の揺
　　り戻しが中国等（石炭の増産）で起こっている。
　　以上の阻害要因があるが，そのような方々に問いたい。

　世代間公平性の視点から，クリーンな地球を後世に残すべきではなかろう
か。

【注】
1）インベストチェーン：資金を提供する投資家と，資金を調達する企業が，共通の価値観に基づい
　て中長期的価値向上を目指すことで，社会全体の富を増やすことができる，という考え方。
2）8原則とは：金融庁（https://www.fsa.go.jp/singi/stewardship/index.html　2022年2月12日
　確認）を参照されたい。
3）高山与志子・鈴木紀子・宮地真紀子（2021）「サステナビリティ経営と取締役会（上）―サステ
　ナビリティ・ボードの時代へ―」『商事法務』No. 2267，7月5日，17-27頁。
4）『サステナビリティ経営研究2号』掲載の今井祐（2022）「我々はクリーンな地球を未来世代に残

せるか」参照。

5）宮島英明（2022）「日本型モデル 2.0 に向けて〜株式会社の目的・取締役の役割・所有構造」24-26 頁，2022 年 3 月 22 日，CG ネットセミナー。

6）「国内 400 社分析，欧州に遅れ」日本経済新聞 2022 年 3 月 20 日，5 面。

第 9 章

日本企業のダイバーシティへの進化プロセス

桑山三恵子

1．はじめに：ダイバーシティの意義と経営倫理

　私たちには，外見，容貌，人種，国籍，ジェンダー，年齢，障がい，学歴，性的指向，価値観，知識など様々な差異があり，差異を異質として認識する。これらの差異，異質と社会的な価値とが結び付くと，ステレオタイプや思い込み，偏見，差別，排除といった現象が起き，経営倫理を含む倫理の問題が生じる。しかし，近年，差異や異質を，人の持つダイバーシティ（多様性）として肯定的に捉え，均質の組織に比べ，良い成果をもたらすという多くの報告がある。

　マシュー（2022）は，多くの具体的事例を紹介し，組織の構成員のダイバーシティは，イノベーションの創出を促し，組織の発展の源であることを示した。一方，ダイバーシティに欠ける画一的な集団には，パフォーマンスが低いだけではなく，盲点も共通しがちで重大な過ちを見過ごすリスクがあることが知られている（マシュー 2022；カーズ 2021）。また，投資家は，企業を評価する指標のひとつとして，ダイバーシティに大きな関心を寄せ，情報開示を求めている。

　それでは，日本の意思決定の場はダイバーシティであろうか？　2021 年に世界経済フォーラムが公表したジェンダーギャップ指数（男女格差を示す）では，日本は，教育と健康の分野は問題ないが，政治と経済の分野で指導的立場にいる女性比率が低いため，総合で 156 国中 120 位である。先進国首脳会議

G7 の中では，最下位である（男女共同参画白書 2022）。ジェンダーギャップは，日本社会の経済の低迷，少子高齢，労働人口の減少等の問題にも関わり，経営倫理の重要な課題のひとつであるが（梅津 2002），解決の道筋は，不透明である。

　そこで，本稿では，米国の社会や企業におけるダイバーシティの進化プロセスを把握するとともに，先進的な日本企業2社（資生堂，日立製作所）の事例を分析し，ダイバーシティ実現への示唆を得ることを目的とする。

2．米国の社会と企業のダイバーシティの進化プロセス

2.1　ダイバーシティとは何か
　ダイバーシティには，性別，人種，年齢など目に見えて識別可能な表層的なダイバーシティと，外部から識別しにくい，個性，価値観，知識，信条，嗜好等の深層的なダイバーシティがあり，さらに両者を統合したカルチャラル・ダイバーシティという概念もある（谷口 2005）。

2.2　ダイバーシティの尊重とダイバーシティ・マネジメント
　米国では，1960 年代の公民権運動・女性運動が発端となりダイバーシティが注目された。次に，ダイバーシティを否定してきた組織（例，女性や少数民族を締めだしてきた組織）も受容するようになったが，コストとしてとらえていた。この段階では，異質な人には同質化が求められた。次の段階である 1980 年代以降では，ダイバーシティの受容は組織にとってプラス，ベネフィットととらえる価値観の転換があった。米国労働省が1987 年に発表した「Workforce 2000」では，米国企業の弱点であった製品の多様性と市場への柔軟な対応にとって，労働力のダイバーシティは重要であると指摘し，また，製造業からサービス経済へのシフトという変化が契機となった。90 年代以降，企業は，EEO（米国・雇用機会均等法）や AA（アファーマティブ・アクション）の要求にこたえた（谷口 2005）。一方，ダイバーシティ・マネジメント（以後，DM と表示する）は，ダイバーシティを受容し尊重するが，目的は競争優位のためであって，法令遵守，企業倫理，職場内対人関係の改善が目的で

はない（岡部 1991）。米国の一部の企業では，白人男性の反発や女性・マイノリティの失望感が高まり，場合によっては訴訟問題にまで発展するという最悪の事態が発生した（有村 2007）。

2.3　持続可能な開発目標（SDGs）とダイバーシティ＆インクルージョン（D&I）

2015 年，国連サミットで採択された SDGs は，2030 年に向けて，17 の国際目標を掲げている。「誰一人とり残さない」という誓いで，インクルーシブな社会の実現を決意している。目標のひとつは，ジェンダー平等の実現，すべての女性と女児のエンパワーメントを図ることである。ジェンダー平等は持続可能な開発に不可欠なキーワードである。日本の SDGs 達成度は，2021 年に世界 165 カ国中第 18 位であるが，ジェンダー平等は最大の課題のひとつである（二神 2022）。DM は，インクルージョン（包摂）の視点を組み込んだ D&I へと進化した。

2.4　D&I からの進化

ダイバーシティが，3 つの M（merit, market, management）の観点から社会や組織を豊かにすると肯定的に語られる中で，制度的，構造化された不平等，格差，差別の問題を後景に追いやり，その問題の解消に継続的に取り組んでいく必要が見失われてしまいがちになる（岩渕 2021）という指摘がある。また上野（2022）は，男女共同参画はゴールかツールかと問いをたて，「平等には，『機会の平等』と『結果の平等』の違いがあり，equality と equity，fairness と justice の違いに対応する」と投げかけている。Our Credo を掲げ，倫理的企業として評価されているジョンソン・エンド・ジョンソンは，D&I に Equity（公正さ）の E を組み込んだ DE&I に取り組んでいる。さらに，最近，Belonging（帰属）の視点を組み込んだ DEIB（Diversity, Equity, Inclusion & Belonging）という概念も提唱されている（https://crunchr.com/learn/measuring–deib/）。

2.5　米国のダイバーシティ進化プロセス

　先行研究の調査から，ダイバーシティは，1960 年代の米国における公民権運動・女性運動に端を発し，DM へと転換した。その後，新たな視点を組み込み，D&I，DE&I，DEIB へと変化していく。このプロセスを，図Ⅱ-9-1 に示した。

図表 II-9-1　米国のダイバーシティの進化プロセス

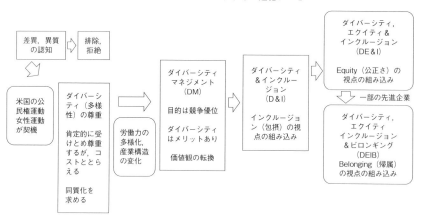

出所）著者（桑山）作成。

3．日本のダイバーシティ先進企業の事例分析

3.1　分析対象企業：資生堂，日立製作所

① 　資生堂：1872 年創業，化粧品等の製造・販売事業を中核とするビューティーカンパニーである。2021 年度売上高約 1 兆円

　　顧客の約 9 割は女性，従業員の約 7 割は女性，ビューティコンサルタントの職種が多い。

② 　日立製作所：1905 年創業，エンジニアリング・インダストリアルカンパニーである。

　　従業員の約 2 割が女性，従業員の職種はエンジニアが多い。2021 年 3 月期約 10 兆円

3.2　研究方法

対象企業は，ダイバーシティ実現に積極的に取り組み先行しているが，業種，事業規模，女性従業員比率等が異なる。統合報告書，書籍，雑誌等から情報収集し，フレームワークに沿って分析する。

3.3　企業のダイバーシティの分析フレームワーク

企業の事例分析を実施するにあたり，図表II-9-2に，分析のフレームワークを示す。

両企業の取組み状況を下記の9項目に整理し，フレームワークに従い分析した。

(1)　経営理念の明確化

(2)　ダイバーシティに対する経営トップの認識，経営戦略との関連性

(3)　ダイバーシティ担当役員の任命

(4)　ダイバーシティの会議体（決定機関，推進機関）の設置

(5)　ダイバーシティの主な具体的施策

(6)　成果としてのダイバーシティ

(7)　今後のダイバーシティの目標，方向性

(8)　これまでのダイバーシティ取り組みの経緯

図表 II-9-2　ダイバーシティ先進企業の分析のフレームワーク

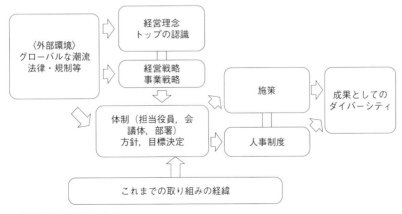

出所）筆者（桑山）作成。

⑼　人事制度の転換

3.4　資生堂の事例分析結果

3.4.1　理念の明確化

ダイバーシティは，企業理念 THE SHISEIDO PHILOSOPHY の Our DNA のひとつとして明確に位置づけられている（資生堂統合レポート 2021）。

☆　資生堂の企業理念

THE SHISEIDO PHILOSOPHY

　Our MISSION is BEAUTY INNOVATIONS FOR A BETTER WORLD

　Our DNA　　　PEOPLE FIRST

　　　　　　　DIVERSITY（筆者が下線を添付）

　　　　　　　ART & SCIENCE

　　　　　　　JAPANESE AESTHETICS

　　　　　　　UNCOMPROMISING QUALITY

　　　　　　　OMOTENASHI

　Our PRINCIPLES（TRUST 8）　　THINK BIG

　　　　　　　　　　　　　　　TAKE RISKS

　　　　　　　　　　　　　　　HANDS ON

　　　　　　　　　　　　　　　COLLABORATE

　　　　　　　　　　　　　　　BE OPEN

　　　　　　　　　　　　　　　ACT WITH INTEGRITY

　　　　　　　　　　　　　　　BE ACCOUNTABLE

　　　　　　　　　　　　　　　APPLAUD SUCCESS

3.4.2　経営トップの認識，経営戦略との関連性

☆　サステナビリティを経営戦略の中核にすえ，事業戦略と一体化する。

　　社会に対する影響として，D&I に特に注力。ビューティビジネスを通じた包摂性豊かな社会（インクルーシブな社会）づくりとともに，「30% Club Japan」や経団連の活動を通じ，日本社会や経済界の変革に貢献。

　　　　　　　　（魚谷 CEO メッセージ：資生堂サステナブルレポート 2021）

☆「日本企業には，課題が2つあり，1つはイノベーションをどう起こすか。（中略）もう一つがグローバル化である。いずれにとっても重要なのがダイバーシティである。（中略）イノベーションの源は，人と違うアイデアを出すこと。そのためにバックグランドが異なる様々な人たちが必要である」と魚谷社長は指摘した（石塚 2016）。

3.4.3　ダイバーシティ担当役員の任命
2022年4月，女性の代表取締役常務エグゼクティブオフィサーが，CDIO（Chief Diversity & Inclusion Officer）に，就任（Chief Marketing Officer 兼任）。D&I に Equity（公正さ）を組み込む必要とのコメントあり（資生堂統合レポート 2021）。

3.4.4　ダイバーシティの会議体（決定機関，推進機関）の設置
・サステナビリティコミティにて，全社の戦略，方針を意思決定し，進捗状況を把握。
・D&I 戦略推進部を2022年1月に新設し，社内外に向けて D&I アクションを加速。
（資生堂サステナビリティレポート 2021）

3.4.5　ダイバーシティの主な具体的施策：
　　　　⇒（　）は，施策の目的と対象者を示す（筆者による加筆）
① 2017年女性リーダー育成塾「NLW（NEXT LEADERSHIP for WOMEN）」をスタート。
2021年「次期役員候補者選抜研修」を新設，塾長は社長⇒（ジェンダー：女性活躍）。
② 2020年「Speak Jam」女性役員と女性社員とのメンタリングプログラム⇒（ジェンダー：女性活躍）。
③ 2021年働く場所（リアルまたはリモート）を社員が選ぶ「資生堂ハイブリッドワークスタイル」を導入，スーパーフレックス制度と合わせる⇒（働きやすさ：男女両性）。

④ 「イクトレ」講習で男性の育児参画の後押し，2020年に男女とも利用可能
　で，育児期のセーフティネットとしての活用を目指す⇒（働きやすさ：男
　女両性）。

①〜④（資生堂統合レポート 2021）

⑤ 社員主導のプロジェクトが発足。ファイナンス部門では，働き方や生産性
　向上のための施策を経営層に提案（荻島 2022）⇒（働きやすさ，生産性
　向上）。

3.4.6　成果としてのダイバーシティ

取締役・監査役　女性比率 46%　社外役員比率 54%
エグゼクティブオフィサー　女性比率 35%　外国籍の比率 18%
女性管理職比率　日本 37.3%　海外 70.7%　グループ全体 58.3%
管理職のうち中途採用社員の比率　約 30%
従業員数 4.2 万人（パートタイマー，契約社員を含み，派遣社員を除く）
障がい者雇用率 3.3%（法定雇用率 2.3%）

（資生堂統合レポート 2021, 資生堂サステナビリティレポート 2021）

3.4.7　今後のダイバーシティの活動の方向

2030年，「日本で，あらゆる階層における女性リーダー比率を 50%」という
目標設定。採用・育成，制度構築，啓発を重ね，活動を推進（資生堂統合レ
ポート 2021）。

3.4.8　2016年までのダイバーシティ推進の取り組みの経緯

1987年，福原社長（当時）が経営改革を行い，女性活躍推進に着手。育児
休業制度を法整備に先駆けて導入するなど，ライフイベントに応じて業務を継
続しやすいように諸制度を順次整備。2000年，企業倫理委員会と人事部とが
連携しジェンダーフリー委員会を設置。管理職候補の女性に向けた研修，女性
の職域拡大に着手。2000年代はライフイベントとキャリア形成との両立を可
能とするため，両立支援と女性活躍推進の仕組みづくりに注力。
　さらに，2014年外部招聘の魚谷社長は，「VISION 2020」による大胆な経営

改革に伴い，労働環境の整備とタレントマネジメントの導入，人財の多様性を促進。女性管理職比率は，2015 年にグローバルで 50%，2016 年には，日本でも 30% に達した（石塚 2016，資生堂サステナビリティレポート 2003，株主・投資家のみなさまへ　資生堂 2003 年 3 月期事業報告書，資生堂統合レポート 2021）。

3.4.9　ジョブ型人事制度の導入

また，メンバーシップ型人事制度から，ジョブ型人事制度の本格導入，国内外共通の物差しとしてグローバルグレード制度の順次導入を開始（資生堂統合レポート 2021）。

3.5　日立製作所の事例分析結果

3.5.1　経営理念の明確化

☆　企業理念

日立グループ・アイデンティティ

MISSION　企業理念　優れた自主技術・製品の開発を通じて社会に貢献する

VALUES　日立創業の精神　和・誠・開拓者精神

VISION　日立グループ・ビジョン

日立は，社会が直面する課題にイノベーションで応えます。

優れたチームワークとグローバル市場での豊富な経験によって，

活気あふれる世界を目指します。　　　　　　　　　　（日立統合報告書 2021）

3.5.2　経営トップの認識と経営戦略との関連性

①　トップメッセージ（東原敏章昭 CEO，2021 年当時）

企業経営において，ESG（環境・社会・ガバナンス）は経営のトップアジェンダであり，社会に対する当然の責務です。この中でも人財の分野については，グローバルでの人材活用や従業員とのエンゲージメントの向上を図ると同時に，2030 年度までに，役員層における女性・外国人比率をそれぞれ 30% までに引き上げることを目標にしています（日立統合報告書 2021）。

②　日立の D&I 戦略の全体方針の策定

　ダイバーシティはイノベーションの源泉であり，日立の成長エンジンです。性別・国籍・人種・宗教・バックグラウンド・年齢・障がいの有無・性的指向といった違いを「その人が持つ個性」と捉え，それぞれの個性を尊重し，組織の強みとなるように生かすことで，個人と組織の持続的成長につなげることが，日立のダイバーシティ&インクルージョンです。多様な力を結集し，優れたチームワークとグローバル市場での豊富な経験によって，お客様の多様なニーズに応えていきます（日立統合報告書 2021）。

3.5.3　ダイバーシティ担当役員の任命

　イタリア人女性執行役が，2020 年 4 月から日本で CDIO（Chief Diversity Officer）を務め，2021 年 4 月に日立で初の女性の執行役常務に就任。2022 年 CSO（Chief Sustenability Officer）を兼任。
　　　　　　　　　　　（日立サステナビリティレポート 2022，日立統合報告書 2021）

3.5.4　ダイバーシティの会議体（決定機関，推進機関）の設置

・サステナビリティ戦略会議で全社方針，施策を決定
・ダイバーシティ推進協議会設置（日立製作所&主要日立グループ D&I 担当者が参加）　　　　　　　　　　　　　　　　　　　　　　（日立統合報告書 2021）

3.5.5　ダイバーシティの主な具体的施策

　　　　　⇒（　）は，施策の目的，対象者等を示す（筆者による加筆）

①　CDIO によるリーダー候補者へのメンタリング⇒（ジェンダー：女性活躍）
②　2016 年より Global Women's Summit の開催⇒（ジェンダー：女性活躍）
③　2016 年より日立ワーク・ライフ・イノベーション（働き方改革）の開催⇒（働きやすさ：男女両性）
④　障がい者の活躍推進に取り組む国際的ムーブメント「The Valuable 500」へ参加⇒（障がい：障がい者活躍）　　　　　　　　　　（日立統合報告書 2021）

3.5.6　成果としてのダイバーシティ

・経営層（取締役，執行役員）における女性比率は 10％（7 名），外国人比率は 11.4％（8 名）

・女性管理職比率　日立製作所 800 名（課長 4.5％ 156 名，部長以上 7.3％ 612 名）

・従業員数　日立グループ 279,659 名（男性 22,828 名 女性 51,381 名）　日立製作所 29,850 名（男性 24,100 名 女性 5,750 名）

・在籍人員に占める女性比率　日立製作所 19.7％　日立グループ 19.1％（2020 年度）

・日立製作所の障がい者雇用率 2.37％（法定雇用率 2.3％）

（日立統合報告書 2021，日立サステナビリティレポート 2021）

3.5.7　今後のダイバーシティ（D&I）の目標，方向性

役員層（執行役，理事）に外国人，女性を 2024 年に各々 15％，2030 年に各々 30％にする。

D&I から DE&I への移行。DEI 戦略に「エクイティ（公正性）」を追加し，誰にでも公平な機会を創出。ジェンダーバランス，文化的多様性，世代の多様性を共通のテーマとし，KPI を設定（日立統合報告書 2022）。

3.5.8　2021 年までの日立のダイバーシティ取り組みの経緯

日立は，2000 年にジェンダーフリー＆ファミリーフレンドリープランを立ち上げ，女性の働きやすさの支援を開始。2009 年にダイバーシティ推進センターを設置し，対象者を女性限定にせず，拡大。2012 年以降は，経営戦略としてのダイバーシティ推進へと進展させた（日立統合報告書 2021）。

3.5.9　ジョブ型雇用制度の導入

現在日立が取り入れているジョブ型雇用が，D&I の推進に寄与していると CHRO（最高人事責任者）中畑英信執行役専務は，従来の日本型経営の特徴と言われた終身雇用制度であるメンバーシップ型では，無意識のバイアスが働くことがあるが，ジョブ型では，採用や昇進の基準が明確になるため，ジェ

ンダーや国籍が関係なくなると考えていると語った（https://www.hitachi.co.jp/IR/library/presentation/webcast/210420a.html）。

４．日本企業のダイバーシティへの進化プロセスと展望

4.1　日本企業のダイバーシティへの進化プロセスの課題と質的転換

　資生堂は，女性従業員比率が高く，ダイバーシティへの着手が早く（1987年），1999年の男女共同参画社会基本法の施行を背景に企業倫理委員会と人事部が連携したジェンダーフリー委員会（2000年）を設置した。その後も継続的に両立支援と女性活躍を推進したが，日本で女性管理職比率が30％に達したのは2015年であり，2022年には国内で37.3％だが，海外では70.7％である。一方，日立は，2000年にジェンダーフリー＆ファミリーフレンドリープログラムを立ち上げたが，役員層の女性比率が10％に達したのは2021年である。これらは，日本社会の法制・制度や，男女間の賃金格差を含む労働慣行，固定的な性別役割分担意識（桑山 2013）などの，制度・慣行・意識の3つの要素が相互に関連しあう日本特有の強固な構造的課題（男女共同参画白書2022）の影響と考えられる。

　両社は，トップのリーダーシップの下，ダイバーシティを経営戦略と連携させ，DMからD&I，そしてEquity（公正さ）の視点を加えたDE&Iという米国発のダイバーシティ進化プロセス（図表Ⅱ-9-1参照）に沿っていることを明らかにした。対象領域は，女性，障がい者にとどまらず，外国人，中途採用者へと拡大している。Equity（公正）を加えることは，本稿2.4 D&Iからの進化で詳述した本質的問題の解決の糸口となり，ダイバーシティの質的転換となる。グローバルリーダー企業をめざすには必須であろう。構造的問題がある日本社会において，多くの企業が，いつ，どの様に進化してゆくかを注視していきたい。

4.2　ダイバーシティと「ジョブ型人事制度」の導入

　多くの日本企業では，新卒一括採用，年功序列，終身雇用を特徴とするメンバーシップ型雇用制度を採用している。

　本稿で取り上げた日立，資生堂とも，ジョブ型人事制度を導入を進めていた。ジョブ型では，各ポジションのジョブ・ディスクリプションが明確に示される。このため，採用や昇進，評価の際にアンコンシャス・バイアス（無意識の思い込み），偏見等が入り込む余地が少なくなる。ジョブ型の普及は，意識，制度，慣行により形成された構造を，結果として切り崩す可能性があり，ダイバーシティの推進に寄与すると考えられる。日本企業の雇用制度がどこまで変革されるか，今後の課題である。

4.3　ダイバーシティと心理的安全性，自主プロジェクト活動

　ダイバーシティが企業経営に必ずしもプラスに働くとは限らない（マシュー2022）という指摘がある。ダイバーシティが成果を示すには異質な人々が，相互に尊重し，自由に意見やアイデアを出し，建設的に協力し合える心理的安全性の高い職場（エドモンドソン 2021）である必要がある。今回，ダイバーシティに関して，自主的に取り組むグループが生まれ，経営層に提言する事例（荻島 2022）があった。この様な自主的活動は，イノベーティブな発想で自律した判断と行動ができる従業員の育成と連帯にもつながるものと期待できる。

5．終わりに

　今回の分析結果をもとに，社内にダイバーシティを理解し，実現するために有効と考えられるマネジメントサイクルを図表 II-9-3 に示す。

　2L（Learn, Listen）& 3C（Code, Committee, Communication）を重視し，PDCA サイクルを継続的に回すことが重要である。Learn は，先行事例，社外の環境変化（法制度，グローバルな潮流等）から学ぶこと，Listen は現場の声，意見を傾聴することである。Code は，企業理念，ダイバーシティの方針の明確化，Committee は，担当役員を任命し，目標や施策の決定，遵守する体制を整備すること，Communication は，トップの発信による意識づけ（企業理念，経営戦略との関連）である。さらに，中央と各職場が各々の PDCA サイクルを回すとともに連携することが肝要である。

図表 II-9-3　ダイバーシティのマネジメントサイクル─2つの PDCA との相互連携

2L：Learn：ベストプラクティス，社外環境から学ぶ，Listen：現場の声を聴く

3C：Code：方針明確化，Check：部門横断委員会設置，Communication：継続的意識づけ

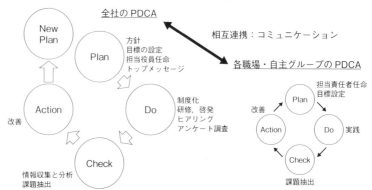

出所）桑山（2004）『社会から信頼される企業』69 頁，図 6-9 企業倫理マネジメントサイ
　　　クルをもとに大幅に加筆修正。

【謝辞】

本研究を実施するにあたり，取材協力をいただいた（株）資生堂のアート アンド ヘリテイジ マネジ
メントの有志，（株）日立製作所の高本真樹氏に，厚くお礼申し上げます。

第10章
コンプライアンス体制の構築と運用

井上　泉

　コンプライアンス体制という概念は，1991年に米国連邦量刑ガイドライン（United States Organizational Sentencing Guideline：以下，量刑ガイドライン）において，組織体が不法行為に対する罰金の軽減を受けるために必要とされた要件のひとつとして明らかにされた。量刑ガイドラインでは「違法行為の抑止及び探知のためのプログラム」と表現された。企業が不祥事を防止し，健全に発展を続けるためには，コンプライアンス体制の構築と運用は必須の課題であることは今や常識となっているものの，わが国においては企業不祥事が絶え間なく繰り返されている。量刑ガイドラインでは，法令違反が発見，防止できなかったとしても，直ちにコンプライアンスプログラムが効果的ではなかったとまではいえないとしているが，類似の形態をもった企業不祥事が時と会社と人を変え繰り返されていることを見ると，やはりそれぞれの企業のコンプライアンス体制に何らかの欠陥があったと見なさざるを得ないであろう。

　本論は，実効性のあるコンプライアンス体制とはどのようなものか，原点の量刑ガイドラインの思想に立ち戻って概観し，企業のコンプアイアンス体制構築・運用時における留意事項について企業実務面から検討しようとするものである。

1．コンプライアンス体制

　わが国企業において，平均的なコンプライアンス推進体制は図表II-10-1の

図表 II-10-1 企業のコンプライアンス推進体制

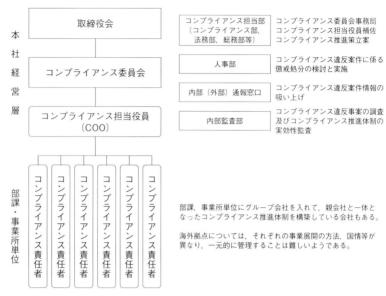

出所）各社の有価証券報告書，CSR 報告書等を参考に筆者作成。

ようになるであろう。

　どこの会社でもコンプライアンス推進の核となるコンプライアンス委員会は単独に存在しているのではなく，取締役会に直結させ，委員長は担当取締役か執行役員等が就任する。コンプライアンス委員会の下に拠点ごとにコンプライアンス責任者を置き，コンプライアンス責任者は各拠点におけるコンプライアンス推進に責任を持つ他，社員から職場のコンプライアンス問題に関して相談を受ける役割を担う場合もある。

　本社部門では，コンプライアンス委員会事務局を務める部署（コンプライアンス部，法務部，総務部等）がある。人事部は，コンプライアンス違反者への懲戒処分や内部通報に伴って必要とされる人事措置を検討実施する。内部監査部は，コンプライアンス遵守に関する現場での点検（第１層），本社部門のモニタリング（第２層）の上に立つ第３層を受け持ち，三層監査の頂点に位置する。

2．連邦量刑ガイドライン
United States Organizational Sentencing Guideline

　米国では，連邦裁判所が犯罪に対して課す罰金額の判断の参考とするために，量刑ガイドラインが考案された。1987 年には個人に対する量刑ガイドライン，1991 年には組織体に対する量刑ガイドラインが制定された。その後，2004 年，2010 年に改正が行われている。

　罰金額の量定にあたっては，組織体の場合，まず犯罪類型ごとに犯罪の基本等級を数値化して定め，犯情（specific offense characteristics）等の要素により等級を修正した上で罰金表から特定の金額が決定される。罰金額は基本点数から始まり様々な要素に基づき点数を加重，軽減し，最終的な点数に従って罰金額が決定される。加減の要素は図表 II-10-2 のようになる。

　軽減要素の①だけに焦点を当て，あたかも「違法行為の抑止及び探知のためのプログラム」を備えていれば，罰金額が軽くなるかのような解説がしばしばなされ，プログラムの制定が推奨されているが，プログラムは軽減要素のひとつにすぎず，ポイント的にはむしろ自社の犯罪行為の自主的申告のほうが高い。またプログラムが存在していても，組織体の上級構成員やプログラムの

図表 II-10-2　量刑ガイドライン 1991 の点数加重・軽減要素

		項目	内容
加重要素	①	従業員数	5,000 人以上 +5p，1,000 人以上 +4p，200 人以上 +3p，50 人以上 +2p，10 人以上 +1p
	②	違反歴	5 年以内 +2p，10 年以内 +1p
	③	司法命令違反	程度により +2p 又は +1p
	④	司法妨害	+3p
軽減要素	①	違法行為の抑止及び探知のためのプログラムの存在	△ 3p
	②	犯罪の自主申告	△ 5p
	③	捜査に対する十分な協力	△ 2p
	④	犯罪行為に関する明確な責任の認容	△ 1p

出所）United States Organizational Sentencing Guideline 1991 Chapter 8C2.5.

管理又は執行に責任を負うべき者が犯行に関与したり，認容したり，これを意識的に知ろうとしなかったりした場合には，罰金刑の減軽は認められない。なお，2010年の量刑ガイドラインの改定では，コンプライアンス違反行為が取締役会へ適切に報告がなされていること，コンプライアンス責任者が違法行為に関与，黙認，意図的無視がないこと等が満たされれば，上級構成員が違法行為に関与していても軽減が認められるようになった。しかし，上級構成員が違法行為に関与するような場合，通常は統制環境が破壊され，緩和条件を満たさないことが多いから，上級構成員が違法行為を主導，関与した場合は，実質的に軽減が認められるかは大いに疑問であろう。犯罪行為の存在を認識しながら，組織体が，相当な期間内にこれを政府機関に通報しなかった場合も同様に軽減の対象とならない。したがって，企業が「違法行為の抑止及び探知のためのプログラム」を制定することは当然として，犯罪行為が発生した時に企業が，どのようにそれに対峙するかが問われることに注意が必要である。

3．コンプライアンスプログラム

　「違法行為の抑止及び探知のためのプログラム」とは，一般に，コンプライアンスプログラム（compliance program）と呼ばれており，これをわが国では，コンプライアンス体制としている。量刑ガイドラインでは，効果的なコンプライアンスプログラムの要件として，基準及び手続の制定，監督責任者の任命，裁量権の制限，従業員への周知徹底，基準・手続き遵守の実効性確保，違反者への懲戒，適切な防止策の7つをあげている（図表Ⅱ-10-3）。

　興味深いのは量刑ガイドラインでは，効果的な「違法行為の抑止及び探知のためのプログラム」について，絶対的なものを求めてはいないということである。当然のことでもあるが，プログラムに投入できる経営資源には限りがあり，また違法行為を絶対に抑止できる仕組みなど存在しないから，そのようなものを指向すれば，業務プロセスそのものが複雑化制約され，企業活動本来の機能を果たせないという別のリスクも生じるであろう。したがって，そこにはおのずから合理的な制約があることを認めているのである。量刑ガイドラインでは，効果的なプログラムは，合理的に（reasonably）設計，形成され実

図表 II-10-3　効果的なコンプライアンスプログラムの必要条件

項目	内容
①　基準及び手続の制定	従業員が従うべき基準及び手続として，犯罪行為が行われる可能性を減少させると合理的に想定されるものであること。
②　監督責任者の任命	組織体の上級構成員の中の特定の者が，当該基準及び手続の遵守状況を監督する包括的な責任を有すること。
③　裁量権の制限	不法な活動に従事する傾向を有するものであることを組織体が認識し，又は認識し得る者に対して，実質的な裁量権限を付与しないよう注意すること。
④　従業員への周知徹底	講習プログラムへの参加を命じたり，実用的な解説書を配布したりするなどして，当該基準及び手続について，従業者等の全員に周知する手段を講じること。
⑤　基準・手続き遵守の実効性確保	監視・監査従業者等による犯罪行為を探知するためのモニター制度を利用したり，他の従業者等による違法行為について，報復を受けるおそれを生じることなく通報できる制度を設けたりするなどして，当該基準及び手続が遵守されるような合理的手だてを講じること。
⑥　違反者への懲戒	犯罪について責任を負うべき個人に対してはもとより，犯罪を探知できなかった個人に対しても，相応の懲戒制度の運用を通じて，当該基準遵守を強制すること。
⑦　適切な防止策	犯罪が探知された場合においては，プログラムに必要な修正を加えることを含めて，その犯罪に適切に対応するとともに，同種事犯の再発を防止するためのあらゆる合理的な手だてを講じること。

出所）United States Organizational Sentencing Guideline 1991 Chapter 8A1.2. 訳文は警察庁「犯罪白書」平成 12 年版第 6 編第 5 章第 1 節第 2 を参考にした。

施されなければならないとしている。要するに，効果的なプログラムは，最初から完全無欠のものなど存在せず，構築した後，運用しながら状況に合わせて修正し続けるという PDCA のサイクル（Plan 計画→ Do 実行→ Check 評価→ Action 改善）に任せるものなのである。

４．コンプライアンス体制構築・運用の留意点

　量刑ガイドラインの効果的プログラムの 7 つの要件そのものは，各企業がコンプライアンス体制を構築・運用するときに基本的な拠りどころとなるものが網羅されている。ここでは，量刑ガイドラインの 7 要件にもとづき，その意図するところを明らかにしたうえで，実際に企業においてコンプライアンス体制

を構築・運用する際の留意点を検討する。

4.1　効果的プログラムの7要件

4.1.1　基準及び手続の制定

犯罪行為が行われる可能性を減少させるために，従業員が従うべき基準及び手続を制定する。基準に基づいて自己の行動の適否を判断しようとするものである。また，不正や不適切に陥らないよう踏むべき仕事の手順もあらかじめ定めておく。基準は単に法への抵触回避に係わるものだけではなく，個々の仕事のマニュアルも手続きに含まれる。

〈留意点〉

基準や手続きはその会社の社風や風土，いわゆる統制環境によって内容が変化する。また，法規制，社会・経済環境，社会の会社を見る目や期待することが時とともに変化するから，環境の変化に合わせて柔軟かつ的確に基準や手続きを見直す必要がある。

4.1.2　監督責任者の任命

コンプライアンス体制が意図通り適切に運用されているかについて包括的に監視，監督する組織体の上級構成員を置かなければならない。会社でいえば，上級構成員とは経営層のことであり，その役割を担当する取締役または執行役員等が該当し，CCO（Chief Compliance Officer）の呼称がつけられることがある。

〈留意点〉

会社によっては，監督責任者が名ばかりとなり単に組織や会議の上に乗っているだけの存在になっていることがある。監督責任者は社内のコンプライアンスの状況をすべて把握し，問題がある場合は，自己の権限で是正や改善を指示命令する積極的な行動が求められる。会議では問題点の指摘ばかりが行われ，具体的な対応が先送りになるようなことはあってはならない。監督責任者は，主体的にコンプライアンス体制を回す役割である。

4.1.3　裁量権の制限

　量刑ガイドラインでは,「不法な活動に従事する傾向を有するものであることを組織体が認識し,又は認識し得る者に対して,実質的な裁量権限を付与しない」と注意しているが,これはわが国の企業では違和感のある項目である。広大な裁量権限を与えるべきではない"好ましからざる人物"が予め分かっているなら,そのような重要なポストには置かないはずであり,疑惑の人物に対し用心しながら権限を与えるというのも理解しがたい。この要件は,わが国では職務権限付与をどう設計するかの問題と捉えた方がいいだろう。すなわち役員や従業員の職務権限並びに決裁権限を適切に定めて,業務の遂行の責任の所在を明確にして,業務の組織的かつ能率的な遂行を図ることになる。

　〈留意点〉

　会社における財務,経理,総務等の部門で,出入金や業者選定の権限をもつ特定人(役員,従業員)に対して,個々の取引に関する相互チェックの仕組みを嚙ませることは不可欠である。会社資産の横領,無権限取引,業者への利益供与と見返り利益要求等の問題事象は,一人の人間に権限が集中し,他人が誰も介入できないときに多く発生している。同一人が長期にわたって有価証券取引にかかわる取引,決済,事務管理をすべて担当して,巨額の損失を隠蔽したものとして大和銀行ニューヨーク支店巨額損失事件が有名である。

　また,特定の権限を持つポストに一人の人間を長期在留させると事故リスクが高まることも経験上分かっている。相互監視のしくみと適切な人事異動サイクルが本要件において必要である。

4.1.4　従業員への周知徹底

　会社が従業員に求めるコンプライアンスの内容や会社の方針について,研修会への参加を命じたり,実用的なコンプアイアンスマニュアルを配布したりするなどして,役員,従業員全員に周知徹底しなければならない。

　〈留意点〉

　教育・研修は,コンプライアンス風土を高めるための施策の中で重要な位置づけにあるが,その内容については常に見直しを行い,社内外で起きている諸問題も具体例として取り込むなど新鮮味と臨場感あふれるものにしていかなけ

ればならない。現在企業においてコンプライアンス問題としては，ハラスメントの占める割合が大きいが，これらについての法改正やそれに伴う指針等の内容についての理解は管理職層に欠かせない。

　簡便さから，しばしばeラーニングあるいはwebを活用した研修が行われるが，研修の内容・性格によっては，リアル研修のほうが効果的なものもあり，状況，目的に応じて柔軟に研修形態を変える発想が必要である。

4.1.5　基準・手続き遵守の実効性確保

　社内で違法・不適切な行為が行われていないか，業務が想定通り遂行されているかについて，監視という機能が求められている。具体的には，職場単位でのチェック，当該業務に責任を負う本社部門によるモニタリング，業務執行から独立した内部監査部門の業務監査で構成される。こうした業務執行サイドの監視が適宜適切に行われているかの確認は，監査役（監査委員取締役）監査の範囲である。

　また，会社内で進行しつつある違法行為について，報復を受けるおそれなく通報できる制度（内部通報，外部通報）を設置して，社内の縦の指揮命令系統内ではキャッチしにくい不芳情報についても吸い上げる仕組みが必要である。

〈留意点〉

内部監査部門

　業務監査部（室）等の名称の組織は多くの企業で設置されているが，被監査部門から独立していることが絶対条件となる。したがって，現在業務執行部門に在籍する者を監査部門兼任にしたり，異動して監査部門に入った者について前任の職場を監査させたりすることは監査の独立性を損なうもので避けなければならない。

　監査部要員は，能力が高く会社業務に精通した経験豊富な者を充てるべきである。ときどき能力的に見合わない者を配置したり，内部監査部門を社内の待機ポスト的扱いとするケースを見かけるが，内部監査の重要性をわきまえないものである。内部監査部門はキャリアパスとして位置付け，幹部社員育成の場として活用する。

内部通報制度

　そもそも内部通報制度は，企業の重大な犯罪行為や社会に大きな影響を与える危険性のある不適切行為について，職場内で声をあげることが困難と判断される場合，社内のしかるべき部署に直接通報させようとする制度で，自社の努力で問題の解決や是正をしようとする仕組みである。しかし，現在企業に寄せられる内部通報の中身は，本来期待されているような情報はほとんどなく，職場内のトラブルや上司に対する不満とその改善を訴えるものが圧倒的に多い。それらは当然解決されなければならない問題であるから，内部通報窓口が引き取って解決を促進することは是認できるが，本来は職場秩序の問題である。基本的には職場の構成員たる管理職・部下間での円滑・円満な解決が求められる。そのためには職場内のコミュニケーションを向上させ，管理職の問題解決能力を高める努力が必要であろう。

内部通報制度が活用されない理由

　過去発生した多くの重大な企業不祥事例では，内部通報が全くなされず，経営陣が気づかないまま不祥事が爆発している。内部通報制度が従業員に利用されない理由は2つしかない。すなわち，社員が内部通報窓口の存在を知らないか，内部通報窓口が信用されていないかのいずれかである。現在では主として後者の理由によるものがほとんどであるが，相談しても問題解決がなされるのかという疑問，通報により何らかの不利益を被るのではないかという懸念が払拭できないことに加え，社内で余計な波風を立てたくないという心理なども働くであろう。これに対しては，会社として相談窓口利用を積極的に呼びかけるとともに，相談窓口の問題解決実績を積んで，社員の信頼感を醸成していくしかない。また，内部通報者の対象を，グループ会社，協力会社，OB 等に広げることも検討されるべきであろう。

4.1.6　違反者への懲戒

違法行為や犯罪について責任を負うべき個人に対してはもとより，関係した上司，同僚に対しても，相応の懲戒処分を加えなければならない。また事案によっては経営者の責任も問われることがある。

〈留意点〉

従業員への懲戒処分は，会社の裁量権の範囲の問題であるが，不都合な事象

に対して会社が自由に処分を行えるわけではない。懲戒処分にあたっては，その根拠すなわち就業規則での規定の確認が出発点となる。問題視される従業員の行為が，懲戒事由のいずれに該当するのかを見定めて，その懲戒事由に対応する懲戒処分の量定（懲戒解雇，降職，降格，出勤停止，減給，譴責等）を行う。

　また，上司が部下の非違行為について監督責任を追及される場合，その上司の責任の内容の検討，重大な過失で非違行為を見過ごしたのか，知りながら放置したのか，あるいは認識してからも適切な措置を講じなかったのか等の上司としてあるまじき行動があったのかどうかが吟味の対象となる。不祥事が発生したら自動的に上司の監督責任が問われるわけではない。

　懲戒処分の決定は人事部の専権事項であるが，その決定前にコンプライアンス委員会や懲罰委員会等での審議を行う会社もある。

4.1.7　適切な防止策

　犯罪や不都合事象が発覚した場合は，プログラムに必要な修正を加えることを含めて，同種事犯・事故の再発を防止するための手だてを講じなければならない。

〈留意点〉

原因の徹底分析

　有効な再発防止策の策定には，正確な原因分析が必要である。業務が適宜適法適切に遂行されていないことが判明したときに，定められた手順やルールで仕事をしなかった現場に問題があったと指摘し，今後は規程・ルールの徹底に努めるといったことをもって再発防止策とすることがしばしば行われている。しかし，これは皮相的ないわば"コインの裏返し的発想"（おもてがダメだったから，裏に返す）であり，原因といいながら実は単に起きた現象を述べているに過ぎないことも多い。なぜそのようなことになったのかという原因の更なる深掘りが必要である。ルール通り仕事がされなかったという現象ひとつとってみても，「ルールを知らなかった」からなのか，「知っていて敢えて無視した」のか，「難易度が高く実行できるルールではなかった」のかでは，対策が違ってくるはずである。原因に応じて，改善・是正，

再発防止策の内容の範囲と深さが決まるということを忘れてはならない。

4.2　再発防止策の見える化

再発防止策の多くは「強化」,「徹底」,「推進」,「確認」,「検討」というキーワードで表現されることが多いが,例えば,「関係部門の連携を強化する」,「コンプライアンス研修を推進する」などと表現された場合,言葉としては耳に心地よいが,これらの行為を「誰が」,「誰に対して」,「いつまでに」,「どの程度」行うかが曖昧なことが多い。もし,対策として「○○研修を推進する」という対策を掲げたならば,どこの部署が責任を持ち,誰に対して,どのような内容と実施要領で,いつまでに完了させるのかをはっきりさせておく必要がある。具体性のない対策は単なる祝詞となり易い。再発防止策を実効性のあるものにするためには,対策そのものを具体的に構成し,その進捗,達成度合いを"見える化"し,取締役会への報告も含め全社的にフォローしていくことが必要である。

5．進化するコンプライアンス体制

コンプライアンス compliance という単語の本来の語義は「要求・命令に従うこと」であって,「法令遵守」ではない。コンプライアンスに法令や諸規則への遵守という意味合いを与え発信したものとして1992年のトレッドウェイ委員会支援組織委員会（COSO）報告書がある。トレッドウェイ委員会は1980年代の主として米国の金融機関の破綻に際して明らかになった不正な財務報告と公認会計士の関与に危機意識を持ち,不正な財務報告に対処する実務的なガイドラインを制定した。それが「内部統制―統合的枠組み」(Internal Control ―Integrated Framework 1992) である。

このCOSOレポートでは内部統制を,①業務の有効性と効率性,②財務報告の信頼性,③法令・規則の遵守という3つの目的を達成するためのものと定義し,③法令・規則の遵守を compliance と表現している。そして,目的を達成するために必要な構成要素として①統制環境,②リスク評価,③統制活動,④情報と伝達,⑤監視の5つを提示し,目的と構成要素は密接に関係している

としている。ここでのコンプライアンスは，法令遵守であり，コンプライアンス体制も法違反を犯さないための仕組みと理解されていた。しかし，それだけでよいのだろうか。

　産業化が高度に進展し企業の社会における位置づけが高まるとともに，次第に企業の社会的責任が意識されるようになった。また，企業行動において法には違反していないように見えるが，社会の常識や倫理観念に照らして不適切であり，非難されるべきことも多い。そうした企業と社会の関係の変化に対して，コンプライアンスを社会適合性の観点からより幅をもたせたものに再構築することが今後の企業にとっての課題となる。

　現在の企業社会では，法令や諸規則にとどまらず，人や企業のふみ守るべき道＝道徳・倫理や自分の会社はこうありたいという企業理念をも遵守の対象としてコンプライアンスを理解している。すなわち「何が適法か」を超えて「何が正しいか」を基礎においてものを考えるということである。法はあくまでも社会における最低限の規律に過ぎず，倫理的思想に裏打ちされたふくらみをもって組織運営を行うことが“優れた会社”なのである。各企業のコンプアイアンス体制もこうした時代の変化を主体的積極的に取り込んで進化していくことが求められる。

第11章
NPO の役割と経営倫理

古谷由紀子

1. はじめに：第三セクターとしての NPO の出現

　NPO は，Non-profit Organization（非営利組織）の略である。阪神淡路大震災を契機に，企業セクター，行政セクターに次ぐ第三のセクターである市民セクターの活躍が期待され，1998 年に特定非営利活動促進法（略称：NPO法）が成立した。2022 年 5 月 31 日現在，認証 NPO 法人は 50,711 件に達するまでになっている。一般に NPO という場合，法人格の有無や法人格の種類を問わず，民間の立場で，自主的，自律的な組織として，社会的なサービスの提供や社会課題の解決のために活動する団体を指すものとされていることから，本稿でもこの広義の意味で使用する。

　NPO については，経済社会における役割として「市場の補完」，「政府の補完」などと論じられることが多い。しかし，NPO はそもそも市場や政府などの補完を目的に設立されたわけではない。NPO は，市民[1] が現実の社会経済システムのなかで，消費者，労働者，住民，国民などそれぞれの立場における困りごとや差別・不利益の背景にある社会課題の解決を目指して設立されている。市民は，古くは消費者運動や労働運動を展開してきたが，1970 年代には欧米を中心に，生活や社会に関わるあらゆる課題に目を向けるようになり，反戦運動，環境保護運動，人権運動，女性運動などを行ってきた。また，それは地域の高齢者の見守り，災害支援，教育格差是正，ジェンダー平等，環境保護，難民救済などの課題解決のために組織化され，活動場所も特定の地域か

ら，全国，海外に及ぶようになっている。活動方法としては，市民同士の解決に限定されず，政府・行政に対しても，批判，あるいは協働などによって問題を解決することもある。このように NPO は社会課題を解決するにあたって，企業，行政，市民とそれぞれ関わりをもって活動していることから，これらの関係性をもとに NPO の役割と意義を整理する。その後，NPO の取組みに関わる倫理問題を検討し，どのように解決しているか，解決していくべきかを考える。

２．NPO と企業との関係について

　企業には，商品・サービスの購入者として消費者，そこで働く従業員，さらには企業の活動から影響を受けるさまざまなステークホルダーが存在する。このようなさまざまな市民と企業との関係において，NPO はどのような取組みを行い，そこにどのような倫理の問題があるだろうか。

2.1　市民と企業との関係性から見る NPO の役割
　企業は商品・サービスを市場に出すが，利益の上がる見込みのない商品等は提供しにくい。また，企業は商品提供と同時に商品情報も提供するが，デメリット情報は提供されにくい。また，企業で働く労働者の労働環境や人権の問題や環境に大きな影響を及ぼすこともある。
　このような市民と企業との関係性から NPO が果たしている役割を見ると，「問題提起」，「参画」，「協働」の３つに整理できるだろう。
　第１の「問題提起」としては，商品に関わる問題，企業がもたらす環境・人権上の問題などついて，企業に対して，提言，抗議，不買運動などを行っているが，これらは企業にとっては問題解決の契機になると同時に，市民にとっては問題を知り，企業や商品選択の行動を変える契機となり，ひいては市民にとってのよりよい市場の創出も可能にする。ほかにも，市民が生活協同組合を作って自分たちのニーズにあった商品を市場に提供すること，さらには，消費者に商品や企業を適切に選択するための啓発や教育も「問題提起」に含まれる。

　第 2 に，「問題提起」がいわば企業の外からのアクションであるのに対して，企業の内部での活動として「参画」がある。NPO が市民の立場で品質やCSR などの委員会などに参画するもの，CSR 報告書などに第三者意見として，市民の意見を外部に発信するものなども挙げられるだろう。

　第 3 に，社会課題は企業や NPO が単独では解決のできないことも多いことから，それぞれの専門性を活かして解決していく「協働」がある。子育て支援の NPO が企業のマーケティング部とともに子育て中の保護者のニーズを商品開発に反映する例，消費者団体が持つ情報・知識をもとに企業が資金を提供して教材作成をする例などがあり，近年注目されている。

2.2　NPO の取組みに関わる倫理問題

　NPO の取組みに関わる倫理問題については，寄付，業務委託などの名目で企業が NPO に資金を提供することが問題になることがある。一般に企業のCSR の一環として行われるが，なかには企業の宣伝として利用するものもないわけではない。また NPO にとっても資金の獲得を目的として，本来の社会課題の解決が疎かになることもあり，NPO の中立性や公平性，あるいは信頼性が問題になる。解決のためには，NPO はミッションや事業計画・結果の報告を開示することにより市民の理解や支持を広げること，また，企業に問題があれば警告するなど企業活動の一環に組み込まれない自律した姿勢が求められる。

3．NPO と行政との関係について

　市民と行政は，住民自治と公共サービスにおいて関わっている。この市民と行政の関係において，NPO はどのような取組みを行い，そこにどのような倫理の問題があるだろうか。なお，ここでは行政について地方自治体に絞って記述する。

3.1　市民と行政との関係性から見る NPO の役割

市民は住民として，地域のことを自ら決定していくという住民自治を重視す

ることは民主主義の基礎となることから，自治体ではアンケート，審議会，市民会議などによって住民の声を政策に反映しようとしている。しかし，現在の住民は多様であり，さまざまな属性や特性を持った住民の声を反映することは容易ではなく，NPOが政策形成に参画してより多様な住民の声を反映することが期待されている。ほかにもNPOは行政に対する監視にもとづく情報を住民に提供することによって市民の住民自治に活かすことにも貢献している。

　また，自治体は，道路事業，水道事業，学校等の教育業務，医療・介護・子育てなどの社会保障サービス等の公共サービスを提供している。しかし，自治体の「公共サービス」は平均的なものになりやすいことから，NPOは住民の多様なニーズにあわせたサービスを期待されることもある。たとえば，学校教育においてSDGs（持続可能な開発目標）が導入されているが，地域や学校そして生徒に合わせた専門性や柔軟性が求められることから，NPOのほうが適切なサービスを提供できることも多い。

3.2　NPOの取組みに関わる倫理問題

　NPOの取組みに関わる倫理問題について，ひとつには「行政の下請け化」の問題がある。行政がNPOとの委託契約などによってNPOの地域性や専門性などを活かした事業を実施する際に，行政側がNPOを下請けとして扱うことがある。これは，NPOの財政的基盤の弱さも背景にあり，低価格やサービス内容に問題があっても引き受ける結果，NPOの本来の社会課題の解決が実現できないことにもなりかねない。解決としては，自治体が指針・基準を整理したハンドブックを作成する例や，日本NPOセンターが「行政と協働するNPOの8つの姿勢」を作成し，NPOの自主性・独立性を確保しようとする例などがある[2]。

　また，「行政との癒着」の問題がある。NPOが行う公益性の高い事業に対し，補助・助成等を行う際に，特定のNPOの補助・助成が続くことで癒着が疑われることがある。解決については，行政では，期間を限定する，NPOの選定に当たって第三者を加えた審査などを行っている。NPOは，NPOの専門性を明確に示して住民の共感を得ること，さらには行政に依存しない事業運営が求められる。

４．NPO と市民との関係について

　NPO はボランティアの参加や寄付などの支援を得ることで，多くの市民が協力して課題を解決しようとする自主的な集まりであり，課題解決のために，市民，企業，行政と関わっている。NPO はそれらとの関わりのなかで，どのような取組みを行い，そこにどのような倫理の問題があるだろうか。

4.1　市民と NPO との関係性から見る NPO の役割

　NPO は政府や自治体と異なり，代表民主制による信任を受けているわけではなく，あくまでも NPO の活動に対して，市民からの支持・支援があってこその存在である。したがって，NPO は，まず市民に対して市民が抱える課題についての情報提供，啓発・教育などを行っている。これは市民のエンパワーメントに関わる問題である。つぎに，市民が抱える社会課題は企業や行政との関わりの中で起きることから，企業や行政に対してこれまで述べてきたようにさまざまな「問題提起」や「協働」等によって問題解決を図っている。

4.2　NPO の取組みに関わる倫理問題

　NPO の取組みに関わる倫理問題については，次のような問題がある。

　第 1 に，NPO には多くの市民が職員やボランティアとして関わっており，特に職員について，「活動者」か「労働者」か，という問題が指摘されることがある。NPO に関わる市民はミッションへの共感を基礎とし，「活動者」としての側面が強く，「労働者」としての側面が軽視されやすい。ボランタリーな想いが労働契約について曖昧さをもたらし，労働者の権利についての関心が低いことや NPO 側も適切な労働環境が整備していないところもあり，労働時間，賃金，労働環境などに問題を発生しやすいことが挙げられる。NPO は，労働契約の遵守，行動基準の策定，さらには理事会や総会などの仕組みを機能させることなどが重要となる。

　第 2 に，NPO の財政基盤の弱さから，前述してきたような企業や行政との関係において倫理上の問題を発生しかねないことがあり，市民の信頼性を損な

いかねないこともある。解決としては，企業や行政に依存しない財政基盤づくりが必要であるが，背景に，市民の支援が十分ではないということがあり，結局は市民への積極的な働きかけや情報開示によって，市民の理解と支持を得ていくことが重要となる。

　第3に，市民へのエンパワーメントに関する問題がある。NPOのミッションや社会課題はそもそも市民が抱えている課題でもあることから，自らの活動が市民の社会課題を解決しているのか，その存在の根底にいる市民をエンパワーメントできているのかが問われることになる。この問題の解決については，NPOの評価の動きも見られるが十分浸透するまでには至っていない。事業についての情報開示が基本となるだろう。

5．おわりに：市民にとってのより良い社会へ

　NPOには，第三セクターとして企業や行政にはできない取組みを期待されており，その活動は，「問題提起」，「参画」，「協働」などの広がりや多様性を持つようになっている（図表Ⅱ-11-1）が，NPOに特有の倫理問題も存在する。本稿ではこれらの倫理問題についてNPOの役割をもとに解決を検討してきたが，それらはいまだ発展途上であるといってよい。NPOの倫理問題については，NPO自ら，そしてNPOに関わる企業や行政が協力してNPOを育てていく視点も求められるだろう。NPOが市民による第三セクターとして市民にとってよりよい社会への力となっていくことを期待したい。

図表Ⅱ-11-1　企業のコンプライアンス推進体制

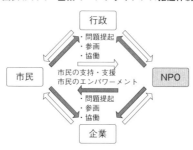

出所）筆者作成。

【注】
1）ここでは，消費者，労働者，住民，国民などの個人を総称するものとして「市民」の用語を使用
　する。
2）2022 年 7 月 28 日アクセス，https://www.jnpoc.ne.jp/?page_id=457

第12章
障害者の人権問題

山田雅穂

1. 障害者の人権とは何か：障害者の権利に関する条約

1.1 全ての人のテーマとしての「障害」

　最初に，「障害は誰もが持つ可能性がある」ということを，全ての人が念頭に置く必要がある。先天的か後天的かを問わず，障害を持つことは本人の意思で選択できることではない。また障害を持つに至った背景も，例えば働いている途中で身体障害や精神障害を持つ，子どもの頃から生きづらさを抱えながら，成人後に知的障害や発達障害があることに気がつくなど，人によって千差万別である。さらに同じ障害種別であっても，その特性や強み，抱えている困難やニーズは多様に異なるのである。皆さんの中にも，自分自身に障害がある人，家族，友人や職場のメンバーなど近しい人達に障害があるという人が必ずいるはずである。よって障害を持つことは，自分とは関係のない問題では決してなく，自分を含めた全ての人のテーマであることを，まずは確認しておきたい。

1.2 障害者の人権とは──障害者の権利に関する条約──

　「障害者の権利に関する条約」（国連総会で2006年に採択，以下本条約）は，障害者に関する初めての国際人権条約である。本条約の目的（第1条）は「全ての障害者によるあらゆる人権及び基本的自由の完全かつ平等な享有を促進し，保護し，及び確保すること並びに障害者の固有の尊厳の尊重の促進」で

ある。本条約は障害者の権利を障害のない人よりも優遇するものではない。障害のない人が当然に享有できている権利さえも，障害があるという理由だけで享有できず，障害者が不当な差別や排除に苦しんでいる現状を解決し，障害のない人と同様の権利を享有するためのものである。それを象徴する言葉が「他の者との平等を基礎として」(on an equal basis with others) という表現である。

　次に，本条約での「障害をどう捉えるか」という障害および障害者の概念について，第 1 条で「障害者には，長期的な身体的，精神的，知的又は感覚的な機能障害であって，様々な障壁との相互作用により他の者との平等を基礎として社会に完全かつ効果的に参加することを妨げ得るものを有する者を含む」と定めている。これは従来の「医学モデル」（障害は病気や外傷等から生じる個人の問題で，医療を必要とするもの）ではなく，「社会モデル」（障害は主に社会によって作られ，社会への統合の問題とする）が反映されている。つまり障害は，障害者に対する社会の態度や環境による障壁との相互作用によって生じるのであり，社会がいかに障害の視点を入れて変わるかが問われるのである。そして本条約は，障害者を治療や保護の「客体」ではなく，人権の「主体」として捉える「障害の人権モデル」に立脚しているのである（川島・東 2012, 16 頁）。

　第 5 条（平等及び無差別）で障害に基づく差別を禁止し，合理的配慮の提供の確保を求めている。合理的配慮とは「障害者が他の者との平等を基礎として全ての人権及び基本的自由を享有し，又は行使することを確保するための必要かつ適当な変更及び調整であって，特定の場合において必要とされるものであり，かつ，均衡を失した又は過度の負担を課さないものをいう」と規定されている（第 2 条）。つまり障害者のニーズを個別具体的な場面で充足するための工夫や調整である。この合理的配慮の否定が差別に含まれる（第 2 条）。

　日本は関連する国内法の整備を行った上で，2014 年に本条約を批准した。政治的，経済的，社会的，文化的，市民的，その他多岐に渡る障害者の人権分野の中で，経営倫理に関わる最も大きいテーマは，企業による障害者雇用である。

2．企業による障害者雇用とその課題

2.1　障害者雇用政策と企業の実態

　日本の障害者雇用政策は，障害者の雇用の促進等に関する法律（以下，障害者雇用促進法）に基づく障害者雇用率制度と障害者雇用納付金を基軸とする。前者は，事業主にある一定比率以上の障害者の雇用義務を課すことで，障害者の雇用促進を図る制度である。現在の法定雇用率は，従業員数43.5人以上の民間企業は2.3％である。後者は，常用労働者101人以上の企業で法定雇用率未達成の場合，不足人1人につき月額5万円分の納付金を納めるものである。この納付金を財源に，雇用率達成企業に助成金等が支給される。

　またすべての事業主に障害者であることを理由とする差別の禁止と合理的配慮の提供が義務づけられている。これは本条約の第27条（労働及び雇用）に基づいており，第1項で障害者の労働権の保障を規定し，同項（a）では雇用に係る全ての事項（募集，採用及び雇用の条件，雇用の継続，昇進並びに安全かつ健康的な作業条件を含む）における差別を禁止している。また（i）では職場での合理的配慮の提供を求めている。

　2022年6月1日現在の企業全体の障害者実雇用率は2.25％であり，法定雇用率達成企業の割合は48.3％と半数に満たない。企業規模別の実雇用率は，1000人以上規模は2.48％で大企業を中心に進みつつあるが，中小企業を含めた1000人未満以下の実雇用率は低い。こうした傾向は長年継続しており，改善の余地が大きい。また，募集・採用での障害を理由とする拒否・制限，職場での合理的配慮の不提供，正当な評価に基づかない配置や昇進・昇格での差別など，障害者への差別は依然として解消していない。

2.2　障害者雇用とダイバーシティ＆インクルージョン（D&I）

　一方で障害者雇用の先進企業では，先述した合理的配慮によって障害の特性や障害の多様性が強みになり，障害者が大切な戦力として活躍している（山田 2014）。雇用における合理的配慮とは，大別すると①職務内容・職務遂行に関する配慮（障害特性に応じた職域・職種の開発等），②職場環境・施設整備

（作業環境・施設や職場の改善，通勤への配慮等），③人事管理（労働時間，通院等の医療上の配慮等）④職場での人的支援（ジョブコーチの配置，外部支援機関との連携等）に分けられる。つまりこれらは，障害者が障害のない人と同じように働き，力を発揮するために必要な配慮や工夫である。そしてその基盤にあるのは，障害者権利条約による人権の保障である。よって障害者雇用の先進企業では人権を基盤に，障害をダイバーシティとして積極的に生かしているといえる。

　近年，障害者雇用は多くの企業で D&I 促進の課題とされ，サステナビリティや ESG の社会（S）の課題とする企業も増えている。この意味で障害者は，D&I の対象としては広く認識されている。しかし D&I の具体的な施策や人材戦略の議論となると，先進企業を除いたほとんどの企業で障害者が対象から消えている。障害者が D&I の具体的な議論から取り残されているのである。

3．障害者雇用における経営倫理と CSR の意義

3.1　経営倫理と障害者雇用

　以上の問題を解決するために，CSR（企業の社会的責任）を含めた経営倫理が重要な役割を果たす。まず経営倫理について，水谷（2003）は，旧来からの「効率性原理」と「競争性原理」の二原理中心による利益の極大化を最重要な価値ある考え方とする企業価値観に対し，「人間性原理」と「社会性原理」をそれらと対等の価値として加えた「経営価値四原理システム」が，現在求められる最重要の企業経営であるとしている。それは「組織活動の効率性や競争性の強化を通じて利益追求の過程や結果において人間性や社会性を軽視したり無視したりしない企業」である。つまり，企業の目的である利益追求の方法や過程が，人間性や社会性の尊重という倫理に適ったものでなければ，真に社会に貢献する持続的な企業および経営とはいえないということである。

　障害者が D&I の議論から取り残される理由は，従来のダイバーシティの議論にこの経営倫理の視点が欠けているためである。これまで研究と企業の現場の双方で，ダイバーシティの目的は「競争優位性」と「組織のパフォーマンス向上」のみに焦点を当てられてきた。しかし経営倫理の視点から見ると，人権

を含めた人間性原理と，社会への配慮を含めた社会性原理を考慮に入れていない。そのため，4つの原理の均衡拡大が殊に問われる障害者雇用を多くの企業がD&Iの課題および重要な経営課題として考察してこなかったといえる。また合理的配慮を行えば障害者も戦力となり，企業や社会に貢献できることを，多くの企業が理解できていないためである（山田 2014）。

3.2 CSRと障害者雇用

次にCSRの観点から障害者雇用を考察する。企業を含めたあらゆる組織の社会的責任（以下，SR）に関するガイドラインであるISO26000では，組織の社会的責任を「組織の決定及び活動が社会及び環境に及ぼす影響に対して，次のような透明かつ倫理的な行動を通じて組織が行う責任」と定義する。その具体的な行動は①持続可能な発展への寄与，②ステークホルダーの期待への配慮，③関連法令の順守と国際行動規範との整合，④社会的責任の組織への統合と実践である。そして「社会的責任の組織への統合」とは，SRを組織の方針，組織文化，戦略及び業務に導入し，具体的なシステムをステークホルダーエンゲージメントを通じて組織内に構築し実践することである。

つまりCSRはビジネスと切り離された単なる社会貢献ではなく，全ての経営活動に統合され，本業を通じて実現するものである。よって障害者雇用も，ビジネスと切り離された社会貢献ではなく，また取り組まなくてもいい任意の課題ではない。障害者雇用は企業の本業を通じて実践する重要な経営課題である。さらに経営倫理の観点から，人権を含めた人間性原理と社会性原理を基盤とし，競争性原理と効率性原理を追求して実践していく重要な経営課題である。この理解に基づいてはじめて，障害者をも包摂した「真のD&I」が実現できるのであり，その実践の積み重ねが障害の有無に関係なく働けるインクルーシブな企業と社会の構築につながるのである。

4．グローバルイシューとしての障害者雇用と経営倫理

CSRの課題として，またD&Iとサステナビリティの課題とされるようになってから，障害者雇用はグローバルイシューとしての広がりを見せている。

さらに障害者権利条約の観点からも，障害者雇用は「ビジネスと人権」の重要課題である。この点について山田（2020）は，CSR からみたビジネスと人権における企業の責任と役割について，「ビジネスと人権に関する指導原則」の「企業が人権を尊重する責任」（人権侵害の回避と人権の負の影響への対処）に留まらず，障害者の労働権を含めた「社会権の積極的な実現主体」としての責任と役割があるとしている。それは SDGs が人権をベースとし，17 の目標と社会権規約上の諸権利が内容的に多く重なっていることからも明らかである。そして今後は，企業が持つ力を社会課題の解決や貢献のためにどう生かすかという建設的な方向性が，より一層重要になるといえる。

　この国際的潮流が意味するのは，冒頭で述べたとおり，障害に関わる問題は全ての人のテーマであること，そして障害者雇用は企業全体の経営課題であり，かつグローバルイシューであることを日本企業と社会全体がもっと理解しなければならないということである。そしてその俯瞰的かつ包括的な実践のためには，本節で述べた経営倫理と CSR における障害者雇用の意義と，それを支える人権について全ての企業が深く理解し，真剣に取り組むことが不可欠である。

第13章
ソーシャル・アントレプレナーシップと経営倫理

横山恵子

1．はじめに

　社会的課題に対して，事業の形で持続可能な形で解決を果たしていくビジネスを「ソーシャル・ビジネス」と呼び，その中核を担う企業家精神や行動様式を「ソーシャル・アントレプレナーシップ（SE)」と呼ぶ。

　本節では，SE研究の動向を俯瞰した上で，その研究課題のひとつとして，倫理の視点が看過されてきたことを明らかにするとともに，倫理を埋め込んだSEの議論を紹介する。

2．ソーシャル・アントレプレナーシップ論の登場と興隆

　SE概念は，現場から生成された概念である。NPOの実態を検討する中で発展してきた概念だとされ，NPOの商業的活動から，営利企業の事業活動までの連続体上に位置づけられるものとして認識された（Dees 1998)。

　1990年代後半から2006年にかけて生まれた関連論文は，ハーバード・ビジネス・レビューやカルフォルニア・マネジメント・レビューなどの実務家向け雑誌に掲載されるものが多く，実践現場から学会へと議論が興隆したことがわかる。2000年代に，当該テーマを扱う出版物は急増しており（Hota et al. 2019；Short et al. 2009)，それに従い，包括的なレビュー論文や，書誌学的論文が増加した。その結果，SE研究は，徹底的に検討されてきた成熟した研究

分野だと評する研究（Gupta et al. 2020）もあれば，量は増えても質的には発展途上な分野だと評する研究（Hota et al. 2019）もある。

3．倫理的側面からみたソーシャル・アントレプレナーシップ論

さて，質的な発展はともかく，量的には飛躍的に発展した SE 研究であるが，その倫理的側面はどのように扱われてきたのであろうか。

1996〜2017 年に出版された 1296 論文を対象に，書誌学的レビューを行った Hota et al.（2019）は，倫理について実質的に論じている論文が少なく，SE と倫理の統合を総合的に検討してこなかったことを，SE 研究分野の課題のひとつに挙げている。

Journal of Business Ethics は，第 133 巻第 4 号（2016 年）で "Social Entrepreneurship, Social Innovation and Business Ethics" という特集を組み，これまで SE 研究では，倫理的検討が少なく，商業的アントレプレナーシップとの区別や，社会問題の解決可能性に焦点が当てられてきたことが指摘された。つまり，社会的なものが，本来的に倫理的なものと言えるのかという疑問に，SE 研究は，これまで答えてこなかったとされる（Chell et al. 2016；Hota et al. 2019)。換言すれば，社会的課題を解決するという SE のあり方が，デフォルトで倫理的だとみなされてきたのである。

4．なぜデフォルトで倫理的とみなされたのか

それでは，なぜ社会的課題解決に挑むソーシャル・アントレプレナーの姿が，デフォルトで倫理的とみなされてきてしまったのか。

SE の定義をみてみると，その多くが社会的使命と起業家活動という 2 つの側面からなるハイブリッドな性質を強調している。企業家活動という側面に関しては，リスクを取る傾向，革新性，機会を認識する能力，機知性など，商業的アントレプレナーと同様の特徴を示している（Austin et al. 2006）とされるが，社会的使命の側面に関しては，倫理的頑丈さ，道徳的エージェンシー，社会道徳的動機など，向社会的行動に関連する特徴があげられてきた（Dees

1998)。

　すなわち，このような定義解釈と相まって，SE 研究においては，ソーシャル・アントレプレナーが社会的使命を持つ点において，デフォルトで倫理的とみなされ，思考停止状況にあったとも解釈することができる。

5．ソーシャル・アントレプレナーシップで考慮すべき倫理

　社会的使命を持ち，社会課題を解決すること自体，利他主義に基づく倫理的行為であることは疑いない。しかしながら，それをもって，ソーシャル・アントレプレナーや SE がデフォルトで倫理的とみなされがちな点について，横山（2018）では，「攻めのエシカル」と「守りのエシカル」という表現を用いて指摘している。攻めのエシカルとは，社会的使命に突き動かされて社会課題を解決し社会的価値創造することであり，SE 概念そのものである。しかしながら，経営や事業プロセス全体のエシカル遵守（倫理的行動）という守りのエシカルについては，SE 概念は保証できていないことを喝破して，攻めと守りのエシカルを両立させることを強調するために，敢えて「エシカル・アントレプレナーシップ」という概念を用いている（図表Ⅱ-13-1）。

　同様に，海外の文献においても，SE の倫理に言及する論文は，横山（2018）の守りのエシカルに該当する，意思決定の倫理的ジレンマを扱ってきている。ハイブリッドな制度間の緊張関係と倫理的ジレンマ（Smith et al. 2013），SE 類型と倫理的課題の検討，および手段と目的の置換やガバナンス不全を指摘する研究（Zahra et al. 2009），経営プロセスの中で，短期的・定量的なビジネス目標が，長期的・定性的な社会的目標を凌駕してしまう危惧（Santos 2012）などである。特に Zahra et al.（2009）は，ソーシャル・アントレプレナーのエゴイズムによって，彼らの一部は，彼らの社会的使命を達成するために行うことすべてが，倫理的に正当化されると信じるようになる倫理的危険性を指摘している。

　また Chell et al.（2016）によると，SE の倫理という特集号を組んだことで発見したことは，ソーシャル・アントレプレナーの当初の動機がいかに倫理的に崇高なものであったとしても，経営プロセスの中で，乗り越えなければなら

図表 II-13-1　エシカル・アントレプレナーシップの構図

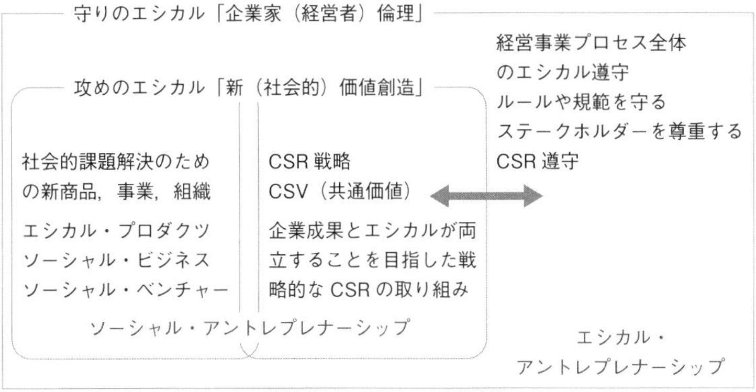

```
┌──────────────────────────────────────────────────────────────┐
│  守りのエシカル「企業家（経営者）倫理」                              │
│                                         経営事業プロセス全体        │
│   ┌──────────────────────────────┐      のエシカル遵守            │
│   │ 攻めのエシカル「新（社会的）価値創造」│      ルールや規範を守る        │
│   │                              │      ステークホルダーを尊重する    │
│   │ 社会的課題解決のため  CSR 戦略    │      CSR 遵守                 │
│   │ の新商品，事業，組織  CSV（共通価値）│                              │
│   │                     ←──────→                            │
│   │ エシカル・プロダクツ  企業成果とエシカルが両   │                      │
│   │ ソーシャル・ビジネス  立することを目指した戦 │                       │
│   │ ソーシャル・ベンチャー 略的な CSR の取り組み │                      │
│   │                              │                              │
│   │     ソーシャル・アントレプレナーシップ │      エシカル・            │
│   └──────────────────────────────┘      アントレプレナーシップ      │
└──────────────────────────────────────────────────────────────┘
```

出所）横山（2018），65 頁。

ない障害や問題に直面して，それが社会的目標と経済的目標間のミッション・ドリフトにつながる可能性があることだとしている。

6．終わりに：エシカル・アントレプレナーシップとケアの倫理

　横山（2018）が提案したエシカル・アントレプレナーシップという概念，およびその中の守りのエシカルに近しい議論として，Andre and Pache（2016）は，「ケアの倫理」を組織的に根づかせることの重要性を説いている。ケアの倫理とは，「お互いのニーズを思いやることで世界をより良くする」という特定の目標に取り組むことと，「お互いのニーズを満たすために共感的な気質と実践に頼る」という特定のプロセスに取り組むことの両方を意味する。そして，ソーシャル・アントレプレナーの個人的なケア倫理を組織のケアに変換していく必要があることを説いた。そのためには，組織のすべてのメンバーにケアを与え促進させること，組織のメンバー間の思いやりある関係を促進すること，そしてさまざまな声に耳を傾ける組織能力を開発することが必要だとした。

　ここまで見てきたように，SE の倫理は，見落とされていた課題として最近になって鑑みられるようになり，議論が展開し始めたばかりである。ケア目標とケアプロセス（Andre and Pache 2016），守りと攻めのエシカル（横山

2018）といった双方を，ソーシャル・アントレプレナーだけでなく，組織成員も自覚して，組織全体に定着させていくことが重要である。Andre and Pache（2016）は，その方法を一部議論しているが，今後さらにケア文化や，攻めと守りのエシカルを組織に組み込む方法を検討していくことが求められる。

第14章

行政組織における経営倫理
──公務員倫理を中心として──

中谷常二

1．責任が問われる行政組織と公務員

　国や自治体などの行政組織においては，首長などをトップとした「経営」がなされている。ここでいう「経営」とは，企業経営のような利潤を目的としたものではなく，組織のマネジメントや効率のよい運営などを意味している。近年の行政組織では，民間企業の経営手法を取り入れたニュー・パブリック・マネジメントなども行われるようになってきている。

　さて，行政組織の経営においても企業と同様に倫理的な責任がある。行政機関が人や物などに対して損害を与えた場合，作為の有無に限らず，行政組織そのものが賠償や道義上の責任を負うと考えられる。この行政責任の考えによると，行政組織は本来政治的な決定の執行機関であることから，政治的責任についても考慮しなくてはならない。また，民主主義国家においては政治的な判断は，国民主権という観点から国民そのものへの責任も問われることも考えられる。このように行政組織が負う責任論は重要なテーマではあるものの，その扱う範囲は限りなく広いものであることから本稿では紙幅の制限から論じない。

　対して，行政責任を行政機関で働く職員の観点から考える公務員倫理では，職員の不正を犯さない仕組みづくりや教育，制度がそのテーマとなる。本稿ではこの公務員の倫理に焦点をあてて論じてみよう。

2．日本の公務員倫理の現状

はじめに日本の公務員の倫理的状況が世界的な指標の中でどのような位置を占めるのかを見てみよう。「国際透明性機構（Transparency International）による腐敗認識指数の調査結果（2021年度）」において日本の得点は73点（100点が満点）で，第18位となっている。日本より上位の国は，デンマーク，フィンランド，ニュージーランドが同点の1位であり，続いてノルウェイ，シンガポール，スウェーデンが同点で4位となっている。世界180カ国の調査の平均点は43点であり，日本は健闘している方といえるだろう。ただし，この調査には公務員だけでなく政治家の汚職についても含まれていることもあり，政治家についての評価が順位を引き下げていることが予想される。日本での市民感覚において，公務員が賄賂を受け取るという場面はあまり一般的ではない。他方，政治家の汚職については，現在でも厳しい目が向けられている。

次に公務員の倫理について，国家公務員倫理審査会（以下，倫理審査会）による『令和3年度公務員倫理に関するアンケート』を見てみよう。一般職国家公務員の倫理感に対する印象についての問いにおいて，「倫理感が高い」，「一部は低いが全体的に高い」と肯定的に評価するものが61.3％となっている。一方，「倫理観が低い」，「一部は高いが全体的に低い」と否定的に評価したものが10.4％であることをふまえると，国民の公務員の倫理についての評価は全体的に高いものといえよう。肯定的に回答した理由としては，「公正に職務を遂行しているから」，「国民の利益のために働いているから」などが上位にあげられている。反対に否定的に回答した理由としては，「国民の利益よりも組織や職員個人の利益を優先しているから」，「不祥事や汚職が多いから」という項目があげられている。全国の公務員数からするとごく少数とはいえ民間企業の従業員と比べると公務員の不祥事は大きく報道されることから，このような否定的な印象を抱かれたと推測される。

3．公務員の倫理観を確立するために

　ここで公務員の倫理観を涵養し，不祥事を減らすためのいくつかの重要な施策を紹介しよう。OECD の研究によると公務員の倫理的な基盤を確立するためには以下の8つの要素があるとされている。①政治の関与，②機能する行動規範，③職業的社会化のメカニズム（公務員の倫理性を涵養するような研修など），④倫理を調整する組織（公務員の倫理を喚起したり相談窓口になったりする，国会の委員会や特別に作られた組織），⑤公務員として働き甲斐のある状況にする（雇用の保障や妥当な賃金，キャリア開発），⑥効果的な法的枠組み，⑦十分な情報公開のメカニズム，⑧市民社会の働き，である。

　これらの要素は腐敗撤廃の観点からあげられているものであるが，日本の公務員倫理の確立の過程もこの要素を踏まえていることから，順不同で検証してみよう。

3.1　政治の関与，機能する行動規範，効果的な法的枠組み

　公務員の倫理に関する法制化には政治による働きかけが不可欠である。国家公務員倫理法（以下，倫理法），国家公務員倫理規程（以下，倫理規定）の制定がこれにあたる。日本では倫理法制定以前にも公務員の服務規定は存在した。刑法 197 条では公務員の収賄を禁止しており，また国家公務員法には様々な服務規程を明示されていた。

　しかし，平成 10 年に大蔵省接待汚職事件が起きた結果，公務員の綱紀粛正を求める声が一層激しくなった。その結果，平成 11 年に倫理法が制定されることになる。それに加えて，平成 13 年には『国家公務員倫理規程事例集』が倫理審査会より発行される。この規定事例集は，利害関係者との禁止事項を定めた倫理法および倫理規定をさらに具体的な事例をもって詳解しているものである。たとえば，国際シンポジウムのレセプション出席後に 3000 円程度の記念品を受け取っても違反ではないか，など不正行為がイメージしやすい記述がなされている。法制化することにより違反の範囲が明確になることから，公務員の不祥事への強力な予防線となることができる。

　自治体においては，その首長や議会が公務員倫理に意欲的に取り組むかどう
かも重要になる。公務員倫理の取り組みに積極的な自治体では，独自の職員倫
理条例を定める自治体もある。北海道，神奈川県，高知県，名古屋市，京都
市，神戸市などの自治体では議会が行政改革の一環として倫理法を模した職員
倫理条例を定めている。

　平成12年に人事院から国家公務員の法令違反に対しての『懲戒処分の指
針』が出された。この指針では様々な非違行為に対応するおおよその処分が一
目瞭然でわかるようになっている。「勤務時間の始め又は終わりに繰り返し勤
務を欠いた職員は，戒告とする」，「暴行を加え，又はけんかをした職員が人を
傷害するに至らなかったときは，減給又は戒告とする」，「麻薬・覚せい剤等を
所持又は使用した職員は，免職とする」など非違行為の軽微なものから深刻な
ものまでかなり詳細な形で適応される処分が記されている。

　処分の基準が明らかなことから，職員も自分の不正行為とその処分を認識で
き，不祥事の未然防止に役立つ。

3.2　公務員として働き甲斐のある状況
　　（雇用の保障や妥当な賃金，キャリア開発）
　OECDの報告書によると途上国に不正が多いのはその報酬にも原因があ
る。開発途上国では公務員の給与が低いことから生活費を賄うために賄賂を受
け取ることが常態化してしまうからである。

　日本では公務員の給与はストライキができないという公務員の労働基本権制
約の代償措置として，人事院勧告により給与水準を民間企業従業員の給与水準
と均衡させることになっている。それゆえ公務員の給与は決して高い水準で
はないにしても，バブル経済以降の不景気下では民間と比較して悪いものでは
ない。特に行政組織は終身雇用制がとられており，民間企業よりも雇用の安定
性が高いことから，不正を犯して中途退職することによる金銭的な損失が大き
く，非違行為への誘惑をかなりのところ軽減できる。

3.3　倫理を調整する組織（公務員の倫理の相談窓口），市民社会の働き
　各省庁，自治体には職員が各種の相談ができる窓口が設けられており，倫理

法・倫理規程に関するものから，勤務条件や勤務環境等に関する悩みなどを受け付けている。公務員が自分の行為や職場環境についての疑問や悩みを相談することで，不祥事を未然に防ぐ効果が期待できる。

　また，市民が公務員の倫理に対して厳しい目を持つことも公務員が倫理的にふるまうためには重要になる。日本では倫理審査会が設置している公務員倫理ホットラインがあり，職員だけでなく，広く市民に倫理法違反の告発を呼び掛けている。平成 16 年制定の公益通報者保護法ともあいまって，職員自身が見聞きした倫理法違反に対しても内部告発することへのハードルは下がったと思われる。国民の公務員の仕事への要求水準が高く，国民および公務員自身が監視を担うなら，公務員も襟を正して仕事をせねばなるまい。

3.4　十分な情報公開のメカニズム

　日本では行政の説明責任を要請する，いくつかの法規制がある。平成 11 年に制定された「行政機関の保有する情報の公開に関する法律」では，国民の行政文書の開示を請求する権利と行政機関の保有する情報の一層の公開について示されている。そのため，不祥事が起きたときには，その原因などについて市民や報道機関から説明責任が強く求められる。公務員の不祥事は民間企業の従業員と異なり大きく報道されることが多く，公務員が不祥事を起こさないように心がける一因になっている。

3.5　職業的社会化のメカニズム
（公務員の倫理性を涵養するような研修など）

　公務員を対象とした倫理研修を実施することで，利害関係者とのどのような行為が違反となるのか，非違行為をした場合の罰則はどのようなものか，などを周知徹底して公務員の遵法精神を涵養することができる。倫理審査会による『令和 3 年度公務員倫理に関するアンケート』によると，99％以上の職員が公務員倫理の研修を受講している。

　国家公務員については，毎年 12 月の一週間が国家公務員倫理週間とされており，ポスター，パンフレット，垂れ幕等による広報・啓発活動がなされており，研修以外にも公務員の倫理について様々な形で啓発されている。

4．公務員の職業倫理

　最後に，なぜ公務員は民間の仕事と違って，厳しい職業倫理が求められるのかについて考えてみよう。公務員が厳格な職業倫理が要請される理由として最も大きいものは，その職務のもつ業務の独占性といえよう。これは行政の非代替性ということもできる。

　いうまでもなく公務員の業務は行政によって独占されている。行政の提供するサービスは，ダムや道路や上下水道の整備といった公共事業にとどまらず，年金や児童手当，保健や災害への対策にかかわる施策など多岐にわたる。そのいずれもが行政によって独占されており，国民が選択する余地は少ない。この点は民間のビジネスとは大きく異なる点である。

　そして公務員に求められる職業倫理も，この代替不可能な点にあるといってよい。多くの国民にとって，行政の施策は生存や幸福に直結する問題であり，その施策や対応が多くの国民の人生を巻き込む重大事になる可能性がある。代わりがないからと公務員が不遜な態度で業務を執行したり，いい加減な仕事をしたりするなら国民は多大なダメージを被るだろう。国民一人ひとりに大きな影響を与える職業に従事しているからこそ，公務員には業務に真摯に取り組む高い職業倫理が求められるといえよう。

　このように公務員には医師や弁護士，会計士といった職業と同様に高いレベルの倫理が求められている。医師や弁護士，会計士には規範意識を定着させるために様々な施策や教育がおこなわれている。公務員にも高いレベルの倫理観が求められるなら，同様に規範意識を根付かせる施策や教育を徹底せねばならないだろう。

5．公務員個人の倫理から行政組織の倫理へ

　以上のように，日本の公務員の倫理的な状況は様々な施策によって順調に高められてきた。公務員各人の高い倫理観はおのずと，行政組織全体の倫理の確立につながる。責任感と高い志を持つ公務員が増えることで，公共政策や行政

による施策も国民にとってよりよいものとなっていくだろう。

【注】

中谷常二（2015）「公務員の職業倫理教育についての一考察」『日本経営倫理学会誌』22 号，2015 年 1 月，33-45 頁を元に大幅に加筆，修正，再構成することで，本稿を作成した。本研究は JSPS 科研費 19KO2744 の助成を受けている。

第15章
経営倫理と行政組織・NPO・国際機関
（経営倫理と医療組織）

平野　琢

1. はじめに

　現代の医療組織の経営環境は極めて厳しいものであり，病院をはじめとする医療組織においては経営改善のため，医療経営の導入が積極的に試みられている。医療経営の実践は少ない資源で医療の質を守り，厳しい経営環境で医療組織が存続するために重要である。しかし，経営倫理学の長年の研究成果が示すように，経営という行為に関する倫理的な検討課題は多く存在する。確かに，医療組織と一般企業では，社会的使命や経営における制約条件が異なるが，医療組織も経営を行うのであれば，少なからず企業と類似した倫理的課題に直面するだろう。その際に経営倫理（そして経営倫理学）は有益な視点を与えるものと言えよう。本章では，医療経営において経営倫理が果たす役割について論じていく。

2. 医療組織における倫理の特性

　医療は生命に多大な影響を及ぼす点から，その行為の担い手（つまりは医師や看護師）に対しては，歴史的により高度な倫理的観が要求され，それが「専門職倫理」として制度化[1]されてきた。また，医療研究など特定の行為に関しても倫理的な課題の検討と遵守すべきガイドラインの制定がなされている。

医療組織の経営において経営倫理が果たす役割を考察するにあたっては，まずこれらの諸倫理について知る必要がある。

　まず，医師の専門職倫理については，経営倫理よりもむしろ歴史的に長い制度化の取組があり，その起源はヒポクラテスの誓いのような古代の医師達の義務規範まで遡る。より包括的な医療行為そのものの倫理である「医療倫理」は19世紀に提唱され，様々な国の医師会における「医療倫理」制度化は19世紀中ごろから取り組まれ現在に至っている。さらに，1970年代以降，人間に関する生命科学と医療を多角的に検討しようとする流れから，医師の専門職倫理としての意味合いが強い「医療倫理」を，広く「生命倫理」の一部として捉える流れも存在する。日本では，日本医師会が定めた「医の倫理綱領」があり，積極的な啓発がなされている。医学教育においても医師として求められる基本的な資質・能力のひとつに「医の倫理」が明記され，国家試験においてもその内容が問われている。

　看護職の専門職倫理についても，歴史的に長い制度化の取組がある。看護職の専門職倫理の起源は16世紀半ばの欧州まで遡る。1953年には国際看護師協会によって，「看護婦の倫理国際規律」が発表され，これが各国の看護師の専門職倫理の形成に大きな影響を与えた。日本においても看護師の専門職倫理綱領である「看護職の倫理綱領」が日本看護協会によって制定され，積極的な啓発がなされている。

　また，医療組織の業務に要求される倫理は，職業倫理にとどまらない。倫理的なジレンマや課題が発生しやすい特定の場（つまりは医療現場）や行為（例えば，医療研究）に関しても，より高度な倫理的配慮が要求されるため，行為や場に紐づいた倫理問題の検討や，倫理規定の制度化がなされている。医療現場で発生する問題を倫理的視点から検討する臨床倫理や，医療研究における特有の倫理的配慮を求める（医療）研究倫理などはこれに当たる。

　このように，病院においては医師，看護師のそれぞれに組織横断的な専門職倫理を遵守する義務が存在すると共に，医療研究などの特定の行為レベルにおいても，倫理的なガイドラインを遵守する義務が課せられている。つまり，病院は一般的な企業経営と比して，多くの倫理的規範が交差する場なのである。

3．経営倫理（学）の医療経営への拡張とその課題

3.1　医療経営における経営倫理（学）の役割

　医療経営の実践が広がる中で，その実践において発生する様々な倫理的課題に対応すべく，経営倫理を医療経営の分野へと拡張する試みは，近年盛んになりつつある。その代表的な取組は，経営倫理を「組織のマネジメントに関する倫理」のひとつとして捉え，医療組織の「組織倫理」に関する課題を検討する枠組みとして取入れようとする流れである。

　近年，医療組織で起きる様々な問題の中には，医療事故等の組織的な不祥事も多い。これらの不祥事の背景には，個人が培ってきた道徳的価値基準（つまりは個人倫理）の問題のみならず，その人が所属する集団の中に共有された道徳的価値基準の問題が存在する場合が多い。故に，このような問題の解決においては，集団に焦点を当てた倫理，すなわち組織倫理の視点からの分析や解決策の提案が必要であるとされる。

　しかし，医療組織における倫理的な問題に対する，組織倫理の視点からの分析や解決策の提案は，研究と実務の両面において不足している。前述の通り，医学研究や，患者と医療従事者の関係，あるいは臨床やその他の医療現場で生じる倫理的問題などに焦点を当てた応用倫理の分野は，それぞれ，生命倫理や臨床倫理，そして医師や看護師の職業倫理として発展している。しかし，これらの倫理は専ら個人に焦点を当てたものであり，医療の組織的側面には殆ど注意が払われていない（Spencer et al. 2000）。

　そして，この不足する医療組織における組織倫理的な問題を考察するにあたり，経営倫理が有益な視点を提供することが期待されている（Spencer et al. 2000）。実際に，医療組織における倫理的問題を検討する際に，経営倫理の枠組みを拡張し，その有用性を指摘する先行研究は，国内外で表れつつある（例えば，Werhane 2000；持松 2021）。まとめれば，従来の個人に焦点を当てた生命倫理や臨床倫理，そして職業倫理では網羅できない，医療組織の組織倫理的な問題に関して検討する枠組みを提供することが，経営倫理が医療経営において果たす重要な役割といえる。

　また，医療倫理の原則と経営倫理の原則の関係性に着目した場合，もうひとつの重要な役割が示唆される。Schmidt-Wilcke（2009）によれば，ビーチャムとチルドレスが提示した「医療倫理の四原則（1. 病人の自律性を尊重すること，2. 危害を加えないようにすること，3. 善意と思いやりのある行動をすること，4. 正義を貫くこと）」を医療倫理の原則として捉え，更に「企業倫理の原則」を「1. 法的責任を果たしたうえでの利益創出と企業存続，2. 製品・サービス等を通じたステークホルダーへの無危害，3. 顧客の要求への対応義務，4. 顧客，従業員等のステークホルダーに対する公正さ」とした場合，両者の関係は次の 3 つに区分できるとする。

　第一は，医療倫理と企業倫理の原則が互いに矛盾せず，異なる独立した行動領域に言及している関係性であり，第二は，両方の倫理原則が相互補完の関係にあり，一方の倫理原則が要求する価値の実現が，他方の原則が要求する価値の実現に正の影響を及ぼす関係性であり。第三は両方の倫理原則が対立の関係にあり，一方の倫理原則が要求する価値の実現が，他方の原則が要求する価値の実現に負の影響を及ぼす関係性である。

　更に Schmidt-Wilcke（2009）は，第三の関係性（つまり医療倫理と経営倫理の対立が発生する）の問題が，主に医療や介護を提供する側の活動領域で実際に発生していると指摘する。また，第三の関係性は，実際の対立状況の分析により対立を解消・調和することもでき，それは医療経営にとってとても重要であるとしている。まとめれば，医療倫理の原則と経営倫理の原則が対立する問題を特定し，その対立関係の解消策を模索することも，経営倫理が医療経営において果たす重要な役割のひとつと言える。

3.2　経営倫理（学）を医療経営に拡張する際の課題

　しかし，冒頭で述べた通り，医療組織と一般企業では，社会的使命や経営における様々な制約条件が異なる。したがって，ごく少数の例外を除いては，経営主体が非営利組織である日本の医療組織の経営に対して，営利組織を主要な研究対象としてきた経営倫理をそのまま拡張することには注意が必要である。

　経営倫理を医療経営の分野へと拡張するにあたり，考慮すべき医療組織・経営の特殊性を指摘した Werhane（2000）の議論を基に解説すると，大別して

6つの特殊性に関して考慮が必要であるといえる。それらを端的にまとめると，第一は医療組織の存在意義と使命が営利ではないという点，第二はステークホルダーにおける患者の最優先の点，第三は医療サービスの受け手と支払者の関係性に複雑性がある点，第四は医療サービスの提供において中心的な役割を担う存在が専門職である点，第五は地域社会への高い貢献責任が求められる点，第六は医療をサービス財の市場としてみた場合に複雑性がある点となる。それぞれの特殊性の概要は，図表Ⅱ-15-1に示すとおりである。これらの医療経営・組織の特性の存在は，企業を主な研究対象としてきた経営倫理をそのま

図表Ⅱ-15-1 医療組織・経営の特殊性

項目	概要
医療組織の存在意義の特殊性	医療組織の存在意義が収益性と密接に接続していない。企業において収益性の維持は，その存在意義を左右する重要な要因であるとともに，成長を示す主要な指標である。しかし，より良い医療サービスの提供を目的とする医療組織にとって企業と同様の関係性は成立しない。
ステークホルダーにおける患者の最優先	どのステークホルダーを優先するかは，その組織の組織倫理の有りようを表現しており，企業経営においては様々な形態がありうる。しかし，「患者中心主義（Patient Centricity）」という言葉が表すように，医療組織においては患者が最優先されるべきステークホルダーであり，これは企業と大きく異なる。
サービスの受け手と支払者の複雑性	製品・サービスはその受け手と支払者に対して，忠実義務と説明責任を負う。一般的な製品サービスであれば，これらは比較的単純であるが，医療サービスの場合は，受け手は患者であるものの，支払い手は患者本人のみならず，保険会社や地方自治体，政府など多数である場合が多い。したがって，医療サービスはこの全てに忠実義務と説明責任を負わなければならない。
専門職の存在	医師，看護師をはじめとする医療従事者は，医療組織の使命である医療サービスの提供において中心的な役割を果たす。医療従事者の多くは専門職であり，医療組織の組織的な倫理規範のほかにも，専門職としての倫理規範も遵守しなければならない。この倫理的規範の多元性は医療組織の特徴である。
地域社会への高い貢献責任	多くの一般企業では地域社会への貢献は，企業の社会的責任の中でも企業裁量に任されている部分が大きい。しかし，医療組織の場合は，その公益的な性格から，社会市民の健康へ貢献すべきという高い社会的期待があるため，地域医療への貢献や公衆衛生の実現が，果たさなければならない責任の一部になる。
医療サービス財の市場の複雑性	医療サービスは，他のサービスとは異なり，情報の非対称性，需給の非対称性，価格の非対称性など実に多くの非対称性が存在する。

出所）Werhane（2000）の議論を基に筆者作成。

ま医療組織へ拡張することへの限界を示している（Werhane 2000）。

4．まとめ

　まとめれば，①医療組織で発生する様々な倫理的問題に対して，組織倫理の視点からの分析や解決策の提案をすること，②医療倫理の原則と経営倫理の原則が対立する問題を特定し，解消策を模索することが，医療組織の経営において，経営倫理が果たす重要な役割といえる。しかし，経営倫理は，医療組織の組織倫理的な問題を検討する有益な枠組みとなるが，経営倫理をそのまま医療経営に拡張することには課題があり，やはり医療組織を対象とした研究蓄積を行い，医療組織に特化した「医療経営倫理学」を体系化する必要があるといえよう。

【注】
　1）本章における「専門職倫理の制度化」とは，医療や看護の倫理がそれぞれの専門職共通の自律的規範として機能するように体系化されたシステムを構築し，それを運用することとまとめられる。

第Ⅲ部

国際的アプローチ編

第1章

米国の経営倫理

髙橋文郎

1．米国のビジネス環境の変化と経営倫理の普及

　米国において，経営倫理への関心が持たれ始めたのは，1970年代後半から1980年代にかけてである。1980年代には，米国では次に挙げるような環境変化があり，企業経営に関して倫理の必要性が強調され始めたのである（水谷1995)。

　第1に，1980年代にレーガン政権は「自由化と規制緩和」を積極的に行った。その思想的背景となったのは，経済学者のミルトン・フリードマンを中心とするリバータリアニズム（自由至上主義）であり，連邦政府主導の中央集権的な規制やプログラムなどが大胆に緩和された。それによって，民間企業の経営における自由度が増す一方，それぞれの企業は自主的に理念や目標を設定して自らの行動を律していかねばならなくなった。

　第2に，1980年代から株式市場の機関化現象（機関投資家の株式保有比率の高まり）を背景に，企業経営の目標として株主価値の追求が強調されるようになり，敵対的な買収を含む合併・買収（M&A）が盛んに行われるようになった。これによる巨大企業の出現と株主価値重視の経営は，その後，21世紀初めには「株価至上主義」という問題を生むことになった。

　第3に，1980年代は企業の巨大化と同時に，企業活動のグローバル化が進んだ時期でもあった。米国の大企業は国境を越えたグローバルなビジネスを展開するようになり，世界各地で文化・宗教・商習慣の違いによる摩擦が引き起

こされるようになり，多国籍企業に対する普遍性のある規範やルールづくりを進める必要が叫ばれるようになった。

以上の経済的・社会的背景のもとで，1980年代には米国企業の不祥事が頻発した結果，ビジネス・エシックス（経営倫理）の本格的研究が始まると共に，米国企業の間にも経営倫理プログラムが徐々に普及するようになった。

長年にわたって経営倫理の普及に取り組んできたハーバード・ビジネススクール教授のリン・シャープ・ペインは，21世紀初めの状況について次のように述べている（ペイン 2004, 7, 19頁）。

　「自由化，民営化，グローバリゼーション，知識と技術の進歩―これらが総合されて企業の重要性を高め，企業のパフォーマンスへの新しい期待を生みだした」。

　「倫理が企業の重要な関心事であるという認識は確実に高まっている。わが社の目的は何か。信条は何か。行動の指針とすべき原則は何か。社の内外の関係者―従業員，顧客，投資家，社会にどんな責任を負っているか。こうした古典的な倫理問題が，世界中の多くの会社で真剣に考えられるようになっている」。

このように，21世紀初めまでに米国企業の間で経営倫理の必要性は着実に根付いてきたが，それは決して米国企業の間でビジネス・スキャンダルが減少したということを意味しない。むしろ後述のようにビジネス・スキャンダルが頻発するからこそ，社会から企業に対する目が厳しくなり，経営倫理の重要性が高まってきたのである。

2．企業の目的を巡る議論

米国の学者の間では，かねてより企業の目的に関して，ストックホルダー論とステークホルダー論の対立があった，ストックホルダー論の代表的な論者は，ミルトン・フリードマンであり，フリードマンは企業の目的に関して次の

ように主張した（フリードマン 1970）。

　　・自由主義経済体制のもとでは，ビジネスの社会的責任は詐欺や欺瞞のない
　　　開かれた自由な競争のもとで利潤を増大させることである。
　　・経営者は企業の所有者（株主）の雇われ人であり，株主だけに責任を持
　　　つ。
　　・企業が慈善事業を行うことは，株主のお金を株主以外の利益のために勝手
　　　に使っていることになり，株主の利益に反する。

　このように，フリードマンは，企業の経営者は株主に対してだけ責任を負う
と述べ，企業が慈善事業に自社の金を使うことは株主の利益に反すると述べ
た。ここで，フリードマンは慈善事業という言葉を使っているが，現在の言葉
で言えば CSR（企業の社会的責任）に取り組むことと言い換えることができ
るであろう。

　これに対して，多くの経営倫理学者は，企業はすべての利害関係者（ステー
クホルダー）に対して受託義務を負っており，経営者の役割は，ステークホル
ダー間のバランスをとることであると主張した（ステークホルダー論）。ま
た，フリードマンの主張は必ずしも経済学者の間のコンセンサスではなく，企
業は株主の利益追求以外の活動も行う存在であると考える経済学者も多い。

　では，現実の米国企業ではどのような経営が行われていたのであろうか。米
国では1970年代までは，多くの企業の経営者は株主の利益のみを強調するこ
となく，株主と従業員，供給者，地域社会のような他のステークホルダーとの
正しいバランスを達成することを考えて企業経営を行っていたといわれてい
る。

　1980年代から株主の利益がより強調されるようになったのは，前述のよう
に，株式市場の機関化現象を背景に，機関投資家の圧力のもと，企業経営にお
いて，株主価値の追求が重視されるようになったためである。しかし，企業の
スキャンダルに対する社会の批判が盛んになっているもとで，米国企業が株主
の利益のみを追求し，株主以外のステークホルダーや社会の利益を全く無視
して，経営を行うこともできなくなっている。多くの企業は，経営倫理プログ
ラムや CSR に取り組まざるを得なくなっており，フリードマンに完全に従っ
て，全く慈善事業や CSR を行わない企業は存在しないといえるであろう。

３．経済のグローバル化と経営倫理

　グローバル化とは，地球上の遠隔地の社会が相互に直接的に結びつく現象であり，いまやヒト，モノ，カネ，情報などが，大型航空機やITによって，たやすく国境を越えて移動するようになった。特に1990年代から各国が規制緩和や資本の自由化を進めたことに加え，インターネットが普及したことは，すさまじい勢いでの資本や情報の国際移動を引き起こすことになった。

　経済のグローバル化は，様々な経営倫理の問題を引き起こした。例えば，1990年代初めに，スポーツシューズ・メーカーのナイキの生産委託先である韓国企業が運営している中国，インドネシア，ベトナムなどの工場で，強制労働，児童労働，低賃金労働，長時間労働，セクシャルハラスメントなど，いわゆるスウェットショップ（搾取工場）問題があることが明らかになった。

　これに対して，当初，ナイキは自社の責任を否定し，委託先の韓国企業を非難し，ジャーナリズムを攻撃した。しかし，様々な非政府組織（NGO）からの激しい批判や米国内の学生や消費者によるナイキ製品に対する不買運動により，ナイキの業績は悪化し，株価も下がった。

　結局，ナイキは業績悪化の後，1998年に企業責任担当副社長のポストを設けて外部から人材をスカウトして，委託工場が規約を遵守しているかを判断するモニタリングシステムを設けたり，2001年から「企業責任レポート」を作成するなどのCSR改革を実施した（朴2007）。

　同じような問題は，グローバルな生産体制をとっている他の企業でも起こった。ナイキと同業のスポーツシューズ・メーカーであるリーボックでも同様の問題が起こったが，リーボックは1990年に他社に先駆けて途上国における委託工場に対してスウェットショップを解決するための行動ガイドラインを設け，それが遵守されているかどうかを監視するモニター活動を行った。

　このようなケースはグローバル企業の事業のあり方について，次のようなことを教えてくれる。

　第1に，グローバルな生産活動を行っている企業は，自社だけでなくバリューチェーンの一環をなしている海外の委託企業の経営にまで責任を要求さ

れる。社会的関心の高い消費者は，「商品はどのような労働環境で作られているか」ということにまで関心を持って，商品の選択を行うようになっているのである。

　ナイキのケースの場合，有名スポーツ選手を使った広告宣伝費の増大に対応するために製造原価を切り詰めなければならないというスポーツシューズ業界の収益構造が背景にあり，不祥事の責任を委託先企業のみに帰すことはできないであろう。

　第2に，企業の非倫理的な行動に対しては，NGOや消費者からの批判が無視できなくなっている。NGOや人権擁護団体などは，多国籍企業の環境・人権問題への取り組みをチェックし，ホームページ上でその動きを公開しており，発展途上国における委託工場に対してスウェットショップ問題を解決するための行動ガイドラインの遵守を呼びかけている。

　このように，企業活動のグローバル化は，企業が経営倫理やCSRに取り組まざるをえない要因のひとつになっている。

4．エンロン事件と世界金融危機

　1980年代以降，米国では株主価値重視が強まった結果，一部の企業の間に株価至上主義の弊害がもたらされるまでになった。2001年から2002年にかけて起こったエンロンとワールドコムの粉飾決算はその代表例である。

　エンロンは，積極的なロビイング活動を行って，電力・エネルギー産業の規制緩和を利用して，機動的な事業展開を行ったが，やがて過大な利益を計上するために，リミテッド・パートナーシップや特別目的事業体（SPE）を悪用して損失隠しを行ったり，時価会計を乱用して不正会計を行った（古山 2009）。

　エンロンとワールドコムの粉飾決算問題では，両社の会計監査を行っていたアーサー・アンダーセンの責任も問われた。エンロン事件の場合，アーサー・アンダーセンは，エンロン関連の書類を証拠隠滅のために意図的にシュレッダーにかけたとして司法妨害で起訴され，有罪判決を受けて一度は消滅した[1]。

　このようにアーサー・アンダーセンが会計監査でエンロンに厳しい立場をとらなかったのは，アーサー・アンダーセンにとってエンロンは有力な顧客で

あっただけでなく，アーサー・アンダーセン・コンサルティングにとっても上
得意であり，コンサルティング業務は監査業務よりも大きな収入源であったた
めである。

　米国の下院は，エンロンとワールドコムの粉飾決算事件を受けて，2002 年 7
月にサーベンス・オクスリー法（Sarbanes–Oxley Act of 2002）を制定した。
同法は，監査人の独立性，財務ディスクロージャーの拡張，内部統制の義務
化，経営者による不正行為に対する罰則強化，証券アナリストなどに対する規
制，内部告発者の保護などを規定した。また，公認会計事務所については，監
査業務以外のコンサルタント業務，顧問業などを行うことを禁止した。

　次いで 2007 年から 2008 年にかけて起こったサブプライム・ローンの証券化
に端を発する世界金融危機（いわゆるリーマン・ショック）では，金融機関や
格付機関の職業倫理が問題になった。本来，サブプライム・ローンはクリント
ン政権の低所得層持家促進政策のもとで生まれた金融商品であるが，2003 年
頃から，米国の土地価格上昇のもとで金融機関は十分な返済能力を持たない非
富裕層に対してサブプライム・ローンを貸し付けて，すぐにローンを証券化す
ることを行った。債務不履行リスクのあるローンの証券化は何回も行われ，他
の優良資産との組み合わせによって，トリプル A の証券化商品が生まれ，世
界中に販売された。やがて，米国の土地価格上昇が終わるとともに，サブプラ
イム・ローンの債務不履行が起こり，サブプライム・ローンを含む証券化商品
を購入した金融機関の経営破綻が世界金融危機を起こすことになった。

　21 世紀に入って起こったエンロン事件は株価至上主義の弊害を示し，サブ
プライム・ローン問題に端を発する世界金融危機は金融専門家の金融技術の悪
用という職業倫理の問題を生み，米国の「強欲な資本主義」という問題をいか
に克服するかが課題として残されたのである。

5．CSR と CSV

　21 世紀の初めまでに，米国企業の間では経営倫理とともに「企業の社会的
責任」（CSR）の考え方が普及し，実践されるようになってきた。CSR とは
「企業活動の利害関係者（ステークホルダー）すべてに対して，その利害を顧

慮して経営を行うことを要請する考え方」であり，CSR が要請される要因としては，企業犯罪・不祥事の続発以外に，消費者の価値観の変化，企業のグローバル化，社会の情報化，環境問題の深刻化などが挙げられる。

　このような状況の下で，ハーバード・ビジネススクール教授のマイケル・ポーターは，これまでの CSR の限界を指摘し，経済的価値と社会的価値を同時に追求するアプローチとして共通価値の創造（Creating Shared Value：CSV）を提唱した（ポーター＆クラマー 2011）。CSV とは，企業が社会のニーズや問題に取り組むことで社会的価値を創造し，その結果，経済的価値が創造されるというアプローチであり，ポーターは，企業本来の目的は単なる利益ではなく，共通価値の創出であると再定義すべきであると主張した。

　ポーターによれば，CSR は企業の事業とは別に行われるが，CSV は事業の一部として行われ，社会的価値だけでなく自社の経済的価値の創造も伴うものである。ポーターは，フェア・トレードと比較する形で CSV について次のように説明している。

　　「フェア・トレードの目的は，同じ作物に高い価格を支払うことで，貧しい農民の手取り額を増やすことである。気高い動機ではあるが，創造された価値全体を拡大するものではなく，主に再配分するためのものである。
　　　一方，共通価値では，農民の能率，収穫高，品質，持続可能性を高めるために，作物の育成技術を改善したり，サプライヤーなど支援者の地域クラスターを強化したりすることが重視される。その結果，売上げと利益のパイが大きくなり，農家と収穫物を購入する企業の双方が恩恵に浴する」。

　また，ポーターは，「アメリカの大手銀行は，自分たちは慈善活動を行っており，社会的責任は果たしていると言いながら，社会も経済も破綻させることになった持続性に乏しいローン商品を販売している」と述べて，サブプライム・ローンを扱った金融機関を例に挙げて，CSR に取り組んでいる企業の中には，社会の利益に反する事業を行っている企業があることを批判している。
　ポーターは，共通価値を創造する 3 つの具体的な方法として，(1) 製品と市場を見直す，(2) バリューチェーンの生産性を再定義する，(3) 企業が拠点を

置く地域を支援する産業クラスターをつくる，を挙げており，共通価値の創造
は，先進国でも発展途上国でも行うことができると述べている。

　ポーターは，CSV により，グローバル経済で新たなイノベーションと生産
性の向上が起こり，企業のさらなる成長をもたらすと共に，社会をよりいっそ
う速く進歩させる資本主義が生まれると述べている。

　日本の経営者の間では，CSV は単に企業の利益だけでなく，社会的価値を
同時に追求しているので，日本企業にも受け入れやすいと好意的反応が多い。
しかし，ポーターは「共通価値の創造は，けっしてフィランソロピーではな
く，社会的価値を創造することで経済的価値も創造するという利己的な行為で
ある」と述べている。このように，CSV は利他的な行為ではなく，社会的価
値を創造しつつも自社の経済的価値を創造することが目的であることに注意す
る必要がある。

6．ビジネススクールと経営倫理教育

　1980 年代以降，米国で経営倫理の取り組みが普及するとともに，米国の大
学（特にビジネススクール）でも経営倫理の教育が行われるようになっていっ
た。米国を代表するビジネススクールであるハーバード・ビジネススクール
は，1976 年に初めて経営倫理（ビジネス・エシックス）に関する正規科目を
開設したといわれている。その後，同校の特色であるケース・スタディの題材
としても経営倫理の問題が取り上げられるようになり，1980 年代には経営倫
理に関する教育が定着していくことになった（水谷 1995）。

　その後，1990 年代までには米国の多くのビジネススクールでも経営倫理が
教えられるようになり，現在では主要なビジネススクールで経営倫理が必修科
目になっている。

　しかし，21 世紀に入ってから MBA（経営学修士）が企業のビジネス・ス
キャンダルに関わる事態が相次いで起こった[2]。このような中で，ハーバー
ド・ビジネススクールをはじめとする多くのビジネススクールは教育内容の再
検討を行い，資本主義がもたらす環境問題などグローバルな問題にも目を向
け，企業の公益性という社会的な課題も正面から取り上げるようになってい

る。
　ハーバード・ビジネススクールのニティン・ノーリア学長は，2013 年に次のように述べている[3]。

　　「ハーバード・ビジネススクールの使命は，世界に変革をもたらす指導者の育成だ。そして変革をもたらす唯一の方法は，社会に価値を提供することに他ならない」。

　　「節度のある利益を品格のある方法であげていれば，もうけても人々はねたまない。ビジネスリーダーは，ときどきそれを忘れ，社会から批判される。我々は危機を通じて教訓を得た。本来の使命を重視する学校をもう一度作りたい」。

　ハーバード・ビジネススクールは 2012 年から，学生が様々な国を訪問して，その国が抱える課題をビジネスを通してどのように解決するかを考えるフィールドワークを行っている。訪問先は新興国が中心であるが，日本の東日本大震災の被災地も訪れている。同様のフィールドワークはスタンフォード・ビジネススクール，ペンシルベニア大学ウォートンスクールなど多くのビジネススクールが取り入れている。

7.「強欲な資本主義」に対する批判と　　ステークホルダー資本主義の提唱

　21 世紀に入って起こったエンロン事件と世界金融危機は，「強欲な資本主義」に対する批判を生んだが，その後も米国では引き続き経営者の高報酬，格差の拡大，環境破壊などの問題点が指摘されている。
　経済学者のロバート・ライシュは，米国で富が偏在し，格差が拡大しているのは，市場のルールが，勝者だけが勝ち続け，富が一方的に上方に移動するような仕組みになっているためであると述べる。ライシュは，この問題を解決してサステナブルな資本主義を構築するためには，「政府か市場か」の二者択一

ではなく，市場のルールを公正なものにして，中間層を復活させることが必要であると主張する（ライシュ 2016）。

　このように米国で市場のルールが大企業や富裕層に有利になっている原因のひとつとして，しばしば大企業の政治家に対するロビイング活動が指摘される。2018 年にワシントンでは 1 万 1654 人のロビイストが登録されており，ロビイング活動に 34.6 億ドルが使われている。ロビイングを行う主体で大きいのは，商工会議所，全米不動産協会，全米医師会などの団体であるが，企業ではアルファベット（グーグルの持株会社），AT&T，ボーイング，コムキャスト，アマゾン，ノースロップ・グラマン，ロッキード・マーティン，フェイスブックとなっており，軍事産業と IT 産業に属する企業が上位を占めている（ケース＆ディートン 2021, 264-265 頁）。

　このような状況の下で，ハーバード・ビジネススクールではレベッカ・ヘンダーソン教授の「資本主義の再構築」という科目が人気授業となっている。ヘンダーソンは，企業が株主価値最大化のみを追求することが環境破壊や経済格差などの問題を生み出していると指摘して，公正で持続可能な社会をつくるためには，企業の構成員の共通の価値観に基づく目的・存在意義（パーパス）を持ち，共通価値の創造を目指す企業経営と資本主義へと転換することが必要であると主張している（ヘンダーソン 2020）。

　2019 年 8 月に米国の主要企業が参加する経営者団体「ビジネス・ラウンドテーブル」は，「株主第一主義を見直し，従業員や地域社会などの利益を尊重した事業運営に取り組む」という「企業の目的に関する声明」を出した。この声明は，インクルーシブ（包摂的）な繁栄を理想に掲げて，株主利益の最大化を企業の唯一の目的とすることを拒絶しているという点で，注目に値する。

　しかし，リン・シャープ・ペインは，ビジネス・ラウンドテーブルの声明がインクルーシブな繁栄や持続可能な資本主義につながる持続的な努力の第一歩になるのかどうかは現時点では判断できないと述べている。ペインはその理由として，以下の 4 つを挙げている（ペイン 2019）。

　⑴　この声明は，企業に行動を呼びかけるのではなく，1997 年の同様の声明を引用して，CEO の仕事の定義をアップデートしたにすぎない。

　⑵　声明を実行に移すためにコーポレートガバナンスや経営手法をどのよう

に変更すべきかへの言及がされていない。

⑶　多様な5つのステークホルダー（顧客，従業員，サプライヤー，コミュ
　　ニティ，株主）の利益についてどう優先順位をつけてどのように調整する
　　かという重要な問いに答えていない。

⑷　株主至上主義のヘッジファンドやプライベートエクイティなどの投資会
　　社の署名者が少ない。

　ビジネス・ラウンドテーブルの声明に対しては好意的な見方もある反面，
その後の新型コロナ感染症の蔓延のもとで，ビジネス・ラウンドテーブル参
加企業が安易に従業員の解雇を行ったり，余剰資金を用いて新たな事業への投
資を行うのではなく，自社株買いを盛んに行っているなどの批判も見られる。
今後，米国の資本主義と企業経営が「株主価値のみを重視する経営」から「広
範なステークホルダーの利益を考慮する経営」に本当に変わるのかが注目され
る。

【注】

1）アーサー・アンダーセンは，最終的には 2005 年に連邦最高裁で無罪となった。
2）例えば，エンロンの COO（最高経営執行者）であったジェフリー・キース・スキリングはハーバー
　ドの MBA で成績優秀者に与えられるジョージ・F・ベイカー賞受賞者であり，CFO（最高財務責
　任者）のアンドリュー・ファストウはノースウェスタン大学ケロッグ・スクールの MBA であった。
3）『日本経済新聞』2013 年 2 月 3 日朝刊。

第 2 章

英国の経営倫理

—— 倫理的な CSR の先進国としての英国——

キム・レベッカ

　企業の社会的責任（CSR）が意味するところは国ごとに異なるが，それはそれぞれの国に長期にわたる歴史的に定着した制度があるためである。本稿では，制度論的な観点を踏まえて英国の CSR の特徴を考察する。英国は CSR 原則を受け入れた世界的なリーダー国のひとつであり，CSR に関する最も進んだ政策を採用している国であると認識されている。具体的には，1）ビジネス戦略を超えた企業の自発的なパフォーマンス，2）道徳的正当性としての CSR，3）CSR に対する政府の緩い関与，4）多くの業界団体によって示される CSR に対する模倣圧力，という特徴がみられる。英国企業の包括的なアプローチを反映した英国の CSR は，良質なマネジメント，進歩的なビジネス，そしてコーポレートガバナンス・モデルの必要不可欠な要素として，他国の模範となり得るものである。

1．はじめに

　「先行的な取り組み，多くの主要な英国企業の関与，そして CSR に関する取り組み範囲の広さの観点から，英国は CSR のリーダーと見做されている」（Moon 2014, p. 56）。

　企業の社会的責任（CSR）は，企業が社会との関係をマネージする方法であ

るといえる（Moon 2014）。CSR の歴史や方向性は，国ごとにかなり異なる。CSR が国ごとに様々であるのは，それぞれの国に長期にわたる歴史的に定着した制度があるためである（Matten and Moon 2008）。

　英国は，イングランド，スコットランド，ウェールズおよび北アイルランドから構成される主権国家である。英国は，責任あるビジネスを主導する主要な法域のひとつとして，また同時に戦後の制度の特徴を解体する最初のヨーロッパの民主的な資本主義国として，CSR の中心地であるといえる（Moon 2014：Vogel 2005）。

　英国では，新自由主義と CSR が同時に進行した。CSR は規制を解かれた市場から生じる社会的混乱を相殺するものであり，それゆえに，解き放された資本主義に正当性を与えるもので，制度的な措置だけでは得ることができない正当性を，倫理的感受性を示すことなどによりビジネスリーダーに与えるものとなっている。英国の CSR と米国の CSR を区別する要素は 2 つ（政府と業界団体）ある。

　第 1 に，ステークホルダーへの気遣い・関与を重視する企業文化の生育とともに，政府による努力によって，英国は CSR 原則を受け入れた世界的なリーダー国のひとつと見做されるようになった。第 2 に，CSR が制度化されていることを示すひとつの指標として，多くの企業が，CSR 原則と先進的な CSR 課題に同意しコミットしている業界団体（associations）に参加していることが挙げられる。さらに，多くの NGO が，サステナビリティを国際的に進展させるグローバルなハブとして，本社をロンドンに置いていることが指摘できる（例えば，UNICEF, OXFAM, Save the Children, ActionAid, and the Charities Aid Foundation）。

　英国においては，産業のリストラクチャリングに伴う副作用を緩和させ，戦後の妥協ともいえる福祉が埋め込まれた自由主義から市場主導経済に転換することに正当性を与えることを初期の目的として，CSR が展開された。この点から言えることは，英国の CSR の起源は，1970 年代と 1980 年代の民営化，自由化および規制緩和の時代にあり，1990 年代以降の国境を越えた市民社会の活動ではないということである。したがって，CSR は市場経済の深化や制度的な連帯が侵食されることを補完するものであったといえる。CSR は特に

正当性や社会的必要性に関する市場の欠陥を補うものであると同時に，市場の自律性を評価する新自由主義の制度を補強し，株主価値に焦点を当てるものであった。

　英国の CSR がカバーする範囲は，社会・環境に対する幅広い懸念から企業収益に及んでおり，それは国内，ヨーロッパ，そして国際的なレベルの問題に取り組むことを企図している。CSR はガバナンスの限界部分から，政府と非営利団体のパートナーシップを含意する主要なポジションを占めるものとして位置づけられるようになった。すなわち CSR は「新しいガバナンス」の特徴をもって出現したものといえる（Kang and Moon 2012）。

2．自主的な活動としての CSR

　　「我々が責任を持つことができるように，我々を開放して欲しい！」
　（Kinderman 2012, p. 29）

　まず第 1 に，英国の CSR は，企業に対する規則や制約が比較的緩いなかで，自発的な活動として推進されてきた。CSR は，その定義からして自発的なものであり，したがってその成功はビジネス主導のアプローチに依拠する。すなわち，CSR は主として，企業が最低限の法的要請を超えて，社会，環境および幅広い経済的なインパクトに関する彼らのパフォーマンスを向上させるために自発的に何をするかにかかっている。この観点から，英国政府は，企業が高水準の活動をすることを支援するために，緩い枠組みを構築してきた。例えば，デービット・キャメロン首相は，彼の企業責任に対するアプローチを「より多くの責任と引き換えの規制緩和」（Cameron 2006, p. 3）と表現している。これは，企業がエンゲージメントや自主規制を行うことから，英国政府としては CSR に対して緩いが効果的な規律付けを行うことになる。

　さらに，米国の企業が彼らの CSR を「（戦略的な）コアバリューのひとつの構成要素」として表現する傾向が強いのに対して，英国の企業は彼らの CSR を「パフォーマンス主導」として表現する傾向が強い。その結果，英国における CSR は，CSR を通じて企業のパフォーマンスが促進されるのかどうか，

またそれはどのように促進されるのかに関して主たる焦点が当たっている（Maignan and Ralston 2002）。この点について，企業は政府の規制を代替するものとしてCSRに関与する。規制を強化する代わりに，CSRは規制緩和を正当化するものとして用いられている。

3．道徳的正当性としてのCSR

　「我々にとってCSRは多くのことを意味する。まず我々はCSRを，企業の様々な部署で行われている優れた活動を『包括的に体系づけるもの』と考えている。また，CSRは我々にとって，アカウンタビリティ（説明責任）または透明性の概念を取り入れることによって，全ての企業活動に対する質の高い報告を意味する。それはよい広報というだけではなく，我々がビジネスを行い，収入を得る方法を規律するものである」（スコットランドの金融業界のマネージャーへのインタビュー）。

　英国においては，規範的な影響が強いことが観察される。そしてそこでは，企業に対する規範的な圧力と社会全体をバランスさせるという刺激的な論点が存在する。すなわち，CSRは国全体の制度的環境，特に企業が対応すべきと期待されている規範的な設定に密接に関係する。したがって，CSRは利益を求める企業の問題としてだけではなく，社会全体に対する倫理的なパフォーマンスの問題であるといえる。この観点から，英国の企業にとってすべてのステークホルダー（例えば，政府，メディア，そして社会全体）に対する責任を強化することが重要となる。

　社会で期待される倫理的活動を行わなかった企業は，その活動が公になった場合，レピュテーション上および商売上のダメージに直面する可能性がある。簡単に言えば，英国のような開かれた社会において，持続可能なビジネスにとって倫理的考慮がさらに重要になっている。ますます多くの企業が，「正しいことをする」という方針について，啓発された自己利益や競争上の優位性確保という観点から，明確かつ精力的に支持するようになっている。

　英国においては，CSRが明示的にビジネス・ピープルの道徳的な感性に訴

求し，それゆえ純粋な手段的合理性では受け入れられないような彼らの道徳的な行為を正当化している。言い換えれば，英国の CSR は市民社会の活動や社会不安から開始されたのではなく，むしろ生存とサステナビリティというビジネス・ピープルの倫理的動機に基づくものであったといえる。

　英国の場合，企業は組織・活動全般にわたって倫理的に行動することが推奨されている。企業は，全ての活動に関して常に倫理的な意思をもって活動していることを示さなければならず，それが結果をもたらす最善の方法であり，そしてそれによって企業文化や活動が倫理的であるというエビデンスを示すことが可能となる。このような対応によって，Ethical Business Practice（EBP，倫理的なビジネス慣行）といった最善慣行の基準を適用していると社外から認知されるようになる（Hodges and Steinholtz 2018）。

　企業の倫理的なパフォーマンスが認知されると，Institute of Business Ethics や Investor in People といった外部団体から表彰される可能性がある。倫理的なパフォーマンスや倫理的な組織文化があることを外部に発信する企業は，評判の向上などによって商売上の利益を得ることができるかもしれない。この観点から，企業は彼らの意図に関して倫理的な反発を引き起こすことなく，CSR 戦略を開示することが可能となる。CSR とは何かについての議論が継続しているが（例えば，それはマーケティングなのか PR なのか），英国における一般的な環境としては，CSR を利益の最大化を企図するビジネスと関連付けて説明することに対して否定的ではない。

4．英国政府：CSR に対する緩い介入政策

　英国には政府による社会や経済に対する介入の長い伝統があるが，英国政府の CSR に関するアプローチは，政府当局による規範的なものから承認によって推進する方向に変化してきた。英国においては，政府は産業界をリードしようとは考えていない。すなわち，CSR 活動は，最低限の法的要請のもとで，企業が自らの利益と社会全体の利益の両方を考慮したうえで，企業が行う「自発的」なものであるので，政府は CSR に関して市場に任せる方針である。さらに，英国政府は，CSR は国家目標の達成に資するものであると信じている。

すなわち，CSR は広く同意された高い水準を遵守する企業の自発的なアプローチであり，国家にとって良いことであると考えている。

　特徴的なこととして，英国では（世界で最初の）コーポレートガバナンスと企業の社会的責任を担当する大臣——the Minister for Business, Energy and Corporate Responsibility が任命されている。この大臣職は，Parliamentary Under Secretary of State（三段階の大臣職の中で最下位に位置する大臣職）で，現在は上院議員の Callanan 卿が任命されていることから，下院での発言は許されていない。このことは，CSR 関連の大臣職が政府にとって最も重要な職であると常に認識されているわけではないことを示している。実際のところ，それは政治的な関心の高さや制度的な動向に左右される。当該大臣（the Minister for Business, Energy and Corporate Responsibility）の責任には以下を含む。

・コーポレートガバナンスと企業の社会的責任

・監査，FRC（財務報告評議会）を含む

・破産

・会社法，登記所を含む

・土地登記

・土地調査

・より良い規制環境

・グリーンファイナンス，HMT との協働

・スマートメーターとスマートシステム

・エネルギーの効率化

・燃料不足

・クリーン暖房

・成長支援：デジタル

・投資証券

　英国政府の CSR に関する施策の重要な特徴のひとつに，適度な規制・財政面の支援がある。英国政府は自発性と規制を適切にバランスさせることを企図している。企業に新たな賦課をかけることは競争力を減退させイノベーションを阻害することに繋がりかねない。したがって，政府は市場に対して，環境・

社会を考慮した対応を促すことを企図している。緩い政府による介入が，責任あるビジネス慣行を構築するのに最も効果的な方法であると認識されている。

英国政府の広範囲にわたる自主規制ポリシーは，それぞれの企業が柔軟性とイノベーションを保ちつつ，CSR を遂行することを企図したものである。企業活動を支援する様々な方針・ルールがある。例えば，

2006 年会社法

2006 年会社法では，では，今日のビジネス環境を反映した規制の枠組みが提示されている。そこでは，取締役に対して，会社の業務が環境や社会に及ぼすインパクトを考慮し，環境，社会およびガバナンス（ESG）のリスクを開示することが義務付けられている。CSR が会社法に取り入れられるようになった。しかし，この CSR 重視の展開は，株主第一主義を否定するものではない。ステークホルダーの利益が考慮されるのは，啓発された株主価値の範囲内に限定されるのである。

年金基金

英国の年金基金は投資の意思決定に際して，社会，環境および倫理面を考慮しているか否かについて開示しなければならないという規制が政府によって導入された。英国の年金基金には投資先企業の CSR 方針を報告する義務はないものの，レピュテーション上の理由からすべての年金基金はそれを開示することとした。この連鎖的な効果として，機関投資家の CSR 情報に対する要請を満足させるために，企業は非財務情報を開示するようになった。

MSCI United Kingdom SRI Index

MSCI United Kingdom SRI Index には，英国市場の大型株と中型株が含まれる。この指標は，時価総額加重平均型株価指数で，環境，社会およびガバナンス（ESG）の評価が特に高い企業が含まれ，社会または環境に悪影響を及ぼす製品を製造している企業は除かれている。この指標は，多角的な社会的責任投資（SRI）のベンチマークを求める投資家のためにデザインされたもので，投資適格かつサステナビリティの評価が高い企業から構成されている。

英国コーポレートガバナンス・コード

　企業の透明性向上とインテグリティの促進を図り，英国への投資を長期間に亘り魅力的なものとし，そして経済と社会全体の利益を図るために，財務報告評議会（FRC）は新しい英国コーポレートガバナンス・コードを制定し，効果的な取締役会に関するガイダンスを改訂した（新ガイダンス）。英国コーポレートガバナンス・コードの前文では，取締役会の主な役割について，「企業の文化，価値そして倫理を確立することである」と明記している。しかしこの原則，例えば企業文化や価値は倫理的であるべきであるといった内容は，実際のところ，コードの本体には含まれていない。新しいコードはガバナンスを広義に定義しており，以下の事項の重要性を強調している。

- ・企業，株主およびその他のステークホルダーの間の建設的な関係
- ・健全な企業文化と整合的な明瞭なパーパスと戦略
- ・高質の取締役会構成とダイバーシティ
- ・バランスが取れ，長期的な成功を支援する報酬体系

5．CSR に対する模倣圧力

　英国における CSR の推進は主として，多くの業界団体によるプログラムやイニシアティブによって行われてきた。長年にわたり CSR を推進してきた業界団体や CSR に焦点を当てた新組織（例えば，the UK Business in the Community）がある。英国企業が CSR の業界団体に参加し，新しい原則，コードおよびスタンダードに署名するのは，「模倣プロセス」によるものといえる。

　CSR 現象は，持続可能な発展やサプライチェーンの労働基準といった「規範圧力」に密接に関連する。消費者意識の向上をもたらす批判的なメディアだけでなく，企業と互いに影響を及ぼす業界団体，職能団体，ビジネススクール，ビジネスメディアおよび非政府・政府組織からも，それらの規範的期待が寄せられる。実際のところ，同形圧力はいわゆる「CSR 企業」によってもたらされる（Gond et al. 2011）。

　英国では，事業開発と社会・環境問題を関連付ける活動を普及・展開するこ

とを企図したさまざまな業界団体が誕生した。例えば以下の団体を挙げることができる。

Business in the Community（および Scottish Business in the Community）

BITC は，営利企業による CSR 推進を目的とした団体で，世界をリードするビジネス主導の CSR 連合のひとつである。BITC は 1981 年 6 月 1 日に 10 社で組成され，1982 年に有限責任保証会社（company limited by guarantee）として登録された。初期の BITC のメンバーはマーガレット・サッチャーの積極的な支援者であり，人道主義的・宗教的思想および彼らの利己心によって動機付けられていた。それらのリーダーは，CSR がビジネスにとって実用的または手段的な利点があるから行うのではなく，それが正しいことだから行うのであるという，道徳的正当性によって動機付けられていた。したがって，CSR はビジネス・ピープルの本音を隠し，単なる広報に過ぎないという冷笑的・批判的な CSR についての解釈は，BITC には該当しない。これらの制度的企業家（institutional entrepreneurs）は英国の CSR 展開の重要な推進力となった。また BITC は政府が業界団体の組成を奨励できることを明らかにした。英国での政府による BITC の支援は，CSR イニシアティブを支援する中間的な組織を創設することによって CSR を間接的に推進する事例である。

英国勅許会計士協会（ACCA）

英国最大の会計士協会として 1904 年に創設された ACCA は，企業による財務・社会・環境成果に関する透明性・網羅性・信頼性が高い報告作成を促進するイニシアティブを展開してきた。ACCA は，高い倫理基準をもつ企業戦略を導くために，環境，社会およびガバナンス（ESG）に関する報告書の重要性を強調し，「量だけではなく質」を提唱している。今日，英国勅許会計士の資格を提供しているのは，国際的な会計士の団体である。そこには，グローバルで，233,000 人のメンバーと 536,000 人の将来のメンバーが所属している。ACCA の本部はロンドンにあり，主要な管理事務所がグラスゴーにある。

The FTSE Good Index

　The FTSE Good Index は，ダウジョーンズ社のサステナビリティ・イン
デックスに続いて，ロンドン証券取引所によって設立された倫理的な株式投資
のインデックスである。これらのインデックスは，上場会社のサステナビリ
ティの水準を評価する際に用いることができる（例えば，環境，社会およびガ
バナンスに対する対応評価の計測）。当初は，大規模企業だけが評価の対象で
あったが，現在では中規模上場会社もインデックスに加えられている。

6．おわりに

　以上を要約すると，倫理的正当性およびサステナビリティに対する考え方に
関して英国の CSR は先進的である。英国企業は，経済的な発展と厳格な倫理
的・社会的立場をバランスさせているという観点から，他国の企業の模範で
ある。英国企業は CSR に関して包括的なアプローチを採用している。すなわ
ち，彼らは CSR を，社会貢献やボランティア活動といったビジネスから外れ
たもの，ビジネスに追加するものとは認識していない。CSR は利益を生み出
す通常のビジネスの一部分であると認識しており，これが社会に受け入れられ
ている。ビジネスパフォーマンスの観点から，より総合的なアプローチが存在
する。このことが，環境を考慮した投資といった現在のビジネスの様々な論点
が，CSR の議論に含まれる理由である。以上のように英国においては，CSR
の論点が良質なマネジメント，進歩的なビジネスおよびコーポレートガバナン
スの必要不可欠な要素として位置づけられている。

第 3 章

中国の経営倫理

——経営倫理の内包への探索分析とジレンマへの探求——

劉　慶紅

1．中国経営倫理発展の概論

1.1　中国商業発展の現状

　中国商業の起源という歴史的な問題は，主に以下の3つの観点から分けられる。1つ目は，原始社会の後期に出現した牧畜業と農業が分立した時期の物々交換を目印とした商業行為の出現。2つ目は，手工業と農業の分立期。3つ目は，商業活動を主として，商品の売買を専門とした商売人が現れた時期で，中国夏朝[1] の末期と商朝[2] の初期に当たる。この時期には，中国最古の原始的な流通貨幣—貝銭が現れた。西漢朝の人物である桓寛[3] が著した『塩鉄論・錯幣』[4] では，「夏朝以降は玄貝[5] を貨幣として扱う」という記載があった。中国商業の起源は中国夏朝の末期から商朝の初期にかけてという点から考えても，中国商業の発展はすでに3500年以上の歴史を持っている。

　商周朝に至る頃には，物々交換は非常に頻繁になり，商業はすでに業種のひとつになった。『周礼・天官』[6] では，当時の社会における職業を農業，手工業，商業などの9つの職業に分けた。また，春秋朝の時期[7] に至り，製鉄技術の高まりにより，鉄製の農具が世の中に広がり，社会経済を著しく発展させた。物々交換の需要が大幅に上昇し，商業はより発展し，巨大な商業的中心地が現れた。漢唐の時代[8] に至り，陸運と海運が発達し，都市における商業的中心地以外にも，農村でも市場が発展した。また，北宋の時期[9] では，当時

の金属製の貨幣が莫大な貨幣への需要を満たすことができなくなったため，世界初の紙幣─交子が登場した。明清の時代 10) に変わり，農産品の商品化が進み，地元の親戚関係を織とした商帮 11) が現れた。その中では，晋商を代表とした商帮が札に番号をつけ，為替交換を専門とした金融機関になり，中国銀行の雛形になった。

1.2　中国経営倫理の概論

　中国の経営倫理は，商業的な活動に従って生まれたものである。商業活動は物々交換をもととしたものであり，また，物々交換は二人，あるいは二人以上にかかわる社会的な行為であるため，経営倫理はそこで生まれた。つまり，経営倫理は，人の倫理観念の商業行為での現れだといえる。中国の長き商業史において，儒教思想 12) の影響は非常に大きい。例えば，儒教思想における義利観，誠実観や人をもととした観念などが，中国商業に深い影響を与え，儒教に基づいた中国独特の経営倫理観が形成された。アメリカの学者費正清 13) は，著書『アメリカと中国』において，「中国商人の考えは我々古典経済学者が唱えた理性をもととした欧米企業家と大きく相違する。中国の習わしでは，経済的生活において，最も適当な経営は，産能を増加させることではなく，すでに生産されたものの付加価値を上昇させることである。欧米ではより多くの自然資源を手に入れ，利用するないしは技術を革新し，新たな富を創出することにより，競争相手に勝ち抜くことがより望ましいのである」と書いた。中国と欧米の経営倫理における差異が形成された理由は様々である。中国の儒教思想は，和をもって貴しとするような人倫観を強調する。『論語・学而篇』14) に記載された「礼の用は和を貴しと為す」のとおり，礼法は人と人の関係に潤いを与えるものである。また，『孟子・公孫丑下』15) では，「天の時は地の利にしかず，地の利は人の和にしかず」という観点が提起され，国家を管理するという視点から，「和」の重要性が指摘された。また，和をもって貴しとする儒教思想が，中国商業の発展は侵略や拡張で実現するものではなく，現存する経済量における富の再分配により実現するものと決定したと同時に，このような倫理思想は，中国商業発展の足手まといになった。

　一方，近代に至り，中国政府が市場経済を主な方針として取組みを進めたこ

とで，中国商業に迅速的，かつ巨大な成功をもたらした。また，商品経済の発展の速さも，伝統的な中国経営倫理に莫大な衝撃を与えた。市場経済は，功利主義に基づいたものであるため，儒教思想における仁義礼智信と矛盾した効率性と拡張を重視する。儒教思想の主な目的は，人が優秀な人に成ること（つまり聖人）であり，個人の道徳面の水準への向上を強調しているため，それによりもたらされた政治面，あるいは商業面の成功は，あくまでも聖人に成るためのついでに過ぎない。それに対し，市場経済を礎とした欧米の経営倫理では，人の成功は財産の量で定められているため，拡張と競争の商業行為を重視する。そのため，中国市場経済の発展過程でメラミン粉ミルク事件[16]や酸菜事件[17]のような企業不祥事が相次ぎ中国社会に衝撃を与えた。

2．中国儒教思想と中国経営倫理思想

儒教思想は中国伝統文化の中核的なものであり，そこから生まれた倫理観念は中国社会と商業発展の礎である。孔子[18]は，一番先に「仁，義，礼」という儒教の道徳基準を指摘し，孟子[19]は，儒教思想の核を「仁，義，礼，智」という4つに分類した。漢朝の董仲舒[20]は，それをさらに「仁，義，礼，智，信」に拡張した。ここでは，中国儒教の核心思想の具体的内包や抽象的儒教思想観念が中国商業において具現化するに際して，どのような経営倫理が形成されたのかを探求する。

2.1　儒教中核的思想への解読
2.1.1　仁の具体的な内包
仁とは，儒教思想における最も中核的な思想であり，仁の内包は非常に豊富であるため，場合により異なる。孔子によれば，仁を備えた人は，その外在的表現は礼法に合致していることを指す。孔子の仁人（仁を持つ人）についての説明からは，謙虚かつ礼節のある聖人をイメージできる。仁の根源は，愛の心である。儒教思想では，人間性の視点から，「人間の本性は善である」という観点を指摘し，すべての人は，人を愛する心を持っており，その「人を愛する心」は，親子関係では，孝行として現れ，友人関係では，信用に現れる。

孔子は，仁という概念を討論するとき，愛人を幾度となく説いた。「氾愛衆而親仁」は，人は，心より他人に関心を持っていれば，その人は仁に相当に近いことを指摘したものである。また，孔子は，仁の本質は，人を愛することであるとも明確に指摘した。『礼記・中庸』21) では「仁者人也，親親為大」と指摘し，つまり，仁とは，人同士でお互い愛し合う，自分の身近な人を愛することは最大の仁である。

2.1.2　義の具体的な内包

　孟子は義の本質を解説するときは，「羞悪の心は義の端なり」と指摘した。つまり，人は不正を犯すとき，羞恥心が自然的に生み出され，そのとき人は，自分のなすことは正しいことではないとわかる。孟子は，「浩然の気」という哲学概念を提起し，義というものは，人の心に固有なものであり，浩然の気を自分の体に末永く宿らせたいなら，ただ正義を貫くのみと考えた。しかし，正義を擁護するには，ときに自分の利益を犠牲にし，場合によっては命をも代償として払わなければならない。孟子は，義は命より重要なものであると考え，命と正義の両者ともに得られない場合は，人は自分の命をその代償として払い，正義をとるべきであると指摘した。それを成し遂げるには，莫大な勇気が必要である。孔子曰く，「義を見てせざるは勇無きなり」，その意味としては，正義を見て見ぬふりするのであれば，それは勇気のないことを指す。その勇気観は，後世の中国商人に強く影響し，彼らは窮地に追い詰められても，新たな転機を求めた。その例として，明朝中期では，劣悪な環境に追い詰められた晋商たちは，故郷から遠く離れたモンゴルでビジネス機会を発掘し，中国中部とモンゴル草原に経済の道を拓き，中国北方地域の経済発展を促した。そのほか，儒教の義利観も中国の商人を深く影響し続け，それに基づき，義利合一の経営倫理観が形成された。

2.1.3　礼の具体的な内包

　儒教思想における礼は，人としての行動基準であり，国家としての尊卑の秩序でもある。孔子は，人は様々な書物をよく読み勉強すれば，礼節をもって自らを制し，正しい道から逸れることのないように維持できると考えた。礼は人

としての行動の規範であると同時に，このような外在的な行動の規範は，人の内在的な欠点を補う。また，国家を管理することも，礼儀謙譲の基準で治めるべきである。中国古代の政治制度と政治理念は，礼と分割できない関係を持っている。礼という価値観が存在しているからこそ，中国において異なる社会階層の人々が同じ社会を分かち合い，共存できたのである。

2.1.4　智の具体的な内包

　中国儒教思想における智は，道徳的な知恵であり，智で人は，善と悪を判明することができ，正しい道へと導かれる。孟子は「是非の心は，智の端となり」と考え，物事の良し悪しを分別する心は，智の糸口であるとした。孟子は，物事の良し悪しを分別する心は生まれついたものであり，人の心の最も奥底にある固有の道徳であるとした。一方，孔子は，そのような才能が生まれつきある人は数少ないと考えた。すなわち，ごくわずかな人は，生まれながらに物事の良し悪しを分別できるが，大部分の人は，それを分別する方法は後天的に勉強してきたのである。孔子曰く「生まれながらにしてこれを知る者は上なり，学びてこれを知る者は次ぎなり」。すなわち，生まれながらにして道理を知っている者は最上であり，学んでから道理を知る者はその次である。生まれながらに智を持つものはあくまでも少数であり，大部分の人間は学び続けることによって智を獲得するのである。そのため，孔子は「学を好むは知に近し」と指摘し，すなわち，勉強を好む人，かつ勉強への熱心は満たされないものこそ，智に最も近い人であるとした。

2.1.5　信の具体的な内包

　信は仁，義，礼と智，とともに儒教五常と呼ばれ，儒教における5つの道徳基準の1つである。信という道徳基準は，儒教思想を貫いたものである。信は，他人に対し誠実を遵守するとともに，自分に対しても誠実であることを要求した。儒教思想では，友人に対して信頼を持つこと，事にあたっては慎むべきであることや話すときは誠実であることを要求した。儒教が信を重んじる理由は「巧言令色鮮なし仁」と認識しているからである。つまり，口先だけうまく，顔つきだけよくする者には，真の仁者はいない。儒教思想では，仁という

道徳を持つ者は，必ず人に対して誠実で，約束を必ず果たす人であると認識している。自分に対して誠実であることは，自分の意志を欺くことはないということである。儒教の経典である『大学』[22)] では「所謂其の意誠にする者は，自ら欺く母きなり」とある。すなわち，自分の意志に真意を持つことは，自分を欺かず，すべてが，自分の心に従うべきである。その理由としては，儒教では，どのように考えているのかは，自分の行為や言語で表すものと認識しているからである。たとえ心の中に邪な考えが現れたとしても，それを受け入れ，自分の不足を認めたうえで正すべきである。心が純粋な人は，他者に自分の本音を隠す必要はないのである。

2.2　中国経営倫理思想への解読

　仁，義，礼，智，信に基づいた儒教思想は，中国の文化と政治経済に深く影響し続けてきた。中国における 3500 年以上の商業発展の歴史では，仁という道徳基準に沿って，人を基とした経営倫理思想が，徐々に中国の企業経営において形成された。また，儒教思想が義という概念を重視することから，中国商人特有の義利合一の経営倫理観が形成された。中国の明朝における儒教の代表的な人物である王陽明[23)] は，「知行合一」という哲学観点を提起し，後世の中国商人に深い影響を及ぼした。そのほか，儒教思想では，他人に対して誠実であることを強調することにより，中国商人の誠実をもととする経営理念の構成に直接的な影響を与え，中国経営倫理の礎となっていった。

2.2.1　人を基とする経営倫理思想

　人を基とする経営倫理思想は，「人」という要素の商業活動における重要性を指摘した。人はあらゆる経済活動を構築するための礎であると同時に，商業と経済の発展の最終目標も，人が幸福に生きることである。このような幸福は，少数の人だけに属する幸福ではなく，社会における全階層に及ぶ幸福である。儒教の中核的な思想は仁であり，それは，人を愛するような哲学思想である。孔子曰く「汎く衆を愛して仁に親しむ」，つまり，大勢の人を愛すことができれば，限りなく儒教の仁に近づける。中国社会で提唱された「共同裕福」という政治思想も，一部分の人だけではなく，社会における全員が，物心両面

での豊かさを手に入れられることを主張する。また，人を基とする思想は，商業において，全ての従業員を基にすることから，全ての消費者，さらに地域社会と全ての国民を基とするに至る経営倫理思想が形成された。

　具体的にいえば，人を基とすることは，人間性を基とすることである。儒教思想では，人の本性は，善であり，人は自らを犠牲にしてでも，他人に思いやりを施す善良な本性を持っていると認識する。しかし，その本性は，安易に失われるものであり，そのため，企業は合理的な制度を定め，従業員を適当に管理する必要がある。良い企業としてすべきことは，従業員の敬業愛人という本性を発揮させながら，巧妙な手段で私利を得るときのコストを増加させることにより，従業員を善の方向へと導くことである。また，人を基とすることは，人格を基とし，つまり，一人ひとりの従業員は，企業の一員であり，職務や財を問わず，それらの人格が無視されず，随意に踏みにじられぬべきである。人を基とすることは，人の心を基とすることであり，孟子は「天は地利より劣るが，地利は人より劣っている」と考えた。人的資源は，企業の最も重要な資源であり，従業員全員が，企業のために，自分の得意を生かし，貢献できれば，その企業は最も多くの競争優位を確保できる。人を基とする経営倫理観は，企業は自然環境に敬意を払い，それらを保護するように努力するよう要求する。人という存在は，自然の一部であり，たとえ企業の従業員であれ，消費者であれ，地域住民であれ，良き自然環境を享受する権利を持っており，そのため，自然環境を保護し，エネルギーを節約し，排出物を減少させることは中国企業にとって，重要な課題である。

2.2.2　義利合一の経営倫理思想

　義と利に関しては，儒教の思想で数多く提起されている。儒教思想では，『論語』で富と貴は，人が欲するものと指摘し，人が裕福を追求することの正当性を肯定した。儒教思想では，財物を追求することは人としてありふれた欲望であると肯定したものの，人々が財を求める際に，その財が正当な手段で手に入れられたかどうかを判断することを要求した。また，儒教思想では，「義」は，「利」の前に置かれ，孟子は，「苟も，義を後にして利を先にすることを為さば，奪わざれば饜かず」と認識している。つまり，もし利益をあまりにも追

求し過ぎ，正義を後回しにすれば，その結末としては，他人の全てを奪うまで満足しなくなる。孔子曰く「不義にして富み且つ貴きは浮雲の如し」，つまり，不正な手段で利益を手に入れられれば，その人にとって，手に入れた利益は浮雲の如きもので，手に入れる甲斐すら存在しない。孔子は「義を失うことなく利益を見る」と指摘し，つまり，人は，利益を追求すると同時に，正義に反しないように注意を払うべきである。もし人は利益を追求するために正義に背けば，それは本末転倒である。

　中国経営倫理の発展に伴い，「義利合一」という経営倫理思想が徐々に形成された。商業の発展は利益に大きくかかわるが，企業は利益の獲得を図ると同時に，義の重要性を無視してはならない。「義利合一」という経営倫理思想は，利益の獲得を図ることは企業にとっては正当な行為である同時に，企業を合法的経営，正当な競争や競争相手との連携などを含めた社会的責任を自発的に負うことを要求する。また，「義利合一」という経営倫理思想は，企業のブランドイメージの構築，人材の採用・定着や企業価値を高めることにより良く作用する。

2.2.3　知行合一の倫理思想

　「知」と「行」の概念は，最初に中国儒教の経典である『大学』で議論され，「致知在格物」において「知」と「行」の関係が提起された。また，後世の人が「致知在格物」という言葉に異なる理解を示したことにより，「知」と「行」の関係を巡り哲学面の議論は長く続いた。例えば，中国宋朝における儒学の代表的な人物である朱熹[24]は，格物とは，この世のあらゆるものの理を尽くしてから，「知」が得られると認識している。このような思想は人の実践を大幅に制限したため，後世の中国明朝の儒学代表的な人物である王陽明は，それを批判した。彼は，格物とは，人の心の中の雑念を排除することで良心の本来あるべき姿に戻すことができれば，「知」は自然にできるものであると認識した。

　王陽明は「知行合一」という哲学思想を提起し，物事を認識するための理屈は実践することと一体化したものであるとした。「知行合一」という経営倫理思想は，中国商人に事業を成功させるには，言葉だけではなく，行動，実践す

べきであると説いた。企業文化の構築も単なるスローガンにとどまらず，実践すべきである。企業の本願が実現される時こそ，その組織が本当に企業目標を理解した時と言える。経営者にとっては，企業における形式主義はできる限り回避すべきである。もし企業スローガンを行動に移せなければ，それは偽りの「知」であり，自らを欺くことに等しいであろう。また，創業者にとって，起業とは口だけに終わらず，行動することにより「知」を表せられるものである。王陽明曰く「知は是行の始にして，行は是知成」，つまり，「知」に基づいた「行」こそ有効であり，「行」をもって「知」を検証することは正解であり，「知」と「行」の同調性を強調した。「知行合一」という経営倫理思想は，後世の中国商人が大胆な実践に励み，真理を追究し，現実を重視する実業家を多く輩出したことにつながる。また，現在に至っても，中国社会には「知行合一」を中核的な経営理念とする企業はまだ数多く存在する。

2.2.4　誠信経営の経営倫理思想

「信」は儒教の中核的な思想の１つであり，人々に日常生活であれ，正式な場面であれ，他人に対して誠実であることを要求する。誠信の商業における具体的な表現としては，企業が経営活動において，法律を遵守し，信用を守り，他人に対して誠実であることが挙げられる。企業は政府に誠実であるべきで，それは，企業が規律や法律を遵守し，脱税など法を脱する行為をしてはならないことを意味する。企業は消費者に誠実であるべきで，不良品・粗悪品を良品と偽らず，顧客の権利を侵害しないことを意味する。企業は従業員に誠実であるべきで，企業は労働者の給料の支払いを滞らせず，従業員の雇用権利を守ることを意味する。また，企業は，ステークホルダーに誠実であるべきで，会計上の記録や公開する情報に偽りは許されないことを意味する。

３．中国経営倫理思想と現代商業発展の矛盾性への解読

仁，義，礼，智，信という儒教思想に基づき，発展してきた中国の経営倫理思想は，現代における経済発展においては不調に陥った。原因としては，儒教思想を中心とした中国経営倫理思想と現代商業発展の矛盾性である。近代中国

では，経済を著しく発展させ，経済的規模が世界第2位になった。一方，短期的な利益だけを重視し，長期的な発展を考慮しない企業が大勢ある。そのため，中国の中小企業の平均寿命はわずか29年であり，全世界におけるほかの国の企業と鮮明な差が見られる。そのほか，中国企業の不祥事が相次いでいるため，現在中国の経営倫理は，時代に応じた調整や変化が求められている。

3.1　中国経営倫理思想と現代経済との矛盾性

　中国儒教思想では，正義，関懐や誠実などの道徳概念を強調する一方，現代経済の発展においては，効率性と利益の最大化が強調される。「義利合一」という経営倫理思想では，義が利より先に提起され，正義の道徳原則に主導された利益を獲得するような商業行為が望まれる。そのため，中国儒教思想に触れた商人にとっては，より迅速な利益の最大化を考える必要はない。そのため，公平さや正義を擁護するために一部商業利益を犠牲することもあり得る。このような経営倫理思想は，激しくなりつつある現代商業競争における競争優位を失わせ，効率性を追求する現代企業に淘汰される可能性がある。

　また，現代経済では，契約が重視されるが，その背景には内在的原則である自由，平等，信用を遵守する商業精神がある。契約精神は，法律上の契約に基づき，取引相手との間での誠実と平等を追求する。一方，中国の経営倫理における誠信経営は経営者自らの道徳面の追求であり，誠信経営の内容や行為自体が外在的な法律に縛られていない。そのため，中国の誠信経営は，親戚関係や友人関係に限られている場合が多く，中国商人における独特な「知り合い社会文化」を形成した。つまり，中国の商人の間では，プライベート関係が存在し，人間関係が築かれている。それに対し，現代経済は，契約関係を礎に，契約関係を成立させた両方の信用は，法律によって制約され，商業活動における人間関係に対するコストを大幅に低下させた。中国の経営倫理思想は人の内在的な道徳基準をあまりにも強調しすぎたため，外在的な法律が果たす商業誠信行為への制約機能は無視されたと言える。

3.2　中国経営倫理思想と現代経営との矛盾性

　現代的経営は，完全に個人が所有し，経営する役割を担うあり方から，専門

経営職による経営活動へと変化した。会社の経営範囲と規模の拡大により，所有と経営の分離は避けられないものである。一方，中国の儒教思想では「親親為大」と認識している。つまり，自らの親戚を愛することが最大の仁であり，そのため，中国企業は親戚関係を比較的重視している。企業の所有者の親戚や友人などは社員募集の際に優先される傾向が見られる。中国の商人にとって，自分とは全く関係のない人が，自分が作り上げた企業を経営することは非常に受け入れづらいことである。このような家族企業が業務の範囲や規模をより一層拡大しようとする場合，企業の所有者の関係者を招くことは，成長のための最も大きな足手まといになる。そのため，中国の家族企業の発展は困難である。このほか，親戚や友人を優先する人事制度下では，社員の専門性の低下につながり，企業の効率化が阻まれる。

４．まとめ

　中国商業は，儒教を中心に，3500 年以上の商業発展過程において，「人を基とする」，「義利合一」や「誠信経営」などの経営倫理思想を形成してきた。これらの経営倫理思想は，中国商業をより正しく発展させることにプラスに働いた。一方，中国の経営倫理思想は個人の内在的な修養を強調しすぎたため，商人および商業行為への外在的制約を無視した。個人の修養を基とした商業の誠信行為は，親戚や友人のような知り合いの範囲にとどまり，中国商業の近代的発展に大幅な制限を与えた。このほか，儒教思想では，親族という観念を重視するため，中国商業の発展は家族企業の規模にとどまり，経営規模をより一層拡大することの困難さを抱えた。このような観念が，中国商業発展の最大の阻害要因であることに違いはない。現代経済は効率性や利益最大化を追求し，現代企業は企業の所有と経営を分離させ，それにより会社の経営資源と経営者の最も優れた組み合わせにより社会の資産を増加させる。中国経営倫理思想と現代経済や現代経営との矛盾は，中国企業の現代化の乱れ，企業不祥事が相次ぐ要因だと考えられる。企業が長期的かつ正しくに発展し続けるには，倫理面の指導は必要不可欠である同時に，現代社会の発展に応じてより激しくなる市場競争においても中国経営倫理の原則は存続し続けることが求められる。

【注】

1）夏朝（約紀元前 2070 年－約紀元前 1600 年）は中国歴史で記載された初の世襲制が採用された朝代である。

2）商朝（約紀元前 1600 年－約紀元前 1046 年）は中国歴史において 2 つ目の朝代であり，殷商と呼ばれ，中国歴史上において初の同時期に文字記載を有する王朝である。

3）桓寛，西漢の政治家，文学家であり，字次公，汝南（今上蔡）人。

4）『塩鉄論』は中国西漢の桓寛が漢昭帝時期に開催された塩鉄会議の記録をもとに整理された文献である。

5）夏朝以降の玄貝は，夏朝で黒い貝を貨幣として用いることを意味する。

6）『周礼』は，儒教の経典であり，十三経のうちのひとつであり，西周時期の有名な政治家，文学家，軍事化周公旦の著書である。

7）春秋時期は中国東周時期前半のことを指し，いわゆる紀元前 770 年－紀元前 476 年である。

8）漢唐の時期とは，紀元前 202 年（漢高元年）－907 年（唐朝が滅亡）の時期を指す。

9）北宋朝は，中国古代歴史において最も繁栄した時代と思われ，儒学が復興され，科学技術が著しく発展し，政治面も比較的に開明であった。咸平三年（1000 年）の GDP は 265.5 憶ドルであり，世界の 22.7％を占め，1 人当たりの GDP は当時西ヨーロッパの 400 ドルを超えた 450 ドルであった。

10）明朝（1368－1644 年）は，中国で最後に漢族に作られた封建的王朝である。清朝（1636－1912 年）は，満族人が遠東で作った朝代であり，中国最後の封建的王朝として認識されている。明朝と清朝を合わせて「明清」と呼ばれる。

11）商帮は郷土親族関係をもとに，会館や理事機関や標的建築物を持つ商業集団のことである。中国歴史上の「三大商帮」は，粤商，徽商，晋商の一説と陝商，晋商，徽商の一説に分かれている。

12）儒教に関する学説の簡称は儒学であり，中国最も重要な伝統文化でもある。

13）費正清（英文：John King Fairbank, 1907 年 5 月 24 日－1991 年 9 月 14 日）ハーバード大学教授，アメリカ歴史学家，中国問題観察家。ハーバード東アジア研究センターの設立者であり，「中国研究の元祖」と呼ばれる。

14）『論語』は春秋時代の思想家，教育家である孔子の弟子と弟子の弟子が孔子の言行をもとに中国戦国時代前期に編んだ語録である。

15）『孟子』は，中国戦国時代孟子の言論をもとに編纂した本である。当該本では，孟子とほかの思想家との議論，弟子への教えや諸侯を説得するなどの内容を有し，孟子とその弟子による編纂されたものである。『孟子』は，孟子が国家を管理するに対しての思想，政治策略や政治行動が含まれた中国戦国中期で完成した儒学の経典である。

16）2006 年に中国で起きた乳製品汚染事件は，食品安全事故である。事故の原因は，三鹿会社が生産した粉ミルクを食用した幼児が，腎臓結石を患うことが多いことが判明し，その後の調査では，生産された粉ミルクからメラミン成分が検出された。

17）2022 年 3 月 15 日の中国国家放送局が開催した 3.15 特別放送では，「酸菜事件」問題が反映され，酸菜の制作過程における食品安全面の問題や衛生条件の問題が懸念された。

18）孔子（紀元前 551 年－紀元前 479 年）は，中国古代の偉大な思想家と教育家であり，儒教の元祖であって，世界で最も有名な人物の一人でもある。

19）孟子（紀元前 372 年－紀元前 289 年）は，需要において孔子についで重要な思想家である。

20）董仲舒（紀元前 179 年－紀元前 104 年）は西漢で哲学者である。

21）『礼記』は，西漢の礼学者である戴聖が編纂した先秦の礼制を主に記録し，先秦の儒教の哲学思想，教育思想，政治思想や美学思想を体現した儒教思想に関する資料を集めた本である。

22）『大学』は儒教による修身と天下を安定させる思想のことを記載した散文であり，中国古代において教育理論を討論した重要な著作である。

23）王守仁（1472 年 10 月 31 日－1529 年 1 月 9 日），号陽明。明朝の傑出な思想家，文学家，軍事家

と教育家である。

24）朱熹（1130 年 10 月 18 日－1200 年 4 月 23 日），中国南宋時期の理学家，思想家，教育家，詩人である。

第 4 章
台湾の経営倫理

葉山彩蘭

1. 台湾における経営倫理の最新動向

　台湾では，「君子愛財，取之有道」という諺がある。日本語に訳すと，「君子は財を欲するも，その取得には正しい方法がある」となる。つまり，非倫理的または不道徳な手段で金儲けをしてはならないという価値観が根強く台湾の社会で共有されているのである。

　2001 年 12 月以降，アメリカのエンロンやワールドコムなどの企業不祥事の影響を受け，台湾では，各企業による「倫理行動基準」の策定が必要と考えられていた。経営トップの倫理規範が不祥事と大きく関係していたことから，企業のトップ・マネジメント（取締役，監査役，経営幹部を含む）の行動を倫理基準に一致させ，また，企業外部の利害関係者に自社の倫理基準を理解させるためである。2004 年 11 月，台湾証券取引所は，類似する不祥事を防ぐために，各上場企業に「倫理行動基準」の策定を呼びかけた。「上場企業倫理行動基準」の策定は強制的ではなかったが，投資家が経営透明性を重視する背景もあり，近年，行政機関の指導の下で，自社の「倫理行動基準」を作成し公表する企業が増えてきている。2020 年 6 月に修正された，台湾証券取引所が提示した倫理行動策定範例では，次の 8 項目の倫理基準が示されている[1]。

　(1)　利益衝突の防止：会社の役員，監査役，または経営幹部が客観的にかつ効率的に職務を担当することができない場合，または会役員，監査役，経営幹部が個人の職位や身分を利用し，本人自身，配偶者，父母，子供など

の親族に利益を与える場合がある。その場合は，個人利益と会社利益の衝突が発生する。企業は役員，監査役，または経営幹部との関わりを持つ関連企業との資金流動に注視し，利益衝突を防止する対策を練るべきである。また，取締役，監査役または経営幹部が会社と利益衝突のおそれがあるかどうかを積極的に指摘するための適切な手段を提供すべきである。

(2)　私的利益の機会回避：会社の役員，監査役，または経営幹部に対して，次の事項を得させないように工夫する。

①　会社の資産，情報，個人の職務を利用し私的な利益を得る機会。

②　会社の資産，情報，個人の職務を利用して私的な利益を得ること。

③　会社と競争すること。会社が利益を獲得する機会があれば，会社の役員，監査役，または経営幹部は会社の正当な利益を増加させる責任がある。

(3)　守秘責任：会社の役員，監査役，ないし経営幹部は会社および取引会社の情報を許可なく公開してはならない。競争相手会社に利用される可能性のある情報，または会社や顧客に損害を与える未公開の情報について守秘する責任がある。

(4)　公正取引：会社の役員，監査役，ないし経営幹部は，取引会社，競争相手会社，従業員に公正に対処しなければならない。職務で得た情報の操作，隠蔽，また乱用など，重要事項に関する不実な陳述を行い，もしくは不正取引を通じて利益を取得してはならない。

(5)　会社資産を保護し，適切に運用する：会社の役員，監査役，ないし経営幹部は，会社の資産を保護する責任を持っている。同時に，それを合法的に公務に使用されることを確保しなければならない。会社の資産が窃盗され，無視され，または浪費されると，会社の収益に影響を及ぼすのである。

(6)　法令遵守：証券取引法およびその他の法律・法令を遵守することを強化する。

(7)　法律や倫理行動基準を違反する行動についての告発を促す：会社内部において，倫理規範を強化し，従業員の法令や倫理行動基準に違反する行為を会社の役員，監査役，ないし経営幹部に告発することを促す。告発者を

保護するために，関連する告発プロセスや体制を作り，告発者の安全を守
ることを社内に周知させる。

(8) 懲戒処分：会社の役員，監査役，ないし経営幹部は，倫理行動基準を違
反する場合は，基準の通り懲戒されるべきである。また，違反した役員，
監査役，ないし経営幹部の肩書，氏名，日付，違反理由，違反基準，処分
状況などの情報を公開しなければならない。

　台湾証券取引所の呼びかけを受けて，「倫理行動基準」を作成し公表する台
湾企業が増加したが，企業不祥事が完全になくなったわけではない。2014 年，
台湾で発生した食品安全事件，ガス爆発事件などにより，台湾の人々の企業
に対する不信感は再び深刻なものとなった（謝 2016）。これまで多くの企業家
は，誠実で正直な経営を行い，絶え間ないイノベーションによって，厳しい国
際競争の中で台湾企業の地位を維持してきた。例えば，2014 年の Dow Jones
Sustainability Index では台湾企業が複数ランクインしていた（TSMC，中華
電信，中国鋼鉄，台湾モバイル，Acer，Yushan Financial Holdings を含む）。
この結果は，欧米の基準で見ても，台湾企業はサステナビリティの分野でかな
り競争力があることを示している。また，近年，盛んに議論されている CSR
や ESG 投資は，台湾企業でも実践されており，株主，従業員，消費者，サプ
ライヤー，政府，市民団体，地域社会，環境などのステークホルダーと倫理的
に関わっていくことが重視されている。さらに，最近では世界的に，サステナ
ブルな消費者が商品購入時に生産プロセスの倫理性を評価し，よりサステナブ
ルな商品を購入する消費傾向が強まっていることが明らかになっている。この
ため，多くの台湾企業は，経営倫理にこだわり，社内に最高倫理責任者を設置
して誠実さを企業統治の最高基準とし，積極的に環境保護に投資している。

2．台湾企業における経営倫理の実践：TSMC と信義不動産

　近年，台湾企業は激しい市場競争に直面する中で，経営倫理を重視すること
がグローバル経営とイノベーションとを進め，競争力を高めることと同じくら
い重要な課題となっている。特に，エンロン，ワールドコムが相次いで経営破

たんを起こし，投資家などの利害関係者に莫大な損失を与えたことから，経営倫理の問題は台湾でも大きくクローズアップされるようになった。これらの不祥事は，根本的にいえば，コーポレートガバナンスの問題および企経営トップの深刻な倫理観欠如である。このような倫理的リーダーシップの欠如は劣悪な組織文化につながりやすく，利益至上主義の経営幹部と組み合わさると経営上の不正行為の絶好の温床となる。一方，経営トップが倫理的組織文化を創造し，率先して倫理的な経営環境を守ることが，組織の競争力を高めることにつながる。組織内で倫理が重視されるようになれば，組織的不正行為を完全に根絶することはできないかもしれないが，不祥事を大幅に低減できると考えられる。

　前文で述べたように，欧米諸国では，倫理に反する行為を防止するために，社内倫理規定，倫理委員会創設，あるいはより厳格なコーポレートガバナンスの確立など，経営倫理に対する積極的な取り組みが始まっている。一方，台湾では，2012 年 10 月，台湾の元副総統である蕭萬長氏が国立政治大学の「信義書院開校式」で「国家競争力の活性化」をテーマに講演し，台湾社会は無力感と悩みに満ちており，台湾経済は悩みから抜け出せず，方向性を見失っていると言及した。蕭氏は，「これからの時代において，戦略だけに頼った競争ではなく，経営倫理こそが勝利への鍵である。 優れた経営倫理は，まっとうな企業経営の象徴であるだけでなく，社会の信頼を保証するものでもある」と述べ，経営倫理の重視を促した。蕭氏は利益重視から経営倫理重視へと変化することができれば，台湾企業および国の競争力を効果的に高めることができると指摘したのである[2]。

　利益重視のビジネスの世界では経営倫理はしばしば理想や夢とされ，疑問視されている。特に近年，不誠実で非倫理的事件が多発しているため，「倫理重視」の会社の価値観，文化，規範，制度をどのように構築すればよいのかが問われている。誠実な企業はどこにあるのか？ 企業の倫理的な手本はどこにあるのか？ 起業家や未来のビジネスリーダーにロールモデルを提供できるのは誰か？ 倫理的志向の企業は本当に生き残れるのか？ エシカルビジネスは本当に儲かるか？ Wu（2000；2002）によれば，経営倫理の実施レベルが高いほど，組織の効率は向上する。また，高いレベルの組織業績は，高いレベルの

企業倫理と個人倫理の適用に直接起因している。

　ここで台湾を代表する TSMC（Taiwan Semiconductor Manufacturing Company, Ltd.：台湾積体電路製造股份有限公司）と信義不動産の経営倫理の取り組みを例として挙げたい。

2.1　TSMC（台湾積体電路製造股份有限公司）

　1987 年 2 月に設立された世界最大手の半導体ファウンドリー（受託生産）のひとつである台湾積体電路製造株式会社（Taiwan Semiconductor Manufacturing Company, Ltd.：以下 TSMC）は，台湾で初めて 12 インチウエハーの試験生産に成功した最先端技術を持つ著名な企業であり，この 35 年間で急速に発展を遂げてきた。TSMC の企業ビジョンは，ファブレス企業や IDM（垂直統合型デバイスメーカー）に最先端技術と十分な製造能力，そしてファンドリーサービスを提供し，顧客とのパートナーシップにより，半導体業界において強力な競争力を築き上げることである。2022 年 7 月現在，同社のホームページで公開されているコア・バリュー（基本的価値観）は次の通りである[3]。

　(1)　常に誠実であること（Integrity）：TSMC の最も基本的かつ重要な価値観である。安易なコミットメントはせず，一度コミットメントしたものに対しては，貫徹するよう最後まで努力する。市場において社会理念に基づき競争し，他社を誹謗中傷することなく，他社の知的財産を尊重する。協力会社に対しては，客観的で，首尾一貫した，公平な態度を堅持する。いかなる不道徳な行いや政治活動や社内における政治的活動も容認せず，新規雇用の際には，候補者の資質と人格を重んじ，縁故による採用をしない。

　(2)　コミットメント（Commitment）：顧客，協力会社，社員，株主そして社会の繁栄を約束する。株主や顧客に最高の利益を提供することに専念することで，全ての株主や顧客が，互いにコミットメントを共有することを願っている。

　(3)　イノベーション（Innovation）：イノベーションは，戦略立案，マーケティング及びマネージメントから技術及び製造に至る，TSMC の事業に

おけるあらゆる面を支えている。イノベーションとは，新しい発案という意味に止まらず，発案を実際に実行するという意味である。

⑷　顧客の信頼（Customer Trust）：顧客第一主義を念頭におき，長期的な顧客の成功の一環として，顧客と緊密で永続的な関係を築くことに尽力する。

また，経営理念の 10 原則も公表されている。

①　常に誠実であること
②　核となるビジネスへの注力
③　国際化を目指す
④　長期展望と戦略の重要性の認識
⑤　顧客はパートナーである
⑥　業務全般において常に質の向上を目指す
⑦　たゆまぬ改革を怠らない
⑧　活力のある有意義な労働環境を追求する
⑨　風通しの良い組織体系を維持する
⑩　従業員と株主を大切にし，社会に対する模範企業を目指す

基本価値観と経営理念から「常に誠実であること（integrity）」は，TSMCの組織文化において最も重要なコアバリューであることがわかる。同社のすべての事業活動はこうした一貫した倫理観をベースに行われているといっても過言ではない。また，TSMC が策定した倫理行動規範においても，Integrityが価値観を実践するための中心的な指針となっている。子会社を含む全従業員が，高い倫理観，企業名声および法令を遵守することが求められている。TSMC の倫理行動規範は次の通りである[4]。

⑴　各メンバーは個人的な利益のために会社の利益を犠牲にせず，個人と会社の利益の相反を回避する。
⑵　汚職，不正競争，詐欺，浪費，会社資産の乱用などの行為に従事しない。
⑶　不当な方法を通して他人の意思決定に影響を与えない。いわゆる「他人」には，政府関係者，政府機関，顧客，サプライヤーなどが含まれる。
⑷　会社や環境，社会にとって有害な行為に関与しない。
⑸　社会的責任の理念に合致する供給元から購入する。

⑹　会社や顧客の機密情報を保護する。

⑺　関連するすべての法律および規制の文言と精神を遵守すること。

2.2　信義不動産

　1981 年，創業者である周俊吉氏は，「私たちは，専門的知識とグループ力を もって，安全・迅速・合理的な不動産取引を推進し，仲間の雇用を確保し成長 できるような環境を整え，適正な利益で事業の存続と発展を維持しながら，社 会に奉仕していきたい」という経営理念を書き出し，不動産ビジネスをスター トした5)。創業して四十数年が経った現在，信義不動産は台湾不動産業界の リーディングカンパニーとなっている。

　信義不動産は，創業時期からの「信」と「義」の経営理念を大切に守ってき ている。社名の「信」とは約束を守り実行すること，「義」とは適切に考え行 動することであり，「信義」とは「やるべきことをやり，やると言ったことを やること」である。このような企業精神は社内規則の核となるもので，社員の 行動指針となっている。同社は 2012 年に台湾で初めて企業倫理室および倫理 長を創設し，「総合倫理管理委員会 (Total Ethical Management Committee： TEM)」として，倫理責任者が取締役会の重要な意思決定に参画している。 TEM 委員会は，グループ内の最高意思決定機関であり，同社の重要な意思決 定はすべて企業倫理に則って行われている。TEM のメンバーは，事業戦略や 方向性のあらゆる側面が企業倫理の精神に合致していることを確認するゲート キーパーの役割を担っているのである。

　創業者である周俊吉氏は，「倫理」を経営理念・行動規範として掲げ，会社 の価値観，使命，文化，戦略，業務において実践し，社会的責任も積極的に果 たしている。当企業は，台湾で長年にわたり，倫理的なビジネスのモデルとし て認識され，誰もが信頼する成功企業となっている。周俊吉氏は，「良い会社 とは，誰がより多くのお金を稼ぐかではなく，お金を稼ぎながら社会問題や環 境問題に配慮している会社である」と語っている。

　同社は 2012 年には国立政治大学商学部の下に「信義書院」を設立し，初の 経営倫理関連プログラムをビジネススクールに導入した。信義書院でははじめ て全学部の必修科目として，企業倫理講座や企業倫理研究センターを設置し，

学部や大学院，MBA プログラムによる一般・専門分野の倫理講座，企業実務
講座の企画を展開している。信義書院は長年にわたり，企業倫理教育根幹プロ
ジェクト，全国企業倫理教師合宿，全国大学倫理事例，倫理サロンなど，優れ
た倫理教師の育成と革新的な教授法によって，企業倫理教育が現代社会に与え
る影響を最大限に高めるべく企業倫理教育の推進に取り組んでいる。現在まで
に，台湾で 77 の大学と 173 の学部が経営倫理プログラムを導入している。

　同社は 2004 年からは「一村一品プロジェクト」を通じて台湾の地域づくり
を支援している。これまでに数千のコミュニティの変革プロジェクトを支援
し，台湾の農村部と都市部の 98.9％以上をカバーしてきた。「お客様のために
なれば，長い目で見れば企業の利益になる」「利益よりも正義を優先する」と
いう倫理的精神が示されているのである。企業が経営倫理を実践すれば，必ず
や社会をリードし，持続的な発展を遂げることができるのである。

3．台湾における経営倫理教育の推進

3.1　「中華企業倫理教育協進会」の設立

　エンロンやワールドコムのスキャンダルが発生したとき，欧米の経営学部や
ビジネススクールで経営倫理が注目され，台湾でも経営倫理教育を重視するよ
うになった。2009 年，「中華企業倫理教育協進会」（Chinese Business Ethics
Education Association）は，企業倫理や経営倫理の教育と実践に携わる関係者
らによって設立された。 このプラットフォームを通じて意見交換を行い，企
業倫理や経営倫理の教育と研究の水準を高め，現場における実践の推進を目指
している。2013 年からは，大学教員を対象に年 2 回（冬季キャンプ，夏季キャ
ンプ），全国経営倫理教員のためのワークショップを開催している。プロの講
師陣がチームを組んで「概念の枠組み」と「運用スキル」の革新的な教育充実
セミナーを提供し，経営倫理教育に関心のある大学教員同士が交流・観察し，
経営倫理教育に協力する専門コミュニティを形成することに取り組んでいる。

　また，当協会と「台達電子基金会」は共同で，台湾学界の経営倫理やサステ
ナブル経営に関連する研究者を育成するため，大学や専門学校から経営倫理関
連分野の優秀な教師を選抜し，短期留学（原則 6 カ月）の奨励金を授与してい

る。経営倫理やサステナビリティの分野についての知識と教育を拡充し，台湾
における経営倫理教育の根を張り，産学がより一層経営倫理に関心を持つよう
推進することを目的としている。

3.2　「エシカルリーダーズプログラム」の推進

　持続可能なビジネス運営のために ESG 開発の重要性が高まっていることを
踏まえ，2021 年 5 月に企業倫理を本業の核心とする「信義不動産」，経営倫理
教育を長年推進してきた「信義文化財団」，ソーシャルイノベーションの育成
に豊富な経験を持つ「社企流」（Social Enterprise Insight）が共同開催し，「エ
シカルリーダーズプログラム」をスタートした。本プログラムは，零細・中
小企業の倫理的リーダーを長期的に育成することを目的としており，ESG（環
境・社会・ガバナンス）を 3 つの側面から捉え，研修，交流，経験共有を通じ
て，参加者の経営倫理に関する知識・態度・スキルを高め組織運営を強化する
3 年間のプログラム構成としており，受講は無料である。

　倫理リーダープログラムでは，毎年 10 回の研修を開催し，企業倫理の概念
を初心者レベルから高度な段階まで構築し，組織の経済・社会・環境面を見直
し，従業員の報酬・福利厚生構造，影響報告など企業倫理を推進する文書の作
成に役立てている。プログラムの 1 年目は，経済分野では社会イノベーション
と起業家精神，零細・小規模企業における自己規制と自己規律，社会分野では
変化の理論と影響評価，ステークホルダー管理と運営，環境分野では組織の持
続的構築，職場の労働安全，コンプライアンスと誠実さに関するコースをカ
バーしている。

　研修，交流，経験移転の 3 年間のプログラムを通じて，零細・中小企業から
の参加者は経営倫理の知識，姿勢，スキルを開発し，倫理規範の強化およびガ
バナンスの改善を行って，企業と社会に良い影響を及ぼすことが期待されてい
るのである。

4．結論

　台湾では家族企業が多いため，外部の経営人材を取締役会に迎えることを歓

迎せず，取締役会を開いても詳細な経営戦略や情報を表明しない場合が多い。また，大株主は経営権を握り，零細株主よりも家族の利益を優先する傾向がある。2001 年に修正された台湾の会社法では取締役が会社に対して「注意義務」と「忠実義務」があると明文化されたが，倫理的企業行動を求める「理想」と企業不祥事が後を絶たない「現実」とのギャップを埋めるには，企業内部の自浄作用と企業外部の監査機能が必要である。創業者家族の利益のみならず，全ての利害関係者の利益を追求する取締役会の機能の回復が求められる。

TSMC および信義不動産の事例を通して，2000 年以降，台湾企業における経営倫理の推進が着実に進んできたことが明らかになった。企業は独自の倫理規範を設定し，経営戦略の核心に置いて，従業員と共有した上で利害関係者から信頼を得ようと努力している。同時に，大学や学術界においても経営倫理，CSR，ESG に関連する研究と教育が進み，倫理的なリーダーの育成に尽力している。

経営倫理は，経営者や個々の従業員の全ての行動判断基準であり，企業の競争力でもある。経営倫理が組織の行動規範となるように，推進するための指導および監督体制が重要である。謝冠雄氏（2016）が例えたように，経営倫理は，五線譜のようなものである。経営トップは交響楽団としての指揮者であり，社員は演奏者である。美しい音楽になるためには，経営トップも社員も五線譜の音符に従って演奏していく必要がある。

【注】

1）台湾証券取引所「上市上櫃公司訂定道徳行為準則參考範例」2020 年 6 月 3 日修正公表。
2）「蕭萬長：企業倫理是競争關鍵」https://tw.news.yahoo.com/，2012 年 10 月 3 日，2022 年 7 月 20 日アクセス
3）「TSMC の価値観と経営理念」https://www.tsmc.com/japanese/aboutTSMC/values，2022 年 7 月 15 日アクセス。
4）「TSMC コーポレートガバナンス」https://investor.tsmc.com/static/annualReports/2016/chinese/pdf/c_3.pdf，47 頁，2022 年 7 月 23 日アクセス。
5）「信義不動産の経営理念」https://www.sinyi.com.tw/aboutsinyi/aboutsinyi_idea，2022 年 7 月 18 日アクセス。

第 5 章

韓国の経営倫理

文　載皓

1．はじめに

　1990 年代以降，アングロサクソン型経営はグローバルな次元で拡散され，多大な影響を与えている。このような状況は韓国経済社会においても同様である。このような状況の中で韓国社会が看過できない重要な課題に経営倫理がある。これは従来まで重視されてきた経済的価値に加え，倫理的価値や社会的価値をも同時に追求しなければならない状況であることを意味する。これらの動向は，従来では見られなかった韓国社会からの強力な要請であり，ときに「反企業感情（anti-corporation sentiments）」に形を変え，企業の反倫理的かつ反社会的行動様式に対して市民社会から強い反発を招いたりもする。特に，1990 年代を境に散見する政治と経済との癒着に端を発した様々な企業不祥事を契機に財閥大企業に対する反企業感情は，財閥大企業が韓国経済社会で占める影響力の大きさとともに，「反財閥感情」へと変質していることも否めない。このような企業に対する一定以上の倫理的かつ社会的な業績を維持することへの社会からの要請は，近年倫理経営，企業倫理，CSR（企業の社会的責任），ESG，SDGs などの形態として現れ，その動向は弱まるところがない。

　さらに，経済集中力の面において 4 割弱を占める財閥大企業に対するコーポレートガバナンス上の問題も浮き彫りにされ，韓国社会に重要な問題を引き起こしている。しかし，韓国財閥大企業の大半が所有と経営の未分離の状態であるため，それらの問題は日本や欧米諸国に見られるコーポレートガバナ

ンス上の諸問題とは異なる形で現れている。具体的には,「内部者支配枠組み (insider-dominated framework)」が主な原因となり,エクイティ・カルチャー (equity culture) の欠如, 少数株主における法的保護措置の欠如, 配当金に対する関心の欠如, 株主総会に対する関心の欠如, 経営者規律付けの欠如, 経営意思決定における権限誤用あるいは濫用などの問題がしばしば指摘されている (文 2019)。

　一方, 本稿の主なテーマである経営倫理と関連する研究・教育・実践については近年目まぐるしい進展が見られている。まず, 経営倫理に関する研究は 1998 年に設立された韓国経営倫理学会を中心に行われている。次に, 経営倫理に対する教育は韓国大学の経営学部や経営大学院と, グローバルな事業展開を繰り広げている財閥大企業を中心に大きな進展が見られている。

　このような見地を踏まえて本研究では, 'business ethics' をめぐる理論的考察と, そして経営倫理と関連する新たな動向としての儒教思想の変質の動向, 経営倫理大賞, コロナ禍における経営倫理上の課題を中心に韓国の経営倫理について考察する。

2．経営倫理と「倫理経営」

　韓国において最初に倫理綱領や経済倫理の実践要綱を制定したのは全国経営者連盟 (以下全経連とする) である。それ以降, 企業不祥事の勃発が多かった 1980 年代から 90 年代の時期を経て現在に至るまで数多くの企業において企業倫理行動憲章の制定及び運営が行われている。従来の韓国企業社会は,「倫理経営」に対する導入の重要性は認識されるものの, 早急に解決しなければならない重要な課題としての認識は不足していた。しかし, OECD が 1999 年 2 月に発効した「国際商取引における外国公務員に対する贈賄の防止に関する条約」の導入が契機となり, 2000 年代に入ってからは,「倫理経営」の課題を企業競争力の次元で真剣に受け止めることとなった。

　次いで, 日本で「経営倫理」や「企業倫理」と翻訳されている 'business ethics' は, 韓国社会においては,「企業経営という状況において現れる態度や行動の善し悪し, 善と悪を区分するための判断基準または道徳的価値と関す

る経営行動や意思決定の原則や指針」を意味する「倫理経営」，「経営者や役員
及び企業の全構成員の倫理意識や望ましい制度化であり，経営者が備えるべき
倫理」を指す「経営倫理」，そして「企業の意思決定の次元で正しい（right）
と正しくない（wrong）またはいいこと（good）と悪いこと（bad）に関する
関心」を指す「企業倫理」という 3 つの用語に翻訳されている。この 3 つの中
で 'business ethics' を指している概念として韓国において最も定着されつつ
ある表現が「倫理経営」であろう。

　このような各般な定義に対し，イ（2010）は「企業倫理」と「倫理経営」の
概念の曖昧さについて指摘している。すなわち，前者の「企業倫理」は応用倫
理学の一種として認識され，「正しい（right）こと」と「よい（good）こと」
の目指す観点であり，組織成員の意思決定に関する研究として見なしている
という。後者の「倫理経営」に関しては，より包括的な意味を有し，場合に
よっては概念上 CSR と混同したり，経営者の倫理意識に限定したりしている
傾向があると指摘している。イは企業倫理と倫理経営に反映されている倫理に
対する 2 つの傾向があることを主張している。それは「正しい－正しくない，
規制・処罰・監視」という企業倫理の観点と，「良し悪し，高い生活の質の追
求」という倫理経営の観点で考えることである。

3．倫理的基盤としての儒教とその変質

　次に，韓国企業の倫理的基盤を表す重要な用語に「儒教思想」がある（文
2013）。企業の倫理的行動様式を決定づける諸要因について分析するのに役立
つものにホフステッドの「儒教的ダイナミズム」がある（Hofstede 1991）。周
知の通りに，この研究は，IBM の社員を対象にして行った 1967 年と 1973 年
の調査結果から得られた。この国民文化 6 次元は，最初集団主義・個人主義，
権力格差，不確実性の回避，女性性・男性性という 4 つの分析要素から始まっ
たが，その後 2 つの次元，すなわち短期志向・長期志向と人生の楽しみが評価
の基準として新たに加わるような形に発展した。

　Mente and Lafayette（1998）によれば，「儒教がもたらす最も重要な要因は
あらゆる直接的な衝突を避けることにある。ビジネスを行っている状況におい

て，これはあるものに対して真実を語らなかったり，悪い知らせを差し控えたり，間違いを取り上げなかったりする方向に導く。究極的に，関係と状況が道徳性を決めることになる」という。したがって，韓国人が罪に定める決定的な要因（criteria）はあるものの，それが個人，家族，同僚や友達，そして社会全体において行動に影響を及ぼす絶対的な普遍性（universal absolutes）を有しないことを意味する。これは倫理原則を守ることより経済的な成果が重視されているからといって，倫理基準が不足していることを意味するものではない。対面を重視する韓国人経営者は米国の経営者に比べても道徳的かつ倫理的な基準で劣っていないし，倫理に対する認知（ethical perception）においては米国の経営者よりも厳格な水準を有しているという興味深い研究もある（Lee and Sirgy 1999）。

　図表 III-5-1 は先述したホフステッドが行った国民文化 6 次元をベースにして日本，米国，中国，韓国を比較したものである。周知の通り，この分析には，権力格差，集団主義・個人主義，女性性・男性性，不確実性の回避，短期志向・長期志向，人生の楽しみ方が主要な分析基準となっている。各指数間で特に大きな格差が見られているのは，集団主義，男性性，短期志向，不確実性の回避の面では強い傾向を見せているのに対し，人生の楽しみの面では弱い傾向を見せていることが分かる。さらに，権力格差の面では中程度の傾向を見せていることが明らかになっている。

図表 III-5-1　国民文化 6 次元による日韓の比較

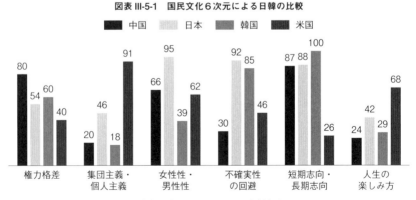

出所）「ホフステッドの国民文化 6 次元モデルによる分析」（https://www.hofstede-insights.com/country/south-korea/）2022 年 7 月 20 日閲覧。

　Chung ら（2007）の研究によれば，儒教が米国の学生らと対比できる東アジア諸国，すなわち日中韓の共通する東アジア的な価値（East Asian values）として認識されていることが明らかにされている。しかし，日中韓にも儒教は一枚岩ではなく，近年国ごとの経験に基づいて変化している傾向を見せているという。言い換えれば，倫理的認知（ethical perception）は国特有の特性（country specific characteristic）によって大きく影響を受ける傾向がある。例えば，中国人はビジネスを行う上で競争意識と残存するマルクス主義（反資本主義）的な矛盾する価値から影響を受けている。一方，韓国では市民を物質万能主義的な行動に導く企業不祥事には非常に敏感に反応している傾向があるのに対し，日本ではグローバルな競争圧力に順応したり，社会的調和に焦点を当てたりする傾向を見せているという。

　さらに，韓国社会において未だに福祉，健康，長寿，先祖崇拝，立身出世，家門の名誉という5つの「祝福（blessing）」を重視する伝統的な価値を追求する傾向は根本的に変化していないものの，富そのもの自体への執着（お金のためにお金を稼ぐ行為）はかつてより強くなっている傾向を見せている。すなわち，このような社会的な動向は，産業化の過程で避けられない副産物という認識である。一方で，儒教が日本の経済発展に影響を及ぼしていることを主張もある。特に，日本の著名な産業主義者である渋沢栄一の功績に注目し，彼の主張する儒教倫理が日本のビジネス慣行に現代のビジネス・スキルを結合させたという。

　次に，CPI（腐敗認知指数，corruption perception index）は2021年現在で32位（100点満点で60点）を占めている。10年間の推移は2012年の56点から2021年の62点に若干上昇する傾向を見せている。香港（12位，76点），日本（18位，73点），台湾（25位，68点），米国（27位，67点）より腐敗認知度は低く，中国（66位，45点）よりは高い順位を占めていることが明らかにされている（https://www.transparency.org/en/cpi/2021）。

4．価値共有型と倫理経営大賞

　経営倫理活動の代表的な類型には，大きくコンプライアンス型と価値共有型

がある（梅津 2005；谷口 2013）。これについては Paine（1994）の業績によっても，「コンプライアンス戦略（compliance strategy）」と「インテグリティ戦略（integrity strategy）」に大別されているが，本稿では梅津の類型区分と定義に従う。

　前者のコンプライアンス型は，1999 年 2 月 11 日に全国経済人連合会が制定した「企業倫理行動憲章」と全国銀行連合会の「倫理綱領」などが事例として上げられている。それ以後韓国財閥企業を中心に企業倫理の制度化が着実に定着しつつあると知られている。さらに，全国経営者連盟が 2021 年に発刊した「主要企業の社会的価値報告書」によれば，主要企業の社会貢献支出は 2020 年に 191 社が行った実績が約 2 兆ウォン（平均支出金額は 136 億ウォン 7685 万ウォン）であり，売上高に対する社会貢献支出の割合は 0.18％（税引前当期純利益対比比率は 3.7％）であることが分かった。この支出は低所得者階層に対する比重が最も多く（33.8％），その次に教育・学校・学術分野（24.9％），文化芸術・体育分野（12.1％），救急・災難救出分野（4.3）という順になっていることが明らかになっている。

　次に，後者の価値共有型という観点についてであるが，ここでは近年それらの活動が活発とされている「倫理経営大賞」制度の運用と実態について明らかにする。さらに，その授賞企業については評価指標という観点からその特徴について検討する。

　この授賞制度は 2003 年から開始され，現在まで営利組織（大企業部門，中小企業部門）はもちろん非営利組織も授賞の対象となっている（韓国経営倫理学会ホームページ）。図表Ⅲ-5-2 では過去 5 年間の受賞組織の組織名と主な事業分野について明らかにされている。同賞に関しては，自薦と他薦の申請過程を経て，韓国経営倫理学会の倫理経営大賞審査委員会（学会長が指名した 2 名以上の審査委員などで構成）が定めた基準に従って選定されている。その主な審査基準は，①「倫理経営のためのシステムと制度がよく整備されているのか」，②「倫理経営に対する CEO の献身と意思がどれくらい高いか」，③「倫理経営のための実質的な成果がいかに現れているのか」，④「最近 3 年間の倫理経営の成果がいかなる形で表れているのか」，⑤「倫理経営が重要な組織文化として定着されているのか」である。

図表 III-5-2　過去 5 年間の倫理経営大賞受賞組織一覧

授賞年度	回数	組織名	主な事業分野
2022 年	第 34 回	仁川都市公社 韓国地域暖房公社	公共賃貸アパート事業 都市などへの地域暖房エネルギー提供
2021 年	第 33 回	公企業部門：韓国貿易保険公社 大企業部門：POSCO 中小企業部門：Lucid promo コミュ ニケーションズ（株）	輸出と輸入を専担する政府出資機構 鉄鋼メーカー 企業コンサルタントのスタートアップ
2020 年	第 32 回	韓国ガス技術公社 韓国資産管理公社	天然ガス設備事業 企業清算管理事業
2019 年	第 31 回	韓国電力技術（株） 預金保険公社	発電所設計技術高度化事業 預金者保護事業
	第 30 回	仁川国際空港公社	空港運営事業
2018 年	第 29 回	韓国道後公社	高速道路建設・維持事業

注）　1　「韓国経営倫理学会ホームページ」(kaobe.or.kr) へ 2022 年 7 月 26 日に閲覧。
　　　2　備考（分野）は筆者が記載。

　近年「倫理経営大賞」を授賞した組織を対象にし，それらの組織の有する共通特性について明らかにしたヤン（2019）の業績がある。彼によれば，受賞組織の特徴について①倫理経営の成長段階から成熟段階へ入る段階にいる組織が多い点，②経営トップの倫理経営に対する確固たる意志や信念を有している点，③倫理経営の評価指標の全般に渡って幅広く活性化されている点，④倫理経営に対する組織構成員の参加比率が高く，経営倫理が組織文化として定着している点などがある。

　しかし，全般的に経営資源の規模や運用の面において大企業や政府などの公的機関に比べてその水準が脆弱な環境にある中小企業に対して，同レベルの評価指標で評価を行っていること，倫理性の高い最高経営責任者をいかに育成するかに対する論議が少ない点，そして倫理経営関連授賞機関の多さなど問題に対する批判の声も少なくない（パク 2019）。

　韓国企業の倫理経営の評価指標に関しては，最初に行われた実績として経済正義研究所が 1991 年に発表した「経済正義指数（Korean Economic Justice Institute Index：KEJI Index）」が見られる。2000 年代以後倫理経営のための評価基準を樹立し，国内のあらゆる組織における倫理経営水準を分析する基盤

が整ってきたと思われる。

5．コロナ禍における経営倫理

　周知の通りに，コロナウィルスの全世界的な拡散は我々のあらゆる分野において多かれ少なかれ影響を及ぼしているといえよう。このような動向は韓国社会においても同様である。そういった面で韓国社会では労働関係の観点から労働法や労働政策上の改革が問われている。特に，コロナ禍で見られる賃金・勤労時間・休暇などを含む雇用保障をめぐる諸問題が台頭している。ここではパンデミックの状況下で近年注目されているテレワークと関連する内容について取り上げる。

　まず，テレワークの適用範囲については，かつてのフリーランサーやIT関連業種などのように限定されていたが，コロナウィルスの拡散が見られている近年ではあらゆる分野においてその適用が見られている。現在の勤労基準法では，基本的に法定勤労時間，休憩，休日に関する規定があり，特別な勤務形態として延長勤労，休日勤労についての規定も定められている。このような勤労時間の原則に基づく勤労時間に関する特例として弾力的勤労時間制（第51条）と選択的勤労時間制（第52条）を設けている（キハ 2020）。これらの勤労時間・休憩・休日に関する規定がすべてテレワークと関連しているが，この中でも柔軟勤労時間制（弾力的時間制と選択的勤労時間制）がテレワークと関連がある。特に，柔軟な勤労時間制の中で選択的勤労時間制がテレワークと密接な関連性を有する勤労基準法上の制度として認識されている。柔軟な勤労時間制は週当たり40時間，1日8時間（第50条）の勤労基準法の法定勤労時間制は弾力的（変形）勤労制を通して柔軟に利用される。これは弾力的（変形）勤労時間を超過しない範囲内で，そして所定の勤労時間を平均して法定勤労時間を超過しない限度内で単位期間内の特定日や特定の週に法定基準勤労時間を超過しても法定基準勤労時間として見なさないことを意味する。

　第2に，コロナ禍でのテレワークの運用形態は，法定勤労時間制をそのまま踏襲している状態ではあるが，使用者の業務指示に従って勤労場所は事業所や会社ではない場所，すなわち主に勤労者の自宅に定められている場合が多い。

しかし，近年では IT の発達によって画像会議，SNS などがそのツールとして
活用されることによって一般事務職を始め多様な職務分野においてもテレワー
クが活用されるようになっている。具体的に時差出退勤，在宅・遠隔勤務制な
ど従業員の必要に応じて柔軟勤務制を活用する企業の事業主に対しては，週 1
〜2 回活用勤労者一人当たりに年間総 260 万ウォン，週 3 回以上活用する勤労
者一人当たりに年間 520 万ウォンを政府が支援している。

　しかし，現行の韓国の労働法上ではテレワークの利用が事業所や職場内だけ
に限られており，勤労時間とその手続きについていかに規制するかについての
具体的な規定の定めはない。さらに，テレワークの根拠，勤労者からの同意，
出欠状況，延長勤労，賃金加算などと関連する諸問題もしばしば浮彫になって
いる。

　これらの問題点を踏まえて今後解決しなければならない課題は以下のようで
ある（キム 2020）。第 1 に，使用者の指示の権限の有無についてである。当該
企業の使用者によって自宅など指定した第三の場所で業務が遂行される場合，
これらは団体協約，就業規則，勤労契約に該当する内容があるか否かの問題で
ある。第 2 に，在宅勤務をする場合，勤労者が使用者の指示に従って延長勤務
や夜間勤務を行う場合も通常の勤務と同様に追加の勤務手当を支給するか否か
の問題である。第 3 に，在宅勤務中に勤労者に対して使用者が業務監視をする
場合，必要とされる適切な手段と方法をいかに定めるのかという問題である。
韓国政府はシステム，セキュリティ，サービス使用料などの 1/2 の範囲内で最
大 2000 万ウォンまで支援することになっている。しかし，在宅勤務の特性上
勤労者が使用者の指示を違反して別の場所で勤労をしたり，私的な用務を行っ
たりすることに対していかに管理するかの問題が発生する。さらに家事・育
児などで遂行業務をどこまでに許容するかの問題も不明確のままである。第 4
に，テレワーク業務遂行中に発生した費用はどの範囲まで認められるかという
問題についてである。例えば，これは通信費，印刷，コピーなど費用以外に発
生した費用に関連する問題である。

6．おわりに

　以上のように，本稿では「倫理経営」という用語の概念的考察，それらと関連する新たに台頭した儒教思想の変質の動向，倫理経営大賞，テレワークと経営倫理と関連する新たな動向と課題，コロナ禍における経営倫理について概観した。まず，日本で経営倫理や企業倫理と翻訳されている 'business ethics' は研究者によって様々な定義がなされているものの，近年「倫理経営」という用語で定着していることが分かった。第2に，韓国の倫理的環境の主軸として認識されている儒教思想は時代として変質されており，日中韓においても近年国ごとの経験に基づいて変化している傾向を見せていることが明確にされた。第3に，経営倫理活動の類型のひとつである「価値共有型」として注目されている「倫理経営大賞」制度について考察した。同賞は 2003 年から開始され，営利組織（大企業部門と中小企業部門）と非営利組織という3つの部門に分け，独自の審査基準に基づいて各組織が選抜されていることが分かった。最後に，近年のコロナ禍での韓国企業社会でも会社法と労働法上の制度変革の課題があることが明らかにされた。

第 6 章

経済発展と人権の視点から捉える
アジアの社会問題

高安健一

1. はじめに

　アジアは，低所得国，中所得国，そして高所得国が混在しており，地理的条件，気候，宗教，民族，政治体制などが多様な国・地域で構成されている。それぞれの国・地域が抱える社会問題は一様ではない。本稿の前半では，アジアの多くの国・地域が直面してきた社会問題を，経済成長，経済格差，そして都市化に着目して整理する。後半では，国家による人権侵害を取り上げるとともに，日本企業が社会問題の解決を十分に意識して事業を展開すべきことを指摘する。

2. 経済成長と所得格差

2.1　経済成長と所得・教育・健康
　第二次世界大戦後，アジアの多くの国・地域は目覚ましい経済成長を達成した。アジア（開発途上国）の 1960 年から 2018 年までの実質国内総生産（GDP）成長率は年平均で 6.7% であった。一人当たり GDP は着実に増加し，2020 年に 5,825 ドルに達した[1]。

　順調な経済成長を背景に，アジアの貧困率（2011 年購買力平価 1 日 1.9 ドル）は 1981 年の 68.1% から 2015 年に 6.9% へ大きく低下した（アジア開発銀

行 2021，502 頁）。東アジア・大洋州に限ると中国の大幅な低下を反映して
2019 年に 1.2％となった[2]。所得増とともに食生活が大きく変化したタイやマ
レーシアなどでは肥満が問題化している一方で，南アジアでは貧困層の栄養改
善が依然大きな政策課題である。

　アジアの中等教育粗就学率（男女計）は 1970 年の 25.0％から 2018 年に
78.9％に急上昇した（アジア開発銀行 2021，506 頁）。出生時平均余命は 1950
年の 42.0 歳から 2021 年には 72.5 歳へと大幅に伸びた[3]。アジアの多くの国・
地域において，人々の生活は，所得，教育，健康などの分野で大きく改善した
と評価できよう。

2.2　経済格差の拡大

　アジアでは高成長期に 2 つの経済格差が拡大した。ひとつは，国内における
経済格差である。例えば，中国，インド，インドネシアなどでは 1990 年から
2010 年代にかけて所得分配を示す基本指標であるジニ係数が悪化した。資産
のジニ係数に着目すると，所得分配よりも格差が広がったことが指摘されてい
る（アジア開発銀行 2021，364 頁）。

　もうひとつは，国と国の経済格差である。例えば，東南アジア諸国連合
（ASEAN）加盟 10 カ国に着目すると，2021 年の一人当たり GDP[4] が最も多
かったシンガポール（72,794 ドル）と最も少なかったミャンマー（1,187 ド
ル）の所得格差は 61.3 倍であった。所得格差は，低賃金に着目した域内分業
を誘発する。例えば，タイに製造拠点を持つ企業が労働集約的な工程をカンボ
ジアやラオスに移管して，製品をタイへ持ち込む動きが広がっている。その一
方で，国と国の経済格差は，カンボジアやミャンマーからタイへの不法労働者
の移動を引き起こす誘因にもなる。

3．都市化の進展と社会問題

　アジアの多くの国・地域では，都市化（人口の都市集中および都市圏域の拡
大）と，産業構造の変化（輸入代替工業化から輸出志向工業化，そして高度技
術・知識集約型産業へのシフト）が同時に進んできた。

図表 III-6-1　アジアの都市人口

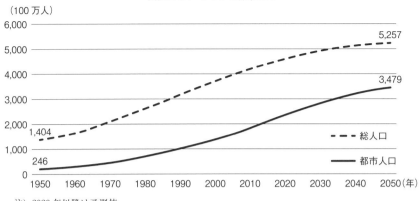

注）2020 年以降は予測値。
出所）United Nations,"World Urbanization Prospects 2018"より作成。

　アジアの人口は，1950 年から 2021 年まで間に 13 億 7,905 万人から 46 億 9,458 万人に増加した（後掲図表 III-6-2 参照）。図表 III-6-1 が示すように，都市人口は 1950 年の 2 億 4,600 万人から 2015 年に 23 億 6,146 万人へおよそ 10 倍に膨れ上がり，国民の 2 人に 1 人は都市に居住している。都市は農村よりも就業機会に恵まれ，情報を入手しやすく，知識が蓄積されている。北京，上海，重慶，ムンバイ，デリー，ソウル，ジャカルタ，バンコク，ホーチミンなど人口が極めて多いメガシティが形成されいる。

　急速な都市化は，住宅の不足と価格高騰，ゴミ処理，上下水道整備，交通渋滞，大気汚染，住民の心理的ストレス等々，数多くの社会問題の温床となる。都市人口は 2050 年に向けて増加が予測されており，今後も都市が抱える社会課題への対応は必須である。

4．人口動態と社会保障制度の整備

　人口動態と社会問題は切り離せない。図表 III-6-2 は，1950 年から 2050 年（2022 年以降は中位推計による予測値）までのアジアの人口動態を示している。1960 年代に東南アジアで年率 3％を上回る勢いで人口が増加して食糧供給への懸念が強まったものの，灌漑技術の改良や高収量品種の稲の導入などによ

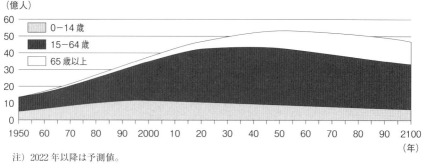

図表 III-6-2　アジアの人口動態（1950−2100 年）

注）2022 年以降は予測値。
出所）United Nations, "World Population Prospects 2022" より作成。

り，農業生産は飛躍的に増えた。

　アジアでは，生産活動を牽引する生産年齢人口（15−64 歳）の総人口に占める比率が高まる「人口ボーナス期」から少子高齢化の進展とともに生産年齢人口比率が低下する「人口オーナス期」に転じた国・地域がある。タイ，中国，韓国，シンガポールなどがそれに該当する。人口オーナス期への転換，急速な高齢化，人口減少社会の到来にもかかわらず，公的年金制度，医療保険，介護保険等が十分には整備されていない国・地域が多く存在し，将来新たな社会問題を引き起こす恐れがある。

5．アジアの人権問題と日本企業

5.1　人権侵害

　アジアでは，国家や企業が人権を蹂躙するケースが多く報告されている。日本企業にとって，人権侵害は遠い世界の話ではない。2013 年にバングラデシュで縫製工場が入居するラナ・プラザビルが倒壊し，4,000 人を超える死者・負傷者・行方不明者が出た。綿花の産地である中国・新疆ウイグル自治区における人権弾圧について，欧米諸国は批判を強めている。ミャンマーでは 2021 年2 月に軍事クーデターが発生して以降，国軍と市民との間で衝突が続き，国民民主連盟（NLD）政権の指導者であるアウンサン・スーチー氏が監禁された。

　国家による人権侵害は，外国企業に難しい経営判断を強いる。外国のファッ

ション企業は，新疆ウイグル自治区での人権侵害に反対しつつも中国という巨大市場から閉め出される展開は避けたいところであろう。ミャンマーでは，日系ビール会社がクーデター発生後に国軍系企業との合弁事業から撤退することを表明した。

5.2　日本企業の対応

　日本企業はアジアでの人権侵害にどう向き合うべきか。まずは，自社が貿易投資活動をはじめ広範な経済活動に従事していることを自覚すべきである。原材料や部品の調達，製造，販売，製品廃棄までを含むサプライチェーンを構成する取引企業は多い。日本企業が取引企業の人権侵害にも毅然とした態度をとることが重要であり，このことによりアジアに人権擁護への取り組みが広がることが期待される。

　次に，ビジネスと人権に関する国内外の原則や指針を経営に取り入れることである。そのひとつが 2011 年に国連人権理事会にて全会一致で支持された「ビジネスと人権に関する指導原則」である。これは，「人権を保護する国家の義務」，「人権を尊重する企業の責任」，「救済へのアクセス」の 3 つの柱で構成されている。国内では，政府が 2020 年 10 月に「『ビジネスと人権』に関する行動計画」を策定した。労働者の権利の保護・尊重や国内外のサプライチェーンにおける人権を取り上げている。日本企業は，欧米諸国の対応や進出先の国・地域の法体系なども勘案したうえで，自社の取り組み方針を明確にする必要がある。

5.3　社会問題の解決を意識した事業展開

　日本企業は，アジアの社会課題を意識した製品やサービスの提供を加速させるべきである。中国のみならず ASEAN でも環境意識が急速に高まっており，ガソリン車から電気自動車（EV）へのシフトが起きている。火力発電所の環境負荷軽減も課題である。銀行口座を持たない人々へのスマートフォンなどを使った金融サービスの提供，医療サービスの充実，高齢者介護などもビジネスを通じた社会課題への対応が期待される分野である。

6．おわりに

　アジアは，経済発展や都市化に伴う社会問題，少子高齢化の進展，人口減少などに加えて，地球温暖化対策，持続可能な開発目標（SDGs）の達成などにも取り組まなければならない。アジアにおいて国境を越えたサプライチェーンを張り巡らし一定の影響力を持つ日本企業は，その解決に向けた貢献をこれまでにも増して求められることになろう。

【注】
1 ）UNCTAD「STAT」Database.
2 ）World Bank「Poverty and Inequality Platform」Database.
3 ）World Bank「World Population Prospects 2022」Database.
4 ）World Bank「World Development Indicators」Database.

第 7 章

経営倫理から見た ESG 投資の現状と論点

杉本俊介

1．はじめに

　2006 年コフィー・アナン国連事務総長（当時）は機関投資家に向けて ESG への配慮を求めた責任投資原則（PRI）を提案した[1]。ESG とは環境（Environment），社会（Social），コーポレートガバナンス（Corporate Governance）の 3 つの総称である。PRI の第一原則では，この ESG への配慮を投資分析の意思決定プロセスに組み込むことを機関投資家に求めている（水口 2013, 66 頁：小方 2016, 85 頁）。PRI はこの第一原則を含め 6 つの原則から構成される。我が国において年金積立金管理運用独立行政法人（GPIF）がこの責任投資原則に署名し話題を集めた（足達ほか 2016, 8-9 頁）。

　PRI はまた SDGs（持続可能な開発目標）に向けて投資家が果たすべき役割を提供している（GSIA 2020, p. 13）。

　本稿ではまず，ESG 投資の現状を，世界全体，米国，欧州，欧米以外に分けて紹介する（第 2 節）。そのうえで，経営倫理の観点から ESG 投資の先行研究を 2010 年以降でサーベイし，7 つの論点を挙げる（第 3 節）。

2．ESG 投資の現状[2]

2.1　世界全体の ESG 投資市場

ESG 投資市場の動向については Global Sustainable Investment Alliance

（GSIA）のレポート Global Sustainable Investment Review 2020 が参考になる[3]。同レポートでは，ポートフォリオの選択と管理において ESG 要因を考慮する投資を「サスティナブル投資」と呼び，米国，カナダ，日本，豪州・NZ，欧州の市場を対象に調査した結果をまとめている。それによれば，これらの国や地域でのサスティナブル投資市場残高は，過去 2 年間（2018～2020年）で 15％増加し 35.3 兆ドルに達し，これらの国や地域での資産運用残高の36％を占める。

　図表 III-7-1 が示すように，米国が 17 兆 810 億米ドルで最も大きく，欧州が 12 兆 170 億米ドルで 2 番目に大きい。米国と欧州を合わせると ESG 投資市場全体の 82％を占める。米国・欧州以外では，日本が 2 兆 8740 億米ドル，カナダが 2 兆 4230 億米ドル，欧州・NZ が 9060 億米ドルと続いている。

　図表 III-7-2 が示すように，過去 2 年間で最も増加したのはカナダで，48％増加した。米国はカナダに僅差で続き 2018 年から 2020 年にかけて 42％増，次いで日本が 34％増加した。一方で，欧州の成長率は 13％減となっている。

　ESG 投資の手法として最も一般的なのは ESG インテグレーションであり，次いでネガティブ・スクリーニング，コーポレート・エンゲージメント・株主行動，規範に基づくスクリーニング[4]，サステナビリティをテーマとした投資

図表 III-7-1　国・地域別 ESG 投資市場残高

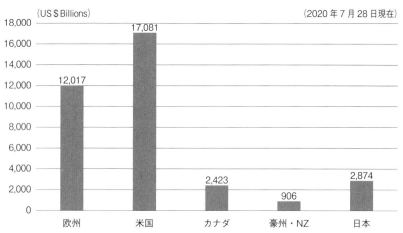

出所）GSIA (2020), p. 9, figure 1 から筆者作成。

図表 III-7-2　国・地域別 ESG 投資市場残高

国・地域	2018 年	2020 年	成長率
欧州	£12,306	£10,730	−13%
米国	$11,995	$17,081	42%
カナダ	$2,132	$3,166	48%
豪州・NZ	$1,033	$1,295	25%
日本	¥231,952	¥310,039	34%

出所）GSIA（2020），p. 10, figure 3 から筆者作成。

と続いている（GSIA 2020, p. 5）。

2.2　米国の ESG 投資

　世界最大規模の ESG 投資市場をもつ米国では，ドナルド・トランプ前政権とジョー・バイデン現政権で ESG 投資の規制政策が大きく変化している（GSIA 2020, p. 15）。前政権は労働省（DOL）や証券取引委員会（SEC）を通じて ESG 投資を大きく制限しようとした。現政権はそうした措置を緩和または逆転させようとしている。

　米国では，人種における正義への投資が注目されている。2020 年，レイシャル・ジャスティス・インベスティング（RJI）連合は，120 以上の投資家や組織が支持する「体系的人種差別に対処するための連帯と行動を呼びかける投資家声明」を発表した。

　また，CFA 協会は ESG 関連の投資商品の自主的な開示要件を確立するためのプロジェクトを開始している。

2.3　欧州の ESG 投資

　2018 年に発表された EU サステナブル金融行動計画，特にサステナブル金融開示規則（SFDR）は ESG 投資市場に大きな影響を与えている（GSIA 2020, p. 15）。この規則はサステナビリティ・リスクを投資に組み込むことを義務付け，すべての金融商品にネガティブスクリーニング，規範に基づくスクリーニング，ESG インテグレーションといった投資戦略が投資運用会社に期待されるようになった（同上）。

また，ファンドの ESG を証明する手段としてサステナブル投資ファンドラベルの普及，欧州金融サービスセクターの共同イニシアチブ FinDatEx が開始した欧州 ESG テンプレート（EET）の作成，1.5℃シナリオにポートフォリオを合わせるための協力体制の準備が挙げられる（同上）。

2.4　欧米以外の ESG 投資

欧米以外では日本の ESG 投資市場規模が大きい（日本については第Ⅰ部第6章と第Ⅱ部第7章を参照されたい）。以下では日本に続くカナダと豪州・NZ それぞれの ESG 投資に触れる。

カナダでは，2016年に施行されたオンタリオ州年金給付法規則で，ESG 要素が投資方針および手続きに組み込まれているかについての情報を含めることが義務付けられた。この法律がきっかけとなり，カナダ全土で ESG 投資に関する議論が活発化し，発展してきた（GSIA 2020, p. 18）。

ニュージーランド（NZ）では，政策立案者と規制当局が ESG 投資の成長を牽引してきたのに対し，オーストラリア（豪州）では，企業のコミットメントが成長を牽引してきた（GSIA 2020, p. 19）。ニュージーランドの最近の動きとして年金制度（KiwiSaver）において責任投資方針を定め，違法武器，タバコ，化石燃料を除外することが義務付けられたことが挙げられる。

３．経営倫理から見た ESG 投資の論点

3.1　ESG という名称

Eccles et al.（2011）は ESG 課題を統合した投資に対し「社会的責任投資」「倫理的投資」「社会的投資」，最近では「責任ある投資」「サスティナブル投資」，さらには「コミュニティ投資」「環境責任投資」「信仰に基づく投資」「ミッションに基づく（関連した）投資」「モラル投資」「社会的選択投資」「グリーン投資」「レッド投資」「ホワイト投資」など様々な名称が用いられている現状をふまえ，これらの名称の由来や意味について1975年から2009年までの学術論文を調査している。その結果，「倫理的投資」という名称は倫理との結びつきを強調するほど好まれ，米国よりも英国で，金融・経済・投資の専門誌

よりも哲学・倫理学の専門誌で，好まれる表現であることを明らかにしている。また，ポジティブ・スクリーニング，ベスト・イン・クラスといった投資手法が使われる際はほとんど「責任ある投資」（Responsible Investment）という名称が用いられる。著者らは以上の調査をふまえ，「責任ある投資」を「高リスクで調整された財務リターンを実現することを主な目的として ESG 課題の考慮を統合した投資手法」と定義することを提案している。

3.2　ESG 投資と財務パフォーマンスとのつながり

ESG 投資の研究の主流となってきたのが，ESG パフォーマンスと財務パフォーマンス（Financial Performance：FP）との相関を調べたものである。正の相関があり ESG 投資が FP を改善するとする研究がある一方で，負の相関を示す研究や相関を否定する研究がある。

Capelle-Blancard et al.（2012）は，ESG 投資に関する従来の先行研究の多くが，この FP との相関に関するものだったこと自体を問題視している。従来の研究は研究できるところから研究しているだけで，本当に明らかにしたいことが明らかにできていない「（鍵は暗いところに落としたのに）街灯の下でだけ鍵を探す」症候群に陥ってきたと批判する。

こうした批判もあってか 2010 年以降，パフォーマンスの研究は少なくなってきている。Duque-Grisales et al.（2021）は従来の研究が先進国市場を対象に行われていることを問題視し，ラテンアメリカの新興市場に上場する多国籍企業の ESG スコアと FP の関係を分析している。その結果，負の相関が示されたという。

3.3　機関投資家が直面するジレンマ

Louche et al.（2011）は責任ある投資の現場において機関投資家が直面するジレンマのケースを 12 タイプ取り上げている。たとえば，「機関投資家は一人で作業をするわけでなく，様々な価値観をもった集団である。そこでリスクの許容や財務的ニーズについての意見の違いに対処する必要が生じる」「人権や児童労働や環境汚染など論争的な話題についてクライアントは感情的になる。冷静な投資運用においてクライアントの情熱をどこまで反映させるべきか」

「長い間問題ある社会的，環境的行動をとってきた企業が模範的企業に生まれ変わることもある。もし投資家が生まれ変わることができると信じるなら，どのくらい見守る期間を想定すべきか」などが挙げられる。著者らはこれらのジレンマを解決すべき問題として捉えるのでなく，現実の複雑さとして示そうと試みている。そこでそれぞれのケースについて35人のアナリストとファンドマネージャーに意見を訊き，紹介している。

3.4　ESG 格付け

　格付け機関の中には，SRAs（Sustainability Rating Agencies）など企業をESG の観点から評価し格付けを行い，投資家を含めたステークホルダーにそのデータを提供する会社がある。この ESG 格付けに対して，提供するデータの質や，格付けの妥当性，ESG 格付けが ESG 評価を歪めてしまうという懸念が指摘されている。

　Drempetic et al.（2020）はサステナブル投資の研究者や投資家が本当に必要とする情報を格付け機関が十分に提供していないことを指摘している。実際に，ネガティブスクリーンで除外されることが多いギャンブル，国防，タバコはこの ESG 格付けで高く評価されてしまう。ESG スコアは企業規模の大きさを反映してしまうと言う。ESG スコアはまた気候変動への積極的な対応を反映できておらず，企業がサスティナブルな活動を実際にしたかよりも，サスティナブル報告をしっかりしたかを反映してしまっていると言う。

　また，Semenova et al.（2015）は MSCI の ESG 格付けとトムソン・ロイターの ASSET4 と Global Engagement Services の ESG 格付の収束妥当性を実証的に検討し，ひとつに収束しないことを示している。

　さらに，Chelli et al.（2013）は ESG 格付けや格付け機関の言説が社会・環境パフォーマンスを画一化，あるいはミシェル・フーコーの言葉で言えば「正常化」し「数字のイデオロギー」を助長してしまうと批判している。数字のイデオロギーとは，定量化された測定値を用いることで現実のある側面を可視化する一方で，他の側面を見えなくしてしまう一連の考え方や実践を指す。

　Clementino et al.（2021）はこうした ESG 格付けに対して，企業がどのように反応しているかをイタリアの企業に絞って半構造化インタビューから明ら

かにしようとする。その結果，ESG 格付けの要件への「受動的適合」「能動的適合」「受動的抵抗」「能動的抵抗」の 4 つの反応が示されたという。

3.5　ESG 情報開示

企業の ESG 情報は各社の自由裁量によって開示される。自発的情報開示は公的にも企業としても望ましいと言われる。企業は社会制度の一種として情報開示が望ましいと考えるのが制度理論（Institutional Theory），自社の行動の正統性（外部の規範に沿っていること）が示されるので望ましいと説明するのが正統性理論（Legitimacy Theory）である。

Baldini et al.（2018）では，制度理論と正統性理論の 2 つの理論から，自発的な ESG 情報の開示の望ましさを実証しようとする。そのため，著者らは 2005 年から 2012 年の全世界の企業を対象にした ESG 開示度を測定し，このことを検証している。

Reber et al.（2021）では，上場時の自発的な ESG 情報の開示が正統化行動として妥当かを検討している。その結果（1）自発的な ESG 情報の開示により，特異なボラティリティとダウンサイドリスクが減少し，（2）ESG 格付けが高いほど，上場最初の年に関連する企業固有のボラティリティとダウンサイドリスクが低くなることを示している。

Maniora（2017）は企業が ESG 課題をコアビジネスに統合しているのであれば，財務情報と非財務情報を切り離し，単独で ESG 報告を行うことは必要なのかと問う。2003 年国際統合報告評議会（IIRC）が「国際統合報告フレームワーク」を公表し，統合報告の実践が進んでいる。だが，2011 年世界の大手企業 95％は統合していない単独の ESG 報告を行なっている。そこで，著者は上述の問いを立て，ESG を含めた統合報告が，代替的な ESG 戦略（ESG 報告なし，単独の ESG 報告，アニュアルレポートでの ESG 報告）と比べ優れていることを実証している。

3.6　ESG に関するメディア報道の影響

Capelle-Blancard et al.（2019）は ESG に関するメディア報道が企業の市場価値に与える影響を検証している。たとえば，モンクレールは 2014 年 11 月，

ダウンジャケットに使うガチョウが虐待されている様子がテレビで報道され，市場価値は6％下落した。著者らは2002年から2010年の間に上場企業100社を対象にした約33,000件のESGに関するメディア報道の影響を調べ，ネガティブな報道に対して前後3日間で企業は平均して約0.1％の市場価値の下落を経験し，ポジティブな報道から企業は平均して影響を受けないことを明らかにしている。

3.7　人工知能（AI）とESG投資の関係

　人工知能（AI）とESGのつながりに関する研究がある。第1に，AIによるESG投資の変化が論じられている。Selim（2020）は現状のESG投資において非財務情報の品質（信頼性や透明性の高さ，比較可能性など）は財務情報とそれと同程度を望まれているにもかかわらず，それほど高くないと言う。しかし，AIやビックデータの活用によりその品質は向上しうる。それによってこれまで財務情報でしかわからなかった企業の内側までレントゲンのように透かして見ることが可能になるとする。

　第2に，ESG課題のなかでAI関連の課題が組み込まれているか，組み込まれていなければどのように組み込むかが議論されている。Brusseau（2021）は現在のESG評価フレームワークではAIの課題を扱えないとし，「ESGはAIに通用しない」と主張する。そのうえで，AI集約型企業を評価するための「AIヒューマンインパクトモデル」を提案している。このモデルは個人の自由，社会的ウェルビーイング，技術的信頼性といった倫理的価値に基づいてスコアを与えて評価するものである。

　Sætra（2021）も同様に現在のESG評価フレームワークではAIの課題を扱えないとする。そのうえで，SDGsの目標ごとにAIの影響を考慮した評価フレームワークを提案している。

　Minkkinen et al.（2022）はこの問題についてCEOや投資家らに半構造化インタビューを実施している。現在のESG評価にAIの影響がほとんど含まれていない点は皆意見が一致していたが，ESGに4項目にAIを入れESGAにすべきかに関して意見は様々だと言う。またAI技術は新しい技術であるため，潜在的なリスクが評価できないという意見も取り上げられている。さら

に，ガバナンスにおいて AI システムの開発と使用に際して倫理原則を立てるなど，責任ある AI 技術利用の慣行が確立されていないことを明らかにしている。そのうえで，ESG 評価と AI の影響評価の統合と，AI ガバナンスの確立の必要性を説いている。

【謝辞】
本研究は JSPS 科研費 JP19K12944 の助成を受けたものである。また，本稿の元になった内容は日本経営倫理学会 ESG 投資・SDGs 研究部会 5 月例会において発表し，参加者の方々から貴重なコメントを多くいただいた。謝意を表したい。

【注】
1）https://www.unpri.org（2022 年 7 月 27 日閲覧）
2）本節での現状紹介の仕方は小方（2016）を参考にしている。
3）そのほか，米国モーニングスター社のレポート Morningstar Sustainability Atlas は同社が提供する ESG 株式インデックス・ファミリーの対象市場に上場している 1 万社以上の ESG データに基づき，国別のサステナビリティの特性を比較，考察している。
4）規範に基づくスクリーニングとは，国連，ILO，OECD，NGO が発行する国際基準に基づく最低基準に照らした投資先のスクリーニングを指す。

第 8 章
米英独仏のコーポレートガバナンス

林　順一

1．会社の目的

　株式会社（以下「会社」という）の目的は，国によっても異なるし，時代によっても変動する。コーポレートガバナンス（以下「CG」という）は「会社の目的」を達成するための手段であると位置づけられることから，CG の目的もまた，国によって時代によって異なる。目的が異なれば，CG のあるべき姿も異なることになる。

　会社とは何かを考える場合，法人（会社）が権利義務の主体となることが自明ではないことに留意が必要である。歴史をさかのぼれば，例えば英国東インド会社は 1600 年にエリザベス女王（1 世）から特許状を下付されることによって法人と認められ，初めて権利義務の主体となることができた。現在では法律によって法人が権利義務の主体となることが認められているが，法律を決めるのは国民である（わが国では国民が選任する国会議員から構成される国会で法律が制定される）。特に株式会社制度は株主に有限責任という多大なメリットを与えている制度であり，その代償として当然に，会社は社会に対する責任を有すると考えられる。この点はわが国ではあまり議論されていないが，海外では時折明示される論点である。

　会社の社会的責任には，大別して 2 つの考え方がある。第 1 の考え方は，社会の基本ルールを守ったうえで，社会的に有用な財貨を生産し，利益を上げて株主に配当していくことが，会社の社会的責任であるという考え方である。

　第2の考え方は，会社は社会に対して影響力を有しているのだから，それに見合う責任を果たすべきであるという，会社の社会的責任を広く捉える考え方である。第1の考え方は，自由主義的な政治思想をもつ英国や米国の考え方（株主重視の考え方）にみられる。第2の考え方は，社会民主主義的な政治思想をもつドイツやフランスなどの大陸欧州の考え方（ステークホルダー重視の考え方）にみられる。そして，これらの考え方は時代とともに変化している。

　わが国のCGは1990年頃から，外国人持株比率の増加やわが国経済の低迷と米国経済の好調を背景として，特に米国のCGの影響を強く受けてきた。その後わが国経済の復活を期した安倍政権の経済政策（アベノミクス）で英国のCGの考え方が本格的に導入された。またステークホルダー重視の姿勢を示すドイツのCGとフランスのCGも今後のわが国のCGを検討する上で参考になると考えられる。以上の観点から，以下では米国・英国・ドイツ・フランスのCGについて，「会社の目的」に関する議論を中心として歴史的に概観することとする。

2．米国のコーポレートガバナンス

　長年の間わが国のお手本と見做されてきた米国のCGも，実は時代とともに大きく変化している。本節では，米国のCGの歴史を（1）経営者支配の時代，（2）モニタリングモデルの確立，（3）機関投資家の台頭と株主第一主義，（4）最近の動向に4区分して，それぞれの特徴を説明する。

2.1　経営者支配の時代

　米国の製造業が強固な国際競争力を誇った1950・60年代を中心として，米国における経営者支配の時代は1980年頃まで続いた。この時代の米国の巨大企業の経営者は，株主の利益を最優先することなく，利害関係者（ステークホルダー）全体の利益の調整者としての役割を自任していた。この背景には，バーリ＝ミーンズが指摘したような株式保有の分散と米国企業の好調な業績があった。

　このようなステークホルダーを重視した経営者として，時代は少し遡るが，

ヘンリー・フォードとロバート・ウッド・ジョンソン Jr. の事例を見ておく。自動車の大量生産方式を確立して今日の資本主義の基礎を築いた起業家の一人であるヘンリー・フォードは，従業員と消費者などの大衆に目を向けた経営を信条としていた。彼は，会社の目的は大衆（社会）の利得を向上させることだという強い信念の下，従業員の賃金を大幅に引き上げ，消費者に目を向けたステークホルダー重視の経営を実行していた。ただし，米国の法律・裁判所は，ヘンリー・フォード対ダッジ兄弟の訴訟に対する判決にみられるように，このような経営者の考え方とは異なり，株主を軽視することを許容しなかった。

　ジョンソン・エンド・ジョンソン社（以下「J&J」という）の三代目最高経営責任者（CEO）であるロバート・ウッド・ジョンソン Jr. は，ニューヨーク証券取引所に上場する一年前の 1943 年に，会社の社会的責任を明確に示す経営理念として「我が信条（Our Credo)」を起草した。彼は 1930 年代半ばから，会社が社会に対する責任を果たすことの重要性を訴えており，「我が信条」は彼の信念の集大成であったと言える。「我が信条」は，会社のステークホルダーに対する責任について，その優先順位を明確に示したものである。そこでは会社の第 1 の責任の対象として顧客，第 2 の責任の対象として従業員，第 3 の責任の対象として地域社会・全世界の共同社会，そして第 4 の最後の責任の対象として株主を挙げている。株主の優先順位が最後となっていることが重要である。

　また 1961 年の『ハーバード・ビジネス・レビュー』の調査によると，1,700 人の会社経営者のうち約 83％が，従業員や消費者の利益を考慮せずに株主の利益のためだけに経営者が行動することは，非倫理的であると回答している。このように，この時代の米国はステークホルダーを重視する時代であったと言える。

2.2　モニタリングモデルの確立

　現在の米国 CG はモニタリングモデルに基づくものであり，この考え方はわが国にも強い影響を与えている。このモニタリングモデルの考え方は，1970 年代の企業不祥事への対応から生み出された。

　1970 年に超優良会社と見なされていたペン・セントラル鉄道の突然の経営

破綻や，1973 年のニクソン・スキャンダル（ウォータゲート事件）に端を発
した多くの企業不祥事によって，経営者に対する規律づけが不十分であり，ま
た独立社外取締役が機能していないことが明らかとなった。取締役・経営者の
株主に対する法的責任を強化する主張が注目を浴びたが，経営者は法律によ
る規律づけを何とか回避したいと考え，両者の主張が対立するなかで，取締役
会を監督機関と位置づけ，独立社外取締役の監督機能を強化することで対応し
ようとするメルビン・A・アイゼンバークの穏健な改革案（モニタリングモデ
ル）が徐々に支持を集め，次第に支配的な考え方になっていった。

　モニタリングモデルは，従来の取締役会が担っていた業務執行と監視・監督
機能を分離し，業務執行は CEO などの経営者に委ね，独立社外取締役中心の
取締役会が業務執行を監視・監督するというものである。この考え方は 1994
年に米国法律協会から公表された「コーポレートガバナンスの原理：分析と勧
告」で集大成され，2001 年に発覚したエンロン事件を機にさらに強化されて
現在に至っている。なお，このモデルは，独立社外取締役が（経営者とは独立
した立場から）株主の利益のために経営者を規律するものとされ，株主重視の
考え方と整合的である。

2.3　機関投資家の台頭と株主第一主義

　米国の CG を大きく変える要因となったのが，機関投資家による上場会社株
式の保有比率の増大である。機関投資家の持株比率は 1950 年には 10％に満た
なかったものが，1980 年には 50％近くまで上昇し，経営者支配が機能する前
提であった株式保有の小口分散が崩れた。

　長期保有を指向する機関投資家（長期投資家）は，運用資産の増加に伴い，
資産をポートフォリオとして運用する傾向を強めたが，その場合にはウォール
ストリート・ルール（投資先企業の経営に関して不満があれば，その企業の株
式を売却することで対応する）に基づいて個別株を売却することが困難にな
る。このため投資先企業の経営に不満がある場合には，会社の経済的パフォー
マンスを向上させるために，株主としての立場を用いて，会社に対して CG の
改善を求めるようになった。

　また機関投資家による会社経営への関与（エンゲージメント）は，企業年金

の運営・管理者に対する受託者責任（フィデューシャリー・デューティー。加入者や受給者の利益のためだけに忠実に職務を遂行する義務）を明確に定めた1974年のエリサ法 や，議決権行使が受託者責任に含まれるとする米国労働省が発出した書簡である1988年のエイボンレターによって強化された。

　株主利益を重視する機関投資家の台頭など，1970年代以降の様々な動きを反映して，米国では1990年頃から株主第一主義の考え方が支配的になっていった。この考え方の代表的な論者がミルトン・フリードマンである。彼は1970年のニューヨーク・タイムズ・マガジン誌に寄せた論考で，「会社の社会的責任は（社会の基本的なルールに従いつつ，会社の所有者である株主のために）利益を追求することだけである」という主張を展開した。

2.4　最近の動向

　レーガン政権以降採用されてきた新自由主義の経済政策は，経済全体のパイの拡大に寄与し，米国経済の活性化・株価上昇に多大な効果をもたらしたが，一方で所得・資産の格差が拡大した。また地球温暖化や人権問題への関心の高まりを背景として，投資家に対しても環境・社会問題への対応が強く求められるようになった。この格差拡大に伴う社会的動揺，環境・社会問題などESG要素を考慮する投資家の拡大などに伴い，株主第一主義への批判が増大し，ステークホルダー重視の方向が示されるようになった。

　例えば，世界最大の運用機関であるブラックロックのラリー・フィンクCEOは，投資先企業に毎年配布しているレターで，2018年以降ステークホルダー重視のスタンスを明確化し，2020年以降は気候変動への対応の必要性を強調している。また民主党左派の代表的論客であるエリザベス・ウォーレン上院議員は，2018年8月に「責任ある資本主義」法案を上院に提出したが，そこでは制定法によって，例えば取締役の少なくとも40％が会社の従業員から選出されることを義務づけるなど，会社にステークホルダー利益考慮を義務づけ，所得・資産格差を緩和させることを企図していた（本法案は可決されてはいない）。

　このような中，2019年8月に米国主要企業のCEOの団体であるビジネス・ラウンドテーブルから，「会社の目的」を株主第一主義からステークホルダー

重視に変更するという声明が出され，多くの注目を浴びた。ビジネス・ラウンドテーブルの「会社の目的」に関する声明はこれが3回目である。初回は1981年の声明で，経営者支配の時代の経営者の認識を反映して，ステークホルダーの利害をバランスさせることが会社（経営者）の責任であることを主張した。2回目の1997年の声明では，株主からの圧力を背景として，1981年の声明で示したステークホルダー重視の姿勢を転換して，株主第一主義の考え方を前面に押し出した。そして今回の声明では，1997年の株主第一主義の考え方を全面否定し，1981年のステークホルダー重視の考え方に先祖返りしたスタンスを示した。

　この声明の取りまとめにJ&JのCEOが深く関与していたこともあり，この声明はJ&Jの「我が信条」と類似した内容となっている。ただし，「我が信条」ではステークホルダー間の優先順位が明記されていた（株主の優先順位が最後であった）のに対して，この声明では（記載に順番があるものの）優先順位付けがされていない。ビジネス・ラウンドテーブルは声明から一週間後に，QAの形式で声明の補足説明を行っているが，そこでは会社の目的は株主の利益にあり，そのために（その範囲で）ステークホルダーの利益を考慮するというのが声明の趣旨であると説明している。

　このように，米国では，「会社の目的」がステークホルダー重視から株主第一主義に転換し，今またステークホルダー重視の方向に移行している。ただし，ステークホルダー重視といってもそれはあくまで株主利益を促進するため（またはその範囲内）のものであることに留意が必要である。CGの形態としてはモニタリングモデルが維持されている。

3．英国のコーポレートガバナンス

　英国では長年にわたり金融業を重要な産業として育成しており，ロンドンの金融市場を投資家・会社の双方にとって魅力的なものとするために，常に改善が行われている。

3.1　英国の CG の特徴

　英国の CG を理解するためには，その４つの特徴・考え方に着目することが有効である。第１はチェック・アンド・バランスによる統制の徹底である。これは「何人といえども，１人の人間が制約のない決定権を持つことがないように確保することが必要である」という性悪説的な考え方に基づくもので，取締役会議長と最高業務執行取締役（CEO）の分離などを求めるものである。第２は「すべての会社に対して同一の規律を強制することでは，良い CG は達成できない」という認識に基づいて，コンプライ・オア・エクスプレイン（最善慣行規範＝原則に適合するのであれば説明は不要であるが，適合しないのであれば説明を要する。原則主義という）のアプローチを採用するもので，CG コードなどに適用されている。

　第３は権限には責任が伴うという考え方で，機関投資家に対しても CG の規律づけに対して一定の役割を求めている。第４はハードロー（法的拘束力を有するもの）とソフトロー（法的拘束力を有しないもの）の組み合わせである。これによって個々の会社に対してはその置かれた状況に応じた柔軟な対応を許容しつつ，全体としての規律づけを達成している。CG コードなどはソフトローによる規律づけと位置づけられる。

3.2　主要な報告書

　英国における CG の議論は，企業不祥事や企業破綻などを契機として，経験豊かで見識のある人物から構成される委員会が設置され，その委員会で徹底的に議論するとともに幅広い関係者からの意見を踏まえて実践的な勧告を公表する（これらの報告書は委員会の委員長の名前をとって○○報告書と称される）ことで進められてきた。以下では主要な３つの報告書の内容を概観する。

　この種の報告書の先駆けとなったのが，エイドリアン・キャドバリー卿をヘッドとする委員会で取り纏められた 1992 年のキャドバリー報告書である。キャドバリー委員会設置の背景には，年次報告書の財務数値が会社の実態を正しく表していなかったことによる企業破綻が複数発生したことがある。この報告書は，英国の上場会社が遵守すべき最善慣行規範を定め，それをコンプライ・オア・エクスプレインのアプローチを用いて適用するという手法を考案し

た。この報告書がベースとなり，ロンドン証券取引所が1998年に統合規範を
作成・公表した。これが現在のCGコードの原型となったものである。

　2008年の米国リーマン・ブラザーズの経営破綻と英国での銀行危機に対応
して，デービッド・ウォーカー卿をヘッドとする委員会が組成され，その結
果が2009年にウォーカー報告書として公表された。ウォーカー報告書は7章
から構成され，そのうちの1章（第5章）で機関投資家に求める役割が明記
され，機関投資家にエンゲージメントを求める観点からスチュワードシップ・
コードの制定が勧告された。この勧告に基づいて2010年にスチュワードシッ
プ・コードが制定された。

　英国株式市場の短期主義（ショートターミズム）を批判したのが，ロンド
ン・スクール・オブ・エコノミックスのジョン・ケイ教授がヘッドとして取り
まとめた2012年の報告書（ケイ報告書）である。この報告書では，短期主義
を厳しく批判し，株式市場の本来の機能を呼び起こすために，信頼関係に基づ
くインベストメントチェーンを再構築し，カルチャーを変革することが重要で
あると主張し，10の原則，17の勧告などを提言した。この報告書はわが国に
も大きな影響を与えた。

3.3　会社の目的に関する3つの考え方

　英国では，「会社の目的」に関する考え方を3つに明確に区分して議論して
いる。それらは，①株主第一主義，②啓発的株主価値，③多元的アプローチで
ある。株主第一主義は，取締役は会社の利益のために行動しなければならず，
またここでいう会社の利益とは株主全体としての利益であるという考え方であ
り，英国や米国の伝統的考え方である。啓発的株主価値は，取締役は株主利益
を優先して行動すべきであるが，それに止まらず，株主価値を向上させるため
に，従業員の利益やその他ステークホルダーの広範な利益を考慮する義務があ
るという考え方である。ここで留意すべきは，取締役の主たる目的は，あくま
で株主利益のために会社を成功させることであり，株主利益とその他のステー
クホルダーの利益が衝突した場合には，株主利益を優先させるということであ
る。多元的アプローチは，株主とその他のステークホルダーの利益を同格に扱
い，利益が衝突した場合には，場合によっては，その他のステークホルダーの

利益を優先させるという考え方である。

　英国では，2006 年会社法改正に際してどのアプローチを採用するかが議論され，会社の責任に対する労働党政権の積極的な推進施策などを背景として株主第一主義が否定され，また多くのステークホルダーの利益を公平に扱うことの困難さや経営陣に広範な裁量権を与えることへの懸念などを理由として多元的アプローチが否定され，最終的に啓発的株主価値のモデルが採用されることになった。これが 2006 年会社法 172 条に明記された。なお，前節で説明した現在の米国の考え方も，この啓発的株主価値の考え方であると言える。

3.4　最近の動向

　最近の大きな変化として，CG コードの大幅改訂（2018 年）がある。この大幅改訂の背景として，2016 年の国民投票によって EU 離脱が選択されたことにより，英国の支配層に，従業員などのステークホルダーを重視することの重要性が再認識されたことが指摘される。2006 年会社法 172 条にはステークホルダー重視が明記されていたが，その実効性が課題とされており，例えば改訂前の CG コード（2016 年）には，序文にステークホルダー利益の考慮についての言及があるものの，本文にはそれらへの言及がなく，コンプライ・オア・エクスプレインの対象として，ステークホルダーの利益を考慮することが求められていなかった。

　2018 年の改訂では，原則（A，D，E）および各則（5，6）にステークホルダーの利益考慮が明記された。以下に示される CG コードの冒頭部分と原則 A にこの趣旨が良く示されている。

○　はじめに（Introduction）
　　会社は単独で存在しているものではない。成功した持続可能な会社が，雇用の場を提供し繁栄をもたらすことによって，我々の経済や社会を支えている。長期的に成功するために，取締役と彼らに指揮された会社は，幅広いステークホルダーとの良好な関係を構築し維持する必要がある。
○　原則（Principles）
A．成功する会社は効果的かつ起業家精神を有する取締役会によって導かれる。これらの取締役会の役割は，会社の長期にわたる持続可能な成功を促進し，株主に対して価値を生み出し，そして幅広い社会に貢献することである。

　原則 A では，取締役会の役割として，株主価値の創造と社会貢献を同列に記載している。改訂コードは啓発的株主価値の考え方に基づいたものであるが，この記載はかなり多元的アプローチの方向に寄っているように理解される（啓発的株主価値の考え方にも幅がある）。

4．ドイツのコーポレートガバナンス

　ドイツにおいては，「会社の目的」は会社が創出する付加価値の最大化（ステークホルダー利益の総和の最大化）であり，取締役の任務はステークホルダーの利益のバランスをとることであると考えられている。これは伝統的な米国・英国の考え方とは大きく異なる。

　この考え方は CG の枠組みに反映されており，従業員数が 2,000 人超の場合には，監査役会が資本家側代表と労働者側代表のそれぞれ同数の監査役で構成される（監査役会の議決が賛否同数となった場合には，資本家側代表から選出された監査役会議長が 2 票目を投じることから，最終的には資本家側代表の意見が採択される）。ドイツの監査役会の役割はわが国の監査役会とは大きく異なり，取締役の選任や取締役が行う業務執行の監督・助言（同意権を含む）を有することから，労働者側の意見が会社の意思決定に反映されることが担保されている。業務執行を担当する取締役とそれを監督する監査役会からなる機関構造は，二層型のガバナンスシステムといわれる。

　ドイツでは，1990 年代後半から 2000 年代前半にかけて，米国金融システムの強い影響がみられ，また新自由主義的な色彩を有するシュレーダー改革が実施されたことにより，一連の CG 改革が行われた。この結果，株主・投資家に対する情報開示の点で米国・英国型の特徴が取り入れられたが，伝統的なドイツの「会社の目的」に関する考え方や CG の枠組みは維持された。これは，これらの考え方・仕組みが（法制度を含め）ドイツに深く根付いているためと考えられる。

　ドイツでは比較的最近，フォルクスワーゲンの排ガス不正，ドイツ銀行の様々な不正・不祥事，ワイヤーカードの不正会計・破綻など，ドイツを代表する会社の不祥事が発生している。これらの一因として経営者に対する外部（独

立社外役員，市場など）からのチェックが弱いことが指摘される。米国・英国のCGが重視する外部からのチェックを既存の枠組みにどのように取り入れていくのかが，ドイツCGの今後の課題と言えよう。

5．フランスのコーポレートガバナンス

　フランスで「会社の目的」に関して明確に議論されたのは，フランスのCGの嚆矢ともいえる第一次ヴィエノ報告書（1995年）においてである。そこでは，「取締役の任務は株主価値の最大化ではなく会社の利益の実現であること」そして会社の利益とは，「短期的利益ではなく，より長期的な視点に基づいた，法人としての会社のみならずあらゆるステークホルダーの利益の追求である」と説明された。

　フランスは柔軟なガバナンスを採用しており，ドイツの二層型と米国・英国の単層型の機関構造のいずれかを選択できる。また従業員の意見を取締役会に反映させる観点から，大規模会社は取締役の中に1人または2人以上の従業員を代表する取締役を設置する義務がある（取締役会の定員の数によって必要人数が異なる）。

　フランスでは，1990年代後半に米国機関投資家の投資拡大に伴い，「会社の目的」として株主価値最大化を支持する会社が増加した。これに対して，2019年にPACTE法が成立して民法と会社法が改正され，(1) 民法に会社の活動が社会と環境に及ぼす影響について考慮する義務が明記され，(2) 会社が定款でその存在意義（パーパス）を示すことができるようになり，(3) 会社法で，定款に会社の存在意義や社会・環境目的を明記する「使命を果たす会社」形態の会社を設立することができるようになった。この「使命を果たす会社」は米国の社会的企業の一形態であるベネフィットコーポレーションのフランス版ともいえ，その取締役は，株主の金銭的利益を追求する義務だけを有するのではなく，定款で定められた会社の存在意義や社会・環境目的を遂行する義務をも有することになる。

　ダノンが2020年6月の株主総会でのほぼ満場一致の承認を経て，上場会社としては最初に「使命を果たす会社」に転換した。この転換を主導したのが

ファベール CEO である。彼は 2014 年 10 月の CEO 就任以来，会社の社会的
責任を重視する姿勢を積極的に表明し，社会・環境目的を重視する経営者とし
て脚光を浴びていた。しかし，コロナ禍での会社の業績悪化と株価大幅下落を
受け，アクティビスト投資家から退任の要求が出され，またその他の機関投資
家もそれを水面下で支持したことなどから，「使命を果たす会社」への転換か
らわずか 9 か月後の 2021 年 3 月に取締役会で解任された。このことは，「使命
を果たす会社」のような形態であっても，ステークホルダーの利益の重視（社
会・環境課題の重視）は必要条件であって十分条件とは言えず，経営者には競
合他社と遜色がない利益を計上する経営を行うことが求められていることを示
している。

第 9 章

多国籍企業における
ダイバーシティ・マネジメント

葉山彩蘭

1. ダイバーシティに関する新しい国際的動向

　2016年，ヒラリー・クリントン（Hillary Clinton）は，アメリカ大統領選挙でドナルド・トランプ（Donald Trump）前大統領に敗北した際に，スピーチの中で「アメリカ初の女性大統領になることは最も高く，最も打ち破るのが困難なガラスの天井（highest, hardest glass ceiling）である」と話した。彼女はクリントン元大統領の妻でありファーストレディーにはなったが，自分自身が大統領になり，そのもっとも高く固い天井を破ることができなかった。しかしその後の 2021年には，カマラ・ハリス（Kamala Harris）が女性・アフリカ系（黒人）・インド系アメリカ人初の副大統領に就任し，アメリカにおける女性，マイノリティの活躍を含むダイバーシティの進展が垣間見えた。

　一方，日本のガラスの天井はどのくらい高いのか。2022年7月13日，世界経済フォーラム（World Economic Forum：WEF）は，各国の男女格差の現状を評価した「Global Gender Gap Report 2022」（世界男女格差報告書 2022年版）を発表した。日本のジェンダー・ギャップ指数は 146 カ国中 116 位で，主要 7 カ国（G7）で最下位であった。特に深刻なのが政治分野で，日本は 139 位だった。国会議員（衆院議員）の女性割合，大臣の女性割合がいずれも低く，過去に女性首相が誕生していないことも低評価につながった。また経済分野では管理職の女性割合は 130 位だった（日本経済新聞，2022年7月14日）。

日本は女性活躍推進に取り組んでいるものの，海外と比較しかなり遅れをと取っているのが明白である。

　野村（2020, 4頁）は，「女性が働き続けるうえでの壁を取り除かないと経済成長は遂げられない，企業の成長も見込めない。性別・国籍・人種・経歴が均質な集団からイノベーションは生まれない。意思決定層に占める女性の割合を増やさないと多様化する市場に対応できない，という日本の危機感は薄い，生ぬるい」と指摘している。多様性（ダイバーシティ）を真剣に取り組まないと，日本経済と社会の成長が見込めないという強烈な危機感を日本社会で共有するためには，どういった意識変革が必要なのか。ここで，まず海外企業と日本企業における女性の役員の比率を確認しておきたい。

　ダイバーシティに関する国際的な動向について，アメリカでは，「女性人材の確保・活用」と「人種平等」という思想から，1960年代に公民権法（Civil Rights Act of 1964）や，均等な雇用機会やダイバーシティに関する法制度が整備された。当時はあくまでも企業による自主的な取り組みであり，法的な拘束力や強制力は強くなかった。1970年代になると，アメリカでは差別を理由とする訴訟が増えたため，人材に関する訴訟リスクへの対策として位置付けられることが多かった。1980年代にはダイバーシティが人材のモチベーションの向上等に効果があることが認識され始めた。1990年代からは，ダイバーシティが企業にもたらす生産性や収益性への効果が認められ始め，競争優位性や差別化の源泉として，経営戦略上位置付けられるようになってきた[1]。

　このように，アメリカにおいて，ダイバーシティに対するアプローチは，訴訟を避けるためのリスク回避アプローチから企業経営における生産性や利益に貢献する投資アプローチに転換されていった。

　一方，欧州では，「女性の社会進出」と「雇用・労働形態やライフスタイルの多様性の容認」という視点から，雇用機会の創出・確保を目的とした労働政策の一環で，ダイバーシティ経営が促進されてきた（経済産業省 2018）。特に大企業に対しては，非財務情報及び取締役会構成員の多様性に関する情報の開示を義務化する指令の下，EU域内各国が法制化に対応している。

　例えばドイツは，2015年に「自然の変化に任せていては90年かかる」と試算しクオータ法を成立させた。役員比率は男女共に30％以上にする義務が課

図表 III-9-1 各国の企業役員に占める女性比率の推移

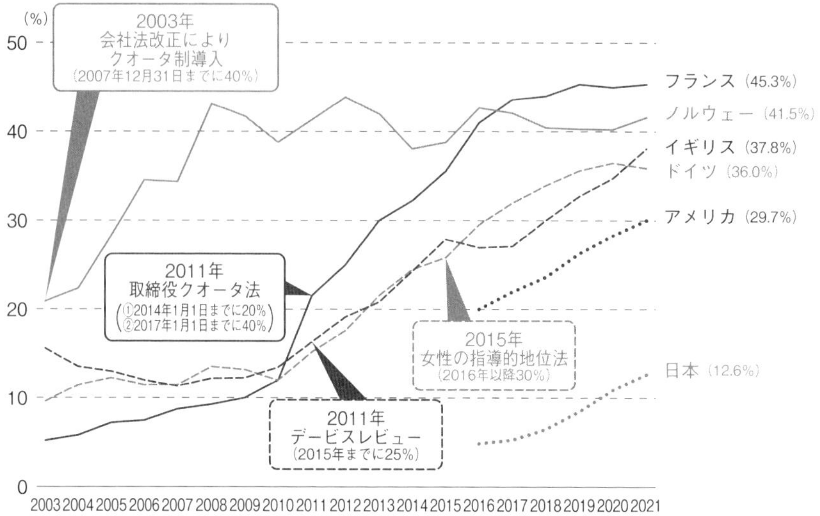

原注) EU は，各国の優良企業銘柄50社が対象。他の国はMSCI ACWI構成銘柄（2,900社程度，大型，中型銘柄）の企業が対象。
原出所) OECD, "Social and Welfare Statistics".
出所) 内閣府，成長戦略会議（第10回），2021.5。

され，女性が選出されない場合，男性は付けず空席を維持しなければならないとした（内閣府男女共同参画局 2022）。2016年，大手企業の監査役会を対象に「女性を3割以上にすべし」というクオータ制を導入し，近年でも監査役会の女性比率は30％前後を維持している。英国では，2010年に産業界による自主的な取り組みとして，取締役会の女性比率を30％に引き上げることを目標に「30％クラブ」が設立された。「30％クラブ」には，国際的に認知度や影響力が大きい企業のCEOや取締役会議長，機関投資家が名を連ね，大きな推進の力となっている。それ以降，英国企業の取締役会の女性比率は倍以上に増加した。イギリス政府はさらに，ハンプトン・アレクサンダー・レビュー（Hampton Alexander Review）[2] を公表し，2021年には取締役会の女性比率37.8％を達成している。

　フランスでは，2008年に憲法改正を経て，2011年に取締役クオータ法が制定された。同法により，上場企業や従業員・売上高等が一定規模以上の非上場

企業等を対象とし，取締役会及び監査役会における男女それぞれの比率について2014年1月1日までに20％，2017年1月1日までに40％を達成することとされた。この制度によって，女性の役員比率は41.5％まで上昇した（内閣府男女共同参画局 2022）。

　一方，日本内閣府の成長会議資料（2021）によると，日本企業と海外企業における女性の取締役，管理職の国際比較結果は次のようになっている。日本の女性取締役の割合は11.0％，外国人取締役の割合は4.0％で，米国・欧州と比べて低い状況となっている。また，日本の就業者における女性割合は44.5％であり，欧米諸国と遜色のない水準であるが，日本の管理職における女性割合は14.8％であり，欧米諸国より低い状況となっている。日本企業の意思決定層に女性や外国人の採用率が低く，ダイバーシティ促進が遅れていることが明白である（図表III-9-2・3）。

　図表III-9-2と図表III-9-3で示されている通り，諸外国における企業役員に占める女性比率の推移をみると，役員の一定の数・割合を女性に割り当てるクオータ制を導入した国はその導入以降，女性比率が大きく伸びていることが

図表 III-9-2　取締役の女性・外国人比率の国際比較（2020年）

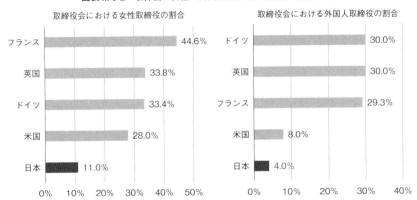

原注）2020年6月末時点の構成企業。日本は日経225社，米国はS&P500社，英国はFTSE100社・FTSE250社のうち上位50社の計150社，ドイツはDAX30社とMDAX/SDAX/TecDAXのうち40社の計70社，フランスはCAC40社。米国の外国人比率は2019年実績。
原出所）Spencer Stuart「2020 Japan Spencer Stuart Board Index」（2021年2月公表）を基に作成。
出所）内閣府，成長戦略会議（第10回），2021.5。

図表 III-9-3　管理職における女性割合の国際比較（2019 年）

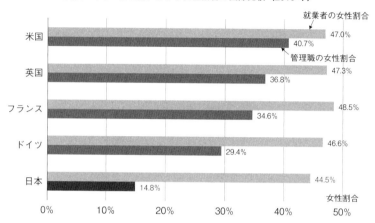

原注）日本は総務省「労働力調査（基本集計）」，諸外国は ILO "ILO STAT" における「管理的職業従事者」の女性割合。
原出所）内閣府「男女共同参画白書　令和 2 年版」（2020 年 7 月公表」を基に作成。
出所）内閣府，成長戦略会議（第 10 回），2021.5。

分かる。フランス，ノルウェー，イギリス，ドイツといった国々は，2021 年時点で役員の女性比率が 30 ％台後半から 40 ％台半ばとなっており，日本の 3 倍から 4 倍の水準となっている。

2．多国籍企業におけるダイバーシティ・マネジメント

　今日の労働市場は，女性や外国人などが社会や企業の不可欠な人材になり，労働者の多様化が必然的に推進されるようになった。企業経営におけるダイバーシティ対応は，当初の性別や人種の違いによる職場差別の問題から，より深い多様性に焦点を当てた体系的なダイバーシティ・マネジメントへと発展し，国内外の経営学者や経営者にとって重要な関心事となってきた（Ely and Thomas 2020）。ダイバーシティ・マネジメントとは，表面的な多様性（性別，人種，身体的条件など）と深層的な多様性（価値観，性格，信念，働き方など）を持つ従業員が，完全に会社に溶け込めるように，体系的戦略を設計し，効果的に実施することによって，「包括性」（Inclusion）という文化を創造することを指している。日本企業におけるダイバーシティ・マネジメントは，

企業組織の変革ないし全体のパフォーマンスの向上という目的から，社会的マイノリティ（女性も含む）に対するポジティブ・アクションの側面を有している（谷口 2009）。欧米企業では，社員が持っている多様な価値観から生まれる意見を尊重し新たな価値創造にチャレンジすることは，イノベーションの源泉として捉えられている。日本企業と比較し，欧米企業の方がダイバーシティに関する活動を強化しており，多様なバックグラウンドや価値観を持つ社員一人ひとりの能力が最大限に発揮される企業文化の醸成を進めているのである。

　ここで，本社をフランスに置くロレアルと日本の資生堂のダイバーシティ（多様性）とインクルージョン（包括性）に関する取り組みを考察する。

2.1　ロレアル

　1909 年に設立されたロレアルは，2020 年に Refinitiv Diversity & Inclusion Index により，世界のトップ 10 企業のひとつに選ばれた。このインデックスは，評価する 9,000 を超える国際組織の中で多様性（diversity）と包括性（inclusion）の指標の幅広いセットで世界のトップ 100 組織をランク付けしている。2021 年，ロレアルでは，女性管理職が 52％，取締役会の女性役員が 42％を占めた。グループ全体で平等と同一賃金を提唱しており，ジェンダー平等は，職場での幸福を高め，創造性と革新を促進し，業績と成長を後押しするための戦略的手段であるとしている[3]。

　ロレアルでは，「あらゆる文化，背景，ライフスタイルの人々が受け入れられ，評価されることで，より強力な企業とより強力なコミュニティが生まれる」「製品があらゆる文化のあらゆる形の美容のニーズを満たしている」「チームメンバーは多様で包括的でなければならない」という経営理念に基づいてビューティビジネスを行っている。経営方針とは，情熱，革新，企業家としてのスピリット，卓越性と責任の探究であり，倫理規範とは，「誠実さ（integrity）」，「尊重（respect）」，「勇気（courage）」，「透明性（transparency）」である。従業員は常に自分の行動が，「倫理綱領」に沿っているか，合法か，倫理方針の「誠実さ」，「尊重」，「勇気」そして「透明性」に沿っているかを確認しなければならない。

　ダイバーシティに関して，同社は 4 つの分野をカバーしている。ジェンダー

と LGBTQIA+，障がい，社会経済的および多文化的起源，そして年齢と世代間である。まず，ジェンダー分野において，ロレアルは，女性を昇進させ，男女賃金格差の是正に取り組んでいる。

　また，Fondation L'Oreal とユネスコは科学分野における女性の昇進を促進し，毎年世界の主要な地域から推薦された女性研究者の科学的卓越性を表彰する。女性の将来のキャリアアップに繋げることに取り組んでいる。

　ロレアルのダイバーシティ＆インクルージョンの目的は，女性に限らず，障がい者，外国人，LGBT，高齢者，等の様々な属性が活躍できる職場を目指している。特に障がい者への対応について，地域および国際的な専門家と緊密に協力して，次の5つの方針に基づいて取り組んでいる[4]。

　①　事故や病気にかかった従業員が働き続けることを許可する
　②　障がい者の採用，障がい者インターンの受け入れ，就労を支援する
　③　施設へのアクセス，情報への容易なアクセスを支援する
　④　適応され保護されたセクターおよびサプライヤーと協力する
　⑤　従業員の意識を高め，メンタルヘルスの問題を含む障がいを開示する

　そのほか，難民への就職支援や現地社会への溶け込みを支援する行動も行っている。2017年には，難民に6カ月のインターンシップを提供し，実務スキルを伸ばせるように支援している。オランダでは，美容師になりたい難民のための一年間のトレーニングプログラムを作成した。また，難民を支援する世界的なネットワークを通して，雇用へのアクセスをより適切にサポートおよび促進し，難民が社会の一員となるのを支援しているのである。

2.2　資生堂

　1872年に創業された資生堂の倫理行動基準・第1章の「人権と多様性の尊重」では，「One Shiseido の精神のもと，職場におけるすべての人たちの人権，人格，個性およびその多様性とインクルージョンを尊重し，ともに育ち，育てあうように努める」と掲げている。「LOVE THE DIFFERENCES（違いを愛そう）」をスローガンに掲げ，性別や年齢，国籍といった属性や考え方の違いに関わらず，個々人の違いをお互いに認め尊重している[5]。

　女性の活躍推進に関して，資生堂は1990年代初めから育児・介護休業法に

先駆け，育児休業制度，育児による短時間勤務制度を導入するなど，女性を支援するさまざまな制度や支援策を推進してきた。具体的には，2008 年には育児による短時間勤務を取得する美容職社員の代替要員体制として「カンガルースタッフ制」を導入し，2021 年は全国で 1,606 名の育児期の美容職社員の両立を 1,090 名のカンガルースタッフが支えている。このような取り組みの結果，国内資生堂グループにおける育児休業からの復職率は 99.3％であり，高い水準を維持し続けている。現在，女性管理職はグローバルで 58.3％を占めている。また，取締役・監査役の女性比率は 46.2％（2022 年 4 月時点），日本国内の女性管理職比率 37.3％となっている。同社は女性のエンパワーメントがイノベーションを創出し，会社のさらなる成長と社員の自己実現につながると考え，2030 年までに日本国内のあらゆる階層における女性管理職比率を機会均等の象徴である 50％にすることを目指している。

　LGBT に関する取り組みについて，2017 年から社員の同性パートナーを異性の配偶者と同じように福利厚生等の処遇を受けられるように就業規則で定めている。社員向けの LGBT の理解促進も行い，企業の LGBT 支援を評価する「Work with PRIDE」にて最高のゴールド認定を受けた。2020 年には婚姻の平等（同性婚の法制化）キャンペーン「Business for Marriage Equality」にも賛同し，LGBT への支持を表明している。

　障がいある社員について，日本国内に約 350 名の障がいのある社員が，さまざまな部門・職種で活躍している。同社は障がいのある社員に対して，職場の貴重な人材として以下の 3 つを約束している。①「本気で期待する」：障がいの有無に関わらず，社員一人ひとりを貴重な人材として成長を支援する。②「必要な配慮はするが特別扱いはしない」：本人の成長を促すための大切な考え方だと認識する。③「一生懸命働きたい情熱のある社員を積極的に応援する」：新入社員研修，各種 e ラーニング，OJT 等を通じて人材育成を行っており，一人ひとりの成長を支援する。

　資生堂は，海外地域事業所だけでなく，日本国内においても多様な国籍・文化的背景を持つ人材を積極的に採用しており，採用する際には，異なる文化と価値観を尊重し，多様性が確保されるように努力している。また，2006 年より 60 歳で定年を迎えた後の再雇用制度を導入し，意欲と能力のあるベテラン

社員が働き続けられるように人事制度を整えた。定年後も引き続き自己成長と会社への貢献に高い意欲を持つ社員が，年齢に関わらず積極的に活躍できるよう制度を作ったのである。

　ロレアルと資生堂は，それぞれフランスと日本を代表する美容業界のグローバルリーディングカンパニーである。2社とも独自の理念と倫理綱領に基づき，女性，外国人，障がい者を含む多様な人材を組織へ包摂させる努力を行っている。その中，ロレアルが推進している難民の雇用は資生堂がまだ取り組んでいない対象であるが，グローバルビジネスの拡大に伴い，今後は重要なダイバーシティ課題になるものと考えられる。

3．日本企業における女性活躍推進の課題と提案： 海外との比較調査結果から

　2013年以降，日本は少子高齢化や労働力の減少により，女性の活躍推進を経済成長の柱のひとつとして位置づけている。また，2015年8月28日に「女性の職業生活における活躍の推進に関する法律」（「女性活躍推進法」）が成立し，2016年4月に施行された。この法律では，300名以上の雇用者を有する企業や団体に，女性管理職の数値目標の提示や子育ての負担軽減策，復職支援などの企業の取り組みを具体的に促している。なぜ，海外企業と比較し日本企業では女性の役員比率がなかなか伸びないのか。そこには日本人女性の就労意識が関わっていると考えられる。

　筆者は2010年から2013年にかけ，日本，台湾，中国の女子大学生を対象に就労意識に関するアンケートを実施した。アンケート調査結果の比較分析を通して，日中台の女子大学生の就労意識は次のような特徴があることが明らかになった（Hayama 2015）。

① 　日本の女性は結婚や出産などで仕事をやめる傾向が強い一方，中国と台湾では結婚や出産は退職の理由にはならず，キャリアの継続が主流である。

② 　日本の女子大学生の，「経済的に余裕があっても仕事を続けたい」とい

う回答率は中国と台湾よりはるかに低い（日本35％，中国87％，台湾83％）。

③　66％の日本の女子大学生は，「会社でどんなに頑張っても評価されない」と回答している。その背景には「会社には差別待遇があり，男女を平等に扱っていない」などが挙げられた。

④　家庭と仕事の両立に関して，77％の日本の女子大学生は「両立が困難」と回答し，中国と台湾より高かった。

以上の調査成果に関して，調査対象の女子大学生はまだ正式に企業に就職した経験がなく，就労意識は母親や親族などから影響される可能性が高いと考えられる。しかし，2016年度の総務省「社会生活基本調査」内の「6歳未満児のいる夫の1日当たり家事・育児関連時間の国際比較」によると，日本の夫は1日当たり1時間23分を家事・育児にあてているが，妻は7時間34分と夫の約5倍であった。また，男女共同参画白書2018年版によると，アメリカでは夫は3時間10分（妻は5時間40分），スウェーデンでは夫は3時間21分（妻は5時間29分）であり，日本の夫より2倍以上の時間を家事・育児にあてていることがわかった。このことから，日本では妻の家事・育児負担が他国より大きい傾向にあると言える。家事の負担が大きいと残業のある働き方ができないため，時短勤務やパート勤務を選択せざるを得なくなり，夫婦間の収入格差が生じる原因になる。また，仕事を続けたくても育児のために断念せざるを得ない人や，仕事と家事の両立をするために転職を強いられる人がいる。結果，日本の女性が長期的に働くことや昇進を諦めてしまうなど，機会の不平等が生じているのである。

女性が活躍できるように，共働きを支える社会構造，すなわち「ワーク・ライフ・バランスを支える職場」「昇進の平等化」，「家事分担の教育」，「多様性を正しく評価する学校教育」などの改革が求められるのである。

4．ダイバーシティと経営倫理

国内外を問わず，職場のダイバーシティとは，年齢，性別，言語，民族，学歴，配偶者の有無など，組織内の従業員の構成が異質であることを意味してい

る。しかし，組織の中で，ダイバーシティ（多様性）があってもインクルージョン（包括性）がなければ，従業員は無視されることに慣れアイデアや新しい提案を組織メンバーと共有しなくなる。多様化した従業員を管理することは，人事担当者にとって困難な課題であり，企業経営のパフォーマンスに大きな影響を与えるのである。経営者は，多様性を持つ従業員を平等に扱うことによって，従業員の創造性を高め，生産性を向上させ，離職率を減らし，あらゆる種類の差別をしないような経営方針の転換が求められるのである。

　経営倫理の視点からダイバーシティの問題を考えると，真のダイバーシティとインクルージョンを実施するには，アンコンシャス・バイアス（unconscious bias）という無意識的な先入観を捨てる必要がある。経営者を含む多くの人は，自分は誰に対しても平等に接している，自分は差別をしていないと思っている。しかし，私達は，意識せず自分のこれまでの知識や経験，文化的背景などで物事を判断してしまうことはしばしばある。「女性はリーダーに向いていない」「育児休業なら母親」「子育て中の女性の海外出張は無理」「時短の女性の効率が悪い」「自己主張が強い外国人が使いにくい」「外国人は日本人の本音を理解できない」などの思い込みがダイバーシティ促進を阻害している。荒金（2020, 210 頁）は，「経営層や管理職のアンコンシャス・バイアスは，企業のパフォーマンスや意識決定に大きな影響を与え，対応を怠れば，職場のモチベーションやダイバーシティ促進の阻害，生産性低下など，深刻な問題に発展する」と指摘している。また野村（2020, 194 頁）は，「意思決定層に多様性をもたらすためには，多様な人材が無理なく働き続けられる職場を作る必要がある。また，女性管理職を増やすため，昇進後の離職を減らすためには，柔軟な働き方を実現する必要がある」と述べている。ダイバーシティという概念は今後も多くの企業に導入され，様々な取組みが推進されると思われる。形式的・表面的な対応ではなく，本来目指すべきダイバーシティの倫理的意義も再確認する必要がある。

【注】

1 ）脇夕希子（2008）「1960 年代以降の米国における多様な人材マネジメントからダイバーシティ・マネジメントへの展開」『経営研究』59 (1), 85–106 頁を参照した。
2 ）International Corporate Governance Network (2016), ICGN Guidance on Diversity on Boards.

3）https://www.loreal.com/en/news/group/refinitiv-ranking-index-2020/，2022 年 7 月 28 日ア
　クセス。
4）https://www.loreal.com/en/news/commitments/break-the-silence-on-disability/，2022 年 8
　月 1 日アクセス。
5）「資生堂　ダイバーシティ＆インクルージョン」https://corp.shiseido.com/jp/sustainability/
　labor/diversity.html，2022 年 7 月 28 日アクセス。

第 10 章
外国法・国際規範とコンプアライアンス経営

高野一彦

1. 外国法とコンプライアンス

　取締役が遵守すべき「法令」は，日本国内の法令及び条例のみならず，外国法令も含まれると解されている。アメリカの法令違反を根拠として取締役らの任務懈怠責任を認めた，2000 年 9 月 20 日の大和銀行株主代表訴訟事件で，大阪地方裁判所は「(商法は) 取締役に対し，わが国の法令に従うことを求めているだけでなく，海外に支店，駐在員事務所等の拠点を設けるなどして，事業を海外に展開するにあたっては，その国の法令に遵うこともまた求めている」と判示している (大阪地判平成 12 年 9 月 20 日判時 1721 号 3 頁)。

　グローバルに事業を展開する企業は，事業活動を行っている国や地域の法令を遵守する必要がある。特に個人データ保護法制や贈賄防止法制などは域外適用を規定している国・地域が多く，違反行為に対して多額の制裁金や罰金を課せられる可能性があるため留意が必要である。

　一方，ソフトローを法令にはあたらないとする判例もあり (日興證券事件東京地判平成 9 年 3 月 13 日判時 1610 号 116 頁)，国連「ビジネスと人権に関する指導原則」などの国際的な原則の不遵守について任務懈怠責任を問われる可能性は低いと思われるが，社会的な批判の対象になること，またサステナブル投資の拡大を考慮すると真摯な取り組みは企業価値創造に寄与することから，経営上重要なファクターであるといえよう。

　本稿では，これらをコンプライアンスの対象と捉えて，わが国の企業におけ

る外国法や国際的な原則の遵守のポイントを俯瞰的に論ずることとする。

2．プライバシー・個人データ保護分野

2.1　EU のデータ保護法制

　個人データの利活用と保護の分野は，1995 年の EU（European Union：欧州連合）データ保護指令（Data Protection Directive）に影響を受けながら，世界の法制度の整合がとられている観がある。それは，同指令第 25 条第 1 項において，第三国が「十分なレベルの保護（adequate level of protection）」を確保している場合に限って個人データの移転を行うことができることを規定しているためである（髙野 2015，21 頁）。

　指令（directive）は，加盟国が指令に基づき国内法としての立法義務を有する。従って EU データ保護指令は，EU 加盟国および欧州経済領域（European Economic Area：EEA）構成国であるノルウェイ，リヒテンシュタイン，アイスランドに対して，同指令の規定に従った国内法の整備を求めており，各国は 1998 年の発効までに国内法を整備している。また，EU によりプライバシー保護の十分性を承認されたアメリカ，カナダ，スイスなどの国・地域では，EU データ保護指令に基づき国内法を整備している。従って，これらの国と地域のデータ保護法には，データ保護が十分ではない第三国への個人データの移転を禁止する条項が含まれている（前掲書，21 頁）。

　2016 年，欧州議会本会議で EU データ保護指令の後継となる，EU 一般データ保護規則（General Data Protection Regulation：GDPR）を可決し，2018 年に施行された。規則（regulation）は自動的に全加盟国の国内法の一部となる。GDPR は，第三国への個人データ移転禁止条項（第 45 条第 1 項）を備えていること，また EU 域外企業にも一定の条件下で適用されること（第 3 条第 2 項），違反者に対して最大 2000 万ユーロまたは年間世界売上高の 4％のいずれか大きい額の制裁金が課されること（第 83 条），さらにデータ漏えいなどの個人データ侵害が起こった場合，72 時間以内に監督機関に報告する義務を課していること（第 33 条）など，わが国企業にとっても影響が大きいと思われる（石井 2020，202-204 頁；髙野 2021，243 頁）。

　このように，第三国への個人データの移転禁止条項は，企業における事業活動に多大な影響を及ぼすこととなる。例外規定を使わなければ，例えばクレジットカード会社はカード利用時の認証が困難であるし，航空会社は目的地の空港で搭乗客名簿を受け取ることができない。特に GDPR は，クッキー識別子や IP アドレスなどのオンライン識別子を個人データに含めているため（第4条(1)），インターネット事業者が EU 域内で事業を展開することは困難である。

　また，GDPR と関連法への違反による多額の制裁金は企業における重要リスクである。異議申し立て中の事件もあるが，例えば 2022 年 1 月，フランスのデータ保護機関 CNIL がグーグルとメタに課した計 2 億 1 千万ユーロ（約 275 億円），2021 年 7 月，ルクセンブルクのデータ保護機関がアマゾンに課した 7 億 4600 万ユーロ（約 970 億円）などが挙げられる。

2.2　わが国の立法における国際的整合

　わが国は，2003 年に個人情報の保護に関する法律（以下「個人情報保護法」という。）が成立したが，その後 EU に対してデータ保護の十分性に関する申請を行わなかった。2010 年に欧州委員会が公表した「特に技術発展に焦点を当てた，新たなプライバシーの課題への異なるアプローチの比較研究」において，わが国のデータ保護の十分性を調査したグレアム・グリーンリーフ（Graham Greenleaf）は，EU データ保護指令におけるデータ保護の十分性を充足していないと述べており（髙野 2015, 26 頁），たとえ申請を行っても十分性が認められる可能性は低かったであろう。

　しかし，2013 年に閣議決定した「世界最先端 IT 国家創造宣言」では，ビッグデータ・オープンデータの利活用による遺伝子創薬などの新産業の創出を経済政策の柱に据えており，そのために「プライバシーや情報セキュリティ等に関するルールの標準化や国際的な仕組作りを通じた利便性向上及び国境を越えた円滑な情報移転」を重要課題として提起した。世界中からわが国に個人データが制限なく入ってくることが経済政策の前提であり，国際的に整合がとれた法制度の定立と EU によるデータ保護の十分性の認定が，わが国の経済発展にとって重要である旨を示している。

　同宣言を契機として，わが国では EU データ保護指令との整合を意識した法改正が検討されるようになった。主な論点は，①完全なる独立性を有した監督機関の新設，②法的制裁，③特別な種類のデータの取扱いの制限，④アクセス権などの本人の権利の規定，⑤法の域外適用・越境移転の規制，⑥データの利活用などである。本稿では紙幅の関係から，特に⑥データの利活用に関して国際的整合の視点から論じることとする。

　わが国の個人情報保護法の改正では，ビッグデータ・オープンデータの利活用のために，「匿名加工情報」「仮名加工情報」などの新たな規定を創設している。GDPR 提案では，匿名情報（anonymous data）を「データ主体が識別できないような方法で匿名化されたデータ」と定義し（前文第 26 条），適用対象外としており，わが国で 2015 年に成立した改正個人情報保護法で匿名加工情報を規定した。匿名加工情報は，本人の同意なく第三者に提供できるため，オープンデータ・ビッグデータでの活用の前提となる規定であったが，多くの企業は適法性判断が難しく，十分に利活用されているとは言いがたかった。そこで，2020 年に成立した改正個人情報保護法では仮名加工情報を新設した。これは，GDPR における仮名化（pseudonymisation）をモデルにした規定である（第 4 条(5)）。個人データから識別子を削除するなどして識別可能性をなくする方法で仮名化されたデータは法の適用を受けるが，個人データよりも負荷が軽い規則になっており，ビッグデータ・オープンデータとしての利活用が期待されている。

　このように，わが国では 2015 年，2020 年及び 2021 年の 3 回，国際的なデータ保護水準との整合を意識した法改正を行い現在に至っている。その結果，2019 年にわが国と EU は相互にデータ保護の十分性を認定し，現在に至っている。

2.3　情報法コンプライアンスのあり方

　わが国の企業は，個人情報保護法のみならず，GDPR をはじめとした国際的ルールを視野に，グローバルなデータの利活用と保護に関する取り組みを行う必要がある。

　第 1 は，社内規程の定立である。「Culture of Privacy」といわれるように，

プライバシー・個人データ保護は国ごとに考え方に違いがある。従って，GDPR とわが国の個人情報保護法の双方に準拠した，企業グループ横断的な基本規程を定立し，事業を展開する国の法制度を基本規程に上積みして各国で運用を行う。

　第2は，責任者と専任管轄部署の設置である。プライバシー・個人データ分野の適法性判断はファジーな側面があるため，CPO（Chief Privacy Officer）などの責任者が企業グループにおける個人データの利活用に関する個別事案の判断を統一的に行う。また，専任管轄部署はコンプライアンス・プログラムを運用するとともに，データ侵害が発生した場合の危機管理体制を確立する。

　第3は，情報法コンプライアンスの専門家の養成である。欧米諸国のデータ保護機関は官民双方について，法の遵守監視と執行，国民への情報提供と教育啓発，プライバシー影響評価と検査，及び事業者の相談への対応を職責としている。この中でも事業者の相談への対応は，個人データの利活用の促進による経済活性化にとって重要な責務と捉えられている。例えば，カナダの東オンタリオ小児病院は，新生児の登録情報データベースの構築と新薬や治療技術開発のために研究者への情報提供を行う一連のスキームについて，オンタリオ州 IPC（Information and Privacy Commissioner of Ontario）に相談し，プライバシー保護の仕組を事前に導入した成功事例として紹介されている（髙野 2015, 35 頁）。2016 年に発足したわが国の個人情報保護委員会は「Data Protection by Design」という視点から，企業と秘密保持契約を締結した上で，個別のプロジェクトの相談を受けている。企業における情報法コンプライアンスの専門家の養成は，企業防衛のみならず，企業価値向上にも貢献することになる。

3．贈賄防止法分野

3.1　アメリカの海外腐敗行為法

　1976 年に発覚したロッキード事件を契機として，1977 年にアメリカ海外腐敗行為法（The Foreign Corrupt Practice Act：FCPA）は成立した。アメリカによる働きかけの結果，1997 年に OECD で「国際商取引における外国公務

員に対する贈賄の防止に関する条約」が提案され，33 カ国が調印した。わが国では 1998 年の通常国会で OECD 条約が承認され，また同年秋の臨時国会で外国公務員贈賄罪を含む改正不正競争防止法が成立した。

　アメリカ FCPA では外国公務員贈賄行為の主体として，①証券の発行者（issuer），②国内関係者（domestic concern），③その他の者（person other than issuers or domestic concerns）が規定されており，この中で「その他の者」が域外適用の根拠となっている（§78dd-1〜3）。「その他の者」とは，アメリカ国内の通信手段を用いて贈賄行為を行った者などである。通信手段とは，郵便，電話，ファックス，電子メール，その他インターネットを介したデータのやりとりなどであり，サーバがアメリカ国内にある場合はこれに該当する（北島 2011，147 頁）。

　禁止行為は，外国公務員，政党・政党職員，候補者等に対して，①職務執行に影響を与える，②職務違背行為を誘導する，③不正利益を供与する，④あっせんをさせる，ことを目的として金銭の申し出，支払い，その約束などを行う行為であり，エージェントなどの仲介者に対して，前項の行為をさせ，又は誘導する行為も含まれる（北島 2011，150-151 頁）。なお，日常的な政府活動の履行などを目的とした少額の金銭の支払い（ファシリテーション・ペイメント）は適用が除外されている。

　アメリカは FCPA の摘発について，2005 年以降「FCPA に関する当局の摘発・訴追姿勢はかなり強気」（経済産業省 2012）であり，FCPA に特化した専門組織を設置したことで訴追件数が増加傾向にある。日本企業がアメリカ FCPA 違反として行為者が逮捕・起訴され，企業に対して巨額の罰金刑が科せられ，又は和解金の支払いに合意した事件は数多い。例えば 2018 年，パナソニックはアメリカ子会社の贈賄行為に関して，米当局へ和解金約 2 億 8000 万ドル（約 300 億円）を支払うことで合意した。また 2016 年，オリンパスは，アメリカの子会社などを通じて，中南米の複数の国の国営・公営病院の職員らに対し，機材購入を目的とした賄賂を渡したことが FCPA 等への違反として，罰金・和解金として計 6 億 4600 万ドル（約 736 億円）を支払うことに合意した。

　FCPA の罰金額は，1991 年に公表された企業犯罪を対象とする連邦量刑

ガイドライン及び FCPA Resource Guide（A Resource Guide to the U.S. Foreign Corrupt Practices Act）により，違法行為防止のための効果的なプログラムの有無と運用状況などにより，連邦裁判所が判示した量刑に対し5%（20分の1）から400%（4倍）の間で増減する。具体的には「幹部の取組み姿勢及び明確な腐敗禁止指針，行動規範及びコンプライアンス方針，監査・自律性及びリソース，リスク評価，研修及び助言の継続，インセンティブ及び懲戒処分，デュー・ディリジェンス，内部通報及び社内調査，定期的な改善等」（経済産業省 2021, 11 頁）などであり，特にリスク評価と研修はエージェントを含めて広く実施する必要がある。

　2020 年 7 月，アメリカは FCPA Resource Guide 第 2 版を公表し，①経営陣の関与，②顕著な利益，③社内蔓延，④常習性等がなければ，量刑ガイドラインの罰金からさらに 50% 軽減し，また事後的であっても捜査に協力し，適時適切に改善すれば 25% 軽減することを規定し，現在に至っている（髙野 2021, 244 頁）。

3.2　イギリスの贈賄防止法

　2010 年に成立したイギリスの贈収賄防止法（Bribery Act：UKBA）は，従前の贈賄防止 3 法を廃止し，包括的な贈収賄罪として制定された。禁止行為は，①贈賄行為（第 1 条），②収賄行為（第 2 条），③外国公務員に対する贈賄行為（第 6 条），及び④贈賄防止策懈怠（第 7 条）である。

　アメリカ FCPA と比較して，UKBA は民間人に対する贈賄も規制の対象となっていること（第 1 条），贈賄行為を防止するための適切な措置（贈賄防止措置）を講じていなかったことも処罰の対象となっていること（第 7 条），罰金刑の上限を規定していないこと，などが特徴である。

　贈賄防止措置懈怠罪は，イギリスと関係がある営利団体（relevant commercial organization）の役員や従業員等が贈賄行為を行った場合に，贈賄防止のための適正な手続きを行っていたことを立証する義務を規定している。2011 年に公表された The Bribery Act 2010 Guidance によると，適正な手続きとは，経営者によるコミットメント，リスク評価と文書化，研修，監視，改善といったコンプライアンス・プログラムの定立と運用であり，平時か

らコンプライアンス・プログラムを定立・運用し，そのエビデンスを保存する
などの準備が必要である。

3.3　贈賄防止法コンプライアンスのあり方

　FCPA，UKBA はいずれも域外適用されること，罰金額が高額であること
に特徴がある。コンプライアンス・プログラムは，Bribery Act Guidance や
FCPA Resource Guide などに準拠して PDCA サイクルを定立し運用を行う。
各法とガイドラインが求める内容は，①経営者による贈賄行為を行わない旨の
宣言，②責任者の専任と専管部署の設置，③リスクアセスメント，④規程等の
文書化，⑤教育訓練と運用，契約への贈賄禁止条項の加入，⑥モニタリング，
⑦定期的な経営トップ等への報告と改善，⑧クライシス対応体制の整備，など
である。特に，③リスクアセスメントと，⑤教育訓練は，自社のみならず子
会社，エージェントなども含まれることに留意が必要である（高野 2021, 245
頁）。

4．人権問題

4.1　ビジネスと人権に関する指導原則

　2011 年，国際連合第 17 回人権理事会において「ビジネスと人権に関する指
導原則（Guiding Principles on Business and Human Rights）」が決議された。
本指導原則は，「人権を保護する国家の義務，人権を尊重する企業の責任，及
び救済へのアクセスの３つの柱」から構成されている（法務省 2021, 5 頁）。
従前の国際人権憲章等は，人権保護を国家の義務として捉えていたが，本指導
原則は国家のみならず，全ての企業に適用されること，及び被害者の効果的な
救済メカニズムの重要性を示していることに特長がある。
　企業は人権尊重の責任を果たすための運用上の原則として，①企業方針とし
て人権尊重の責任を果たす旨のコミットメントの発信（指導原則 16），②人権
への悪影響の評価，調査結果への対処，対応の追跡調査，及び情報発信などの
人権デュー・ディリジェンス（指導原則 17〜21），③人権への悪影響や助長を
確認した場合の救済又は協力（指導原則 22）を求められている（外務省 2020,

5 頁）。

　この指導原則を契機として，米国カリフォルニア州サプライチェーン透明法
（2012 年），英国現代奴隷法（2015 年），フランス人権デュー・ディリジェンス
法（2017 年），及びオーストラリア現代奴隷法（2019 年）など，企業に対し人
権配慮を求める各国の法律が立法されている（法務省 2021, 19 頁）。

　わが国では 2020 年に「ビジネスと人権に関する行動計画」が策定された。
人権の保護・促進は，持続可能な開発目標（SDGs）の達成と「表裏一体の関
係」にあるとされており（外務省 2020, 2 頁），行動計画には「ビジネスと人
権」に関する政府の施策，企業活動における人権尊重の取り組み，及び人権
デュー・ディリジェンスの導入促進が記載されている。

4.2　サステナブル投資

　わが国では近年，サステナブル投資の投資残高が急速に拡大し，2021 年 3
月末時点で約 514 兆円，運用資産総額に占める割合は 61.5％となった（SIF
「サステナブル投資残高調査 2021 結果」）。2014 年は約 8400 億円だったことを
考えると，わずか数年の間に 600 倍以上に拡大したことになる。

　サステナブル投資とは社会や環境などの持続性に配慮した投資の総称
で，その中でも特に「環境（Environment），社会（Social），ガバナンス
（Governance）に対する企業の取り組み状況に基づいて投資対象を選別する投
資」を ESG 投資という（高野 2021, 242 頁）。このような変化は，国連の責任
投資原則（Principles for Responsible Investment：PRI）が契機となったと思
われる。PRI は 2006 年に国連で策定されたガイドラインで，環境・社会・ガ
バナンスの課題を投資の意思決定や株主としての行動に組込むことを目的とし
ている。2015 年に年金積立金管理運用独立行政法人（GPIF）が署名し，その
後わが国の機関投資家に ESG 投資が普及したことが，投資残高の拡大の一因
であると考えられている（大塚 2021, 9 頁）。また，2015 年には国連サミット
で SDGs（Sustainable Development Goals：持続可能な開発目標）が採択され
た。これは国連加盟 193 カ国が，2030 年までの 15 年間で達成するために掲げ
た目標であり，ESG 課題への積極的な取り組みを求められるようになった。
その結果，企業における ESG 課題の取り組みと開示は自社の株価上昇の一因

を成すこととなった。企業経営の目的は企業価値の向上であることから，ESG 課題への取り組みは重要な経営課題になったと思われる（髙野 2022, 187 頁）。

5．企業の外国法・国際的な原則へのコンプライアンス

「コンプライアンス」という言葉は，わが国において 1990 年代から広く使われるようになった。英語の「compliance」は「従うこと」を意味し，当初は「法令遵守」と訳されていた。しかし近年，この邦訳は的確ではないと考えられている。特に外国法や国際的な原則から企業におけるコンプライアンスの意義を探求するとその傾向が強く現れる。

5.1　マネジメント・システムとしてのコンプライアンス

コンプライアンス・プログラムは，企業グループを対象にリスクアセスメントを行い，発生頻度と損害の 2 軸でリスクを評価し，重要なリスクを抽出し，責任者と専任管轄部署を設置した上で，①規程の策定，②役員・従業者教育，③運用とモニタリング，④経営者への報告と改善，の PDCA サイクルを運用することである。これは，事故・不祥事の発生を未然に防止する効果があることは論を俟たない。

外国法とわが国の法令の端的な違いは，企業に対する制裁金や罰金の額であろう。特に，情報法分野における GDPR の制裁金，贈賄防止法分野における FCPA，UKBA の罰金は高額であるが，平時からの企業の取り組みを評価し，制裁金や罰金の金額を考慮する手続きを規定している。例えば，EU データ保護指定 第 29 条作業部会により採択された「規則における制裁金の適用及び設定に関するガイドライン（Guidelines on the application and setting of administrative fines for the purposes of the Regulation)」では，管理者がどの程度「期待された事を実行したか」に制裁金の判断基準を置いている。また FCPA では，連邦量刑ガイドラインと FCPA Resource Guide により，対象企業のコンプライアンスへの取り組みを評価し，罰金額を 4 倍から 40 分の 1 の間で変動する仕組を運用している。さらに UKBA では，企業が Bribery Act Guidance に規定された取り組みを行っていたことを立証できれば，贈賄防止

措置懈怠罪の違法性を阻却することができる。このように，高額な制裁金や罰金は，企業のコンプライアンスへの取り組みを促進する仕組とセットで運用されているのである。

このように GDPR，FCPA，UKBA が企業に対して求めている取り組みを真摯に行っていれば，事件や事故が発生した場合に，企業を多額の損失から守ることになるのである。

5.2　企業価値を創造するコンプライアンス

サステナブル投資の急速な拡大は，機関投資家が企業の財務情報のみならず，ESG 課題への取り組み状況を評価し，投資の意思決定を行っていることを示している。人権尊重は ESG における最重要課題であり，国連の「ビジネスと人権に関する指導原則」への真摯な取り組みと情報開示は，企業価値向上に資することとなる。企業経営の目的は企業価値の向上であり，人権尊重の取り組みは経営の目的に合致している。

このようにコンプライアンスは単に法令遵守ではなく，企業を多額の損失から守るマネジメント・システムであり，企業価値向上のためのエンジンでもある。

本稿は拙論（2015）「情報危機管理とビッグデータ―わが国の個人情報保護法制への提言と企業コンプライアンス―」関西大学社会安全学部編『リスク管理のための社会安全学』ミネルヴァ書房，21-46 頁，及び拙論（2021）「企業価値を創造するコンプライアンス経営」上田和勇編著『復元力と幸福経営を生むリスクマネジメント』同文舘，239-248 頁を基に，企業のコンプライアンス経営に関する継続的な研究の成果を執筆し，公表する論文である。

本研究の一部は，2022 年度関西大学学術研究員研究費によって行った研究成果であり，紙面を借りて謝意を表したい。

参考文献

第Ⅰ部　学術的アプローチ編

【第1章】　経営倫理とは何か
髙巖（2013）『ビジネスエシックス［企業倫理］』日本経済新聞社。
髙巖（2017）『コンプライアンスの知識　第3版』日経文庫。
髙巖・清水千弘（2022）『AIビジネスの基礎と倫理的課題』モラロジー道徳教育財団。
髙巖・藤原達也・藤野真也・大塚祐一（2019）『日本航空の破綻と再生』ミネルヴァ書房。
日本経営倫理学会編（2022）『ガバナンス研究部会年報（2021年度)』。

【第2章】　経営倫理とサステナビリティ
高橋浩夫（2017）『戦略としてのビジネス倫理入門』丸善出版。
高橋浩夫（2019）『すべてはミルクから始まった—世界最大の食品・飲料会社"ネスレの経営"』同文舘。
高橋浩夫（2021）『顧客・社員・社会をつなぐ"我が信条"J&Jの経営』同文舘。
高橋浩夫（2022）『YKKのグローバル経営戦略"善の巡環とは何か"』同文舘。
Henderson, R. (2020), *Reimaging Capitalism in a World on Fire*, Perseus Book.
Mele, D. (2009), *Business Ethics in Action*, Palgrave Macmillan.
Takahashi, H. (2013), *The Challenge for Japanese Multinationals*, Palgrave Macmillan.
Takahashi, H. (2022), *Practice of Business Ethics -Case Study of Johnson & Johnson*, World Scientific.

【第3章】　経営倫理とカーボンニュートラル
蟻生俊夫（2021）「エネルギー・資源工学から見たサステナビリティ」『サステナビリティ経営研究』Vol. 1。
蟻生俊夫・市川和芳（2019）「将来の電気事業のディスラプティブな変化を見据えたエネルギー・エコシステムの実現に向けて」『電気現場』Vol. 58, No. 689。
全国地球温暖化防止活動推進センター（2022）「データで見る温室効果ガス排出量（世界)」（https://www.jccca.org/global-warming/knowleadge04)。
高木正人（2020）「日本のエネルギーフローとエネルギー資源」連載講座『海—エネルギーと環境』。
D. H. メドウズ& D. L. メドウズ& J. ラーンダズ& W. W. ベアランズ3世／大来佐武郎訳（1972）『成長の限界—ローマクラブ「人類の危機」レポート』ダイヤモンド社。
ハンス・ヨナス著／加藤直武訳（2010）『新装版　責任という原理　科学技術文明のための倫理学の試み』東信堂。
IEA（2021）「再生可能エネルギー2021　2026年までの分析と予測」。
IEA (2022), "Renewable Energy Market Update -Outlook for 2022 and 2023".
IPCC (1990, 1995, 2001, 2007, 2013, 2018), "(First-Fifth) Assessment Report".
ISO (2011), "ISO26000, Guidance on social responsibility".
World Commission on Environment and Development World Commission on Environment and

Development（WCED）(1990),"Our Common Future, Oxford Paperbacks".

【第4章】 経営倫理と CSR・CSV

M. R. クラマー＆ M. W. フィッツァー著／辻仁子訳（2017）「CSV はエコシステム内で達成する『コレクティブ・インパクト』を実現する5つの要素」『Diamond ハーバード・ビジネス・レビュー』42（2），16-28 頁。

経済同友会（2004）『日本企業の CSR：現状と課題—自己評価レポート 2003』(https://www.doyukai.or.jp/policyproposals/articles/2003/pdf/040116_1.pdf, 2022 年7月16日)。

潜道文子（2014）『日本人と CSR—遊戯・フロー体験・ダイバーシティ』白桃書房。

谷本寛治（2004）「新しい時代の CSR」谷本寛治編著『CSR 経営—企業の社会的責任とステイクホルダー』中央経済社。

P. F. ドラッカー著／上田惇生編訳（2001）『マネジメント【エッセンシャル版】—基本と原則』ダイヤモンド社。

名和高司（2021）『パーパス経営—30 年先の視点から現在を捉える』東洋経済新報社。

野中郁次郎・勝見明（2020）『共感経営』日本経済新聞出版。

L. S. ペイン著／鈴木主税・塩原通緒訳（2004）『バリューシフト—企業倫理の新時代』毎日新聞社。

M. E. ポーター＆ M. R. クラマー著／編集部訳（2011）「共通価値の戦略」『Diamond ハーバード・ビジネス・レビュー』36（6），8-31 頁。

J. マッキー＆ R. シソーディア著／野田稔解説／鈴木立哉訳（2014）『世界でいちばん大切にしたい会社—コンシャス・カンパニー』翔泳社。

Crane, A., Palazzo, G., Spence, L. J. and Matten, D. (2014), "Contesting the Value of 'Creating Shared Value'," *California Management Review*, 56 (2), pp. 130-153.

Henderson, R. and Van den Steen, E. (2015), "Why Do Firms Have 'Purpose'? The Firm's Role as a Carrier of Identity and Reputation," *American Economic Review*, 105 (5), pp. 326-330.

Kania, J. and Kramer, M. (2001), "Collective Impact," *Stanford Social Innovation Review*, 9 (1), pp. 36-41.

【第5章】 経営倫理と倫理教育

アリストテレス著／朴一功訳（2002）『ニコマコス倫理学』京都大学学術出版会。

桑山三恵子（2016）「日本の大学・大学院の経営倫理教育の予備的検討」『日本経営倫理学会誌』23，227-237 頁。

高浦康有・藤野真也編（2022）『理論とケースで学ぶ企業倫理入門』白桃書房。

髙田一樹（2014）「経営を語らせ倫理を教える—国内におけるケース・メソッドの受容とその教育効果に関する省察」『日本経営倫理学会誌』22，135-149 頁。

中村秋生（2010）「組織における道徳的行動の実現—経営倫理教育の目的・内容を中心として」『千葉商大論叢』47（2），83-100 頁。

中村秋生（2014）「組織における道徳的行動実現のための経営倫理教育—認知教育から行動教育としての徳育教育へ」『千葉商大論叢』51（2），41-59 頁。

T. R. パイパーほか著／小林俊治・山口善昭訳（1995）『ハーバードで教える企業倫理—MBA 教育におけるカリキュラム』生産性出版。

L. T. ビーチャム＆ N. E. ボウイ編／加藤尚武・梅津光弘・中村瑞穂・小林俊治監訳（2001, 2003, 2005, 2017）『企業倫理学 全4巻』晃洋書房。

福川恭子（2007）「ビジネスエシックス講座のカリキュラム開発と実施—英国マネジメントスクールからの実例と検証」『日本経営倫理学会誌』14，21-28 頁。

水谷雅一・梅津光弘・岡部幸徳・内田玲子（2000）『わが国の産学における経営倫理の実践状況の調

査と考察』神奈川大学国際経営研究所 Project Paper シリーズ 4。
李昭娟（2011）「アメリカの MBA における企業倫理教育の意義」『創価大学大学院紀要』33，25-50頁。
李昭娟（2012）「米国の大学における企業倫理教育の方法の変遷と今後の課題」『創価大学大学院紀要』34，55-71 頁。

【第 6 章】　経営倫理と ESG・SDGs
梅津光弘（2002）『ビジネスの倫理学』丸善出版。
北川哲雄編著（2022）『ESG カオスを超えて：新たな資本市場構築への道標』中央経済社。
田瀬和夫・SDGs パートナーズ（2020）『SDGs 思考』インプレス。
J. G. ラギー著／東澤靖訳（2014）『正しいビジネス―世界が取り組む「多国籍企業と人権」の課題』岩波書店。
J. ロールズ著／川本隆史・福間聡・神島裕子訳（2010）『正義論　改訂版』紀伊國屋書店。
Unilever（2022），"Annual Report and Accounts 2021," retrieved on July, 28, 2022. (https://www.unilever.com/Investors/annual-report-and-accounts/archive-of-annual-report-and-accounts/)

【第 7 章】　経理倫理とコーポレートガバナンス
江頭憲治郎（2016）「コーポレート・ガバナンスの目的と手法」『早稲田法学』92（1），95-117 頁。
菊澤研宗（2004）『比較コーポレート・ガバナンス論：組織の経済学アプローチ』有斐閣。
小松章（2022）「機構改革から精神の改革へ―コーポレート・ガバナンスの新次元―」『経営哲学』18（2），69-74 頁。
鈴木千佳子（2016）「第三の選択肢としての監査等委員会設置会社制度の問題点」『法學研究』89（1），25-49 頁。
高浦康有・藤野真也（2022）『理論とケースで学ぶ企業倫理入門』白桃書房。
出見世信之（2022）「コーポレート・ガバナンス改革とサステナビリティの日本企業への影響」『経営哲学』18（2），90-99 頁。
花崎正晴（2014）『コーポレート・ガバナンス』岩波新書。
松田千恵子（2018）「コーポレートガバナンス・コード（5）監督と執行」『日経 ESG』72-73 頁。
松田千恵子（2021）『サステナブル経営とコーポレートガバナンスの進化』日経 BP 社。
三和裕美子（2022）「Board3.0 は日本で機能するのか―株主アクティビストと企業の攻防」『明大商學論叢』104（4），133-146 頁。
Berle, A., Jr. and Means, G. (1932), *The Modern Corporation and Private Property*, Macmillan.
Fama, E. F. and Jensen, M. C. (1983), "Separation of Ownership and Control," *The Journal of Law and Economics*, 26 (2), pp. 301-325.
Freedman, M. (1970), "The Social Responsibility of Business into Increase Profit," *The New York Times Magazine*.
Freeman, E. (1984), *Strategic Management*, Pitman.
Freeman, E., Harrison, J. and Wicks, A. (2007), *Managing for Stakeholders*, Yale University Press. (中村瑞穂訳『利害関係者志向の経営―存続・世評・成功』白桃書房，2010 年。)
Gilson, R. J. and Gordon, J. N. (2018), "Board 3.0: An Introduction," *Business Lawyer*, 74, p. 351.
Jensen, M. C. (1986), "Agency Costs of Free Cash Flow, Corporate Finance, and Takeovers," *The American Economic Review*, 76 (2), pp. 323-329.
Jensen, M. C. (1988), "Takeovers: Their Causes and Consequences," *Journal of Economic Perspectives*, 2 (1), pp. 21-48.

Kaplan, S. N. and Minton, B. A. (1994), "Appointments of Outsiders to Japanese Boards: Determinants and Implications for Managers," *Journal of Financial Economics*, 36 (2), pp. 225-258.

Mayer, C. (2018), *Prosperity: Better Business Makes the Greater Good*, Oxford University Press. (宮島英昭監訳／清水真人・河西卓弥訳『株式会社規範のコペルニクス的転回』東洋経済新報社, 2021 年。)

Monks, R. and Minow, N. (1995), *Corporate Governance*, Cambridge, MA: Blackwell.（ビジネスブレイン太田昭和訳『コーポレート・ガバナンス』生産性出版, 1999 年。)

Porter, M. E .and Kramer, M. R. (2006), "Strategy & Society: The Link Between Competitive Advantage and Corporate Social Responsibility," *Harvard Business Review*, Dec.

Porter, M. E. and Kramer, M. R. (2011), "Creating Shared Value: How to Reinvent Capitalism–and Unleash a Wave of Innovation and Growth," *Harvard Business Review*, Jan.-Feb.

【第 8 章】 経営倫理とダイバーシティ

青木崇 (2020)「企業価値創造を目指す日本企業の SDGs 実践とダイバーシティ経営の課題」『日本経営倫理学会誌』27, 307-320 頁。

荒金雅子 (2013)『多様性を活かすダイバーシティ経営』日本規格協会。

勝田和行 (2014)「CSR の視点から「女性の活躍」を考える―日本企業における真のダイバーシティを目指して―」『日本経営倫理学会誌』(21), 273-285 頁。

金融審議会 (2022)「ディスクロージャーワーキング・グループ報告」金融庁 (https://www.fsa.go.jp/singi/singi_kinyu/tosin/20220613/01.pdf, 2022 年 7 月 24 日アクセス)。

経済産業省 (2016)「資料 7 参考資料 (海外における政府・企業の動向)」経済産業省　第 1 回　競争戦略としてのダイバーシティ経営 (ダイバーシティ 2.0) の在り方に関する検討会 (2016 年 8 月 19 日) (https://www.meti.go.jp/committee/kenkyukai/sansei/diversity/pdf/001_07_00.pdf, 2022 年 7 月 1 日アクセス)。

斎藤悦子 (2021)「CSR とダイバーシティ」『CSR 白書 2021』東京財団政策研究所, 144-151 頁。

自由国民社 (2021)「ダイバーシティ＆インクルージョン (D&I)」『現代用語の基礎知識』オンライン版。

谷口真美 (2005)『ダイバシティ・マネジメント　多様性を活かす組織』白桃書房。

出見世信之 (2014)「利害関係者論から見たダイバーシティ・マネジメント」『日本経営倫理学会誌』21, 33-42 頁。

中村豊 (2018)「日本企業のダイバーシティ＆インクルージョンの現状と課題」『高千穂論叢』53 (2), 21-99 頁。

林順一 (2017)「ダイバーシティの対応に積極的な日本企業の属性分析」『日本経営倫理学会誌』24, 43-56 頁。

堀田彩 (2015)「日本におけるダイバーシティ・マネジメント研究の今後に関する一考察」『広島大学マネジメント研究』(16), 17-29 頁。

馬越恵美子 (2011)『ダイバーシティ・マネジメントと異文化経営』新評論。

水谷雅一 (2003)「経営倫理とは何か」日本経営倫理学会監修／水谷雅一編著『経営倫理』同文館出版, 1-18 頁。

山口一男 (2014)「欧米の倫理・制度と日本の現状 (統一論題　経営倫理とダイバーシティ・マネジメント)」『日本経営倫理学会誌』21, 5-14 頁。

山田雅穂 (2014)「ダイバーシティにおける障害者雇用の位置付けと経営倫理：障害の特性を生かすために」『日本経営倫理学会誌』21, 43-56 頁。

山田雅穂 (2020)「日本企業の障害者雇用施策とダイバーシティ＆インクルージョン施策の共通性に

関する考察―女性，LGBT およびがん患者の就労支援施策との比較から―」『中央大学経済研究所年報』52，63-81 頁。

脇夕希子 (2019)「ダイバーシティとインクルージョンの概念的差異の考察」『九州産業大学商経論叢』60 (2)，33-49 頁。

Hansen, K. and Seierstad, C. (eds.) (2016), "Corporate Social Responsibility and Diversity Management," *CSR, Sustainability, Ethics & Governance*, Springer.

Harrison, D. and Klein, K. (2007), "What's the Difference? Diversity Constructs as Separation, Variety, or Disparity in Organizations," *Academy of Management Review*, 32, pp. 1199-1228.

Lozano, J. F. and Escrich, T. (2017), "Cultural Diversity in Business: A Critical Reflection on the Ideology of Tolerance," *Journal of Business Ethics*, 142 (4), pp. 679-696.

【第 9 章】　経営倫理とコンプライアンス

高巖 (2017)『コンプアイアンスの知識 (第 3 版)』日経文庫

浜辺陽一郎 (2005)『コンプライアンスの考え方』中央公論新社。

浜辺陽一郎 (2013)『図解　コンプライアンス経営 (第 5 版)』東洋経済新報社。

浜辺陽一郎 (2015)『改訂版　よくわかる取締役になったら事典』KADOKAWA。

浜辺陽一郎 (2017)『執行役員制度―運用のための理論と実務 (第五版)』東洋経済新報社。

浜辺陽一郎 (2020)「図解　新会社法のしくみ (第 4 版)』東洋経済新報社。

浜辺陽一郎 (2021)『企業改革への新潮流　法務コンプライアンス実践ガイド』清文社。

浜辺陽一郎 (2021)『Q&A で習得！会社と職場を守るビジネス法務とリスク管理　第 5 版』日本能率協会マネジメントセンター。

浜辺陽一郎 (2021)『現代国際ビジネス法 (第 2 版)』日本加除出版。

第 II 部　実践的アプローチ編

【第 1 章】　パーパス経営の展開

村山元理 (2022)「パーパスは経営理念か―その背景とビジョンの一考察」『駒澤大学経営研究』53 (3・4)，97-119 頁。

Barnard, C. I. (1938), *The Functions of the Executive*, Cambridge, MA: Harvard University Press. (山本安次郎・田杉競・飯野春樹訳『経営者の役割 (新訳)』ダイヤモンド社，1968 年。)

Carroll, A. B. (1979), "A Three-Dimensional Conceptual Model of Corporate Performance," *Academy of Management Review*, 4 (4), pp. 497-505.

Drucker, P. F. (1946), *Concept of the Corporation*, John Day. (上田惇生訳『企業とは何か』ダイヤモンド社，2008 年。)

Eccles, R. G.／芝坂佳子訳・解説 (2021)「ニューノーマルへの対応―Statement of Purpose を著す意義」『KPMG Insight』Vol. 47。

EPI (Enacting Purpose Initiative) (2020), Enacting Purpose with the Modern Corporation: A Framework for Boards of Directors, by Younger, R., Mayer, C. and Eccles, R. G.. (https://www.enactingpurpose.org/assets/enacting-purpose-initiative---eu-report-august-2020.pdf, 参照日 2022 年 7 月 14 日。)

Follett, M. P. (1925), "How must Business Management Develop in Order to Become a Profession? (Lecture record)," Fox, E. M. and Urwick, L. F. (eds.), *Dynamic Administration: The Collected Papers of Mary Parker Follett*, New York: Pitman Publishing, 1973, pp. 103-116. (三戸公訳「社会におけるビジネス」ポウリン・グラハム編／三戸公・坂井正廣監訳『メアリー・

パーカー・フォレット—管理の予言者」文眞堂, 1999 年, 317-334 頁。）

Friedman, M. (1970), "The Social Responsibility of Business Is to Increase Its Profits," *New York Times Magazine*, 13 September, pp. 122-126.

Mayer, C. (2019) *Prosperity: Better Business Makes the Greater Good*, Oxford University Press. (宮島英昭・清水真人訳『株式会社規範のコペルニクス的転回』東洋経済新報社, 2021 年。）

その他含む文献リストについては下記サイトに掲載。

東北大学高浦研究室参考文献情報（https://sites.google.com/view/takaura/purpose）。

【第 2 章】 サステナビリティ経営に求められる価値基準

古谷由紀子（2020）「『責任あるビジネス』における実践と課題—国際合意・基準からの考察—」『サステナビリティ経営研究』JABES。

水谷雅一（1995）『経営倫理学の実践と課題』白桃書房。

【第 3 章】 カーボンニュートラルへの対応と企業開示

金融庁・経済産業省・環境省（2021）『クライメート・トランジション・ファイナンスに関する基本指針』経済産業省。

経済産業省（2020）『クライメート・イノベーションファイナンス戦略 2020』経済産業省。

経済産業省「（参考資料）トランジション・ファイナンス推進について」『経済産業省ホームページ』（https://www.meti.go.jp/press/2021/06/20210604003/20210604003-4.pdf, 2022 年 7 月 1 日アクセス）。

TCFD コンソーシアム（2021）『グリーン投資の促進に向けた気候関連情報活用ガイダンス 2.0』TCFD コンソーシアム。

ジャン・ティロール著／村井章子訳（2018）『良き社会のための経済学』日本経済新聞出版。

内閣官房ほか（2021）『2050 年カーボンニュートラルに伴うグリーン成長戦略』経済産業省。

中谷常二編著（2007）『ビジネス倫理学』晃洋書房。

中谷常二（2009）「経営倫理学における倫理とは何か—倫理的に考えることの一考察」『日本経営倫理学会誌』第 16 号, 117-126 頁。

RE100 (2022), RE100 Reporting Guidance 2022 6.0, RE100.

SBTi (2021), SBTi Corporate Manual 2.0, SBTi.

TCFD (2017), Recommendations of the Task Force on Climate-related Financial Disclosures, TCFD.

【第 4 章】 持続可能性を高める「守りと攻めの CSR/CSV」

株式会社明治ホームページ（https://www.meiji.co.jp/sustainability/, 2022 年 6 月 1 日アクセス）。

キリンホールディングス株式会社ホームページ（https://www.kirinholdings.com/jp/, 2022 年 5 月 23 日アクセス）。

ネスレ 共通価値の創造 報告書 2010 農業・地域開発 要約版（https://www.nestle.co.jp/sites/g/files/pydnoa331/files/asset-library/documents/csv/csv_synopsis_2010.pdf, 2022 年 6 月 15 日アクセス）。

水尾順一（2003）『セルフ・ガバナンスの経営倫理』千倉書房。

水尾順一（2000）『マーケティング倫理』中央経済社。

水尾順一（2014）『マーケティング倫理が企業を救う』生産性出版。

水尾順一・清水正道・蟻生俊夫（2007）『やさしい CSR イニシアチブ』日本規格協会。

水尾順一・田中宏司（2004）『CSR マネジメント』生産性出版。

American Express Company (1987), *American Express Public Responsibility: A Report of Recent*

Activities, New York: American Express Company.

Carroll, A. B. (1979), "A Three-dimensional Conceptual Model of Corporate Social Performance," *Academy of Management Review*, 4.

Porter, M. E. and Kramer, M. R. (2002), "The Competitive Advantage of Corporate Philanthropy," *Harvard Business Review*, Dec.

Porter, M. E. and Kramer, M. R. (2006), "Strategy & Society: The Link Between Competitive Advantage and Corporate Social Responsibility," *Harvard Business Review*, Dec.

Porter, M. E. and Kramer, M. R. (2011), "Creating Shared Value: How to Reinvent Capitalism-and Unleash a Wave of Innovation and Growth," *Harvard Business Review*, Jan.-Feb.

Varadarajan, P. R. and Menon, A. (1988), "Cause-Related Marketing: A Coalignment of Marketing Strategy and Corporate Philanthropy," *Journal of Marketing*, Vol. 52 (July).

【第5章】　大学における経営倫理と倫理教育

岡部幸徳（2014）『よくわかる経営倫理・CSR のケースメソッド―エシックストレーニングのすすめ』白桃書房。

金沢工業大学（2017）『本質から考え行動する科学技術者倫理』白桃書房。

金沢工業大学科学技術応用倫理研究所 HP（https://wwwr.kanazawa-it.ac.jp/ACES/docs/sb_movie.html, 2022 年 7 月 25 日アクセス）。

高浦康有・藤野真也（2022）『理論とケースで学ぶ企業倫理入門』白桃書房。帝京平成大学 HP「シラバス」から検索（https://unipa.thu.ac.jp/uprx/up/pk/pky001/Pky00101.xhtml, 2022 年 7 月 23 日アクセス）。

長野県立大学 HP, シラバス「企業倫理」（https://portal.u-nagano.ac.jp/mfufg_s2/view/Syllabus 12310.xhtml, 2022 年 7 月 23 日アクセス）。

水谷雅一（1995）『経営倫理学の実践と課題』白桃書房。

【第6章】　産業界における経営倫理と倫理教育

井上泉（2015）『企業不祥事の研究』文眞堂。

今井祐（2015）『実践コーポレートガバナンス・コード作成ハンドブック』文眞堂。

亀川雅人・高岡美佳（2007）『CSR と企業経営』学文社。

郷原信郎（2006）『企業法とコンプライアンス』東洋経済新報社。

佐久間健（2006）『キヤノンの CSR 戦略』生産性出版。

田中宏司（2005）『コンプライアンス経営』生産性出版。

谷本寛治（2006）『CSR 企業と社会を考える』NTT 出版。

ジョエル・ディーン（1959）『Managerial economics』洋学堂書店。

菱山隆二（2007）『倫理・コンプライアンスと CSR』経済法令研究会。

リン・シャープ・ペイン著／梅津光弘・柴柳英二訳（1999）『ハーバードのケースで学ぶ企業倫理』慶應義塾大学出版会。

水谷雅一（1995）『経営倫理学の実践と課題』白桃書房。

【第7章】　ESG 時代に主流化する SDGs

笹谷秀光（2019）『Q&A　SDGs 経営』日本経済新聞出版社。

笹谷秀光（2022）『Q&A　SDGs 経営　増補改訂・最新版』日本経済新聞出版社。

笹谷秀光（2021, 2022）『CSR 総覧　2021, 2022』東洋経済新報社。

笹谷秀光（2021）「ポストコロナ時代のサステナビリティに必須の要素―ESG 投資と SDGs 経営―」『サステナビリティ研究』Vol. 1, 経営倫理学会。

笹谷秀光（2019）「持続可能性新時代におけるグローバル競争戦略―SDGs 活用による新たな価値創造―」第 70 回全国能率大会懸賞論文（https://www.zen-noh-ren.or.jp/wp/wp-content/uploads/2019/06/a9e8a083ce02a9698f558a53fd5ca895.pdf，2022 年 7 月 27 日アクセス）。

Porter, M. E. and Kramer, M. R. (2011), "Creating Shared Value," *Harvard Business Review*, Jan/Feb 2011, Vol. 89, Issue 1/2, pp. 62-77.

【第 8 章】　サステナビリティ経営（ガバナンス）とは何か

池田寛二（2019）「サステナビリティ概念を問い直す」『サステナビリティ研究』法政大学サスティナビリティ研究センター。

今井祐（2015）『実践コーポレートガバナンス・コード作成ハンドブック』文眞堂。

今井祐（2016）『東芝事件と守りのガバナンス』文眞堂。

今井祐（2021）『新コンプライアンス経営』文眞堂。

今井祐（2022）「我々はクリーンな地球を未来世代に起こせるか」日本経営倫理学会編『サステナビリティ経営研究』No. 2。

内ヶ崎茂・川本裕子・渋谷高弘（2022）『サステナビリティ・ガバナンス改革』日本経済新聞社出版。

北川哲雄（2021）『バックキャスト思考と SDGs/ESG 投資』同文館出版。

潜道文子（2021）「巻頭言」日本経営倫理学会『サステナビリティ経営研究』創刊号，日本経営倫理学会，1 頁。

独立行政法人環境再生保全機構「WCED レポート（持続可能な開発）の提出（1987 年）」。

【第 9 章】　日本企業のダイバーシティへの進化プロセス

有村貞則（2007）『ダイバーシティ・マネジメントの研究―在米日系企業と在日米国企業の実態調査を通して』文眞堂。

石塚由紀夫（2016）『資生堂インパクト―子育てを聖域としない経営』日本経済新聞出版社。

岩渕功一編著（2021）『多様性との対話―ダイバーシティ推進が見えなくするもの』青弓社。

上野千鶴子　（2022）「ジェンダー研究はどこまで来たか？―成果と課題」公益財団法人日本学術協力財団編『学術会議叢書 29　人文社会科学とジェンダー』公益財団法人日本学術協力財団。

梅津光弘（2002）『ビジネスの倫理学』丸善。

A. C. エドモンドソン（2021）『恐れのない組織』英治出版。

岡部一明（1991）『多民族社会の到来：国境の論理を問う外国人労働者』御茶の水書房。

荻島央江（2022）「TOP3 企業の女性が活躍する会社の最前線」『日経ウーマン』6 月号，日経 BP，86 頁。

B. カーズ（2021）「女性取締役が多い銀行は不正が少ない」『Diamond Harvard Business Review』October 2021，ダイヤモンド社，10-12 頁。

桑山三恵子（2004）「実効ある企業倫理の推進―資生堂の事例を中心に」小林俊治・百田義治編『社会から信頼される企業―企業倫理の確立に向けて』中央経済社。

桑山三恵子（2013）「未来を開くワーク・ライフ・バランス　第 2 節　女性の社会進出と課題」田中宏司・水尾順一編著『人にやさしい会社―安全・安心，きずなの経営』白桃書房。

マシュー・サイド（2022）『多様性の科学―画一的で淘落する組織，複数の視点で問題を解決する組織』ディスカバー・トゥエンティワン。

資生堂（2003）『資生堂サステナビリティレポート（社会・環境報告書）2003』2003.9，資生堂。

資生堂（2003）『株主・投資家のみなさまへ　資生堂 2003 年 3 月期事業報告書』2003，資生堂。

資生堂（2022）『資生堂統合レポート 2021』2022.4，資生堂。

資生堂（2022）『資生堂サステナビリティレポート 2021』2022.4，資生堂。

谷口真美（2005）『ダイバーシティ・マネジメント―多様性を生かす組織』白桃書房。

内閣府（2022）『令和 4 年版　男女共同参画白書』2022.6，内閣府。

日立（2021）『日立統合報告書 2021』2021.9，日立。

日立（2021）「ダイバーシティ＆インクルージョン戦略説明会」『日立（hitachi.co.jp）』（https://www.hitachi.co.jp/IR/library/presentation/webcast/210420a.html，2022 年 7 月 10 日アクセス）。

日立（2022）『日立サステナビリティレポート 2022』2022.9，日立。

日立（2022）『日立統合報告書 2022』2022.9，日立。

二神枝保（2022）「女性研究者の活躍に向けて：ダイバーシティ＆インクルージョンの視点からの展望」公益財団法人日本学術協力財団『学術会議叢書 29　人文社会科学とジェンダー』公益財団法人日本学術協力財団。

ラルフ・ボバーズ（2022）「DEIB の測定」Crunchr（https://crunchr.com/learn/measuring-deib/，2022 年 7 月 20 日アクセス）。

【第 10 章】　コンプライアンス体制の構築と運用

　量刑ガイドラインに関する論文や解説は数多くあるが，必ずしも内容を正確にとらえていないものも多い。やはり原典たる United States Sentencing Commission Guidelines Manual 1991 に自らあたってみることが必要である。

　また，初めてリスク管理の観点からコンプライアンスを捉えたものとして，COSO レポートがある。簡便に利用できるものとして "COSO Internal Control-Integrated Framework 1992 Executive Summary" が適当である。

　実務面からは，浜辺陽一郎（2016）『図解コンプライアンス経営（第 4 版）』東洋経済新報社，小滝晃（2014）『コンプライアンス・マネジメント入門』ぎょうせいが参考になる。今井祐（2021）『新コンプライアンス経営』文眞堂はコンプライアンスの実効性について総合的に考察しており実務でコンプアイアンス体制の構築運用に携わる人たちにとって裨益するところ大である。

【第 11 章】　NPO の役割と経営倫理

田尾雅夫・吉田忠彦著（2009）『非営利組織論』有斐閣アルマ。

日本 NPO センター編（2010）『知っておきたい NPO のこと　1【基本編】』日本 NPO センター。

日本 NPO センター編（2010）『知っておきたい NPO のこと　3【協働編】』日本 NPO センター。

【第 12 章】　障害者の人権問題

川島聡・東俊裕（2012）「障害者の権利条約の成立」長瀬修・東俊裕・川島聡編『増補改訂　障害者の権利条約と日本—概要と展望』生活書院，13-36 頁，第 1 章。

厚生労働省（2022）『令和 4 年　障害者雇用状況の集計結果』（https://www.mhlw.go.jp/content/11704000/001027391.pdf）。

水谷雅一（2003）「経営倫理とは何か」日本経営倫理学会監修／水谷雅一編著『経営倫理』同文館出版，1-18 頁，第 1 章。

山田雅穂（2014）「ダイバーシティにおける障害者雇用の位置付けと経営倫理—障害の特性を生かすために」『日本経営倫理学会誌』第 21 号，43-56 頁。

山田雅穂（2020）「CSR の観点から見たビジネスと人権における企業の責任と今後の役割—「ビジネスと人権に関する指導原則」および社会権に焦点を当てて」『日本経営倫理学会誌』第 27 号，125-136 頁。

【第 13 章】　ソーシャル・アントレプレナーシップと経営倫理

横山恵子（2018）「事業創造とエシカル・アントレプレナーシップ」横山恵子編著『エシカル・アン

トレプレナーシップ：社会的企業・CSR・サスティナビリティの新展開』中央経済社，63-80 頁。

André, K. and Pache, A. C. (2016), "From Caring Entrepreneur to Caring Enterprise: Addressing the Ethical Challenges of Scaling up Social Enterprises," *Journal of Business Ethics*, 133 (4), pp. 659-675.

Austin, J., Stevenson, H. and Wei-Skillern, J. (2006), "Social and Commercial Entrepreneurship: Same, Different, or Both?" *Entrepreneurship Theory and Practice*, 30 (1), pp. 1-22.

Chell, E., Spence, L. J., Perrini, F. and Harris, J. D. (2016), "Social Entrepreneurship and Business Ethics: Does Social Equal Ethical?" *Journal of Business Ethics*, 133 (4), pp. 619-625.

Dees, J. G. (1998), "Enterprising Nonprofits: What Do You Do When Traditional Sources of Funding Fall Short," *Harvard Business Review*, 76 (1), pp. 55-67.

Gupta, P., Chauhan, S., Paul, J. and Jaiswal, M. P. (2020), "Social Entrepreneurship Research: A Review and Future Research Agenda," *Journal of Business Research*, 113, pp. 209-229.

Hota, P. K., Subramanian, B. and Narayanamurthy, G. (2019), "Mapping the Intellectual Structure of Social Entrepreneurship Research: A Citation/Co-citation Analysis," *Journal of Business Ethics*, pp. 1-26.

Santos, F. M. (2012), "A Positive Theory of Social Entrepreneurship," *Journal of Business Ethics*, 111 (3), pp. 335-351.

Short, J. C., Moss, T. W. and Lumpkin, G. T. (2009), "Research in Social Entrepreneurship: Past Contributions and Future Opportunities," *Strategic Entrepreneurship Journal*, 3 (2), pp. 161-194.

Smith, W. K., Gonin, M. and Besharov, M. L. (2013), "Managing Social-Business Tensions: A Review and Research Agenda for Social Enterprise," *Business Ethics Quarterly*, 23 (3), pp. 407-442.

Zahra, S. A., Gedajlovic, E., Neubaum, D. O. and Shulman, J. M. (2009), "A Typology of Social Entrepreneurs: Motives, Search Processes and Ethical Challenges," *Journal of Business Venturing*, 24 (5), pp. 519-532.

【第 14 章】　行政組織における経営倫理

阿久澤徹（2013）「公務員倫理問題への新アプローチ」『政策科学』20 巻 2 号。

国家公務員倫理審査会事務局『国家公務員倫理規程事例集』。

下井康史（2007）「行政法における公務員倫理法の位置づけ」『日本労働研究雑誌』第 565 号。

人事院『懲戒処分の指針』。

人事院『令和 3 年度公務員倫理に関するアンケート調査』。

OECD (2000), Trust in Government Ethics Measures in OECD Countries.

【第 15 章】　経営倫理と行政組織・NPO・国際機関（経営倫理と医療組織）

持松志帆（2021）「医療機関における組織倫理の実践：倫理的管理の在り方と課題」『流通科学研究』第 20 巻第 2 号，33-42 頁。

Schmidt-Wilcke, A. H. (2009), Das Krankenhausmanagement im Spannungsfeld medizin- und unternehmensethischer Prinzipien, *Hospital Management*, 104 (3), pp. 264-270.

Spencer, E., Mills, A., Rorty, M. and Werhane, P. (2000), *The Ethics of Healthcare Organizations*, New York: Oxford University Press.

Werhane, P. H. (2000), "Stakeholder Theory and the Ethics of Healthcare Organizations," *Cambridge Quarterly of Healthcare Ethics*, 9, pp. 169-181.

第Ⅲ部　国際的アプローチ編

【第1章】　米国の経営倫理

アン・ケース＆アンガス・ディートン著／松本裕訳（2021）『絶望死のアメリカ』みすず書房。

T. L. ビーチャム＆ N. E. ボウイ編／加藤尚武監訳（2005）『企業倫理学 1』晃洋書房。

ミルトン・フリードマン（1970）「ビジネスの社会的責任とはその利潤を増やすことである」『ニューヨーク・タイムズ・マガジン』1970 年 9 月 13 日。

古山英二（2009）「エンロン事件〜証券市場の暴走〜」日本経営倫理学会・（社）経営倫理実践研究センター監修／高橋浩夫編著『トップマネジメントの経営倫理』白桃書房。

リン・シャープ・ペイン著／鈴木主税・塩原通緒訳（2004）『バリューシフト　企業倫理の新時代』毎日新聞社。

リン・シャープ・ペイン（2019）「米国トップ企業による『包摂的な繁栄』宣言は本物か」（https://dhbr.diamond.jp/articles/-/6161）。

レベッカ・ヘンダーソン著／高遠裕子訳（2020）『資本主義の再構築　公正で持続可能な世界をどう実現するか』日本経済新聞出版。

朴根好（2007）「企業のグローバル化と企業倫理—グローバル経営戦略の落とし穴—」田島慶吾編著『現代の企業倫理』大学教育出版。

M. E. ポーター＆ M. R. クラマー（2011）「共通価値の戦略」『Diamond ハーバード・ビジネス・レビュー』2011 年 6 月号。

水谷雅一（1995）『経営倫理学の実践と課題：経営価値四原理システムの導入と展開』白桃書房。

ロバート・ライシュ著／雨宮寛・今井章子訳（2016）『最後の資本主義』東洋経済新報社。

【第2章】　英国の経営倫理

Cameron, D. (2006) "Speech to Business in the Community," *The Guardian*, May 9 (https://www.theguardian.com/politics/2006/may/09/conservatives.davidcameron).

Hodges, C. and Steinholtz, R. (2018), "The International Adoption of Ethical Business Regulation," The Foundation for Law, Justice and Society. (https://www.fljs.org/sites/default/files/migrated/publications/The%20International%20Adoption%20of%20Ethical%20Business%20Regulation.pdf)

Gond, J-P., Kang, N. and Moon, J. (2011), "The Government of Self-Regulation: On the Comparative Dynamics of Corporate Social Responsibility," *Economy and Society*, 40 (4), pp. 640-671.

Kang, N. and Moon, J. (2012), "Institutional Complementarity between Corporate Governance and Corporate Social Responsibility: A Comparative Institutional Analysis of Three Capitalisms," *Socio-Economic Review*, 10 (1), pp. 85-108.

Kinderman, D. (2012), "Free Us Up so We Can Be Responsible!" The Co-evolution of Corporate Social Responsibility and Neoliberalism in the UK, 1977-2010," *Socio-Economic Review*, 10, pp. 29-57.

Maignan, I. and Ralston, D. (2002), "Corporate Social Responsibility in Europe and the U.S.: Insights from Businesses' Self-presentations," *Journal of International Business Studies*, 33, pp. 497-514.

Matten, D. and Moon, J. (2008), "'Implicit' and 'Explicit' CSR: A Conceptual Framework for a Comparative Understanding of Corporate Social Responsibility," *Academy of Management Review*, 33, pp. 404-424.

Moon, J. (2002), "The Social Responsibility of Business and New Governance," *Government and Opposition*, 37, pp. 385-408.

Moon, J. (2014), *Corporate Social Responsibility: A Very Short Introduction*, Oxford University Press.

Vogel, D. (2005), *The Market for Virtue: The Potential and Limits of Corporate Social Responsibility*, Brookings Institution Press.

【第3章】 中国の経営倫理

劉慶紅 (2020)『利他と責任―稲盛和夫経営倫理思想研究』千倉書房。

劉慶紅 (2020)『経営倫理が経営学の未来を変える―倫理から戦略、そして価値創造へ』千倉書房。

鄭奇，中国商業史讨论会纪要 [J]，商业研究，1963 (03)：62-65。

费正清，美国与中国 [M]，孙瑞芹，陳沢憲，译，北京：商务印书馆，1971。

论语 [M]，洪镇涛，主编，上海：上海大学出版社，2015。

孟子 [M]，洪镇涛，主编，上海：上海大学出版社，2015。

大学·中庸 [M]，洪镇涛，主编，上海：上海大学出版社，2015。

【第4章】 台湾の経営倫理

司徒永富・鄭治洪 (2006)『企業管治：原則與商德』匯智出版。

曾子芸 (2020)「貪污與經濟成長企業倫理之作用」『NTU Management Review』30 (1)，103-130 頁。

蕭萬長 (2015)「台灣上市公司企業倫理領袖論壇」兩岸共同市場基金會 (https://www.crossstrait.org/，2022年7月23日アクセス)。

謝冠雄 (2016)「臺灣食品安全問題之剖析與省思 企業倫理：在利益與法令之間的一條線」國立臺灣大學管理學院公開講座資料。

「信義不動産と社企流との経営倫理リーダーズプログラム」(https://www.seinsights.asia/article/3289/3268/7867，2022年7月20日アクセス)。

Wu, C. F. (2000), "The Relationship Among Ethical Decision-Making by Individual, Corporate Business Ethics, and Organizational Performance: Comparison of Outstanding SMEs, SMEs and Large Enterprises," *NTU Management Review*, 11 (1), pp. 231-261.

Wu, C. F. (2002), "The Relationship of Ethical Decision-Making to Business Ethics and Performance in Taiwan," *Journal of Business Ethics*, 35 (3), pp. 163-176.

【第5章】 韓国の経営倫理

梅津光弘 (2005)「改正連邦ガイドラインとその背景：企業倫理の制度化の関係から」『三田商学研究』第48巻第1号，147-158頁。

谷口勇仁 (2013)「企業倫理活動の類型の検討―コンプライアンス型と価値共有型―」『経済学研究』北海道大学，第63巻第1号，35-44頁。

文載皓 (2013)「韓国におけるグローバル企業の経営倫理とCSR」高橋浩夫編著『グローバル企業の経営倫理・CSR』白桃書房。

文載皓 (2019)「韓国のコーポレート・ガバナンスの動向と課題」風間信隆編著『よくわかるコーポレート・ガバナンス』ミネルヴァ書房。

Chung, K. Y. and Eichenseher, J. W. and Taniguchi, T. (2007), "Ethical Perceptions of Between Students: Differences Between East Asia and the USA and Among "Confucian" Cultures," *Journal of Business Ethics*, Vol. 79, pp. 121-132.

De Mente, B. L. (1998), *NTC's Cultural Dictionary of Korea's Business and Cultural Code Words*,

Lncolnwood, IL: NTC Publishing Group.

Hofstede, G. (1991), *Cultures and Organizations: Software of the Mind*, London: McGraw-Hill.

Lee, D. and Sirgy, M. J. (1999), "The Effect of Moral Philosophy and Ethnocentrism on Quality-of-Life Orientation in International Marketing: A Cross-Cultural Comparison," *Journal of Business Ethics*, Vol. 18, No. 1, pp. 73-89.

Paine, L. S. (1994), "Managing for Organizational Integrity," *Harvard Business Review*, Vol. 72, No. 2, pp. 106-117.

Moon, Y. S. and Franke, G. R. (2000), "Cultural Influences on Agency Practitioners' Ethical Perceptions: A Comparison of Korea and the U.S.," *Journal of Advertising*, Vol. 29, No. 1, spring, pp. 51-65.

〈韓国語文献〉

イ・ヒョンジュ（2010）「『倫理経営』と『企業倫理』の用語概念に関する理論的考察」『倫理絵経営研究』第 12 巻第 1 号，1-16 頁。

キム・ボンス（2020）「コロナ禍での雇用条件と雇用保障に対する一考察」『国際法務』第 12 集第 2 号，55-90 頁。

全国経営人連合会編（2021）「主要企業の社会的価値報告書」。

パク・ウソン（2019）「倫理経営大賞の授賞制度に関する所感」『倫理経営研究』第 19 巻第 1 号，163-165 頁。

ヤン・ドンフン（2019）「倫理経営大賞受賞企業の共通特性」『倫理経営研究』第 19 巻第 1 号，139-165 頁。

【第 6 章】　経済発展と人権の視点から捉えるアジアの社会問題

アジア開発銀行（2021）『アジア開発史～政策・市場・技術発展の 50 年を振り返る』勁草書房（Asian Development Bank, *Asia's Journey to Prosperity: Policy, Market, and Technology over 50 Years*, Manila: Asian Development Bank, 2020.）

金成垣・大泉啓一郎・松江暁子編著（2017）『アジアにおける高齢者の生活保障～持続可能な福祉社会を求めて～』明石書店。

日本弁護士連合会国際人権問題委員会（2022）『詳細　ビジネスと人権』現代人文社。

【第 7 章】　経営倫理から見た ESG 投資の現状と論点

足達英一郎・村上芽・橋爪麻紀子（2016）『投資家と企業のための ESG 読本』日経 BP 社。

小方信幸（2016）『社会的責任投資の投資哲学とパフォーマンス』同文舘出版。

水口剛（2013）『責任ある投資』岩波書店。

Baldini, M. et al. (2018), "Role of Country-and Firm-level Determinants in Environmental, Social, and Governance Disclosure," *Journal of Business Ethics*, 150 (1), pp. 79-98.

Brusseau, J. (2021), "AI Human Impact: Toward a Model for Ethical Investing in AI-Intensive Companies," *Journal of Sustainable Finance & Investment*, pp. 1-28.

Capelle-Blancard, G. and Monjon, S. (2012), "Trends in the Literature on Socially Responsible Investment: Looking for the Keys under the Lamppost," *Business Ethics: A European Review*, 21 (3), pp. 239-250.

Capelle-Blancard, G. and Petit, A. (2019), "Every Little Helps? ESG News and Stock Market Reaction," *Journal of Business Ethics*, 157, pp. 543-565.

Chelli, M. and Gendron, Y. (2013), "Sustainability Ratings and the Disciplinary Power of the Ideology of Numbers," *Journal of Business Ethics*, 112 (2), pp. 187-203.

Clementino, E. and Perkins, R. (2021), "How Do Companies Respond to Environmental, Social and

Governance (ESG) Ratings? Evidence from Italy," *Journal of Business Ethics*, 171 (2), pp. 379-397.

Drempetic, S., Klein, C. and Zwergel, B. (2020), "The Influence of Firm Size on the ESG Score: Corporate Sustainability Ratings Under Reviewm," *Journal of Business Ethics*, 167, pp. 333-360.

Duque-Grisales, E. and Aguilera-Caracuel, J. (2021), "Environmental, Social and Governance (ESG) Scores and Financial Performance of Multilatinas: Moderating Effects of Geographic International Diversification and Financial Slack," *Journal of Business Ethics*, 168 (2), pp. 315-334.

Eccles, N. S. and Viviers, S. (2011), "The Origins and Meanings of Names Describing Investment Practices that Integrate a Consideration of ESG Issues in the Academic Literature," *Journal of Business Ethics*, 104 (3), pp. 389-402.

GSIA (2020), Global Sustainable Investment Review 2020. (http://www.gsi-alliance.org/wp-content/uploads/2021/08/GSIR-20201.pdf, 2022 年 7 月 28 日閲覧。)

Louche, C. and Lydenberg, S. (2011), *Dilemmas in Responsible Investment*, Greenleaf Publishing.

Maniora, J. (2017), "Is Integrated Reporting Really the Superior Mechanism for the Integration of Ethics into the Core Business Model? An Empirical Analysis," *Journal of Business Ethics*, 140, pp. 755-786.

Minkkinen, M., Niukkanen, A. and Mäntymäki, M. (2022), "What about Investors? ESG Analyses as Tools for Ethics-based AI Auditing," *AI & Society*, pp. 1-15.

Reber, B., Gold, A. and Gold, S. (2021), "ESG Disclosure and Idiosyncratic Risk in Initial Public Offerings," *Journal of Business Ethics*, pp. 1-20.

Sætra, H. S. (2021), "A Framework for Evaluating and Disclosing the ESG Related Impacts of AI with the SDGs," *Sustainability*, 13 (15), p. 8503.

Selim, O. (2020), "ESG and AI: The Beauty and the Beast of Sustainable Investing," in H. Bril, G. Kell and A. Rasche (eds.), *Sustainable Investing: A Path to a New Horizon*, Routledge.

Semenova, N. and Hassel, L. G. (2015), "On the Validity of Environmental Performance Metricsm," *Journal of Business Ethics*, 132, pp. 249-258.

【第 8 章】 米英独仏のコーポレートガバナンス
佐久間信夫編著 (2017)『コーポレートガバナンス改革の国際比較』ミネルヴァ書房。
林順一 (2021)「英国・米国における「会社の目的」に関する最近の議論とわが国への示唆—株主のための会社か、ステークホルダーのための会社か」『日本経営倫理学会誌』第 28 号, 51-64 頁。
林順一 (2022)『コーポレートガバナンスの歴史とサステナビリティ』文眞堂。

【第 9 章】 多国籍企業におけるダイバーシティ・マネジメント
荒金雅子 (2020)『ダイバーシティ＆インクルージョン経営』日本規格協会。
経済産業省 (2018)「ダイバーシティ 2.0 検討会報告書〜競争戦略としてのダイバーシティの実践へ向けて」(2020 年 11 月 25 日) (https://www.meti.go.jp/report/whitepaper/data/pdf/20170323001_1.pdf)。
谷口真美 (2009)「ダイバーシティ研究とその変遷：国際ビジネスとの接点」『国際ビジネス研究』1 (2), 19-29 頁。
内閣府男女共同参画局 (2022)「諸外国の経済分野における女性比率向上に係るクオータ制等の制度・施策等に関する調査他」『共同参画』(https://www.gender.go.jp/public/kyodosankaku/2022/202206/, 2022 年 8 月 2 日アクセス)。

野村浩子（2020）『女性リーダーが生まれるとき「一皮むけた経験」に学ぶキャリア形成』光文社新書。

Ely, R. J. and Thomas, D. A. (2020), "Getting Serious About Diversity: Enough Already with the Business Case," *Harvard Business Review*, November–December.

Hayama, S. (2015), "CSR and Women's Working Motivation: Evidence from Japan, China and Taiwan,"『経営学論集第 85 集』英語セッション（02），pp. 1–10.

【第 10 章】　外国法・国際規範とコンプライアンス経営

石井夏生利（2020）『EU データ保護法』勁草書房。

大塚章男（2021）『法学から考える ESG による投資と経営』同文館。

外務省（2020）「ビジネスと人権とは？　ビジネスと人権に関する指導原則」。

北島純（2011）『解説　外国公務員贈賄罪　立法の経緯から実務対応まで』中央経済社。

経済産業省（2012）「平成 23 年度中小企業の海外展開に係る不正競争等のリスクへの対応状況に関する調査（外国公務員贈賄規制法制に関する海外動向調査）報告書」。

経済産業省（2021）「外国公務員贈賄防止指針」。

ビジネスと人権に関する行動計画に係る関係府省庁連絡会議（2020）『「ビジネスと人権」に関する行動計画（2020-2025）』。

髙野一彦（2015）「情報危機管理とビッグデータ―わが国の個人情報保護法制への提言と企業コンプライアンス―」関西大学社会安全学部編『リスク管理のための社会安全学』ミネルヴァ書房。

髙野一彦（2021）「企業価値を創造するコンプライアンス経営」上田和勇編著『復元力と幸福経営を生むリスクマネジメント』同文舘出版。

髙野一彦（2022）「COVID-19 パンデミックの大企業への影響と新たな可能性」関西大学社会安全学部編『検証　COVID-19 災害』ミネルヴァ書房。

法務省人権擁護局（2021）『今企業に求められる「ビジネスと人権」への対応、「ビジネスと人権に関する調査研究　報告書（詳細版）」』。

Article 29 Data Protection Working Party (2017), *Guidelines on the application and setting of administrative fines for the purposes of the Regulation.*

the Criminal Division of the U.S. Department of Justice and the Enforcement Division of the U.S. Securities and Exchange Commission (2020), *A Resource Guide to the U.S. Foreign Corrupt Practices Act, Second Edition.*

the United Nations (2011), *Guiding Principles on Business and Human Rights.*

UK Ministry of Justice (2011), *THE BRIBERY ACT 2010 Guidance.*

索　引

人　名

執筆者紹介
（執筆順）

高　巌（たか・いわお）　　　　　　　　　　　　　　　第Ⅰ部第1章

明治大学経営学部特任教授，商学博士（早稲田大学）。米ウォートン校客員研究員，麗澤大学大学院経済研究科教授，ISO 高等戦略諮問会議日本代表，京都大学経営管理大学院客員教授，消費者委員会委員長などを経て現職。2008 年 9 月，全米企業倫理コンプライアンス協会（SCCE）より「国際企業倫理コンプライアンス賞」を受賞。

高橋浩夫（たかはし・ひろお）　　　　　　　　　　　　第Ⅰ部第2章

白鴎大学名誉教授，元日本経営倫理学会長，元多国籍企業学会副会長，ニューヨーク大学，ペース大学客員教授を経て，現在ブルガリア国立ソフィア大学客員教授，経営学博士，専門は国際経営，多国籍企業論，経営倫理。

蟻生俊夫（ありう・としお）　　　　　　　　　　　　　第Ⅰ部第3章

（一財）電力中央研究所企画グループ上席，白鴎大学経営学部兼任講師（1995 年～），日本経営倫理学会副会長，公益事業学会評議員。

潜道文子（せんどう・あやこ）　　　　　　　　　　　　第Ⅰ部第4章

拓殖大学副学長，商学部教授。早稲田大学大学院商学研究科博士課程単位取得（博士（商学））。日本経営倫理学会会長，NPO 法人日本経営倫理士協会理事長，人事院国家公務員倫理審査会委員。専門は，「企業と社会」論，CSR 論，ソーシャル・アントレプレナーシップ，フロー理論。

髙田一樹（たかだ・かずき）　　　　　　　　　　　　　第Ⅰ部第5章

南山大学経営学部准教授，日本経営倫理学会理事。立命館大学文学部卒業，同・大学院先端総合学術研究科修了。博士（学術）。日本学術振興会特別研究員などを経て現職。

小方信幸（おがた・のぶゆき）　　　　　　　　　　　　第Ⅰ部第6章

法政大学大学院政策創造研究科教授，博士（経営管理），日本経営倫理学会副会長兼 ESG 投資・金融 SDGs 研究部会長，慶應義塾大学経済学部卒業，青山学院大学大学院国際マネジメント研究科博士後期課程修了，住友銀行，モルガン銀行東京支店，東京放送勤務などを経て，2015 年 4 月帝京平成大学教授。2019 年 4 月より現職。公益社団法人日本証券アナリスト協会認定アナリスト。専門は ESG 投資，サステナビリティ経営。

松田千恵子（まつだ・ちえこ）　　　　　　　　　　　　第Ⅰ部第7章

東京都立大学経済経営学部／大学院経営学研究科教授。専門分野：企業戦略，財務戦略，企業統治。金融機関，経営戦略コンサルティングファームを経て現職。東京外国語大学外国語学部卒，仏国立ポンゼ・ショセ国際経営大学院経営学修士，筑波大学大学院企業科学研究科博士後期課程修了，博士（経営学）。日本経営倫理学会理事。

斎藤悦子（さいとう・えつこ）　　　　　　　　　　　　　　　　　　　　第Ⅰ部第8章

お茶の水女子大学ジェンダード・イノベーション研究所教授・博士（学術）。明治大学大学院経営学研究科博士前期課程修了，昭和女子大学大学院生活機構研究科博士後期課程にて博士号を取得。単著『CSRとヒューマン・ライツ』（白桃書房），共編著『ジェンダーで学ぶ生活経済論』（ミネルヴァ書房）など。

浜辺陽一郎（はまべ・よういちろう）　　　　　　　　　　　　　　　　　第Ⅰ部第9章

青山学院大学法学部教授，弁護士法人早稲田大学リーガル・クリニック弁護士。日本経営倫理学会常任理事，日本ガバナンス研究学会（旧・日本内部統制研究学会）理事，日米法学会理事等も兼務。慶應義塾大学法学部卒業。1987年弁護士登録（第二東京弁護士会）。1995年米国ニューヨーク州弁護士資格取得。早稲田大学法科大学院教授等を経て，現職。衆議院職員倫理審査会委員や大学の利益相反及び研究教育倫理委員会等にも携わる。

高浦康有（たかうら・やすなり）　　　　　　　　　　　　　　　　　　　第Ⅱ部第1章

東北大学大学院経済学研究科准教授。一橋大学大学院商学研究科博士課程単位取得退学（修士（商学））。専門は経営学原理・企業倫理。著書に藤野真也との共編『企業倫理入門』（白桃書房，2022年）等。

村山元理（むらやま・もとまさ）　　　　　　　　　　　　　　　　　　　第Ⅱ部第1章

駒澤大学経営学部教授。東京大学と米国サウスカロイナ大学で宗教学の修士号。一橋大学より経営史で博士（商学）。専門は「企業と社会」とMSR（経営・スピリチュアリティと宗教）。著書に「財界リーダー中島久万吉と仏教精神」（住原則也編『経営と宗教』東方出版，2014年）等。

古谷由紀子（ふるや・ゆきこ）　　　　　　　　　　　　　　　　　　　第Ⅱ部第2,11章

博士（総合政策），サステナビリティ消費者会議代表，（一財）CSOネットワーク代表理事。消費者庁「消費者志向経営の推進に関する有識者検討会」や経産省・総務省「企業のプライバシーガバナンスモデル検討会」などのほか企業の品質やデジタルなどの委員を務める。専門分野は，CSRや人権などサステナビリティ，消費者志向経営など。主な著作物は，『現代の消費者主権』芙蓉書房出版（2017），「『責任あるビジネス』における実践と課題」JABES（2020）。

松山将之（まつやま・まさあき）　　　　　　　　　　　　　　　　　　　第Ⅱ部第3章

（株）日本政策投資銀行設備投資研究所主任研究員（博士（経営管理））。経営会計室並びに地球温暖化研究センター所属。武蔵野大学客員教授，金融庁金融研究所特別研究員（非常勤）。1993年住友信託銀行（現・三井住友信託銀行）入社後，2008年より現職。専門は，企業開示・金融商品会計。現在は，気候変動，インパクトファイナンスなどの非財務情報開示の関わるテーマについての研究・プロジェクトに携わる。

水尾順一（みずお・じゅんいち）　　　　　　　　　　　　　　　　　　　第Ⅱ部第4章

（一社）日本コンプライアンス＆ガバナンス研究所代表理事／会長。駿河台大学名誉教授，博士（経営学：専修大学）。（一社）経営倫理実践研究センター首席研究員。（株）資生堂を経て，99年駿河台大学へ，経済研究所長等歴任後18年3月退職。06〜08年東京工業大学大学院特任教授，10年ロンドン大学客員研究員，（株）ダイセル社外監査役，（株）リヴァンプ社外取締役（監査等委員），（株）西武ホールディングス企業倫理委員，著書『サスティナブル・カンパニー』等。

岡部幸徳（おかべ・ゆきのり）　　　　　　　　　　　　　　　　　　　第Ⅱ部第5章

帝京平成大学人文社会学部経営学科教授，博士（経営学），英国立レスター大学スクールオブビジネ
ス大学院教授，長野県立大学グローバルマネジメント学部非常勤講師，海上自衛隊幹部学校外部講
師，日本経営倫理学会理事（水谷雅一賞選考委員会委員長，前経営倫理教育研究部会長），経営倫
理実践研究センター主任研究員。これまで金沢工業大学教授，金沢地方裁判所委員会委員など歴任。

河口洋徳（かわぐち・ひろのり）　　　　　　　　　　　　　　　　　　第Ⅱ部第6章

日本経営倫理学会常任理事総務委員長。
特定非営利活動法人国際連合世界食糧計画 WFP 協会 EV 兼横浜支部副代表。
中央大学政策文化総合研究所客員研究員。
民間企業にて事業計画責任者，営業責任者，CSR 推進責任者（理事職）を経て一般社団法人経営
倫理実践研究センターにて専務理事を務めたのち現職。

笹谷秀光（ささや・ひでみつ）　　　　　　　　　　　　　　　　　　　第Ⅱ部第7章

千葉商科大学基盤教育機構教授。博士（政策研究）。日本光電工業株式会社社外取締役。日本経
営倫理学会理事。東京大学法学部卒。農林省入省。環境省大臣官房審議官，農林水産省大臣官房
審議官，関東森林管理局長。伊藤園取締役等を経て 2020 年4月から千葉商科大学教授。『Q&A
SDGs 経営』（日本経済新聞出版社，2019 年），『Q&A　SDGs 経営　増補改訂・最新版』（同，
2022 年），『3 ステップで学ぶ自治体 SDGs』（ぎょうせい，2020 年）。

今井　祐（いまい・たすく）　　　　　　　　　　　　　　　　　　　　第Ⅱ部第8章

一橋大学商学部卒業，富士写真フイルム（株）代表取締役副社長を経て，現在今井経済・経営研
究所代表主席研究員。（株）キーストーン・パートナース，アドバイザー委員会委員長。
日本経営倫理学会常任理事。日本環境学会員。

桑山三恵子（くわやま・みえこ）　　　　　　　　　　　　　　　　　　第Ⅱ部第9章

一橋大学 CFO 教育研究センター客員研究員（元一橋大学大学院法学研究科特任教授）。
経営倫理実践研究センター上席研究員，（株）安藤ハザマ取締役，（株）富士通ゼネラル取締役。
元（株）資生堂 CSR 部部長，法務部部長。筑波大学大学院修士課程修了。修士（経営学）。一橋
大学後期博士課程単位取得退学。
主要著書：共著『社会から信頼される企業』中央経済社，共著『人にやさしい会社』白桃書房，
共著『渋沢栄一に学ぶ論語と算盤の経営』同友館。

井上　泉（いのうえ・いずみ）　　　　　　　　　　　　　　　　　　　第Ⅱ部第10章

（株）ジャパンリスクソリューション取締役社長，日本経営倫理学会常務理事（兼）ガバナンス研
究部会長，損保ジャパン（株）取締役常務執行役員，東日本高速道路株式会社常勤監査役（社外・
独立），東京地方裁判所民事調停委員等を経て現職。著書『企業不祥事の研究』文眞堂，『企業不
祥事とビジネス倫理』文眞堂（第2回日本経営倫理学会水谷雅一賞受賞）他。

山田雅穂（やまだ・みほ）　　　　　　　　　　　　　　　　　　　　　第Ⅱ部第12章

中央大学総合政策学部兼任講師。法政大学大学院博士後期課程人間福祉専攻修了。博士（人間福
祉）。経営倫理士，専門社会調査士。専門分野は障害者の雇用政策，経営倫理（CSR を含む），ダ
イバーシティ＆インクルージョン（D&I），福祉政策。2020 年より株式会社アデランス社外取締役
を務める。

横山恵子（よこやま・けいこ）　　　　　　　　　　　　第Ⅱ部第13章

関西大学商学部教授。一般社団法人そばくりラボ代表理事兼事務局長。北海道大学大学院経済学研究科修了。博士（経営学）。調査現場において，既存の枠を打破して新価値創造に果敢に取り組む人々と触れあう中，アントレプレナーシップという生き方に魅せられるようになり，ソーシャル・アントレプレナーシップと協働を研究・教育活動の中核に置く。編著書に『企業の社会戦略とNPO』，『エシカル・アントレプレナーシップ』，『日本のコレクティブ・インパクト』等がある。

中谷常二（なかや・じょうじ）　　　　　　　　　　　　第Ⅱ部第14章

近畿大学経営学部教授。人事院公務員研修所客員教授。日本経営倫理学会監事。関西電力株式会社コンプライアンス委員会委員。大阪大学大学院博士課程修了。博士（国際公共政策）。

平野　琢（ひらの・たく）　　　　　　　　　　　　　　第Ⅱ部第15章

1980年熊本県生まれ。一橋大学商学研究科修士課程修了（経営学），東京工業大学イノベーションマネジメント研究科博士課程後期修了（工学）。東京交通短期大学講師を経て2018年より現職。日本経営倫理学会理事。研究分野は経営倫理，リスクマネジメント。

高橋文郎（たかはし・ふみお）　　　　　　　　　　　　第Ⅲ部第1章

東京大学教養学部教養学科卒業，ペンシルベニア大学ウォートンスクール経営学修士（MBA）。株式会社野村総合研究所，財団法人野村マネジメント・スクール，CSKベンチャーキャピタル株式会社取締役，UAMジャパン・インク取締役，中央大学経済学部特任教授を経て，2004年より青山学院大学大学院国際マネジメント研究科教授。

キム・レベッカ（KIM Rebecca ChungHee）　　　　　　第Ⅲ部第2章

立命館アジア太平洋大学国際経営学部教授。
専門分野：経営学，Comparative CSR (Corporate Social Responsibility), Creating Shared Value (CSV) in Asia, Institutional Theory, UN SDGs, The Varieties of Capitalism, Inclusive Leadership, Business Ethics。

劉　慶紅（りゅう・けいこう）　　　　　　　　　　　　第Ⅲ部第3章

立命館大学経営学部教授，日本経営倫理学会常任理事。日本の大手電機メーカーにおいて海外事業推進を統括し，責任者として海外現地法人に赴任するなど，国内外においてビジネスの最前線で活躍した経験を有する。コロンビア大学修士号を取得後，早稲田大学公共経営学博士，北京大学教育学博士，清華大学哲学博士取得。分野横断的に定性的・定量的な分析を取り込んだ学際的な経営倫理学の研究を行っている。

葉山彩蘭（はやま・さいらん）　　　　　　　　　　　　第Ⅲ部第4,9章

淑徳大学経営学部教授。早稲田大学大学院商学研究科商学修士，横浜国立大学大学院国際社会科学研究科博士課程修了，博士（経営学）。日本経営倫理学会副会長・国際交流委員長，日本経済学会連合評議員。単著『企業市民モデルの構築―新しい企業と社会の関係』，共著『トップマネジメントの経営倫理』，『グローバル企業の経営倫理・CSR』他。

文　載皓（むん・ちぇほー）　　　　　　　　　　　　　　　第Ⅲ部第5章

常葉大学経営学部准教授　明治大学大学院商学研究科博士後期課程修了（商学博士）。
日本経営倫理学会理事，日本マネジメント学会常任理事。

高安健一（たかやす・けんいち）　　　　　　　　　　　　　第Ⅲ部第6章

獨協大学経済学部教授（国際関係論博士）上智大学大学院国際関係論専攻博士後期課程終了。株
式会社日本総合研究所調査部などを経て現職。専門は開発経済学，東南アジア経済論。

杉本俊介（すぎもと・しゅんすけ）　　　　　　　　　　　　第Ⅲ部第7章

早稲田大学第一文学部を卒業後，名古屋大学大学院情報科学研究科で修士号（情報科学）を取得
し，京都大学大学院文学研究科で博士号（文学）を取得。大阪経済大学経営学部准教授を経て，
現在，慶應義塾大学商学部准教授。

林　順一（はやし・じゅんいち）　　　　　　　　　　　　　第Ⅲ部第8章

青山学院大学国際マネジメント学術フロンティア・センター特別研究員。
慶応義塾大学卒業，英国マンチェスター大学経営大学院修了，筑波大学大学院修士課程修了，青
山学院大学大学院博士課程修了。MBA，修士（法学），博士（経営管理）。現在，中央日土地ア
セットマネジメント株式会社勤務。当学会理事。

髙野一彦（たかの・かずひこ）　　　　　　　　　　　　　　第Ⅲ部第10章

関西大学 社会安全学部・大学院社会安全研究科教授。中央大学大学院法学研究科博士課程修了，
博士（法学）。日本経営倫理学会常任理事，経営倫理実践研究センター（BERC）上席研究員。

経営倫理入門

——サステナビリティ経営をめざして——

2023 年 3 月 1 日　初版第 1 刷発行　　　　　　　　　　　検印省略

編著者　　日 本 経 営 倫 理 学 会

発行者　　前　　野　　　　隆

発行所　　株式会社　文　　眞　　堂

東京都新宿区早稲田鶴巻町 533
電　話 03（3202）8480
Ｆ Ａ Ｘ 03（3203）2638
http://www.bunshin-do.co.jp/
〒162-0041 振替00120-2-96437

製作・美研プリンティング

©2023

定価はカバー裏に表示してあります

ISBN978-4-8309-5220-3　C3034